MANUAL DE DERECHO DEL TRABAJO, SEGURIDAD SOCIAL Y MIGRACIONES LABORALES

Consejo Aranzadi

FERRAN CAMAS RODA
Director

MANUAL DE DERECHO DEL TRABAJO, SEGURIDAD SOCIAL Y MIGRACIONES LABORALES

Elaborado por profesorado de la Universidad de Girona

FERRAN CAMAS RODA   IGNACIO CAMÓS VICTORIA
JEAN MICHEL SERVAIS

Con la Colaboración Especial de Profesorado de otras Universidades y Juristas:

AMADOR GARCÍA ROS   EDUARDO ROJO TORRECILLA
MERCEDES MARTÍNEZ ASO   MONTSERRAT SOLÉ TRUYOLS

Mención específica a IRENE DOZO MOUGAN (Universidad de Girona), revisora del texto y LUIS RAMOS POLEY (Universidad de Girona), revisor de aspectos formales y del Índice analítico

ARANZADI

Tercera edición, 2022

Incluye versión en digital

Editorial Aranzadi, S.A.U.
Camino de Galar, 15
31190 Cizur Menor (Navarra)
ISBN: 978-84-1125-309-3
DL NA 62-2023
Printed in Spain. Impreso en España
Fotocomposición: Editorial Aranzadi, S.A.U.
Impresión: Rodona Industria Gráfica, SL
Polígono Agustinos, Calle A, Nave D-11
31013 – Pamplona

Índice General

Página

III

DERECHO DEL TRABAJO: RÉGIMEN JURÍDICO BÁSICO DE LAS RELACIONES LABORALES DE CARÁCTER INDIVIDUAL 105

Notas sobre los autores

(Por orden alfabético).

FERRAN CAMAS RODA. Catedrático de Derecho del Trabajo y de la Seguridad Social y Director de la *Cátedra de Inmigración, Derechos y Ciudadanía* de la Universidad de Girona. Designado por la Comisión Europea como miembro de la Red Europea de Expertos en Derecho en No discriminación – *European network of legal experts in gender equality and non-discrimination* (EELN). Responsable principal en la Universidad de Girona del Proyecto Horizon Europe 2022-2026 sobre "Cuidemos a las personas que cuidan". Sus trabajos de investigación así como sus publicaciones en forma de libros o artículos de revisa se centran en los ámbitos de los movimientos migratorios, en el principio de no discriminación y en las condiciones de trabajo que cuidan a otras personas. Así mismo es experto internacional en materia de Empleo y Trabajo en el Proyecto Europeo Socieux+; también es Profesor invitado de la Universidad de Perpiñán (Francia). Para un seguimiento actualizado de sus trabajos, mantiene en internet el Diario digital de Ferran: *Apuntes sobre mis investigaciones jurídicas y mis inquietudes culturales.* Véase en: https://www.Ferrancamas.com.

IGNACIO CAMÓS VICTORIA. Profesor Titular de Derecho del Trabajo y de la Seguridad Social en excedencia en la Universidad de Girona. Principales ámbitos de investigación: Seguridad social, derecho social europeo, inmigración. Miembro en representación de España del Comité Europeo de Empleo –EMCO–. Consejero de Empleo y de Protección Social ante las Instituciones Europeas. Estancias de investigación en Italia (Universidad de Ferrara); Canadá (Université Laval – University of British Columbia). Experto independiente del Programa de la UE Socieux – Socieux+ con la realización asistencias técnicas en México (Guanajuato, Zacatecas, Baja California) y Perú sobre pensiones.

AMADOR GARCÍA ROS. Licenciado en Derecho por la Universidad de Salamanca. Abogado laboralista en los sindicatos UGT y USO. Profesor Titular de Derecho del Trabajo y Seguridad Social de Escuela Universitaria en excedencia de la Universidad del País Vasco/EHU. Director de la Escuela Universitaria de Relaciones Laborales de la Universidad del País Vasco/EHU. Magistrado titular de los Juzgados de lo Social núm. 3 de Girona y núm. 1 de Figueres.

Magistrado Especialista en el orden jurisdiccional social (2008). Magistrado Especialista de la Sala Social del Tribunal Superior de Justicia de Catalunya (desde 2009). Profesor asociado de la Universidad Nacional de Educación a Distancia (2002 a 2011). Profesor asociado del Área de Derecho del Trabajo y Seguridad Social de la Universidad de Girona (desde el 2014). Colaborador del Área de Derecho Procesal Laboral de la Universidad Oberta de Catalunya (desde el 2015). Soy autor y coautor de varias publicaciones, la última sobre "Practicum Procesal Laboral (Ed. Thomson Reuters. 2019)".

MERCEDES MARTÍNEZ ASO. Licenciada en Derecho por la Universidad de Zaragoza (1986). Doctora en Derecho por la Universidad de Girona con la mención "cum laude" (2013). Es Inspectora de Trabajo y Seguridad Social desde febrero de 1988, habiendo desempeñado el puesto de Jefa de la Inspección de Trabajo de Girona en el período julio de 1992 a abril de 1999. Desde esa fecha desempeña el puesto de trabajo de Jefa de Equipo en la Inspección Provincial de Girona, puesto que ha compatibilizado con el de profesora asociada del área de Derecho del Trabajo y de la Seguridad Social de la señalada Universidad de Girona hasta octubre de 2022, fecha en la que ha sido designada por el Ministerio de Trabajo y Economía Social como Consejera de Trabajo, Migraciones y Seguridad Social en Suiza.

EDUARDO ROJO TORRECILLA. Es Catedrático de Derecho del Trabajo y de la Seguridad Social de la Universidad Autónoma de Barcelona desde enero de 2008. Con anterioridad fue profesor de la Universidad de Barcelona y Catedrático de Derecho del Trabajo y de la Seguridad Social de la Universidad de Girona. Es autor y coautor de diversas publicaciones sobre política de empleo, con especial atención a la problemática de los colectivos más desfavorecidos. Pretende transmitir su conocimiento tanto en el ámbito académico como en el social a través de los artículos publicados en su blog http://www.eduardorojotorrecilla.es.

JEAN MICHEL SERVAIS. Profesor invitado de la Universidad de Gerona. Presidente de honor de la Sociedad Internacional de Derecho del Trabajo y de la seguridad Social. Exdirector de la Organización internacional del trabajo (OIT). Miembro de varias asociaciones académicas y del comité científico de distintas revistas. Autor de numerosas publicaciones y libros sobre el derecho internacional, europeo y comparado del trabajo, publicados en francés, inglés, español, alemán, búlgaro, griego, japonés, portugués y ruso, entre los cuales: *International Labour Law* (La Haya), 5.ª ed., Kluwer, 2017, *International Social Security Law*, 2da ed., La Haya, Kluwer, 2017, *Droit social de l'Union européenne* (Bruselas), 3.ª ed., Bruylant, 2017, *Droits en synergie sur le travail. Eléments de droits international et comparé du travail* (Bruselas), Bruylant, 1997 y *The International Labour Organization*, (La Haya), 3.ª ed., Kluwer, 2011.

MONTSERRAT SOLÉ TRUYOLS. Profesora de Derecho del Trabajo y de la Seguridad Social en Eserp Business & Law School, adscrita a la Universidad de Vic. Doctora Internacional en Derecho por la Universidad Pompeu Fabra en la que fue profesora ayudante y profesora asociada. Principales líneas de investigación: Derecho comparado, especialmente Derecho Colectivo del Trabajo y sistemas de bienestar y, Derecho de la UE. Ha realizado estancias de investigación en las Universidades de Oslo (Noruega) y Lund (Suecia) y participado en diferentes congresos de ámbito internacional. Miembro de diversos proyectos de investigación financiados por organismos de ámbito estatal e internacional, ha sido también Profesora Visitante en la Universidad Rovira i Virgili de Tarragona y en la Universidad de Girona.

Siglas, acrónimos y abreviaturas

ABREVIATURAS	**SIGNIFICADO**
AECG (CETA)	Acuerdo Económico y Comercial Global (CETA)
ALE	Autoridad Laboral Europea
ALEAC	Acuerdo de Libre Comercio de América Central
BOE	Boletín Oficial del Estado
CC	Código Civil. (Real Decreto de 24 de julio de 1889 por el que se publica el Código Civil)
CCAA	Comunidades Autónomas
CCOO	Comisiones Obreras
CE	Constitución Española
CEACR	Comisión de Expertos en Aplicación de Convenio y Recomendaciones
CECA	Comunidad Europea del Carbón y del Acero
CP/1995	Ley Orgánica 10/1995, de 23 de noviembre, del Código Penal
DA	Disposición Adicional
EAC/2006	Estatuto de Autonomía de Cataluña (2006). (Ley Orgánica 6/2006, de 19 de julio, de reforma del Estatuto de Autonomía de Cataluña)
EBEP	Estatuto Básico del Empleado Público. (Real Decreto Legislativo 5/2015, de 30 de octubre, por el que se aprueba el texto refundido de la Ley del Estatuto Básico del Empleado Público)
EEAE	Estrategia Española de Activación para el Empleo
EEE	Estrategia Europea de Empleo
EI	Empresas de Inserción
EN	Estrategia Nacional de Prevención y Lucha contra la Pobreza y la Exclusión social 2019-2023
ET/1995	Estatuto de los trabajadores 1995 (Real Decreto Legislativo 1/1995, de 24 de marzo, por el que se aprueba el texto refundido de la Ley del Estatuto de los Trabajadores)

ABREVIATURAS	**SIGNIFICADO**
ET/2015	Estatuto de los trabajadores 2015. (Real Decreto Legislativo 2/2015, de 23 de octubre, por el que se aprueba el texto refundido de la Ley del Estatuto de los Trabajadores)
ETT	Empresas de Trabajo Temporal
EURES	European Employment Services
GRI	Global Reporting Initiative
IFC	International Finance Corporation
IMSERSO	Instituto de Mayores y Servicios Sociales
INSS	Instituto Nacional de la Seguridad Social
ISM	Instituto Social de la Marina
ISO	Sigla en inglés de la Organización Internacional de Estandarización
ITSS	Inspección de Trabajo y Seguridad Social
LAJG	Ley de Asistencia Jurídica Gratuita. (Ley 1/1996, de 10 de enero, de asistencia jurídica gratuita)
LAS	Ley de Asilo. (Ley 12/2009, de 30 de octubre, reguladora del derecho de asilo y de la protección subsidiaria)
LE	Ley de Empleo (Real Decreto Legislativo 3/2015, de 23 de octubre, por el que se aprueba el texto refundido de la Ley de Empleo)
LEC	Ley de Enjuiciamiento Civil de 2000. (Ley 1/2000, de 7 de enero, de Enjuiciamiento Civil)
LECiv/2000	Ley de Enjuiciamiento Civil de 2000. (Ley 1/2000, de 7 de enero, de Enjuiciamiento Civil)
LET	Ley Estatuto de los trabajadores (Real Decreto Legislativo 2/2015, de 23 de octubre, por el que se aprueba el texto refundido de la Ley del Estatuto de los Trabajadores)
LETA	Ley del Estatuto del trabajador autónomo. (Ley 20/2007, de 11 de julio, del Estatuto del trabajo Autónomo)
LGSS/2015	Ley General de la seguridad social 2015. (Real Decreto Legislativo 8/2015, de 30 de octubre, por el que se aprueba el texto refundido de la Ley General de la Seguridad Social)
LISOS	Ley sobre Infracciones y Sanciones en el Orden Social Real (Decreto Legislativo 5/2000, de 4 de agosto, por el que se aprueba el texto refundido de la Ley sobre Infracciones y Sanciones en el Orden Social)
LITSS/2015	Ley de la Inspección de Trabajo y Seguridad Social de 2015. (Ley 23/2015, de 21 de julio, Ordenadora del Sistema de Inspección de Trabajo y Seguridad Social)

ABREVIATURAS	SIGNIFICADO
LO	Ley Orgánica
LE/2000	Ley Orgánica sobre derechos y Libertades de los Extranjeros en España de 2000. (Ley Orgánica 4/2000, de 11 de enero, sobre derechos y libertades de los extranjeros en España y su integración social)
LOIFP	Ley Orgánica 3/2022, de 31 de marzo, de ordenación e integración de la Formación Profesional
LOLS	Ley Orgánica de Libertad Sindical. (Ley Orgánica 11/1985, de 2 de agosto, de Libertad Sindical)
LOPJ	Ley Orgánica del Poder Judicial. (Ley Orgánica 6/1985, de 1 de julio, del Poder Judicial)
LPRL	Ley de Prevención de Riesgos Laborales. (Ley 31/1995, de 8 de noviembre, de prevención de Riesgos Laborales)
LJS	Ley reguladora de la jurisdicción social. (Ley 36/2011, de 10 de octubre, reguladora de la jurisdicción social)
MAS	Marco Ambiental y Social
MATEPSS	Mutuas de Accidentes de Trabajo y Enfermedades Profesionales
MERCOSUR	Mercado Común del Sur
NAFTA	Acuerdo de Libre Comercio de Norteamérica
OCDE	Organización de Cooperación y de Desarrollo Económico
ODS	Objetivos de Desarrollo Sostenible
OIT	Organización Internacional del Trabajo
ONG	Organización no gubernamental
ONU	Organización de las Naciones Unidas
PEA	Políticas Activas de Empleo
PAPE	Planes Anuales de Política de Empleo
RDLRTL	Real Decreto Ley de relaciones de trabajo (Real Decreto-ley 17/1977, de 4 de marzo, sobre relaciones de trabajo)
RLE/2011	Reglamento de Extranjería de 2011. (Real Decreto 557/2011, de 20 de abril, por el que se aprueba el Reglamento de la Ley Orgánica 4/2000, sobre derechos y libertades de los extranjeros en España y su integración social, tras su reforma por Ley Orgánica 2/2009)
SEPE	Servicio Público de Empleo Estatal
SNE	Sistema Nacional de Empleo
SPE	Servicio Público de Empleo Estatal
SPEE	Servicio Público de Empleo Estatal

ABREVIATURAS	SIGNIFICADO
STC	Sentencia del Tribunal Constitucional
STJUE	Sentencia del Tribunal de Justicia de la Unión Europea
STS	Sentencia del Tribunal Supremo
STSJ	Sentencia del Tribunal Superior de Justicia
TC	Tribunal Constitucional
TEDH	Tribunal Europeo de Derechos Humanos
TUE	Tratado de la Unión Europea
TFUE	Tratado de Funcionamiento de la Unión Europea
TGSS	Tesorería General de la Seguridad Social
TJCE	Tribunal de Justicia de las Comunidades Europeas
TJUE	Tribunal de Justicia de la Unión Europea
TRADE	Trabajador Autónomo Económicamente dependiente
TRLE	Texto refundido de la Ley de Empleo. (Real Decreto Legislativo 3/2015, de 23 de octubre, por el que se aprueba el texto refundido de la Ley de Empleo)
TRLISOS	Texto refundido de la Ley sobre Infracciones y Sanciones en el Orden Social. (Real Decreto Legislativo 5/2000, de 4 de agosto, por el que se aprueba el texto refundido de la Ley sobre Infracciones y Sanciones en el Orden Social)
TS	Tribunal Supremo
TSJ	Tribunal Superior de Justicia
TUE/1999	Tratado de la Unión Europea de 1999
UE	Unión Europea
UGT	Unión General de Trabajadores
USMCA	United States-Mexico-Canada Agreement

Prólogo

En tanto que Director de la publicación, para mí un gran motivo de orgullo prologar la que ya es nuestra 3.ª edición del Manual de Derecho del Trabajo, Seguridad Social y Migraciones Laborales, elaborada por profesorado inscrito o colaborador del área de conocimiento Derecho del Trabajo y Seguridad Social en la Universidad de Girona (UdG), que también tengo el honor de dirigir. En la primera edición del Manual, publicada en el 2019, manifestaba que la publicación de cualquier trabajo de investigación o de interés para la docencia universitaria siempre es motivo de una gran alegría para su autor, pero lo es aún más cuando se ha asumido funciones de dirección de un grupo humano y profesional de tanta excelencia como el que participa en esta obra. Habiendo retornado a la normalidad académica tras el paréntesis de la pandemia del coronavirus Covid-19 que sufrimos en el 2020, me siento muy feliz de que todo ese equipo siga gozando de buena salud y la suficiente notificación para volver a editar este Manual, más aún ante la cascada de normas laborales que se aprobaron en aquel período epidémico sino sobre todo en el último año, particularmente tras la llamada reforma laboral concretada en la Ley 32/2021, de 28 de diciembre. Esta tercera edición se lleva a cabo debido a la gran aceptación en el ámbito universitario y jurídico del Manual en sus dos primeras ediciones. Al igual que en ellas, el Manual ha contado con la participación básica de las personas que compartimos el día a día académico en el Área de Derecho del Trabajo y de la Seguridad Social de la Universidad de Girona (UdG). De entre dicho profesorado, el que ha participa con rango de autoría de este Manual es, además de mí mismo, el Pr. Ignasi Camós, profesor titular en excedencia de nuestra universidad y el Profesor visitante Dr. Jean-Michel Servais, y también con la calificación de revisores formales, la Pr. Irene Dozo, profesora visitante a tiempo completo y el Pr. Luis Ramos, investigador post-doctoral. Por otra parte, el profesorado que ha participado en esta obra sin ser en la actualidad miembros del área de Derecho del Trabajo y de la Seguridad Social es el siguiente: el Dr. Eduardo Rojo, profesor de la Universidad Autónoma de Barcelona, pero cuya colaboración en nuestro libro está justificada no solo por su constante labor de apoyo en nuestras actividades, sino porque fue él quien en 1992 creó e impulsó lo que hoy es nuestra área, siendo además el Maestro de varios de los participantes en esta obra. Además de él, la Dra. Montserrat

Solé, que participó como profesora de la UdG en la primera edición, pero que durante el tiempo transcurrido desde entonces ha desempeñado sus servicios académicos en otras universidades; la Dra. Mercedes Martínez Aso, justo hasta octubre de 2022 profesora asociada de nuestra área, que en el momento de publicar esta obra ha dejado por su nombramiento por el Ministerio de Trabajo como Consejera de Trabajo, Migraciones y Seguridad Social en Suiza; y finalmente, el Sr. Amador Garcia Ros, magistrado especialista en el Orden Social del Tribunal Superior de Justicia de Cataluña, quién ha colaborado en este Manual desde su primera edición.

En esta tercera edición mantenemos el mismo espíritu que la primera y la segunda, en concreto, que el Manual tiene un objetivo estrictamente docente, es decir, su realización ha estado pensada para estudiantes universitarios o personas que necesiten una guía narrativa y de carácter básico sobre lo que es el Derecho de Trabajo y de la Seguridad Social, prestando especial atención en esta ocasión a los importantes cambios que se están produciendo en nuestra normativa, ya no solo tras la importante normativa que se adoptó a raíz de la Covid-19 sino por las importantes normativas laborales que se han aprobado en el último año. Además de la cuestión estrictamente laboral y de protección social, hemos dado una gran importancia a la temática de las migraciones laborales, que está germinando como una de las claves políticas, sociales y laborales por las que será conocido este siglo, la cual, como no podía ser menos que la normativa laboral, también ha sido objeto de modificaciones normativas recientes. La inclusión de un estudio específico sobre movimientos migratorios de personas y los derechos sociales que se les anudan, tiene también su explicación en el trabajo que desde hace años hemos realizado en el marco de la *Cátedra de Inmigración, Derechos y Ciudadanía de la Universidad de Girona*, que tengo el honor de dirigir.

Cualquier responsabilidad que se le pueda imputar al Manual es mía en cuánto director de su publicación, en todo caso corresponde dar a conocer a quién pertenece la autoría de los diferentes capítulos en los que aquél se estructura, sin perder de vista que, de forma general, los diferentes capítulos se han trabajado en equipo, sin perjuicio de que en mi rango de director, en muchos de los párrafos que se van a expresar, haya añadido o comentado cuestiones de interés a las establecidas por mis colegas académicos):

1. El primer capítulo, titulado "Política social internacional y de la UE: el marco jurídico", ha sido elaborado en exclusiva por el Dr. Jean-Michel Servais.

2. El capítulo segundo, titulado "Política de Mercado de Trabajo. El acceso al empleo y la formación", ha sido realizado por el Dr. Rojo Torrecilla y por la Dra. Martínez Aso (las aportaciones de esta última están concretadas en los párrafos 168 a 183).

3. El tercer capítulo, que se titula "Derecho del Trabajo: régimen jurídico básico de las relaciones laborales de carácter individual", ha sido elaborado

principalmente por el Dr. Ferran Camas, con la adición de algunos comentarios del Dr. Eduardo Rojo (párrafos 201 a 219), y de la Dra. Mercedes Martínez (párrafos 294 a 305).

4. El Capítulo IV, "Derecho colectivo del Trabajo", ha sido escrito por la Dra. Montserrat Solé y por la Dra. Mercedes Martínez (esta última, los párrafos 346 a 349 y 388 a 391).

5. El Capítulo V, sobre el "Derecho de la Seguridad Social", ha corrido a cargo del Dr. Ignacio Camós y de la Dra. Mercedes Martínez (ésta última, los párrafos 491 a 498).

6. El Capítulo VI, sobre "Migraciones laborales: movilidad de trabajadores de la UE y Derecho al Trabajo de extranjeros extracomunitarios", ha sido elaborado principalmente por los Drs. Ferran Camas y por la y la Dra. Mercedes Martínez (quién ha elaborado los párrafos 558 a 569, aunque con algunas aportaciones por parte mía, sobre todo al comentar el Real Decreto-ley 7/2021, de 27 de abril, que se ha adoptado para acabar de completar la transposición al ordenamiento español de la Directiva 2018/957).

7. Por último, el Capítulo VII sobre "Jurisdicción social y Derecho procesal laboral" ha sido realizado exclusivamente por el Sr. Amador García Ros.

En todo caso, quisiera reiterar que la responsabilidad del contenido de este Manual es exclusivamente mía en cuanto Director, ya que mi función ha sido, no solo la de coordinación, sino también la de revisión de contenidos.

Agradezco a todas los autores su colaboración desinteresada en esta obra, cuya aportación engrandece el trabajo que realizo con mi equipo en la Universidad de Girona, así como también quisiera extender dicho agradecimiento a varias personas de dicho equipo que también han colaborado en la edición de este libro: en primer lugar, al Pr. Luis Ramos Poley, investigador post-doc de la UdG, que ha elaborado el índice analítico del manual. Es objeto de satisfacción recordar que cuando el Pr. Ramos hizo su primera colaboración en el Manual era profesor asociado y realizaba su tesis, mientras que en esta tercera edición es ya Doctor en Derecho y ha pasado a disponer de un vínculo a tiempo completo con la UdG para profundizar en su investigación (de hecho, espero decir también que la Pr. Mónica Ricou, miembro también de mi área, pueda ser doctora antes de la 4.ª edición de este manual, tal y como avancé en su segunda edición). En segundo lugar, quisiera agradecer a la Pr. Irene Dozo por su labor en la revisión ortográfica del libro, así como también aprovecho la ocasión para felicitarla por el trabajo de docencia, investigación y gestión que está desarrollando este año 2022 en nuestra área de conocimiento de Derecho del Trabajo y Seguridad Social de la Universidad de Girona. Para mí ha sido y está siendo una gran suerte contar con la ayuda y la valía profesional de la Pr. Dozo, cuyo excelente trabajo espero que sea reconocido como merece en su evolución universitaria y académica.

A todos los que han participado en la elaboración de este Manual, sólo me queda decirles que, si cualquier trabajo se valora también por las personas que a uno le rodean, yo me siento muy afortunado por tenerlas a mi lado.

Ferran Camas Roda

Catedrático de Derecho del Trabajo y
Seguridad Social y Director de la Cátedra de Inmigración,
Derechos y Ciudadanía de la Universidad de Girona

Noviembre de 2022.

I

Política social internacional y de la UE: el marco jurídico

SUMARIO: I. LOS FUNDAMENTOS DEL DERECHO DE LA OIT. II. ALTERNATIVAS JURÍDICAS TRANSNACIONALES. 1. *Códigos de conducta e iniciativas similares.* 2. *Medidas tomadas unilateralmente por estados y acuerdos de comercio no universales con un componente social.* 3. *El Derecho social de la UE.* III. EL DERECHO DE LA OIT DESPUÉS DE CIEN AÑOS. 1. *La efectividad del aparato normativo de la OIT.* 2. *Una evaluación.* IV. EL DERECHO SOCIAL DE LA UE. 1. *Competencias.* 2. *Las fuentes.* 3. *El acceso a la justicia y las sanciones.* V. LAS DIFICULTADES ACTUALES DE LA UE Y DE LA OIT RELACIONADAS CON LA GLOBALIZACIÓN. 1. *Trabajo decente.* 2. *Flexiseguridad.* VI. PERSPECTIVAS. VII. BIBLIOGRAFÍA Y PÁGINAS WEB. 1. *Bibliografía.* 2. *Páginas web.*

1 Las legislaciones nacionales tratan de relaciones de empleo que tienen una dimensión transnacional, es decir cuando uno o más de sus elementos –la nacionalidad de uno de los co-contratantes, el lugar de trabajo, etc.– presenta un carácter de extranjería. El Derecho Internacional Privado identifica en estos casos el tribunal competente y la ley aplicable. En cambio, otras normas tienen fuentes internacionales y presentan por consiguiente un carácter puramente transnacional. Este capítulo trata principalmente de dos de estas fuentes: de los instrumentos jurídicos adoptados por la Organización Internacional del Trabajo (OIT) al nivel mundial, y, al nivel europeo, de los actos legislativos de la Unión europea (UE). Empieza con reflexiones sobre los fundamentos de la legislación social supranacional a través de su historia. Se refiere a los orígenes del Derecho Internacional del Trabajo y de la seguridad social que ha precedido el Derecho europeo sobre el tema. Examina alternativas a estas regulaciones y sitúa el Derecho europeo en este contexto. Las páginas siguientes analizan las reglas jurídicas sociales de la OIT y de la UE que están en vigor hoy y de los esfuerzos que las dos Organizaciones hacen para ajustarse a un mundo más global.

I. LOS FUNDAMENTOS DEL DERECHO DE LA OIT

2 El objetivo principal de los fundadores de la OIT después de la Primera Guerra Mundial fue claramente mejorar la difícil situación de los trabajadores –hombres, mujeres y niños– en los países que se habían industrializado en el siglo XIX. Los primeros protagonistas no fueron sólo los pensadores, políticos y líderes de los movimientos emergentes socialistas y de trabajadores; igualmente lo fueron funcionarios públicos, economistas y médicos (como Luis-René VILLERME cuya celebrada *Tableau de l'état physique et moral des ouvriers employés dans les manufactures de coton, de laine et de soie* fue publicada en París en 1840). También existieron empresarios humanistas como Robert Owen o Charles Hindley en Gran Bretaña y Daniel le Grand en Francia. En el caso de los empleadores y políticos, sin embargo, una preocupación de naturaleza económica se adjuntaba a la urgencia humanista por imponer restricciones a las condiciones de trabajo basadas en el laissez-faire: las empresas que ofrecían condiciones de trabajo más decentes podían verse afectadas frente a sus directos competidores en cuanto los costos de producción se elevaban como resultado de aquéllas. Los líderes de esas compañías, en consecuencia, buscaban obtener garantías mínimas generalizadas que fueron aplicables a todos los asalariados en todos los países. Los parlamentos nacionales eran impulsados a tomar en cuenta la misma preocupación.

3 Otra razón para dictar leyes sociales fue el deterioro de la fuerza de trabajo de una parte importante de la población. Es un hecho poco conocido que muchos jóvenes de la clase trabajadora fueron declarados no aptos para el servicio militar, un signo de que su salud se debilitaba rápidamente como consecuencia de las condiciones en las que trabajaban y vivían. Las masas trabajadoras se estaban fatigando físicamente, tanto que su estado de salud podía disminuir la capacidad productiva y aún estratégica de los países involucrados. Más allá, podía afectar la armonía dentro de la empresa y la cohesión social dentro de la Nación. Este factor estaba relacionado con la preservación de la paz industrial y política. Sin duda, la llamada "cuestión social" favorecía la división de la población en clases y ponía en riesgo la unidad del Estado. Los trabajadores eran representados por organizaciones políticas poderosas y sindicatos de carácter marcadamente internacional. Algunos de esos movimientos eran revolucionarios por naturaleza, otros eran reformistas y creían en un completo pero pacífico cambio. El temor a aquéllos que triunfaron en Rusia indudablemente actuó como un estímulo fuerte para políticos y les provocó mirar con buenos ojos las propuestas de incluir en 1919 cláusulas laborales en los tratados de paz. La Parte XIII del Tratado de Paz firmado en Versalles el 29 de junio de 1919 estuvo dedicado al trabajo y al establecimiento de una organización de trabajo permanente. Formó la Constitución de la OIT, estableciendo el tripartismo en la gobernanza de la institución que constituye su carácter original con la participación de representantes de los sindicatos y de los empresarios al lado de los delegados de los gobiernos en sus órganos de administración, la Conferencia anual y el Consejo de Administración.

4 La idea de elaborar normas internacionales de trabajo fue así fundada sobre varios principios fundamentales que se encontraban por lo esencial en el Preámbulo de la Parte XIII del Tratado. El primero fue la búsqueda de la justicia social y la erradicación de las condiciones de trabajo inaceptables. Abordar el problema internacionalmente debía servir para producir soluciones a la vez realistas y coherentes a problemas complejos de relaciones sociales; este acercamiento también facilita la solución de conflictos de derecho cuando la relación de trabajo tiene un componente extranjero, lo que implica la armonización de las legislaciones nacionales y limita el número de contradicciones entre los tratados bilaterales (como en el caso de los migrantes). Las reglas contenidas en los convenios de la OIT naturalmente sirven como una referencia para los legisladores nacionales, y la ratificación de los últimos refuerza las leyes nacionales sancionadas, toda vez que estas ya no podrían ser modificadas de manera que resultaran menos favorables que las del instrumento internacional para los trabajadores.

5 El Preámbulo relaciona expresamente la justicia social con el deseo de paz duradera: la paz y la armonía en el mundo serían puestos en peligro por el trabajo realizado en condiciones miserables. El texto se refiere claramente tanto a la cohesión interna como a la armonía internacional: en 1919, la revolución comunista preocupaba a más de un estadista. Termina con el famoso considerando en el que expresa que "la no adopción, por una nación cualquiera, de un régimen de trabajo realmente humano constituye un obstáculo a los esfuerzos de las demás naciones, deseosas de mejorar las condiciones de los obreros en su propio país". Esto puede ser interpretado de dos maneras que están lejos de ser excluyentes: una es el peligro de contaminación por el ejemplo malo, la otra es el riesgo de que las empresas y los países usen los costos laborales para obtener una ventaja comparativa. En la última interpretación, las normas laborales internacionales están llamadas a actuar como una defensa contra aquéllos que buscan beneficiarse, en un contexto de dura competencia internacional, con condiciones de trabajo mediocres o explotadoras.

6 Este argumento, como puede verse, está enderezado a disipar un temor y, sin duda, está cargado de ambigüedad. Qué fácil es denunciar la confusión posible entre el interés particular de los fabricantes y el interés general de la economía nacional, subrayar que la parte de los costes sociales en el precio de coste de un producto es imposible cifrar, sino claramente limitada; qué fácil es quejarse de la utilización abusiva de estos razonamientos con fines proteccionistas, y hacer notar su poca solidez en la medida que los Estados retienen el derecho soberano a ratificar cualquier convenio adoptado. Más aún, en muchos casos los legisladores nacionales no esperaron la votación de los instrumentos internacionales para proveer garantías a los trabajadores y, muy por el contrario, la industria no sufrió como resultado.

7 Dicho todo esto, el argumento continúa a tener una gran influencia en los debates internacionales, tanto más cuanto que la Constitución de la OIT indica

que al "elaborar cualquier convenio o recomendación de aplicación general, la Conferencia deberá tener en cuenta aquellos países donde el clima, el desarrollo incompleto de la organización industrial u otras circunstancias particulares hagan esencialmente diferentes las condiciones de trabajo, y deberá proponer las modificaciones que considere necesarias de acuerdo con las condiciones peculiares de dichos países". El temor de una competición desleal se refleja por ejemplo en la problemática de la cláusula social, es decir, en la idea de complementar los tratados de comercio internacionales con una cláusula que impone mínimas o equitativas normas laborales. El vínculo entre normas internacionales de trabajo y sanciones económicas daría a las primeras una fuerza que muchas veces les falta.

II. ALTERNATIVAS JURÍDICAS TRANSNACIONALES

8 La problemática de la inserción de normas laborales mínimas en legislaciones o acuerdos de comercio, así como en la regulación interna de empresas multinacionales plantea dos observaciones. La primera es que nada obliga a los Estados a ratificar un convenio de la OIT (y de allí a obligarse específicamente a respetar ciertas normas laborales); a lo sumo se podría considerar una excepción para los convenios considerados como fundamentales (véase abajo párrafo 48). La segunda se refiere a la naturaleza no obligatoria de las conclusiones adoptadas por los órganos de control de la OIT, que no incluye sanciones por las violaciones de las reglas impuestas por el Derecho del Trabajo. La idea de adjuntar una cláusula social, que impone normas laborales mínimas o equitativas, corresponde por consiguiente a un razonamiento aparentemente simple: si un país permite que sus compañías empleen sus trabajadores en condiciones deplorables de trabajo y por salarios miserables podrá exportar sus productos a un precio más bajo y así obtener una ventaja desleal sobre sus competidores. Esto ha conducido a iniciativas que han considerado medidas complementarias para obligar los competidores, países o empresas, a respetar normas mínimas de trabajo. De allí la adopción de otros actos jurídicos transnacionales que obligan al país o directamente a firmas vinculadas con empresas multinacionales a garantizar derechos mínimos a sus trabajadores. Se trata de códigos de conducta e iniciativas similares, de medidas tomadas unilateralmente por Estados y de tratados bi- o multilaterales. Entre estos últimos, los tratados de la UE tienen una plaza particular.

1. CÓDIGOS DE CONDUCTA E INICIATIVAS SIMILARES

9 El sector privado de forma regular, y sobre una base puramente voluntaria, toma compromisos sociales unilaterales o convencionales. Las firmas comerciales pueden inspirarse de códigos modelos propuestos por diferentes instituciones y grupos. Pueden obtener certificados de buena honorabilidad social

de parte de una autoridad exterior. Los dos tipos de iniciativas a veces coexisten. Ciertas sociedades privadas o públicas se comprometen a aplicar reglas mínimas de trabajo en los contratos mercantiles que firman con sus proveedores, subcontratistas, concesionarios o clientes; más a menudo –sino que una posibilidad no impide la otra– lo hacen dentro del cuadro de la empresa o del grupo en documentos que se suman a este nivel al reglamento del establecimiento. Estas últimas medidas han frecuentemente recibido la denominación genérica de "códigos de conducta".

10 Normas modelo: códigos tipos. Se pueden distinguir dos clases de códigos tipos. Los primeros, que se ven promovidos por instituciones privadas como ONGs, asociaciones de empresas, sindicatos o consultores, pretenden materializar el compromiso social de diferentes partes interesadas, junto con la compañía. Crean un cuadro que debe ayudarlas a asegurar su seguimiento, fijando objetivos, identificando indicadores y sugiriendo procedimientos de informes para garantizar la eficacia del sistema. La figura más conocida en esta categoría es el modelo ISO (sigla inglesa de Organización Internacional de Estandarización) que se encuentra en materia de normas de calidad y de medio ambiente. En el campo social, la norma ISO precisa las medidas preventivas y correctivas que se debe tomar, favorece los mejoramientos continuos, se concentra sobre los sistemas de gestión y de documentación que demuestran la eficacia de los métodos elegidos.

11 Las segundas normas están elaboradas por entidades públicas. Desde hace largo tiempo, las instituciones internacionales o nacionales han establecido principios rectores dirigidos a inspirar las políticas sociales de las empresas. En la Organización de Cooperación y de Desarrollo Económico (OCDE), las líneas directrices para empresas multinacionales fueron adoptadas en 1976 y revisadas después. La OIT ha votado una Declaración de principios tripartita sobre las empresas multinacionales y la política social en 1977 y otra sobre los Principios y Derechos Fundamentales en el Trabajo en 1998. La ONU ha adoptado el Pacto mundial en 2000; los Principios Rectores sobre las Empresas y los Derechos Humanos fueron preparadas por J. Ruggie y hechos suyos por el Consejo de Derechos Humanos de la ONU en su Resolución 17/4, de 16 de junio de 2011. Un proyecto de tratado vinculante sobre este último tema se discute actualmente dentro de la Naciones Unidas. En el Banco mundial y su grupo, el Marco Ambiental y Social (MAS) para ayudar a proteger a las personas y el medio ambiente en los proyectos de inversión que financia fue aprobado en 2016. La Corporación Financiera Internacional (International Finance Corporation, IFC), la sociedad financiera internacional del grupo del Banco mundial, ha elaborado medios para facilitar la promoción de la empresa ciudadana y ayudar a sus clientes y al sector privado en los países emergentes a identificar posibilidades de inversión que le corresponde. Sus normas de desempeño en materia de sostenibilidad social y ambiental han sido adoptadas en 2012.

12 A semejanza de otras instituciones, la Unión Europea utiliza varios medios para crear condiciones favorables para un crecimiento sostenible, un comportamiento responsable de las empresas y la creación de empleo duradero a medio y largo plazo. La Comisión Europea detalla, en una comunicación de 2015, la estrategia de la UE al respecto (*Documento COM/2015/044 final*). El programa contiene compromisos de la propia Comisión para promover este tipo de iniciativas, así como sugerencias para las empresas, los Estados miembros y otros grupos interesados. Por su parte, las organizaciones europeas de empresarios y de trabajadores de la restauración han firmado, en enero de 2007, un convenio colectivo sobre la responsabilidad social de las empresas.

13 Normas modelo: las normas de gestión. Los diferentes grupos que elaboran códigos de conducta también redactan "normas" de gestión ("management framework"). En términos generales, estas disposiciones animan a las empresas a adoptar métodos de gestión propicios para evaluar sus actividades en lo que concierne a su responsabilidad social. Son de varios tipos. El *etiquetado social* constituye una forma de comunicar informaciones sobre las condiciones sociales que están envueltas en la fabricación de un producto o la prestación de un servicio. Algunas veces figura sobre el objeto o su embalaje. Otras veces los comercios lo muestran en su tienda o su escaparate. Se dirige a los consumidores o a los colaboradores comerciales; corresponden a una lógica de mercado. El "sello" procede de autoridades o instituciones independientes, que los elaboran y los controlan. Son asociaciones empresariales que garantizan el respeto de un código de conducta, sindicatos que responden de esta manera de la buena aplicación de un programa social, ONG u otras agrupaciones que certifican la implementación correcta, de parte de la firma beneficiaria, de una política conforme a indicadores seleccionados, incluso en la ausencia de un código de conducta.

14 La mayoría de los *programas de acreditación y de certificación* son administrados por una institución principal, aprobados a su vez por organismos como agencias de notación o auditorias. Numerosos ejemplos se encuentran en sectores variados (textil, calzado, industria ligera, alfombra, fabricación de juguetes, turismo, agricultura, agroalimentario, industria forestal). Los programas se apoyan sobre criterios o normas de carácter privado, que conciernen, entre otros elementos, a las relaciones laborales y a las condiciones de trabajo. Las inspecciones y las auditorias son organizadas por grandes gabinetes internacionales de contables acreditados y de consultores, por oficinas de talla menos amplia, por empresas especializadas en el control de la calidad, por universitarios, sindicatos, ONG, establecidos en naciones industrializadas o no, pudiendo varios de ellos participar conjuntamente en la supervisión. Los *informes* sobre las repercusiones sociales y medioambientales de sus actividades constituyen otra iniciativa bastante habitual hoy en muchas empresas multinacionales e incluso nacionales. La "Global Reporting Initiative" (GRI) por ejemplo contiene indicadores relativos a las condiciones de empleo sobre el apartado "Indicadores de rendimientos sociales: prácticas en materia de relaciones laborales y trabajo

decente". La referencia al trabajo decente se remite a los trabajos de la OIT que utiliza el concepto para expresar la síntesis de sus actividades y la coordinación de sus miras estratégicas (véase abajo párrafos 61 y siguientes).

15 Las *inversiones socialmente responsables* favorecen las buenas políticas sociales de empresas, utilizando las herramientas financieras tradicionales como el establecimiento de índices y las técnicas de la notación, mientras preservan el rendimiento económico de las aportaciones. Utiliza dos medios principales de acción. El primero consiste en la facultad para los inversores de tener en cuenta las realizaciones sociales en la constitución de su cartera de valores; comprarán ciertos títulos, basándose sobre los criterios o sobre las normas que han seleccionado y no comprarán otros. El segundo medio aprovecha la posibilidad oferta a los accionistas de ejercer sus derechos para influenciar la política de la compañía. Las cajas de pensiones de la función pública y los fondos de las instituciones religiosas se muestran particularmente activos en este respecto.

16 Códigos operacionales: Contrariamente a los precedentes, los códigos operacionales contienen un compromiso de las empresas (y posiblemente de otras partes) de adoptar une cierta conducta. Una antigua reseña de la OIT sobre su contenido revelaba que parecían poco frecuentes las referencias a las normas fundamentales del trabajo, es decir las que conciernen a la libertad sindical y al derecho a la negociación colectiva, a la eliminación del trabajo forzoso, la abolición de las peores formas de trabajo infantil y la no discriminación en el empleo. Los documentos trataban más, en lo que respecta al trabajo, de la protección de la salud, o del cálculo de los salarios, basándose, según el caso, sobre la legislación nacional, las reglas sectoriales o sobre una fórmula propia. Cuando la iniciativa procedía de varias partes interesadas (sindicatos, asociaciones industriales o de empresas, ONG), disposiciones fundamentales estaban mencionadas más a menudo. En el caso de actos unilaterales de su parte, no siempre se puede determinar fácilmente si la empresa toma un compromiso de carácter vinculante, es decir, considerándose como jurídicamente obligada de respetarlo.

17 A veces, sin embargo, se califica como compromiso unilateral de la empresa una declaración pública amparada por la legislación sobre publicidad engañosa, o un añadido por parte de la dirección al reglamento de empresa. El documento puede también tener la forma de convenios colectivos "cuadros" firmados junto con un sindicato, incluso de un acuerdo con otras organizaciones no gubernamentales. Ciertos códigos solamente conciernen a las actividades de una firma, sea dentro de un país, sea incluso en el extranjero. Otros cubren los colaboradores comerciales, sobre todo los proveedores y los subcontratistas. Su formulación no permite saber siempre si los códigos que rigen las cadenas de suministro llevan realmente un modo de regulación totalmente nuevo o intentan solamente consolidar el respeto de disposiciones jurídicas en vigor.

2. MEDIDAS TOMADAS UNILATERALMENTE POR ESTADOS Y ACUERDOS DE COMERCIO NO UNIVERSALES CON UN COMPONENTE SOCIAL

18 Estas debilidades impulsaron a países como los Estados Unidos a tomar iniciativas unilaterales. Las leyes americanas contienen disposiciones específicas en las que se subordinan las ventajas económicas otorgadas a otros países al cumplimiento de su parte de normas mínimas para la protección de los trabajadores. Cabe mencionar en particular el Sistema Generalizado de Preferencias, modificado, y la legislación comercial existente. El Reglamento europeo núm. 978/2012, de 25 de octubre de 2012 (enmendado), también aplica el principio de la Nación más favorecida en sus preferencias tarifarias, estimando la violación, entre otras, de las normas fundamentales del OIT como una razón para retirar este estatuto privilegiado. El texto adopta paralelamente un enfoque más positivo: concede ventajas tarifarias adicionales a países en vías de desarrollo que la falta de diversificación y de integración en el sistema comercial internacional hace vulnerables, con el fin de ayudarles a asumir las cargas que emanan de la ratificación y de la puesta en ejecución efectiva particularmente de convenios vistos como fundamentales por esta Organización (ver el 11.° considerando del reglamento, sus artículos 9 y 19 así como el anexo VIII).

19 Las objeciones levantadas contra este tipo de legislación provienen de su carácter unilateral, del hecho que permite al Estado dar sus propias definiciones acerca de lo que se entiende por normas equitativas de trabajo, de ser el único que determina su aplicación en otros países, de hacer de su cumplimiento un factor de ventaja económica o aduanera e imponer sanciones si son violadas. Muchos ven como preferible, en el interés de todas las partes, recurrir a instrumentos universales capaces de prevenir los peligros del proteccionismo y el riesgo de múltiples decisiones unilaterales o tomadas dentro de un pequeño grupo de Estados. Temen que la ausencia de tales instrumentos conduzca a un tipo de sobrepuja “hacia abajo” y favorezca situaciones de explotación, incluso el desmantelamiento de la protección social nacional existente. Algunos adjuntan que las malas prácticas provienen a veces de inversores extranjeros que no podrían actuar del mismo modo en casa. Más aún, aunque las disposiciones unilaterales están basadas generalmente en las que son consideradas normas fundamentales de la OIT, la última no interviene en su implementación. Nada impide, sin embargo, que un gobierno que ha condicionado la concesión de ciertas ventajas en otro Estado, al respeto por este último de derechos mínimos al trabajo, de tomar en cuenta los comentarios de los órganos de control de la Organización relacionados a las normas seleccionadas como referencia. En cambio, varios países han pedido la ayuda de la OIT para cumplir con sus obligaciones planteadas por las cláusulas sociales vinculadas a las preferencias tarifarias.

20 Un número creciente de acuerdos de cooperación comercial bilaterales que han sido firmados, en particular por Canadá, Estados Unidos, y la Unión

Europea, contienen cláusulas sociales. Ejemplo de ellos son los acuerdos de Canadá con Chile y Costa Rica, acuerdos americanos con Camboya, Chile, Jordania y Singapur, y los acuerdos de la Unión Europea con Corea del Sur e India. El número de tratados de comercio multilaterales también está creciendo. Los tratados europeos, que van mucho más allá en el proceso de integración que los meros acuerdos de libre comercio, son un caso aparte. El Acuerdo de Libre Comercio de Norteamérica (NAFTA) era un clásico ejemplo, y las intensas negociaciones llevadas a cabo con miras a su revisión han acabado a un nuevo acuerdo que se llamará USMCA (*United States-Mexico-Canada Agreement*). Los EE.UU. han concluido otro acuerdo de libre comercio incluyendo normas sociales con la Republica dominicana, Nicaragua, el Salvador, Guatemala, Honduras y Costa Rica (ALEAC). Finalmente, un acuerdo conocido por la sigla en español MERCOSUR, une Argentina, Brasil, Paraguay y Uruguay (Bolivia está en proceso de adhesión, cuando Venezuela está suspendido); la dimensión social es uno de los temas que están siendo discutidos.

21 La UE y Canadá han firmado en 2016 un tratado de comercio llamado AECG (CETA según la sigla inglesa). Contiene un capítulo 23 sobre el trabajo que hace referencia a la OIT y a sus normas. Ninguno de ambas Partes puede ignorar o bajar las reglas de trabajo con vistas a estimular el comercio. Las organizaciones no gubernamentales son asociadas con la implementación de las disposiciones del capítulo. Los Signatarios reconocen la importancia del diálogo social sobre las cuestiones que conciernen al trabajo entre los trabajadores y los empleadores, sus organizaciones respectivas y los gobiernos; se comprometen en promover tales discusiones. La cooperación con la OIT es alentada. Por fin, un mecanismo de ejecución está establecido para garantizar la puesta en práctica de estas disposiciones. Acuerdos también son periódicamente concluidos entre la Unión Europea y un grupo de países en vías de desarrollo de África, el Caribe y el Pacífico. Reconocen como un componente esencial de la relación comercial preferencial establecida entre Europa y sus antiguas colonias, el respeto por los derechos humanos y las libertades fundamentales, incluyendo derechos laborales básicos y la democracia basada en las reglas de Derecho. El acuerdo actual, llamado de Cotonú se refiere expresamente a las normas llamadas fundamentales de la OIT. Se espera que se firma un nuevo acuerdo, basado sobre los mismos principios. Debería también incluir "las condiciones de trabajo seguras y saludables" siguiendo la incorporación de ellas por la Conferencia internacional del trabajo en 2022 en la Declaración de 1998.

22 Mucho se ha expresado sobre las limitaciones geográficas y sustantivas a esos acuerdos. Es cierto, aún en el caso del USMCA, que las disposiciones que contienen son relativamente generales. Su propósito también difiere claramente de los objetivos de los convenios internacionales de trabajo; son sobre todo económicos y el argumento relativo a la competencia utilizado para justificar la inclusión de normas sociales es fácilmente discernible en más de una declaración relacionada con ellos. No obstante, el hecho de que apunten a mitigar las

repercusiones sociales negativas de la liberalización del comercio también los acerca a los intereses de la OIT. La experiencia del programa Better Factories Cambodia, en el que la OIT se encarga de establecer un sistema de vigilancia y de realizar visitas a las empresas interesadas, debe examinarse desde esta perspectiva. El proyecto, iniciado conjuntamente por los Estados Unidos y la OIT, tiene por objeto mejorar la situación de los trabajadores de las empresas textiles del país. Ello da lugar a una evaluación detallada voluntaria y consensuada del caso. El registro en el programa es una condición para obtener una licencia de exportación (https://betterwork.org/where-we-work/Cambodia). El programa Better Work de la OIT, en su generalidad, puede marcar el inicio de un nuevo papel de la OIT, el de una tercera parte encargada de analizar las disposiciones sociales introducidas en arreglos no universales entre países. Más generalmente, gobiernos ya han pedido la asistencia técnica de la Organización para hacer su legislación o su práctica siendo conforme a las condiciones sociales puestas en la concesión de ventajas tarifarias.

3. EL DERECHO SOCIAL DE LA UE

23 Preocupaciones parecidas sobre las condiciones de trabajo, la cohesión social y la igualación de los costes de producción se encuentran en el nacimiento del Derecho social europeo. Desde 1955, análisis y discusiones sobre los aspectos sociales de la integración económica europea habían sido llevados a cabo por la OIT. Las mismas aprehensiones se encontraban allí, aunque fueron apaciguadas (B.I.T., 1956; Comité intergubernamental creado por la Conferencia de Messinea, *Rapport des chefs de délégation aux ministres des Affaires étrangères*, págs. 63 y siguientes). La preocupación de evitar una competencia social por lo bajo marcó las discusiones preparatorias. El Tratado que instituía la Comunidad económica europea, firmado en Roma el 25 de marzo de 1957, contenía ya algunas disposiciones sociales. Los Estados signatarios convenían la necesidad de promover el mejoramiento de las condiciones de vida y de trabajo de la mano de obra. Es con esta motivación que redactaron el artículo 119 del Tratado original (art. 157 del tratado modificado en Lisboa, 2007) estableciendo la igualdad de remuneración entre hombres y mujeres para un mismo trabajo; Francia temía que la más grande igualdad salarial que pensaba conocer provocara una desventaja económica para sus empresas.

24 El artículo 68.2 del Tratado que instituía la Comunidad europea del carbón y del acero (CECA), firmado en París el 18 de abril de 1951, también contenía una cláusula social que contemplaba la hipótesis donde empresas establecerían precios anormalmente bajos pagando salarios claramente inferiores al nivel de las remuneraciones practicadas en la misma región. Los debates sobre las ampliaciones sucesivas de la UE manifestaron las mismas preocupaciones a ver algunos países obtener una ventaja comparativa debido al coste social menos elevado de sus productos. Progresivamente, los objetivos sociales se

hicieron más presentes, y un equilibrio ha sido buscado entre estos últimos y los imperativos económicos del mercado nacional. El TFUE, enmendado en 2007, contiene disposiciones sociales (en particular los artículos 151 a 161). La Unión y sus Miembros incluyen en sus objetivos declarados la promoción del empleo y el mejoramiento de las condiciones de vida y de trabajo "a fin de conseguir su equiparación por la vía del progreso" (artículo 151). La creación de un mercado de trabajo único responde hoy no sólo a motivaciones comerciales, sino que tiende también a ofrecer posibilidades nuevas de empleo en una región fuertemente afectada por el paro. Las instituciones europeas han adoptado por otra parte la visión del "trabajo decente" elaborada por la OIT (Comunicación de la Comisión COM (2006) 249 final). Sindicatos daneses y finlandeses hasta firmaron acuerdos de cooperación con sus equivalentes en Lituania y en Estonia, con el objetivo, entre otras cosas, de evitar la competencia social a la baja, especialmente sobre los salarios (*European Industrial Relations Review*, 2006, pág. 3).

25 Más que la mayoría de los Derechos nacionales del Trabajo y de la seguridad social, el Derecho social europeo posee vínculos estrechos con el de la competencia. Las instituciones sociales son así evaluadas a la luz de las disposiciones económicas europeas. Algunas de ellas reciben la calificación de "empresa" en el sentido de los tratados de la UE, y se ven entonces negar, o no, el monopolio de llevar su actividad. Consideraciones económicas y móviles sociales se agregan íntimamente en los esfuerzos llevados con vistas a armonizar las condiciones de trabajo practicadas en los Estados europeos. El derecho de la UE aumenta algunas veces las garantías ofrecidas a los trabajadores por los Derechos nacionales, como en la en la Directiva núm. 2019/1152 del 20 de Junio de 2019, que obliga al empleador a informar al trabajador de las condiciones aplicables al contrato o a la relación de trabajo. Favorece en cambio su flexibilización para enfrentar las dificultades económicas. La Directiva núm. 96/71, *de 16 de diciembre de 1996*, sobre los trabajadores desplazados, la interpretación que lo dio el Tribunal de Justicia de la UE y las modificaciones de dicha legislación constituyen un ejemplo controversial. Queda que la voluntad de crear una cohesión social efectiva dentro de este grupo de países se manifiesta con constancia, en particular desde las últimas reformas. Volveré sobre estos casos evocando los instrumentos correspondientes.

III. EL DERECHO DE LA OIT DESPUÉS DE CIEN AÑOS

26 La intención básica de los fundadores de la OIT fue, por las razones explicadas anteriormente, crear una institución productora de reglas de derecho. Las normas internacionales del trabajo son textos jurídicos adoptados por los mandantes de la OIT (gobiernos, empleadores y trabajadores) durante su Conferencia anual. Establecen garantías sociales para las personas que trabajan. Se dividen en convenios (o protocolos), que son tratados internacionales

jurídicamente vinculantes cuando son ratificados por los Estados Miembros, y en recomendaciones, que actúan como directrices no vinculantes. En muchos casos, un convenio establece las protecciones básicas que deben aplicar los países que lo ratifican, mientras que la recomendación correspondiente complementa al convenio, proporcionando directrices más detalladas sobre su aplicación. Las recomendaciones también pueden ser autónomas, es decir, que no se encuentran relacionadas con ningún convenio. Los convenios de la Organización son la fuente principal del Derecho Internacional del Trabajo. Su ratificación es un acto puramente voluntario y soberano por el que el Estado se obliga a aplicar sus disposiciones. Los términos "declaraciones", "resoluciones", "códigos modelo" y "códigos de práctica" abarcan instrumentos de política social de variados orígenes que tienen en muchos casos un carácter poco imperativo.

27 Esbozaré varios temas tratados por las normas internacionales del trabajo y los procedimientos de control. Examinaré luego el impacto de estas reglas. La efectividad del sistema normativo de la OIT se busca a través de métodos de implementación y de sanciones, de mediación y de cooperación técnica. Evaluaré finalmente el sistema normativo de la Organización.

28 Una sinopsis: los convenios y recomendaciones de la Organización cubren prácticamente todos los campos del Derecho del Trabajo y de la seguridad social. Sus temas comprenden la libertad sindical y la negociación colectiva, la prohibición del trabajo forzoso y del trabajo infantil, la igualdad de oportunidades y de trato, la política del empleo y su promoción, la formación y la orientación profesionales, la seguridad en el empleo, la consulta tripartita, la administración del trabajo y la inspección del trabajo, las condiciones de trabajo (salarios, tiempo de trabajo, seguridad y salud en el trabajo, la protección de la maternidad), formas particulares de trabajo (independiente, a tiempo parcial, a domicilio, trabajadores domésticos, familiar, aprendizaje), la protección de categorías particulares de trabajadores (trabajadores migrantes, portuarios, gente de mar, pescadores, trabajadores de las plantaciones, personal de enfermería, de hoteles y restaurantes), la seguridad social, etc. Estos instrumentos han demostrado su capacidad de adaptarse a sistemas jurídicos variados.

29 Forman parte del Derecho Internacional Público, tanto por su elaboración que por la ejecución de las obligaciones que contienen. Por cierto, organizaciones privadas de empresarios y de trabajadores son asociadas con la creación y el control de las reglas producidas, hasta el punto que los convenios de la Organización se parecen, en su proceso de formación, a esos pactos sociales tripartitos concluidos en muchos países europeos. Por cierto, la Constitución de la OIT se desvía sobre distintos puntos del procedimiento tradicional para la conclusión de tratados internacionales (adopción con una mayoría calificada y no la unanimidad; envío de una copia de los instrumentos nuevos a la

Secretaría General de Naciones Unidas en lugar de la tradicional firma por las partes; obligación para los Estados de someterlos a sus autoridades legislativas con el fin de promover la ratificación). El derecho de la OIT se mantiene, sin embargo, como un derecho de las relaciones entre Naciones responsables de los compromisos que han tomado.

30 Estas particularidades constituyen la fuerza, y al mismo tiempo la debilidad de la Organización en un periodo en el cual los Estados y las asociaciones empresariales y sindicales ya no poseen en sus manos todas las cartas del juego. La globalización ha introducido interacciones complejas entre diferentes niveles de decisión: local, nacional, regional y plurinacional. Las relaciones supranacionales se hacen transnacionales tanto como internacionales; un número significativo de grupos, de entidades regionales, de compañías multinacionales, de ONG mundiales se insertan en el concierto de las Naciones. La puesta en la práctica de las normas sociales no depende solamente de la voluntad de los gobiernos nacionales, sino, como ya lo he mencionado, también de una variedad de actores y de factores. La OIT conserva, no obstante, una legitimidad particular en el control de sus normas debida a la objetividad del mecanismo establecido, de su universalidad, de sus cualidades técnicas y morales.

31 La supervisión de la aplicación de las normas de la OIT está fundada en un muy sofisticado procedimiento de control que incluye, además del recurso posible a la Corte internacional de Justicia, entidades de juristas independientes y órganos representativos tripartitos. Un primer procedimiento comprende el análisis de los informes que los gobiernos deben enviar y abarca en teoría, si no en la práctica, todas las situaciones experimentadas por un país respecto de un convenio que ha ratificado. Otros procedimientos se ponen en marcha a través de quejas y son por ello aleatorios. El examen de las reclamaciones se centra en los puntos específicamente alegados: puede traer a la luz problemas tangibles, pero no supone el examen sistemático del control regular. Todos los mecanismos integran la audición de las partes, y, en su caso, una visita al lugar. La discusión pública en un foro internacional y la publicidad dada a las conclusiones de los órganos de control son factores importantes para fomentar por parte de los Estados el respecto completo de los convenios ratificados o de los principios pertinentes de libertad sindical.

32 El procedimiento de informes: Un Comité de juristas independientes, llamada Comisión de expertos por la aplicación de los convenios y recomendaciones, estudia los informes que los gobiernos deben transmitir regularmente, las críticas que las organizaciones empresariales y sindicales pueden expresar sobre los mismos, así como otras informaciones disponibles. Cuando identifica dificultades en la implementación de un convenio, formula comentarios comunicados directamente al Estado interesado; en los asuntos más importantes, publica estos en un documento sometido cada año a la Conferencia internacional del trabajo. Una de sus comisiones se encarga de la aplicación de las

normas; discute con representantes de los gobiernos las situaciones más serias y la manera de poner fin a las discrepancias observadas. Informa el plenario de la Asamblea donde debates aún pueden tener lugar.

33 El procedimiento de quejas: Otra forma de control válida para todos los convenios consiste en la posibilidad de introducir reclamaciones y quejas contra un Estado. Cualquier organización representativa de empleadores y de trabajadores puede presentar una reclamación a la OIT alegando que un país miembro no ejecuta satisfactoriamente un convenio ratificado. En ese caso, el Consejo de Administración de la OIT decide si establezca entre sus miembros un comité tripartito que conduzca un examen inicial del caso y presente sus conclusiones. El Consejo de Administración puede invitar al gobierno en cuestión a dar su opinión y ayudar en el análisis del tema. Si no recibiera una respuesta satisfactoria, el Consejo de Administración hace públicas la reclamación y la respuesta recibida. Como resultado o no de este examen, el Consejo de Administración tiene la posibilidad de iniciar una Comisión de Encuesta. La demanda puede igualmente ser realizada de dos maneras. Cualquier país miembro puede presentar una queja contra otro Estado que haya violado un convenio que ambos ratificaron, y un delegado a la Conferencia Internacional del Trabajo también puede introducir una queja. Esta es una de las raras instancias –y la única en el contexto de la OIT– en la que una queja pude ser presentada por un individuo, aunque este último sea, por su puesto, parte de una delegación del gobierno, de los empleadores o de los sindicatos.

34 Los miembros de las Comisiones de Encuesta son elegidos por su capacidad personal y por su conocida imparcialidad e independencia de pensamiento. La Comisión examina la queja en profundidad, habitualmente toma audiencias y realiza una visita al lugar. Formula entonces sus observaciones en un informe que contiene todos los aspectos fácticos que sirven para precisar el ámbito de la queja y cualquier recomendación sobre las medidas a ser adoptadas, así como un calendario para su implementación. El Director General de la OIT comunica el informe al Consejo de Administración y a todos los Estados a los que la disputa concierne; se asegura que el informe sea publicado. Cada uno de los gobiernos debe informarle dentro de los tres meses si acepta o no las recomendaciones y, si no las aceptase, si pretende llevar el asunto a la Corte Internacional de Justicia. La Corte puede confirmar, variar o dejar sin efecto cualquiera de las conclusiones o recomendaciones de la Comisión de encuesta; sus decisiones son definitivas. Al día de hoy ningún gobierno ha recurrido a la Corte.

35 En caso de que un país miembro no dé cumplimiento dentro del plazo prescrito a las recomendaciones que pudiere contener el informe de la Comisión de encuesta o la decisión de la Corte Internacional de Justicia, el Consejo de Administración puede recomendar a la Conferencia "las medidas que estime convenientes para obtener el cumplimiento de dichas recomendaciones"

(artículo 33 de la Constitución). Esta disposición constituye un último recurso que ha sido raramente invocado (véase párrafo 38).

36 El procedimiento de queja por violación de la libertad sindical: La OIT estableció además un procedimiento especial que es complementario –pero no reemplaza– al sistema de control general. El organismo principal es en este caso el Comité de Libertad Sindical, un órgano tripartito (presidido por una persona independiente) constituido por miembros del Consejo de Administración. Recibe queja por violación de la libertad sindical presentadas en la mayoría de los casos por una organización sindical, aunque el Estado y las asociaciones de empleadores también pueden hacerlo. En circunstancias excepcionales, el Consejo de Administración devuelve el asunto a una Comisión de investigación y conciliación, otro organismo compuesto por personas independientes cuya misión es la de investigar los hechos alegados y examinar, con los gobiernos interesados, las posibilidades de solucionar los problemas encontrados antes de elevar un informe al Consejo de Administración. Este procedimiento no requiere –y allí reside su originalidad– la ratificación por parte del Estado al que atañe de ningún convenio sobre libertad sindical. No requiere siquiera el consentimiento del Estado en el caso, salvo para el establecimiento de una Comisión de investigación y conciliación.

1. LA EFECTIVIDAD DEL APARATO NORMATIVO DE LA OIT

37 Los métodos de implementación y las sanciones: En los concisos términos del artículo 19 de la Constitución, los Estados que ratifican un convenio, deben adoptar las medidas necesarias para hacer efectivas sus normas. En los sistemas conocidos como monistas, la ratificación de un tratado (o su promulgación y/o publicación) automáticamente lo hace parte integral del ordenamiento legal doméstico. Los sistemas dichos dualistas al contrario exigen la adopción de medidas jurídicas en todos los casos donde una adaptación legislativa es requerida. Para que una ratificación tenga este efecto en un sistema monista, los términos del convenio deben permitir su inmediata aplicación bajo la legislación doméstica, en otras palabras, deben ser "self-executing" (auto-ejecutivos). Si ése no fuera el caso, deben adoptarse reglas nacionales adicionales. Más aún, la sola disposición constitucional puede ser insuficiente: el Estado que ratifica se obliga a aplicar las disposiciones en la práctica, lo que no puede hacer si las normas, aún en el caso de estar teóricamente incorporadas al Derecho interno, no son conocidas en el país. El Estado debería tomar otras medidas, quizás incluso legislativas, para cumplir con sus obligaciones internacionales. Además, algunos convenios hacen expresa referencia a los medios de implementación, incluyendo adiciones a la legislación interna. No obstante, en última instancia, la puesta en práctica de estas normas depende de la voluntad real de las autoridades nacionales de aplicarlos. La implementación de estas disposiciones internacionales o de las reglamentaciones

nacionales que las aplican, suponen un control por parte de inspectores del trabajo pertenecientes a cuerpos de funcionarios públicos bien educados y en número suficiente.

38 Preocupados por tratar igualmente con todos los Estados y por no favorecer a ninguno, los órganos de control de la OIT son muy estrictos y no aceptan flexibilidad en la fase de identificación de divergencias entre la ley o la práctica de un país determinado y un convenio que libre y soberanamente se ha obligado a aplicar. Más aún, los procedimientos seguidos son parecidos a los procedimientos judiciales; respetan escrupulosamente los principios generales del proceso judicial. Esas garantías, y el cuidado puesto en la selección de las personalidades independientes que participan en los mecanismos de control, tienen la intención de infundir confianza a los Estados criticados, asegurarlos que sus casos serán examinados de manera desapasionada y neutra. Esto en modo ninguno significa que sólo se utilicen medios legales para eliminar tales discrepancias. Sus conclusiones no son fallos: las conclusiones realizadas, tan críticas sean, no son obligatorias. La OIT no puede enviar cascos azules para imponer la aplicación de sus normas. Los comentarios están redactados de manera que incitan a la acción y generan diálogo, no que condenan. A este respecto, los órganos tripartitos tales como la Comisión de la Aplicación de Normas de la Conferencia pueden jugar un rol especial. Tienen sus propios intermediarios (asociaciones sindicales y empresariales, delegados interesados de otros países, etc.) que pueden ayudar a la comprensión y aceptación de las recomendaciones adoptadas. En términos generales, es a través de una combinación de diplomacia y de incitaciones esencialmente morales, que los órganos de control se esfuerzan por asegurar la aplicación de las normas internacionales del trabajo cuando ellas dan lugar a dificultades.

39 La Organización tiene varios medios de incitar a un Estado para que cumpla con las normas. La publicidad de las discusiones en un foro internacional (el Consejo de Administración, la Conferencia y su Comisión de Aplicación de la Normas) constituye un porqué de que todos los Estados de modo bastante natural busquen evitar ser citados ante la comunidad internacional, en la que, necesariamente, no tienen sólo amigos. La amenaza del debate público ha conducido a un número de gobiernos a buscar, con la ayuda del Secretariado, una solución consensuada al problema. Además de las medidas utilizadas para estimular el diálogo y la mediación, el mecanismo de supervisión se basa principalmente sobre sanciones diplomáticas y el recurso, en última instancia, a la Corte Internacional de Justicia. La Organización podría adoptar medidas más disuasivas. Una disposición expresa para esto existe en el artículo 33 de la Constitución respecto del procedimiento de queja por violación de convenios ratificados. En casos en los que se han verificado serias violaciones de la libertad sindical, por ejemplo, se ha sugerido que la oficina exterior de la OIT (si hay una) sea mudada del país en cuestión, que la OIT se rehúse organizar reuniones allí o que retire parte o toda la asistencia técnica que provee. No hay

nada que prevenga que sanciones no sólo diplomáticas sino también económicas sean tomadas en el marco de los procedimientos de control. Pero la OIT ha preferido siempre el diálogo a las sanciones. Es con esta visión en mente que la Institución ha resistido siempre las propuestas de acciones coercitivas, tales como el recurso a medidas comerciales.

40 La mediación en la OIT: Una vez que el examen ha sido concluido, los comentarios, si los hay, no asumen la forma de sentencias judiciales, su objetivo es conciliar, o mejor mediar (en cuanto formulan recomendaciones específicas con miras a solucionar las diferencias surgidas). En pocas palabras, aunque se basan en normas legales contenidas en los convenios de la OIT, las conclusiones no tratan de penalizar malas conductas; más bien intentan ayudar a un Estado a hacer efectivo un instrumento. Los órganos de la OIT buscan, y generalmente obtienen, la cooperación de los gobiernos interesados, como es implícitamente requerido por los procedimientos de control. El gobierno, por su parte, tiene interés en cooperar en vista de que esto le permite responder a las críticas dirigidas en su contra y explicar qué es lo que en realidad demora la completa aplicación del convenio. Aún en casos sencillos, los órganos de control no se contentan con comentarios en las que comprueban la existencia de anomalías respecto de un determinado convenio. Sus conclusiones son acompañadas, cuando es apropiado, de propuestas específicas para resolver los problemas encontrados. De hecho, si la OIT considera que sus convenios deben aplicarse de manera uniforme y constante a todos los Estados, una reflexión sobre las circunstancias propias a cada uno, de sus condiciones económicas y sociales o del estado de sus relaciones profesionales pueden intervenir al estadio ulterior de los medios utilizados para terminar las violaciones observadas.

41 La mediación se realiza sea por los órganos institucionales de la OIT, incluso una delegación tripartita del Consejo de Administración (caso del Qatar: OIT CA Documento GB. 326/INS/8-Rev), sea por personalidades independientes, sea por altos funcionarios de la Oficina durante misiones y entrevistas más o menos formales. Obedece a unos principios fundamentales, al primer rango de los cuales figura la protección, al mismo nivel que en un proceso judicial, de los derechos de la defensa: el Estado que se defiende debe así gozar de la posibilidad de replicar al último en el intercambio de argumentos entre las partes. Cuando sobreviene un problema serio, la Oficina juzga oficial o informalmente un más claro rol de mediador. Privilegia en primer lugar los contactos oficiosos que deberían permitir encontrar una solución sin empezar o perseguir un procedimiento oficial en violación. El comportamiento seguido por las personalidades que son encargadas de ello, tiene mucho de los códigos éticos de conducta practicados por los mediadores y los conciliadores nacionales: rapidez y de una vez serenidad, imparcialidad y respeto de igualdad de las partes, conocimiento en profundidad de los expedientes y sensibilidad a las exigencias de la buena gobernanza. El punto es resolver, de acuerdo a las

normas concernidas y de un modo aceptable para cada una de las partes, problemas a menudo complejos y delicados.

42 Los casos se refieren a conflictos laborales generados en un país particular o que exceden sus límites. Ejemplos concretos figuran en SERVAIS 2011 (párrafos 1029-1033). Más informalmente aún, altos funcionarios internacionales han asesorado a empresas multinacionales acerca de la manera de mejorar las condiciones de trabajo de su personal. La Organización ha también establecido un centro centralizado de recursos ("helpdesk") para gerentes de empresas y trabajadores, destinado a promover el respeto de las normas internacionales del trabajo en las operaciones comerciales y a contribuir al establecimiento de buenas relaciones de trabajo. Ofrece información sobre una amplia gama de temas en materia de prácticas laborales que, en todos los casos, se deriva de la Declaración Tripartita de Principios sobre Empresas Multinacionales y Política Social, adoptada por el Consejo de Administración en 1977.

43 La cooperación técnica de la OIT: A fin de lograr cooperación, aun cuando no se hayan realizado comentarios críticos en relación con la aplicación de un convenio, la Organización se embarca en varias actividades (seminarios sobre normas, prácticas para funcionarios públicos nacionales, folletos y manuales, etc.) enfocadas a intensificar el entendimiento del alcance, objetivos y el trabajo de los órganos de control. Tiene también varios canales para generar diálogo constructivo. A este respecto, las oficinas exteriores locales y regionales de la OIT juegan un papel útil. Las últimas tienen personal que se encuentra específicamente a cargo de asesorar a los gobiernos sobre temas relativos a las normas. El Centro de Formación Internacional de la OIT en Turín juega un rol importante en la provisión de soporte para esa asistencia y actividades promocionales. La Declaración sobre los Principios y Derechos Fundamentales en el Trabajo y su Seguimiento adoptada por la Conferencia internacional del trabajo en 1998 ha dado un fuerte ímpetu a los programas de cooperación técnica respecto a estos derechos.

44 La Organización se ha esforzado por desarrollar asistencia técnica que se adapte a las necesidades individuales de los Estados. Esto ha tomado la forma de misiones dirigidas por los funcionarios a cargo de las normas en las oficinas exteriores de la OIT, respaldadas por sus colegas en la oficina central. Las visitas *in situ* pueden ser de dos tipos. O bien apuntan a proveer asesoramiento técnico a fin de poner el derecho y la práctica de un país en línea con un convenio ratificado o, más simplemente, a integrar los valores consagrados por las normas en una reforma de la legislación laboral. También pueden consistir en la participación en coloquios, seminarios y talleres en los que las normas son explicadas en detalle y donde se discute abiertamente las dificultades y las objeciones a su implementación. Eventos de este tipo reúnen a los administradores del trabajo, empleadores, líderes sindicales, aun jueces especializados

y expertos universitarios. Las opiniones y recomendaciones también pueden concernir a los mecanismos de información y control, y al modo como ellos se aseguran de no sobrecargar a las administraciones nacionales.

2. UNA EVALUACIÓN

45 Dificultades serias existen sin embargo en la aplicación por los Estados de estos convenios. Se deben a los escollos encontrados para punir a los contraventores. Resultan del medio socio-económico en el que se aplican como en situaciones de pobreza (con la problemática de la economía informal) en el que se aplican, de la debilidad de las capacidades institucionales de los Estados (en particular de la ausencia de un número suficiente de inspectores bien cualificados) y de las organizaciones profesionales en muchos países en vía de desarrollo, más allá de factores culturales y de la visión que los ciudadanos tienen del respecto estricto del derecho. Estas dificultades no impiden que las normas técnicas sirvan como inspiración para los Estados que no pueden ratificar un convenio determinado, a causa de discordancia con algunas de sus disposiciones, para grupos regionales que apuntan a la armonización de su legislación social o para las empresas que fijan sus iniciativas sociales. Un ejemplo lo constituyen los instrumentos de la OIT sobre seguridad en el trabajo. Las normas técnicas son utilizadas por firmas consultoras privadas, asociaciones de empresas, sindicatos, ONGs o gobiernos cuando preparan documentos que sirven de base para iniciativas sociales, así como en el caso del modelo ISO o en el marco del Compacto Global de las Naciones Unidas. También se han incluido referencias a normas técnicas de la Organización en las legislaciones unilaterales o los acuerdos de comercio que subordinan las ventajas económicas otorgadas a otros países al cumplimiento, de su parte, de derechos mínimos de los trabajadores.

46 Dicho esto, la Organización puede no obstante prevalerse de éxitos ciertos en la implementación de sus normas. Hay violaciones, no es necesario decirlo, y algunos gobiernos son más respetuosos de ellas en el discurso que en la práctica. A veces surgen situaciones en las que no aparece una solución total próxima. Sin embargo, aun en los casos en los que la OIT no puede revertir la situación, su acción es beneficiosa. Y esos casos no deberían opacar los otros. Un buen ejemplo de la acción positiva de la OIT es el referido a los derechos sindicales. A través de las actividades del Comité de Libertad Sindical, muchos sindicalistas o representantes de los empleadores arbitrariamente arrestados han sido liberados o, habiendo sido acusados de actividades no relacionadas con sus funciones representativas, recibieron un juicio justo; trabajadores que fueron despedidos en represalia por sus actividades gremiales fueron reinstalados; legislación incompatible con los principios de la libertades sindicales fueron reformada; y, más generalmente, se ha reasumido un diálogo entre el gobierno y las asociaciones de empleadores y trabajadores, que son componentes esenciales de la vida pública en todos los países.

47 Son también reveladoras las sentencias en las que los tribunales nacionales se valen de los convenios ratificados y aun de los no ratificados con miras a corregir o interpretar las normas nacionales o para identificar nuevos principios generales de Derecho (BEAUDONNET, 2010). La Corte Europea de Derechos Humanos también se ha referido a las normas de la OIT y a los comentarios de los órganos de control. En el caso *Demir y Baykara vs. Turquía* (12 de noviembre de 2008, req. Núm. 34503/97) en particular, las referencias no se confinan a las observaciones de la CEACR tratando de Turquía específicamente, sino que se extienden también al cuerpo completo de principios que surgen de conclusiones anteriores, incluyendo las del Comité de Libertad Sindical. En términos generales, un número de autores ha destacado la influencia de las normas internacionales del trabajo en el desarrollo del Derecho nacional o europeo (SERVAIS, 2011, párrafos 138bis y 1054).

IV. EL DERECHO SOCIAL DE LA UE

48 La legislación laboral y de seguridad social es muy necesaria a nivel europeo. La internacionalización de los mercados, su mundialización, implica no sólo la apertura de las fronteras, sino la elaboración de un marco jurídico adecuado para la fluidez de los intercambios y la protección de las partes en las relaciones laborales. Las consecuencias sociales de esta evolución invitan a crear instituciones que faciliten las transiciones para quienes no se adaptan rápidamente a cambios repentinos. Las instancias locales y nacionales ya no tienen el peso que les corresponde frente a los mecanismos económicos. Los Estados experimentan dificultades muy reales para imponer su política social y la aplicación de su derecho en ámbitos como las transferencias de empresas, las reestructuraciones que dan lugar a despidos colectivos, o las negociaciones salariales en el seno de una estructura multinacional. En todas partes, los Estados se agrupan para resistir más firmemente la dilución de los poderes nacionales. Europa ofrece la forma más sofisticada de entidad supranacional. Por lo tanto, el derecho que surge tiene un carácter precursor, creativo e innovador.

49 La Unión Europea se fundamenta en el Derecho. Así pues, todas las acciones que emprende se basan en los tratados, que han sido aprobados voluntaria y democráticamente por todos sus países miembros. Por tanto, si un ámbito de actuación determinado no se cita en ningún tratado, la Comisión no puede proponer legislación al respecto. Un tratado es un acuerdo vinculante entre los países miembros de la UE. Son dos: el Tratado de la UE (TUE) y el Tratado de Funcionamiento de la UE (TFUE). Establecen los objetivos de la UE, las normas aplicables a sus instituciones, la manera en que se toman las decisiones y la relación existente entre la Unión y sus países miembros. Los tratados se han modificado varias veces, la última en Lisboa en 2007, para mejorar el funcionamiento y las actividades de la UE, para preparar la llegada de nuevos

países miembros y para introducir nuevos ámbitos de cooperación, como la moneda única. Según los tratados, las instituciones de la UE pueden adoptar legislación, que los países miembros aplican a continuación (https://europa.eu/european-union/law/treaties_es). Pueden consultarse los textos completos de los tratados, la legislación, la jurisprudencia y las propuestas legislativas utilizando la base de datos Eur-Lex del Derecho de la UE. Trataré sucesivamente de la competencia de la UE sobre cuestiones sociales y de las fuentes de su Derecho o al respecto.

1. COMPETENCIAS

50 Los artículos 2 y 3 del TUE (TUE/1999) proclaman los valores y los objetivos de la Unión. El primero menciona la abolición de la discriminación, la igualdad entre mujeres y hombres así como la solidaridad, y el artículo 6, que la Unión reconoce los derechos, libertades y principios enunciados en la Carta de los Derechos Fundamentales de la UE de 2000. Entre los últimos, se destacan la igualdad de oportunidades y de tratamiento y la lucha contra las discriminaciones por razón de nacionalidad entre ciudadanos europeos o de género, así como las que se basan sobre motivos de raza o de origen étnico, de religión o convicciones, de discapacidad, de edad o de orientación sexual. Varias directivas tratan específicamente de estos temas. La Carta consagra también la prohibición de la esclavitud y del trabajo forzado, el respeto de la vida privada, las libertades de reunión, de expresión y de información, así como el derecho de asociación, como lo hace otra organización internacional europea, el Consejo de Europa en su Convenio para la Protección de los Derechos Humanos y de las Libertades Fundamentales, adoptada en 1950.

51 El artículo 3 TUE/1999 cita la libre circulación de las personas, un desarrollo sostenible basado en un crecimiento económico equilibrado y en la estabilidad de los precios, en una economía social de mercado altamente competitiva, tendente al pleno empleo y al progreso social. Adjunta que la UE lucha contra la exclusión social, promueve la cohesión y la protección social y la salvaguardia de los derechos de los niños. Según los artículos 8 y 9 TFUE, la Unión tiene en cuenta estos objetivos juntos con las exigencias relacionadas con la promoción de un nivel de empleo elevado. Es el espíritu por ejemplo de los artículos 2 y 5 TFUE que animan la coordinación de las políticas nacionales en materia de empleo. Es la de las disposiciones sobre la cohesión económica y social y la solidaridad entre los miembros (artículos 162-164 y 174-178 TFUE) que fundan la acción de coordinación a favor de las regiones menos favorecidas y la creación de fondo a finalidad estructural. La Unión toma iniciativas por la coordinación de las políticas sociales y del empleo de los Estados miembros (artículo 5 TFUE).

52 El marco normativo del derecho social europeo se fundamenta en los artículos 151 a 161 TFUE, que determinan el objeto y los métodos. El objetivo

consiste en el fomento del empleo, la mejora de las condiciones de vida y de trabajo, a fin de conseguir su equiparación por la vía del progreso, una protección social adecuada, el diálogo social, el desarrollo de los recursos humanos. Apoya y completa la acción de los Estados miembros con vistas a realizar estos objetivos. La evolución debe resultar tanto del funcionamiento del mercado interior, que favorecerá la armonización de los sistemas sociales, como de los procedimientos previstos en los Tratados y de la aproximación de las disposiciones legales, reglamentarias y administrativas. Los tratados europeos consideran por consiguiente que los dos últimos medios deben corregir los excesos del ajuste automático del mercado.

Más generalmente podemos clasificar las competencias de la UE en tres categorías La primera se relaciona con el fomento de un nivel elevado de empleo, a través de medidas jurídicas o no. Conciernen a las ayudas al empleo, en particular a la acción del Fondo social europeo (artículos 162 a 164 TFUE), al desarrollo de la formación profesional (artículo 166 TFUE), al Método abierto de coordinación, sistema de emulación que permite a los Estados miembros juntos y con el Consejo y la Comisión de discutir y revisar su lucha contra el desempleo (artículos 145 a 150 TFUE) y a la política con respecto a los emigrantes de países terceros (artículos 67 y siguientes TFUE). Tratan de la libre circulación de las personas (artículos 45 a 62 TFUE), de los trabajadores asalariados, incluso de su seguridad social (artículo 48 TFUE) o independientes y de los que se desplazan en el marco de una prestación de servicios.

53 La segunda categoría concierne al acercamiento de las legislaciones sociales y se basa en el artículo 153 TFUE. Su primer párrafo se refiere a las condiciones de trabajo, incluso la salud y la seguridad en el trabajo, la protección en caso de rescisión del contrato laboral, la igualdad entre hombres y mujeres, a la seguridad social y la protección social de los trabajadores y la integración de las personas excluidas del mercado laboral, a la representación y la defensa colectiva de los intereses de los trabajadores y de los empresarios, incluida la cogestión, la información y la consulta a los asalariados y a las condiciones de empleo de los nacionales de terceros países que residan legalmente en el territorio de la Unión. Al contrario, las remuneraciones, el derecho de asociación y sindicación, el derecho de huelga y el derecho de cierre patronal constituyen temas en los cuales diferencias importantes siguen existiendo entre los Estados y que son excluidos de la competencia de la UE. A este último respecto, es preciso distinguir entre el derecho de negociación y de acción colectiva reconocido a los trabajadores, a los empresarios y a sus organizaciones respectivas por la Carta de los Derechos Fundamentales de la UE de un lado, y el poder de la UE de adoptar instrumentos jurídicos sobre el tema, poder que no otorga los Tratados.

54 Los actos legislativos europeos en esta segunda categoría aproximan los derechos nacionales sobre numerosos temas. En respeto a las relaciones

laborales individuales, varias directivas y acuerdos marco conciernen a la información del trabajador acerca de sus condiciones de trabajo, a la protección en caso de insolvencia del empresario, al teletrabajo, a diferentes aspectos del tiempo de trabajo y de la duración de la relación de empleo así como a la salud en el trabajo. En materia de relaciones colectivas, directivas tratan de los comités de empresas europeos, de reestructuraciones económicas (despidos colectivos, sucesión de empresa y otras reorganizaciones), de la información y la consulta de los representantes de los asalariados y de la participación más activa en la sociedad europea y en la sociedad cooperativa europea. También se relacionan a ciertos temas de seguridad social como los fondos de pensiones. La tercera categoría concierne a la cooperación entre los países miembros sobre los temas que acabamos de mencionar, así como sobre la lucha contra la exclusión y la modernización de los sistemas de seguridad social. Se relaciona en particular a la coordinación europea de las políticas de empleo y a la Estrategia Europea de Empleo (EEE) que examinaré más adelante.

55 Además, todas las competencias de la UE están limitadas por dos principios básicos de su funcionamiento: la subsidiariedad y la proporcionalidad. Están consagrados en el artículo 5 TUE/1999. Los criterios para aplicarlos son precisados en el protocolo núm. 2, anexado a los Tratados. El primero de estos principios pretende determinar el nivel de intervención más pertinente entre una acción a escala europea y otra a escala nacional o local. La UE solo puede intervenir cuando su actuación sea más eficaz que la de los Estados miembros. El principio de proporcionalidad significa que la acción al nivel europeo debe limitarse a lo necesario para alcanzar los objetivos de los Tratados. En otras palabras, su contenido y su forma no deben ir más allá de lo que es necesario para alcanzar este objetivo. La UE tiene por consiguiente una competencia subsidiaria, lo que implica que el derecho europeo de las relaciones individuales y colectivas no se presenta como un sistema completo de normas sino como una serie de disposiciones que se adjuntan a los derechos nacionales. Asimismo, algunas directivas, como las de las relaciones colectivas de trabajo, afectan únicamente a las situaciones que sobrepasan el estricto marco nacional. Finalmente, muchos actos legislativos europeos tratan solamente de un sector de actividad, especialmente, de las ramas de los transportes o de la agricultura y la ganadería.

2. LAS FUENTES

56 La legislación de la UE tiene su origen en los Tratados, que reciben por ello la denominación de "Derecho primario" (véase párrafo 47bis). El corpus legislativo que emana de los principios y objetivos de los Tratados se conoce como "Derecho derivado" y está integrado por reglamentos, directivas, decisiones, recomendaciones y dictámenes. Algunos instrumentos son vinculantes y otros no.

57 Los *reglamentos* engendran derechos y obligaciones con respecto a los Estados ("efecto vertical") o de individuos ("efectos horizontales"). Es el caso del Reglamento núm. 492/2011 para la libre circulación de las personas en su versión modificada. No obstante, medidas de aplicación quedan a menudo necesarias. Las *directivas* son actos legislativos en los cuales se establecen objetivos que todos los países de la UE deben cumplir, dejando, sin embargo, a las autoridades nacionales la elección de la forma y de los medios. La Directiva núm. 2019/1152, de 20 de junio de 2019, por ejemplo tiene por finalidad "mejorar las condiciones de trabajo mediante la promoción de un empleo que ofrezca una transparencia y una previsibilidad mayores, a la vez que se garantiza la capacidad de adaptación del mercado laboral" (artículo 1). Las *decisiones* son vinculantes en todos sus elementos; cuando designe destinatarios, sólo será obligatoria para éstos. Las *recomendaciones* no son vinculantes. Permiten a las instituciones dar a conocer sus puntos de vista y sugerir una línea de actuación sin imponer obligaciones legales a quienes se dirigen. La Comisión Europea ha adoptado por ejemplo una recomendación relativa al Pilar Europeo de Derechos Sociales. Finalmente, los *dictámenes* permiten a las instituciones europeas hacer declaraciones de manera no vinculante, es decir, sin imponer obligaciones legales a quienes se dirigen.

58 Si el derecho "heterónomo" (es decir en este caso adoptado por las instituciones europeas) constituye la fuente de gran parte del Derecho social europeo, los artículos 152 y siguientes TFUE dan sin embargo una prioridad a los interlocutores sociales y a sus acuerdos colectivos en el desarrollo de esta materia. Concretamente, la Unión reconoce y promueve el papel del derecho "autónomo" (creado por las asociaciones empresariales y sindicales). A tal efecto, antes de presentar propuestas en el ámbito de la política social, la Comisión consulta a sus representantes sobre la posible orientación de una acción de la Unión. Si, tras dicha consulta, estimase conveniente una acción de la Unión, los consulta una segunda vez sobre el contenido de la propuesta contemplada. Los interlocutores sociales pueden expresar su deseo de alcanzar el establecimiento de relaciones convencionales, acuerdos incluidos. La duración de dicho proceso no podrá exceder de nueve meses, salvo si decidieran prolongarlo de común acuerdo con la Comisión.

59 Los acuerdos obtenidos pueden ser objeto de un acto legislativo del Consejo –en la práctica, una directiva– o por la demanda conjunta de las partes, y sobre propuesta de la Comisión. Consiste en generalizar la aplicación del acuerdo marco que figura en anexo. Aquí se encuentra una técnica de extensión de los convenios colectivos de trabajo bien conocida en ciertos Estados miembro como Bélgica, España o Francia: un acto de las autoridades gubernamentales puede devolver estos acuerdos aplicables a todos, al nivel donde han sido firmados. Los límites a la implementación de las normas europeas por convenio colectivo de trabajo son conocidos por todo jurista familiar del derecho laboral. Tocan el campo de aplicación de estos acuerdos (hasta

en caso de extensión), a su duración de validez y, incluso a la medida de su carácter obligatorio.

60 La adopción por parte de las empresas, solas o juntas con sindicatos, de códigos de conducta o de otras iniciativas sociales constituye otra forma de derecho autónomo. He subrayado más arriba que no siempre se puede identificar su carácter obligatorio. Dos directivas europeas dan un carácter imperativo más claro a la responsabilidad social empresarial. La Directiva núm. 2005/29, de 11 de mayo de 2005, relativa a las prácticas comerciales desleales de las empresas en sus relaciones con los consumidores en el mercado interior considera engañosa toda práctica comercial que haga o pueda hacer que el consumidor medio tome una decisión sobre una transacción que de otro modo no hubiera tomado; supone en particular el incumplimiento por parte del comerciante de compromisos incluidos en códigos de conducta que aquél se haya obligado a respetar de manera firme y comprobable (Art. 6, para. 2). La directiva requiere sanciones eficaces contra estas prácticas. La Directiva núm. 2014/95, de 22 de octubre de 2014, pide a las grandes empresas y a grupos de empresas que adjunten al informe de gestión un estado no financiero que contenga información relativa, como mínimo, a cuestiones medioambientales y sociales, así como relativas al personal, al respeto de los derechos humanos y a la lucha contra la corrupción y el soborno. El informe debe describir las políticas que aplica la empresa en relación con dichas cuestiones, que incluyan los procedimientos de diligencia debida aplicados.

3. EL ACCESO A LA JUSTICIA Y LAS SANCIONES

61 Para la buena aplicación del Derecho social europeo, los individuos deben tener acceso a procedimientos nacionales que ofrezcan todas las garantías necesarias. El principio figura expresamente en las disposiciones finales de numerosas directivas. Los instrumentos dejan normalmente a los Estados miembros la libertad de elegir entre las diferentes soluciones adecuadas para realizar su objeto, pero el Tribunal de Justicia de la UE exige que las sanciones sean efectivas, proporcionadas y disuasorias. Un órgano jurisdiccional nacional debe tener la facultad para ordenar medidas provisionales para implementar el Derecho europeo y en su caso excluir la aplicación de una norma del Derecho nacional. Transnacionales y de un carácter técnico a menudo pronunciado, las normas europeas encuentran escollos particulares en su aplicación. Por esta razón se han elaborados medios específicos a fin de consolidar su efectividad. Un primer método consiste en examinar periódicamente la medida en la cual, los Estados respetan sus obligaciones; la Comisión lo hace periódicamente; un segundo, en establecer a este nivel, órganos de control dotados de un poder de coerción; tal es el papel de la Autoridad Laboral Europea (ALE) y sobre todo del Tribunal de Justicia; un tercero, más ambicioso, trata de acercar los medios de aplicación. Las Directivas europeas núms. 2000/43 y 2000/78 sobre

la igualdad de trato y no discriminación contienen varias disposiciones con este fin, incluso la creación de una autoridad encargada de la lucha contra las discriminaciones.

62 Institución nueva, la ALE asiste a los Estados miembros y a la Comisión en la aplicación y el respeto del derecho de la Unión relativo a la movilidad de la mano de obra y a la coordinación de los sistemas de seguridad social; facilita el acceso a la información sobre los derechos y obligaciones en materia de movilidad laboral y sobre los servicios correspondientes. Fomenta la cooperación entre los Estados sobre el respeto del Derecho europeo en este ámbito, organizando inspecciones concertadas y comunes, garantizando una mediación y favoreciendo la búsqueda de una solución en caso de controversias transfronterizas, apoya la cooperación entre los Estados miembros en la lucha contra el trabajo no declarado con ayuda de una plataforma.

V. LAS DIFICULTADES ACTUALES DE LA UE Y DE LA OIT RELACIONADAS CON LA GLOBALIZACIÓN

63 La internacionalización acelerada de los intercambios ha disminuido la potencia de los actores tradicionales de la escena social, gobiernos nacionales, asociaciones empresariales y sindicales. La globalización ha reducido la capacidad reglamentaria de los Estados, provocando incertidumbres sobre su fuerza, y la posibilidad de que las herramientas jurídicas protejan de una manera eficaz a la mujer y al hombre al trabajo. Ha debilitado de rebote la OIT constituida por estos mismos protagonistas, mientras que se observa el creciente papel de actores privados transnacionales, grupos de Estados, empresas multinacionales, organizaciones no gubernamentales (ONG) plurinacionales que no son directamente integradas al proceso de decisión de la Organización. Más allá de eso, muchas reglas del siglo pasado corresponden a un proceso manufacturero construido para una fabricación de masa, y menos para el tipo de producción descentralizado que conocemos con creciente frecuencia. Tentativas de ir más allá del dilema entre mantenimiento de las protecciones tradicionales y flexibilización del mercado de trabajo han surgido en el seno de la OIT con el concepto de "trabajo decente" y de la Unión europea con el de "flexiseguridad". Las dos nociones tienen mucho en común si bien la segunda se dirige a un grupo de países más homogéneo.

1. TRABAJO DECENTE

64 El concepto es considerado como el punto de convergencia de cuatro objetivos que deben orientar las decisiones de la OIT y definir su cometido internacional: el crecimiento del empleo, la promoción de los derechos fundamentales en el trabajo; la protección social y el dialogo social. Si los Estados han perdido potencia a causa de la internacionalización de los intercambios económicos, no se puede inducir de ello que inevitablemente han perdido el

poder para conducir a buen puerto políticas de ajuste armoniosos con las nuevas realidades, o que no tienen capacidad para sacar provecho de situaciones de ventaja competitiva. La existencia de infraestructuras de calidad y de un sistema educativo de alto nivel siguen siendo argumentos buenos para atraer a los inversionistas, extranjeros y nacionales. De forma más precisa, la noción de trabajo decente contiene un componente de lucha contra el desempleo. Establece un vínculo claro entre el progreso económico y la creación de puestos de trabajo. Incluye la identificación de políticas modernas y eficaces de empleabilidad y de formación profesional. El "Pacto" mundial para el empleo, adoptado por la Conferencia Internacional del Trabajo en 2009 constituye un documento incentivador en este respecto.

65 Es un texto no obligatorio que manifiesta la tendencia de preferir instrumentos de *soft law* a los convenios con efectos jurídicos contundentes. Esta expresión que podría traducirse por "derecho tierno" se refiere a las reglas que no son directamente ejecutorias, pero que no carecen tampoco de importancia. En el contexto de la ley internacional consisten en directrices, declaraciones, programas de acción, etc. que expresan normas de conducta. La ausencia del valor obligatorio de éstas se dirige a evitar introducir rigideces en el mercado de trabajo que serían perjudiciales para la salud de las empresas y para la lucha contra el paro. Esta observación no significa que estos documentos no tengan un impacto: constituyen la promoción racional, a través de compromisos políticos, de determinados programas. Han permitido una implicación más profunda de la OIT en el debate mundial sobre el desarrollo económico, como lo ejemplifica su participación en las reuniones recientes del G.8 y del G.20. Dicho esto, en el campo del derecho como de la educación, se necesita utilizar el palo y la zanahoria. No es fácil, desde el punto de vista de una política social, conseguir un equilibrio óptimo entre *soft* y *hard law*, entre fomentar una cierta conducta y lograrla, por una parte, y, por la otra, imponerla con medios jurídicos, en otras palabras, con sanciones. Constato, sin embargo, que los textos sin valor imperativo no han demostrado una eficacia significativa.

66 La fórmula "trabajo decente" incluye también una dimensión ética que se enfoca en la defensa de los derechos fundamentales en el trabajo, consagrados por la Declaración sobre los Principios y Derechos Fundamentales en el Trabajo y su Seguimiento ya mencionada (véase párrafo 43). El texto busca asociar la justicia social con el crecimiento económico. En ella, todos los Estados Miembros de la OIT son invitados, a respetar, promocionar y hacer realidad, de buena fe, los principios y derechos relativos a la libertad sindical y la negociación colectiva, la eliminación del trabajo forzoso, la abolición del trabajo infantil y la eliminación de la discriminación respecto del empleo y la ocupación. La Declaración admite que los Estados Miembros, aun cuando no hubiesen ratificado los convenios relevantes, están obligados a respetar "de buena fe y de conformidad con la Constitución" de la OIT, los principios relativos a los derechos fundamentales que son objeto de esos convenios. El instrumento

que no tiene un valor obligatorio para los Estados contiene sin embargo un anexo sobre el seguimiento, requiriendo a los Estados que no han ratificado esos convenios que presenten las memorias anuales sobre los progresos realizados a fin de implementar los principios que ellos albergan. Asimismo, la OIT se obliga a movilizar los recursos presupuestarios y a ejercer su influencia a fin de ayudar a los Miembros a lograr sus objetivos. Otra Declaración, votada en 2008 y centrada sobre la justicia social para una globalización equitativa confirma la primacía de la defensa de los derechos civiles en el trabajo frente a las normas técnicas sobre las condiciones de empleo.

67 En junio de 2022, la Conferencia Internacional del Trabajo integró "las condiciones de trabajo seguras y saludables" en los principios y derechos fundamentales en el trabajo consagrados por la Declaración adoptada por la OIT en 1998. No debería ser demasiado difícil implementar estas enmiendas.En efecto muchos códigos de conducta de empresas ya han incluido provisiones sobre la salud. Además, las deficiencias de la dirección en materia de seguridad y salud en el trabajo pueden actualmente implicar la responsabilidad de la empresa. Se puede recordar que la Corte Interamericana de Derechos Humanos en una sentencia del 15 de junio de 2020 reconoció la violación del derecho a la integridad personal contenido en el artículo 5.1 de la Convención Americana sobre Derechos Humanos, en relación con la explosión de una fábrica de fuegos, en perjuicio de los familiares de las personas fallecidas y sobrevivientes. La recién pandemia ha demostrado la importancia de este derecho.

68 El concepto de trabajo decente comprende igualmente una dimensión de solidaridad que se manifiesta por la importancia reconocida no solo al dialogo social en la solución de los problemas laborales sino también a la cohesión entre los diferentes grupos de la sociedad que ha conducido, por ejemplo, a la adopción en 2012 de una recomendación sobre la seguridad social en el sentido amplio de la palabra. El instrumento sugiere una estrategia bidireccional en los países en todos los niveles de desarrollo. El primer componente tiene por finalidad establecer y mantener pisos de protección social como un elemento fundamental de los sistemas sociales nacionales. El segundo apunta a continuar aplicando estrategias para la extensión de la seguridad social que aseguren progresivamente niveles más elevados para el mayor número posible de personas, según las orientaciones de las normas de la OIT al respecto. Juntas, estas dos dimensiones tienen como objetivo la construcción de unos sistemas de protección social que estén en consonancia con las prioridades, los recursos y las circunstancias nacionales.

2. FLEXISEGURIDAD

69 En un movimiento análogo, la UE y los Estados miembros han buscado identificar formas nuevas de seguridad compatibles con una más grande

volatilidad del empleo. Efectivamente, cuando se desarrollan el trabajo autónomo y las formas precarias de trabajo asalariado, la protección social no puede seguir siendo concebida solo sobre la base de una relación de trabajo estable. Se trata de construir o de hacer revivir instituciones que ofrezcan garantías en un contexto de movilidad mayor (de una empresa a otra, de una relación de trabajo o de una actividad a otra distinta). Los Países Bajos han así elaborado medidas que intentan conjugar la flexibilidad del trabajo y la seguridad del ingreso salarial. A partir de una amplia consulta entre los interlocutores sociales, una ley de 1 de enero de 1999, que llamaron "de flexiseguridad", ha establecido un régimen que estabiliza la situación de los trabajadores temporales que hubiesen trabajado durante un tiempo determinado. Esta legislación otorga a los trabajadores concernidos un mecanismo que les permite beneficiarse de manera plena de la protección de los derechos del trabajo y de la seguridad social al mismo tiempo que mantienen la movilidad en el trabajo.

70 Los responsables europeos han retomado el neologismo "flexiseguridad" dándole una significación más amplia, abarcando la preocupación general de adaptar el mercado de trabajo a los cambios en curso. El término alcanza a cualquier política que busca conjugar flexibilidad del mercado de trabajo y seguridad de las condiciones de empleo (Comunicación de la Comisión *COM (2007) 359* final), es decir a conciliar la flexibilidad de las condiciones de trabajo, la seguridad por el empleo y la seguridad social. Sobreentiende una flexibilidad más grande y contractual, incluido a propósito del despido con políticas activas de integración/reintegración en el empleo (sobre todo gracias a una formación y una reeducación profesional adecuados). Concretamente, se pueden identificar en la formula cuatro dimensiones parecidas a las que hemos analizado respecto al trabajo decente.

71 La primera consiste en la voluntad de flexibilizar el mercado de trabajo para favorecer la creación de puestos de trabajo, intentando conciliar una política activa de empleo con la defensa de la protección social. Constituye el objetivo de la Estrategia Europea de Empleo. La EEE insiste sobre reformas de los sistemas de educación y de formación que mejoran la empleabilidad de los trabajadores. El concepto contiene también una dimensión de solidaridad que se refleja de dos maneras. Se enfoca en primer lugar sobre la cohesión social dentro y entre los países y la utilización de los fondos estructurales europeos, en particular del Fondo social Europeo. Integra un sistema de seguridad social que permite evitar la exclusión social, promoviendo la movilidad y las transiciones sobre el mercado de trabajo. En segundo lugar, se centra sobre el dialogo social y los convenios colectivos concluidos por los interlocutores sociales. Acuerdos marcos entre las asociaciones empresariales y sindicales han sustituido a menudo a directivas en el campo del trabajo; a veces si bien menos frecuentemente que en el pasado, se apoyan sobre una directiva que refuerza su valor obligatorio.

72 La política de flexiseguridad, tercer elemento, se realiza a través de una regulación de *soft law*, como lo reflejan el método abierto de coordinación y la recomendación que integra el Pilar Europeo de Derechos Sociales a los cuales voy a referirme abajo. El cuarto elemento, la dimensión ética, se manifiesta con el reconocimiento para la Unión, en el artículo 6 TUE/1999, de los derechos, libertades y principios enunciados en la Carta de los Derechos Fundamentales de la Unión Europea, la cual, tiene el mismo valor jurídico que los Tratados. La EEE se hace especial hincapié en las cuestiones relacionadas de igualdad, incluso entre mujeres y hombres, y de conciliación de la vida profesional y privada. La Corte europea de los derechos humanos juzga un papel muy amplio en la defensa de los derechos sociales fundamentales cuando el Tribunal de Justicia de la UE trata de conciliar los últimos con las libertades económicas, como en las famosas sentencias *Laval, Viking, Rüffert* y *Comisión contra Luxemburgo*, intensamente comentadas (SERVAIS, 2017, párrafos 736-737, 879 y 884.4).

73 Desde el principio, la decisión de crear un mercado único de los bienes, capitales, servicios y personas entre países europeos respondía a consideraciones económicas. No obstante, las preocupaciones sociales, lo he subrayado, nunca fueron ausentes y han tomado más peso con la extensión de la UE y la observación de los efectos humanos negativos de la globalización. Además, el progreso económico y la libre circulación de las personas podían favorecer la obtención de puestos de trabajo. La política de flexiseguridad prosigue esta política de conciliación entre desarrollo económico, creación de empleo y protección social. La EEE utiliza todos los recursos de los tratados para alcanzar este objetivo. Examinaré sucesivamente la libre circulación de las personas, la compensación de las ofertas y de las demandas de empleo y la coordinación europea de las políticas de empleo.

74 Libre circulación de las personas: El artículo 3 del TUE/1999 vincula la libre circulación de las personas de la UE con medidas en materia de control de las fronteras exteriores, asilo, inmigración y de prevención y lucha contra la delincuencia. Establece la diferencia fundamental en términos de migraciones entre los ciudadanos europeos a quienes ofrece la igualdad de tratamiento y de oportunidades (véase los artículos 18-25 TFUE) y los nacionales de países terceros (artículos 67-80 TFUE). Para los primeros, los artículos 45 a 62 TFUE tratan específicamente de la libertad de movimiento de los trabajadores (capitulo 1), de la libertad de establecimiento de los independientes (capitulo 2) y de la libre prestación de servicios (capitulo 3). El reglamento núm. 492/2011 sobre la libre circulación de los trabajadores dentro de la Unión les da a los nacionales europeos la misma prioridad al empleo que a los ciudadanos nacionales. No puede existir autorización, ni restricción suplementaria (artículo 3). Las disposiciones de los Estados miembros que limiten el empleo de extranjeros en número o porcentaje, por empresa, rama de actividad, región o a escala nacional, no serán aplicables a los nacionales de los otros Estados miembros;

cuando en un Estado miembro la concesión de beneficios, de cualquier naturaleza a las empresas, esté subordinada al empleo de un porcentaje mínimo de trabajadores nacionales, los nacionales de otros Estados miembros se contarán como trabajadores nacionales (artículo 4).

75 La compensación de las ofertas y de las demandas de empleo: La segunda parte del reglamento núm. 492/2011 favorece la puesta en relación y la compensación de las ofertas y de las demandas de trabajo. El candidato tiene la posibilidad de ser informado sobre ofertas de empleo en la UE por los servicios competentes de su lugar de residencia. Hace transmitir su candidatura por estos últimos. Puede desplazarse para buscar allí el trabajo y permanecer durante un período razonable en otro país de la Unión. Puede inscribirse en este como solicitante de empleo, quedando inscrito en su país de origen, para gozar allí de un subsidio de desempleo (en las condiciones fijadas por el reglamento núm. 883/2004 sobre la seguridad social de los trabajadores migrantes). El reglamento organiza el intercambio de informaciones y la puesta en contacto de las ofertas y de las solicitudes de empleo por los servicios especializados de cada Estado miembro. Con objeto de facilitar la movilidad laboral dentro de la UE y una mayor integración de los mercados de trabajo, un reglamento núm. 2016/589 de 13 de abril de 2016 en su versión modificada contempla la descentralización de los datos a las oficinas regionales de mano de obra, así como la descentralización a los oficios territorialmente responsables para zonas transfronterizas.

76 La Comisión Europea ha creado en 1993 una red denominada EURES (European Employment Services/Servicios europeos del empleo) de cooperación entre ella misma, los servicios públicos del empleo de los Estados miembro del Espacio económico europeo (los países de la Unión Europea más Noruega, Islandia y Liechtenstein) y otras organizaciones asociadas, como los sindicatos y las organizaciones de empleadores. Suiza también colabora en esta institución. Su base jurídica es hoy el reglamento núm. 2016/589 ya mencionado. La puesta en común de los recursos de las organizaciones miembros y de los asociados tiene para vocación de facilitar la libre circulación de los trabajadores. La Autoridad Laboral Europea (véase párrafo 62) gestiona la Oficina Europea de Coordinación encargada de asistir a la red EURES en el ejercicio de sus actividades. EURES tiene por objeto informar, guiar y aconsejar a los trabajadores sobre las posibilidades de empleo y sobre las condiciones de vida y de trabajo en los Estados concernidos, prestar asistencia a los empleadores que desean reclutar personal en otros países, así como aconsejar y guiar unos y otros en las regiones transfronterizas.

77 El nivel de formación, el conocimiento de lenguas extranjeras y la experiencia de una estancia en el extranjero constituyen evidentemente ventajas significativas para sacar provecho de estas facilidades. La red se apoya en una

vasta base de datos abiertos a todos ellos y sobre centenares de consejeros repartidos en toda la Europa, diariamente en contacto personal con solicitantes de empleo y empleadores. Estos expertos han adquirido conocimientos especializados sobre los aspectos prácticos, jurídicos y administrativos de la movilidad a los planes nacionales y transfronterizos. Trabajan en el seno de los servicios públicos del empleo de los países miembros o de las organizaciones asociados que forman parte de la red. Son formados, con la asistencia de la Comisión, para asegurar los servicios de información, de orientación y de colocación, tanto a los solicitantes de empleo como a los empleadores interesados en el mercado del empleo europeo. En las regiones europeas transfronterizas, EURES desempeña un papel importante para informar a los interesados sobre los problemas de desplazamientos transfronterizos entre el domicilio y el trabajo con los cuales trabajadores y empleadores están confrontados y para aportar a eso soluciones.

78 La coordinación europea de las políticas de empleo. Una estrategia coordinada de empleo: Los artículos 145 a 150 TFUE establecen una estrategia coordinada de empleo. Se esfuerzan por potenciar una mano de obra cualificada, formada y adaptable, y mercados laborales con capacidad de respuesta al cambio económico. La UE colabora con los Estados miembros en estos fines; completa si es preciso su acción (artículos 146 y 147). El Consejo Europeo examina anualmente la situación del empleo en la Unión y adopta conclusiones al respecto, basándose en un informe conjunto anual elaborado por el Consejo (de Ministros) y la Comisión (artículos 148 a 150). Basándose en éstas, sobre propuesta de la Comisión y después de una consulta amplia de los órganos europeos, el Consejo elabora "orientaciones" que los Estados deben "tener en cuenta". Estos últimos comunican anualmente un informe al Consejo y a la Comisión sobre las principales medidas tomadas para poner en ejecución, a la luz de las orientaciones, su política de empleo. El Consejo examina estos documentos y puede dirigirles recomendaciones a los Estados miembros, a la mayoría cualificada, sobre propuesta de la Comisión. El informe anual conjunto del Consejo y de la Comisión presentado al Consejo europeo tiene como base los resultados de este examen.

79 Este procedimiento ha recibido como nombre el "Método abierto de coordinación" (véase supra párrafos 51 y 68). El Consejo puede adoptar medidas de fomento para alentar la cooperación entre los Estados miembros y apoyar su actuación, a través de iniciativas destinadas a desarrollar los intercambios de información y buenas prácticas, facilitar análisis comparativos y asesoramiento, así como promover planteamientos innovadores y evaluar experiencias, en particular recurriendo a proyectos piloto. El artículo 149 adjunta que estas medidas no incluyen armonización alguna de los derechos nacionales. No encontramos aquí uno de los campos específicamente retenidos por el TFUE para un acercamiento legislativo. El Método abierto de coordinación suscitó numerosos análisis. Procuró en efecto sustituir a procedimientos

"duros" de tipo jurídico, susceptibles de sanciones, medidas "tiernas" (*soft law*; véase párrafos 62 y 68) de emulación y de comparación de los mejores éxitos. Los resultados obtenidos no aparecen sin embargo a la altura de los objetivos declarados. Dicho esto, la naturaleza de las políticas emprendidas en materia de empleo impediría también muchas veces añadir esta dimensión jurídica que aseguraría coerción.

80 Un Comité del empleo, instituido por el artículo 150 TFUE, está encargado de seguir la evolución de la situación del empleo y de las políticas a este respecto, luego de formular opiniones; en el cumplimiento de su mandato, consulta a los interlocutores sociales. El artículo 152 concierne a cumbres sociales tripartitas para el crecimiento y el empleo. Las asociaciones empresariales y sindicales europeas de su lado concluyeron, el 25 de marzo de 2010, un acuerdo marco sobre mercados de trabajo inclusivos europeos y, el 8 de marzo de 2017, otro sobre sobre el envejecimiento activo en el trabajo. Las recomendaciones anexionadas al primero subrayan la importancia de la formación y la utilidad de una utilización eficaz de los fondos de finalidad estructural como el Fondo Social Europeo. El segundo es destinado a facilitar la participación activa de los trabajadores de más edad en el mercado laboral hasta el tiempo de jubilación y la promoción de un enfoque intergeneracional. Un acuerdo marco más reciente, de 23 de junio de 2020, se refiere a la digitalización y a la necesidad de mejorar las cualificaciones a tal efecto.

81 La coordinación europea de las políticas de empleo. La Estrategia Europea de Empleo: La Cumbre europea de Luxemburgo quiso, en 1997, realizar progresos significativos en la lucha contra el paro y la precariedad del trabajo. Elaboró con este fin la Estrategia europea para el empleo ya evocada. Ésta da las direcciones y asegura la coordinación de las prioridades en las políticas de empleo a las cuales los Estados miembros se adhieren al nivel europeo. Los jefes de Estado y de gobierno se pusieron de acuerdo sobre un plan de acción fundado sobre el compromiso en establecer un conjunto de objetivos comunes. La evaluación de esta política condujo más tarde a una mejor identificación de los problemas encontrados, así como a una sinergia más estrecha con los objetivos económicos definidos por el Consejo europeo; orientaciones simplificadas han sido adoptadas. El procedimiento ha sido revisado con el fin de mejorar, de un lado, la coordinación entre los Estados miembros y las instituciones europeas y, del otro, la coordinación de la política del empleo con las políticas macroeconómicas y microeconómicas de la UE. Principios comunes han sido elaborados.

82 La Comisión Europea ha definido, al nivel de los Estados miembros y con la ayuda de los interlocutores sociales, de expertos universitarios, y de organismos internacionales, directrices y principios comunes con vistas a alcanzar la "flexiseguridad". Sirven de base a las recomendaciones por país

y se apoyan sobre cuatro objetivos principales. El primero consiste en la estimulación de la demanda de mano de obra, particularmente por orientaciones que se refieren en la creación de puestos de trabajo, el sistema de contribuciones del trabajo y la fijación de los salarios. El segundo subraya la necesidad de reforzar la oferta de mano de obra y de competencias atacando a las debilidades estructurales de los sistemas educativos y de la formación, luchando contra el paro de los jóvenes y el de duración larga. El tercero se refiere al perfeccionamiento del funcionamiento de los mercados de trabajo, a la reducción de la segmentación, al mejoramiento de las medidas proactivas y de la movilidad sobre este mercado. El cuarto objetivo tiende a garantizar la equidad, a promover la igualdad de oportunidades y a combatir la pobreza. Se complementan con medidas adoptadas para frenar las perturbaciones del mercado laboral provocadas por el coronavirus. El Pilar Europeo de Derechos Sociales, ya mencionado, profundiza esta estrategia para los Estados, completando los objetivos de promoción del empleo por otros que protegen a la persona en el trabajo.

VI. PERSPECTIVAS

83 Las crisis sociales vinculadas a los graves problemas económicos en países como Irlanda, España, Portugal, Italia, y sobre todo Grecia, así como el ascenso del populismo en varios países industrializados, incluso los Estados Unidos, destacan la necesidad imperiosa de irse más allá de las problemáticas actuales. El informe elaborado por la OIT con la ocasión de la celebración de su centenario en 2019 (*Trabajar para un futuro más prometedor*, informe de la Comisión Mundial sobre el Futuro del Trabajo, OIT, Ginebra, 2019), como la adopción por la UE de una recomendación estableciendo un pilar europeo de derechos sociales constituyen iniciativas nuevas que tratan de encontrar las cuestiones sociales actuales. Se relacionan en particular a las formas más modernas de innovaciones tecnológicas, como el trabajo a través de plataformas electrónicas, y a la transnacionalización cada vez más simple y más rápida de la economía. Sacando de la herencia social común de los Estados concernidos, el Pilar en particular confirma y procura consolidar un modelo socioeconómico europeo. Reafirma algunos de los derechos del patrimonio social común de los países miembros de la UE para garantizar una mejor regulación y aplicación de los derechos sociales; añade nuevos principios que abordan los desafíos derivados de los cambios económicos, tecnológicos y sociales. Se basa en veinte principios estructurados en tres categorías: igualdad de oportunidades y de acceso al mercado de trabajo, condiciones de trabajo justas, protección e inclusión social.

84 Más generalmente, las respuestas dadas pueden ser agrupadas alrededor de cuatro ejes: la extensión de la responsabilidad compartida, la apertura a las técnicas de otras disciplinas jurídicas, la puesta en cuestión de

instituciones tradicionales de derecho del trabajo y el mejoramiento de la gobernanza social.

80*bis*. En términos generales, la imposición de una responsabilidad solidaria o subsidiaria constituye una respuesta a la fragmentación de las empresas y a la separación que implica entre poder y responsabilidad. Permite reforzar las garantías para los trabajadores precarios, incluso cuando tienen actividades en más de una firma. La referencia en un número creciente de países, a la responsabilidad compartida ha permitido extender las salvaguardias de los asalariados que, de derecho o de hecho, se relacionan a más de una empresa. La Directiva núm. 91/383 de 25 de junio de 1991, relativa a la mejora de la seguridad y de la salud en el trabajo de los trabajadores con una relación laboral de duración determinada o de empresas de trabajo temporal ya impone obligaciones a la empresa usuaria y la Directiva núm. 89/391, de 12 de junio de 1989, sobre la seguridad y de la salud de los trabajadores lo hace cuando estén presentes en un mismo lugar de trabajo. La Directiva europea núm. 2001/23 de 12 de marzo de 2001 sobre la sucesión de empresas subroga el cesionario al cesionista en sus derechos y obligaciones derivados de la relación de trabajo. El artículo 3§1 adjunta que los Estados miembros pueden prever la responsabilidad solidaria de uno y otro con respecto a tales obligaciones vencidas antes de la transferencia.

85 La responsabilidad de la firma principal podría ser extendida en la línea de los principios rectores sobre las empresas y los derechos humanos propuestos por J. Ruggie y hechos suyos por el Consejo de Derechos Humanos de la ONU en su Resolución núm. 17/4, de 16 de junio de 2011. Piden a las últimas que traten de prevenir o mitigar las consecuencias negativas sobre los derechos humanos directamente relacionadas con operaciones, productos o servicios prestados por sus relaciones comerciales, incluso cuando no hayan contribuido a generarlos, hasta utilizando su capacidad de influencia para prevenir las consecuencias negativas. Las normas de la OIT están muy limitadas sobre la responsabilidad compartida. Sin embargo su Declaración tripartita de principios sobre las empresas multinacionales y la política social, en su versión actualizada, indica que las empresas, incluidas las empresas multinacionales, deberían proceder con la debida diligencia para detectar, prevenir y mitigar sus consecuencias negativas reales o potenciales sobre los derechos humanos reconocidos internacionalmente, que abarcan, como mínimo, los derechos enunciados en la Carta Internacional de Derechos Humanos y los principios relativos a los derechos fundamentales establecidos en la Declaración mencionada supra sobre los principios y derechos fundamentales en el trabajo. Deberían rendir cuentas de cómo abordan dichas consecuencias (párrafo 10d).

86 Otro punto: la visión que tenemos del Derecho del Trabajo no debe encerrarse sobre él mismo sino abrirse a otras disciplinas jurídicas, como el Derecho Civil o el Derecho Mercantil. Incluso el derecho de la competencia

le hace evolucionar en un sentido que no siempre beneficia a los empresarios. El Derecho social europeo esboza algunas líneas del derecho futuro. Puedo mencionar las directivas europeas que buscan el verdadero centro de poder, el empleador que tiene una posición dominante, dentro de un grupo de empresas o de relaciones triangulares que se encuentran en los casos de los trabajadores temporales o de subcontratación.

87 Más allá de eso, sería útil profundizar el concepto de empresa que aporta este derecho y sus diferencias con el derecho económico europeo. También observo las exigencias de transparencia y de accesibilidad a la información en el caso de las condiciones de empleo de los trabajadores desplazados, nociones que vienen igualmente del derecho de la competencia. La Directiva núm. 2019/1152 del 20 de junio de 2019 L, trata de la obligación del empresario de informar al trabajador acerca de las condiciones aplicables al contrato de trabajo o a la relación laboral. Indirectamente, este instrumento obliga al empleador a pronunciarse desde el principio sobre la condición que atribuye al trabajador, sea dependiente o independiente, pues sólo en el primer caso le enviará la información requerida y el trabajador que no la reciba y se considere dependiente podría recurrir ante el tribunal nacional competente. Sobre la misma base, la agencia de empleo temporal tiene la obligación, si es el empleador, de mencionar a los trabajadores los elementos esenciales de su contrato, incluso la identidad de la empresa usuaria y los términos del contrato concluido con ésta, su propósito, duración, condiciones y lugar de ejecución.

88 Tercer punto: abrirse a la posibilidad de *poner en cuestión de instituciones tradicionales de Derecho del Trabajo.* Aparece menos y menos creíble en particular separar los asalariados de los individuos que dependen económicamente de sus co-contratantes. El desarrollo de la *economía gig* constituye una nueva demonstración al respecto. Algunos países han buscado una solución en la creación de una categoría intermediaria, de trabajadores autónomos económicamente dependientes. El concepto ha recibido un reconocimiento específico de varios derechos nacionales, incluso en Alemania, Italia y en España. Estos países ofrecen garantías limitadas para estos trabajadores autónomos casi subordinados. Si la OIT, en muchos de sus instrumentos, no distingue entre trabajadores asalariados e independientes, su Recomendación núm. 198 sobre relación de trabajo, adoptada en 2006, se centra sin embargo en la determinación del trabajo asalariado en contraste con las relaciones profesionales entre personas independientes. Lo ha aún demostrado el flagelo del Covid-19: la cuestión social que debe resolverse hoy, en los países industrializados como en los países en vía de desarrollo, concierne la pauperización de todos, sea asalariados o autónomos, arrancados, por su inactividad forzada, su salario inadecuado o empleo precario, en una corriente que los lleva o los mantiene alejados de las estructuras establecidas.

89 La Organización podría inspirarse de la *Ley española núm. 20/2007, del 11 de julio de 2007*, que sanciona el "Estatuto del Trabajo Autónomo" para proveer además un reconocimiento y un régimen profesional más completo a estas personas que no pueden demostrar legalmente su subordinación. Ya la Recomendación núm. 202 sobre los pisos de protección social, de 2012 fijaba objetivos para extender los beneficios de la seguridad social a las nuevas formas de trabajo. De una manera particularmente amplia, el Convenio núm. 190 y la recomendación núm. 206, 2019, de la OIT sobre la violencia y el acoso llegan incluso a cubrir, más allá de los asalariados, a todas las personas "en el mundo de trabajo", cualquiera que sea su situación contractual. Puedo recordar que varios países de la UE otorgan a todos los que lo necesitan un ingreso mínimo. La directiva europea relativa a unas condiciones laborales transparentes y previsibles que acabo de mencionar abarca las nuevas formas flexibles de empleo; ha constituido un primer paso para extender la protección a todas las personas que trabajan, sea como asalariado sea como independiente. La Comisión posteriormente ha elaborado Directrices sobre la aplicación del Derecho de la competencia de la Unión a los convenios colectivos relativos a las condiciones laborales de las personas que trabajan por cuenta propia sin asalariados. Cuando estos últimos se encuentran en una situación comparable a la de los trabajadores asalariados, consideran que los convenios colectivos que celebran no entran en el ámbito de aplicación de las normas de competencia previstas en los artículos 101 y siguientes del TFUE.

90 El cuarto punto se refiere a una *mejor gobernanza en la manera de legislar*. La proliferación de normas a la cual se ha sido referida da una impresión de desorden y perjudica la efectividad. Llama a una mejor articulación de las reglas transnacionales obligatorias y de las disposiciones sin efecto vinculante de Derecho privado y público, elaboradas por instituciones de todas naturas. Regular más claramente y más útilmente las relaciones y los conflictos laborales que sobrepasan las fronteras de un Estado se vuelve también urgente. La creación de una Autoridad Laboral Europea (véase párrafo 62) no solamente facilita inspecciones conjuntas, sino proporciona mediación y contribuye a las soluciones en casos de diferencias entre autoridades nacionales y de perturbaciones del mercado laboral transfronterizo, tales como las reestructuraciones de empresas que afectan a varios Estados miembros.

91 Últimas palabras, pero no las menos importantes: todos los países que mejor han tomado la curva de la mundialización poseen un sistema educativo y de formación profesional que responde, a las necesidades de día. Velan además por su coordinación efectiva con las políticas de integración o reintegración sobre el mercado del empleo, de determinación de la edad de la jubilación y de acogida de los emigrantes. Los expertos también consideran que una gestión eficiente de los recursos humanos exige empresas que concedan buenas condiciones de trabajo, que adopten particularmente medidas dinámicas de salud en el trabajo, cubriendo los riesgos atados a la aceleración

de los ritmos y a la utilización de la informática. Esta política es percibida como un instrumento importante de motivación de los asalariados, tranquilizados sobre la seguridad de su empleo. Permite una disminución de los costes ocasionados por las roturas de producción debidas los accidentes, por la necesidad de reemplazar a los ausentes y por todos los demás gastos vinculados a los riesgos profesionales. Los empresarios son animados a adoptar programas sistémicos para detectar estos peligros, evaluarlos y prevenirlos. Deben informar y formar a su personal, en particular delegados escogidos con este fin y, más generalmente, asociar a sus asalariados con su política de salud. Las directivas europeas en este campo integran claramente esta visión empresarial. Las enmiendas recientes a la Declaración de la OIT sobre los principios y los derechos en el trabajo también demuestran la importancia de este tema.

VII. BIBLIOGRAFÍA Y PÁGINAS WEB

1. BIBLIOGRAFÍA

AA.VV.: *España y la OIT. 100 años de diálogo en un mundo cambiante* (Coordinador: JOSE LUIS GIL y GIL), Ediciones Cinca, Madrid, 2018.

BEAUDONNET, X., "La utilización del derecho internacional del trabajo por los tribunales nacionales, noticias de una evolución en marcha", *Revista de Derecho Laboral,* núm. 238, tome LIII, juin 2010.

B.I.T.: *Les aspects sociaux de la coopération économique européenne.* Informe de un grupo de expertos, Ginebra, 1956.

CAMAS RODA, F.: *Trabajo decente e inmigrantes en España (Un estudio sobre los derechos laborales de los trabajadores migrantes y del objetivo internacional del trabajo decente),* Editorial Huygens, Barcelona, 2017.

COMITÉ INTERGUBERNAMENTAL CREADO POR LA CONFERENCIA DE MESSINEA, *Rapport des chefs de délégation aux ministres des Affaires étrangères,* llamado el informe Spaak, Bruselas, 21 de Abril de 1956.

LANTARON, D.: "Estándares, laborales internacionales en la era de la globalización", *Trabajo y Derecho,* núm. 28, abril de 2017, págs. 35-56.

OJEDA AVILÉS, A.: *Derecho transnacional del Trabajo,* Valence, Tirant Lo Blanch, 2013.

SERVAIS, J.-M.: *International Labour Law, 7.ª ed., La Haya, Kluwer,* 2022.

SERVAIS, J.-M.: *Droit social de l'Union européenne,* 4.ª edición, Bruylant, Bruselas, 2021.

VALDES DAL-RÉ, F.: *Constitucionalismo laboral europeo y protección multinivel de los derechos laborales fundamentales: luces y sombras,* Albacete, Ed. Bomarzo, 2016.

2. PÁGINAS WEB

EUR-LEX. EL ACCESO AL DERECHO DE LA UNIÓN EUROPEA: https://eur-lex.europa.eu/homepage.html?locale=es.

ORGANIZACIÓN INTERNACIONAL DEL TRABAJO. NORMAS DEL TRABAJO: http://www.ilo.org/global/standards/lang–es/index.htm.

COMISIÓN EUROPEA. EMPLEO, ASUNTO SOCIALES E INCLUSIÓN: https://ec.europa.eu/social/home.jsp?langId=es.

II

Política de mercado de trabajo. El acceso al empleo y la formación

92 En este capítulo pretendemos explicar las líneas maestras de lo que son, y deben ser, las políticas de empleo y formación. Formularemos un marco teórico, conceptual y general, de referencia, al que seguirá un examen de las tendencias internacionales y de la UE en la materia. Centraremos nuestra atención de manera especial en la realidad española, tanto jurídica como social, con carácter general, y en la política dirigida a las personas jóvenes y otros colectivos vulnerables en particular. Con todo ello, quienes lean este capítulo dispondrán de un buen bagaje de conocimientos para profundizar mucho más extensamente y con mucho mayor detalle, en todas y cada una de las cuestiones abordadas en los diferentes epígrafes, siendo sin duda necesario seguir con mucha atención los cambios normativos que puedan producirse tanto en cuestiones de empleo en particular como en todas aquellas que afecten a las relaciones de trabajo en general y que tienen una innegable incidencia en las políticas de empleo, formación y protección social.

Además, conviene recordar que se encuentra en fase tramitación parlamentaria un nuevo Proyecto de Ley de Empleo, que en caso de ser aprobado procedería a la derogación de la normativa vigente, aun cuando gran parte del contenido actual no sufriría modificaciones de importancia.

I. CAMBIOS EN EL MUNDO DEL TRABAJO Y SU IMPACTO SOBRE EL EMPLEO

93 Realizamos primeramente algunas consideraciones de índole académica. El hecho de poder dedicar menos tiempo a las explicaciones docentes de la parte histórica de la disciplina del Derecho del Trabajo, debido a los ajustes que todas las titulaciones académicas han llevado a cabo con ocasión de las sucesivas reformas de los planes de estudio, no debe impedir dedicar una parte del tiempo disponible a explicar dicha historia y su conexión con el mundo laboral actual. Ello es del todo punto necesario para entender cómo han evolucionado los conceptos de "trabajo" y "empleo" a lo largo de la historia, y como se han ido separando en cuanto que el primero incluye todo tipo de actividad, laboral o no, mientras que el segundo se identifica por aquello que tiene relevancia a efectos estadísticos y productivos.

1. DEL PASADO AL PRESENTE, Y MIRANDO AL FUTURO

94 En primer lugar, hay que abordar la diversidad del mundo del trabajo actual, para poner de manifiesto cómo ha cambiado su composición a lo largo de los tiempos, básicamente desde el inicio de las modernas relaciones laborales, e inmediatamente referirse a las diversas transiciones que se producen a la lo largo de la vida laboral de una persona, o más exactamente desde que se pretende acceder a ella desde el ámbito educativo hasta su finalización por razón de la extinción contractual por acceso a la jubilación. No hay que olvidar tampoco introducir brevemente al alumnado en el concepto de aquello que es el Derecho del Trabajo, cuáles son sus notas conceptuales más relevantes y cuáles son las fuentes normativas de las que se alimenta para su aplicación e interpretación.

95 Llega inmediatamente después la explicación de cómo ha evolucionado el concepto de "trabajo" a lo largo de la historia, y las diferencias entre este término y el de "empleo", aunque se trate de una distinción conceptual, ciertamente importante (piénsese por ejemplo en el trabajo doméstico no valorado estadísticamente como productivo, y el empleo doméstico que sí lo es en cuanto que llevado a cabo por una persona que tiene una relación contractual con su empleador), que queda difusa en el lenguaje habitual de las relaciones laborales. Y, sin solución de continuidad, debemos pasar al análisis histórico, a la regulación del trabajo por el ordenamiento jurídico, con una idea clave inicial cual es que siempre existió un régimen de trabajo por cuenta ajena desde la esclavitud, pero que aquello que no existió hasta bien entrado el siglo XIX

era un régimen jurídico laboral propiamente dicho, y si tenemos que hilar más fino debería decirse que habrá que esperar a los primeros años del siglo XX para poder empezar a hablar con propiedad de relaciones laborales reguladas por un marco normativo propio.

96 En definitiva, durante mucho tiempo a lo largo de toda la historia no existieron las relaciones laborales, no existió el marco normativo laboral y de protección social tal como se entiende en la actualidad, pero sí hubo muchas, muchísimas, personas que pusieron su fuerza de trabajo a disposición de otras que se lucraron con su actividad. La explotación acelerada de gran parte de la población desplazada a las fábricas llevó a la organización del movimiento obrero y a la creación de organizaciones sindicales para la protección y defensa de los (entonces casi inexistentes) derechos de los trabajadores. Nuestros antepasados contemplarían hoy con orgullo cómo ha cambiado el mundo del trabajo y cómo la regulación de derechos en materia de tiempo de trabajo, por ejemplo, es considerado como el ADN de una parte importante (no toda, ni mucho menos) de la regulación laboral.

97 Hemos de comprender el presente. ¿Y cambiarlo? Sí, porque el mundo del trabajo es extraordinariamente dinámico y mucho más desde que la introducción de la tecnología ha posibilitado cambios muy importantes en las relaciones entre el tiempo, el lugar y la prestación de trabajo. Cambiar el presente sí, y desde la certeza, datos estadísticos la avalan, de que sigue habiendo un elevado porcentaje de población que cada día, a través de las múltiples formas jurídicas existentes, por medio de vías regulares, irregulares o informales vende su fuerza de trabajo, presta sus servicios para otros sujetos, empleadores, ya sean personas físicas o jurídicas, que retribuyen aquella prestación. Cambiar el presente es conseguir que las condiciones laborales respondan al reto de una población trabajadora, y empresarial, que se inserta en una realidad económica cada vez más global y que condiciona las decisiones productivas que se adoptan, y en donde no sólo el salario sino otras condiciones laborales como por ejemplo la formación, la posibilidad de conciliar adecuadamente vida propia y vida laboral y con la corresponsabilización de los sujetos implicados, el ser "escuchado" y participar en la organización de tu trabajo, son cada vez más importantes. Y en esta tarea, sigue siendo necesaria la participación de los sujetos colectivos, de los agentes sociales, en suma, de las organizaciones sindicales y empresariales para regular en cada sector aquello que sólo puede hacerse de forma general en el ámbito político internacional, europeo y estatal.

98 ¿Mirar hacia el futuro, con propuestas de cambio? Sí, porque el mundo del trabajo debe atender a los retos antes apuntados y dar voz a todas las personas que tienen mucho que decir, en un marco de relaciones laborales que debería ser cada vez menos jerarquizado y más participativo, aunque sigan existiendo relaciones de trabajo subordinadas, que cada vez se combinarán más, que sea

de forma voluntaria o involuntaria es otra cuestión, con proyectos emprendedores o de autoocupación puestos en marcha por jóvenes, y no tan jóvenes, que desean ser sujetos activos y no meramente pasivos de la vida económica y social. En este proceso, el Derecho del Trabajo y de la Seguridad Social debe adaptarse, sin duda, para no perder sus señas de identidad, que no son otras que la protección y defensa de las personas más necesitadas de aquella y que siguen siendo muchas, muchos millones, en todo el planeta. Adaptación, que va de la mano con un cambio en la ordenación de las relaciones laborales y la estrecha implicación de todas las personas implicadas en ellas. Cobra importancia igualmente, y cada vez mayor, el papel de las organizaciones internacionales y supraestatales, y cada vez es más necesaria la implicación de los agentes sociales a escala internacional.

99 Es particularmente necesario, al hablar de políticas de empleo y formación, abordar, como ya se ha indicado, el cambio tecnológico y su impacto en el mundo del trabajo. La cuarta revolución industrial y de la necesidad de responder a los retos que plantea La primera revolución industrial, la del siglo XVIII, fue la del nacimiento de la producción fabril y la aparición del movimiento obrero y las organizaciones sindicales. La segunda, trajo la aparición de las cadenas de montaje, el surgimiento del taylorismo y del fordismo, donde la persona trabajadora era un mero engranaje más de la máquina, y las luchas por las mejoras condiciones de trabajo. La tercera, es la de la tecnología electrónica y digital. La cuarta, con un indudable impacto en el empleo, es la llamada industria 4.0, la que ha sido conceptuada y definida en los estudios realizados al efecto como la que utiliza la inteligencia artificial e información en tiempo real para aumentar la productividad y reducir los costos. Y ya hablamos de la quinta, con una importancia altamente significativa de la inteligencia artificial en las relaciones de trabajo muy superior al de etapas anteriores. Para las organizaciones sindicales el reto es no quedarse ancladas en una realidad productiva que está cambiando a pasos agigantados y ser sujetos activos del cambio, poniendo en el centro de la negociación con las organizaciones empresariales, con las empresas y los gobiernos, la puesta en marcha de las medidas adecuadas y necesarias para incentivar la adquisición del conocimiento necesario en un marco productivo donde la persona y la máquina trabajarán, de hecho ya es así en bastantes ocasiones, conjuntamente.

2. NO IMPORTA SÓLO LA CANTIDAD, SINO TAMBIÉN LA CALIDAD DEL EMPLEO

100 El estudio de las políticas activas de empleo debe hacerse, ciertamente, desde el atento examen y estudio del marco normativo existente, con atención especial en España al Real Decreto Legislativo 3/2015 de 23 de octubre, por el que se aprueba el texto refundido de la Ley de Empleo (TRLE), que

define dichas políticas. Desde una perspectiva más general, puede afirmarse que, para alcanzar los objetivos de una buena política activa de empleo, consistente en gestionar correctamente la oferta y la demanda de trabajo, hay básicamente tres vías de actuación: las políticas de formación, las políticas de creación de empleo (ej.: subvenciones a la contratación), y las políticas de funcionamiento del mercado laboral (ej.: unos buenos y eficaces Servicios Públicos de Empleo).

101 Ahora bien, cualquier análisis de las políticas de empleo debe realizarse teniendo en consideración la situación económica y social, dado que sus objetivos de posibilitar el acceso al empleo y de garantizar una protección social adecuada en caso de no disponer del mismo deben tratar de conseguirse de una forma u otra según cuál sea aquella situación. Se requiere el esfuerzo reforzado de todos los poderes públicos y de las organizaciones representativas de trabajadores y empresarios para adoptar medidas que faciliten la disminución del número de personas desempleadas y también la creación de empleo con garantías de estabilidad. Es necesario poner en marcha políticas activas de empleo que guarden estrecha relación con las llamadas políticas pasivas, pero que además refuercen la necesidad de apostar por un nuevo modelo productivo que permita incrementar el volumen de ocupación estable y de calidad, y que al mismo tiempo que se adapta a los nuevos requerimientos de la sociedad del conocimiento no olvida que muchas personas necesitan mejorar sus niveles de cualificación profesional para acceder o permanecer en el mercado de trabajo.

102 Las políticas de empleo deben apostar por la búsqueda del pleno empleo estable y de calidad, mediante la adecuada combinación de políticas activas de acceso al mercado de trabajo y de políticas de protección económica para las personas que se encuentran en situación de desempleo. Hay que prestar una atención especial, tanto en políticas "de cantidad" como "de calidad", a los colectivos con más dificultades, como son las mujeres, los desempleados de larga duración, los jóvenes, los discapacitados, y buena parte de los inmigrantes incorporados, de forma regular o irregular, al mercado de trabajo español. Se trata de dirigirse a un mercado de trabajo cada vez más diversificado y con instrumentos adecuados que permitan hacer frente a esa diversidad. Así pues, los datos cuantitativos no deben hacer olvidar la importancia de acercarnos a la calidad del empleo para entender la realidad del mercado de trabajo en España.

103 Aquello que realmente es importante es tanto la modalidad contractual como muy especialmente el salario percibido por el trabajador y sobre el que se cotiza. De ahí, la importancia de los acuerdos entre organizaciones empresariales y sindicales sobre el incremento de los salarios pactados en convenios, así como también del Salario Mínimo Interprofesional. Bajos salarios y contratos de muy corta duración, así como las irregularidades producidas en materia

salarial respecto al abono y cotización de algunas cantidades (horas trabajadas y no declaradas, por citar un ejemplo bien conocido), no contribuyen precisamente a la mejora de los ingresos de la Seguridad Social aun cuando sea importante ciertamente el incremento del número de afiliados. En esos bajos salarios y en la existencia de irregularidades influye sin duda la estructura del tejido empresarial español, preferentemente de pequeña y microempresa, en donde la presencia de representantes de los trabajadores es prácticamente inexistente.

104 Los datos publicados por el Directorio Central de Empresas sobre dicha estructura empresarial, a 1 de enero de 2021 lo ponen claramente de manifiesto, ya que afirmar que el tejido empresarial español es de micro y pequeña empresa principalmente, responde a una realidad estadísticamente contrastada, con datos que dejan para una reflexión de mayor alcance que esta nota si el elevado número de empresas sin personas asalariadas se ajusta a la legalidad o hay detrás de las cifras un número no desdeñable de relaciones laborales asalariadas encubiertas. Repárese en que 1.879.126 millones de empresas, el 55,8% del total, no emplearon a ningún asalariado en 2020, y que otro porcentaje nada despreciable, el 27,3%, es decir 920.321 sólo daban ocupación a uno o dos personas asalariadas, por lo que entre ambas sumaban el 83,1% de total. A reseñar también otro dato significativo para el funcionamiento de las relaciones de trabajo en la empresa, cuál es el pleno reconocimiento del derecho a elegir representantes del personal, en empresas de 11 y más trabajadores, ya que las empresas con número inferior de personal eran 304.095 (entre 3 y 5 trabajadores), y 120.828 (entre 6 y 9 personas ocupadas), datos que hacen una vez más pensar en la necesidad de articular formas representativas del personal que no se basen únicamente en el ámbito empresarial. 75.522 es el número de empresas que ocupaban de 10 a 19 trabajadores, y 66.678 el de aquellas que proporcionaban ocupación a 20 o más trabajadores (4,5% del total). Mientras que el minifundismo extremo empresarial se concentra en el sector "resto de servicios" (85,4%), el sector industrial destaca por el volumen de población asalariada, ya que el 8,1% de sus empresas agrupan a 20 o más trabajadores.

II. LA REALIDAD INTERNACIONAL. LAS TENDENCIAS DEL EMPLEO EN EL MARCO DE LOS INFORMES DE LA OIT

105 Abordaremos en este epígrafe el examen de dos documentos emanados de la OIT de indudable importancia para conocer la realidad de las políticas de empleo y de formación, que son los informes "Perspectivas sociales y de empleo en el mundo" de los años 2020 y 2022, ya que el informe de 2021 estuvo dedicado monográficamente al trabajo en las empresas de la economía de plataformas. Es necesario y conveniente resaltar como el conocimiento de dicha realidad se convierte en un elemento determinante para poder regular

adecuadamente en el ámbito europeo y español aquellas políticas, obviamente dentro de los ámbitos competenciales respectivos. El cambio tecnológico, la digitalización, el impacto de las nuevas tecnologías de la información y comunicación permiten hablar de políticas de empleo y de formación en ámbito territoriales cada vez más amplios, y de ahí que todo aquello que se debata, y aprueba, en foros internacionales como la OIT tenga relevancia innegable en ámbitos geográficos más limitados.

106 Es ciertamente muy distinto, completamente distinto, el mundo del trabajo tras la pandemia que hemos vivido desde marzo de 2020 y sus consecuencias, del que existía cuando se presentó el Informe "Perspectivas sociales y de empleo en el mundo" de ese año. El eje central del que partía el Informe era el de la necesidad de analizar con "nuevo ojos" los problemas existentes en el mundo laboral a escala mundial y de utilizar si fuera necesario un nuevo enfoque para su examen; dicho con las propias palabras del documento "para hacer frente a los problemas y las dificultades con que tropiezan las políticas era preciso llevar a cabo una reflexión crítica sobre la idoneidad de nuestros métodos y conceptos, e introducir innovaciones cuando sean necesarias", y ya apuntaba una duda o pregunta que será muy importante en el Informe, cuál es la del criterio más adecuado para medir "el mal funcionamiento del mercado de trabajo", interrogándose ya sobre si la tasa de desempleo "es la medida más fiable", con una respuesta negativa, o como mínimo parcialmente negativa, por cuanto cada vez adquiere más relevancia el análisis de la llamada subutilización de la fuerza de trabajo, es decir del número de personas que desearían trabajar más horas, y de la población inactiva que desea trabajar pero que por distintos motivos no está disponible para ello.

107 Una palabra, cada vez más presente en documentos emanados de todas las instancias internacionales, tanto políticas como económicas y sociales, adquiría una especial significación en el Informe 2020: desigualdad, enlazada con el análisis más ajustado posible de todos los datos disponibles para poder llevar a cabo propuestas de diseño de políticas "que posibiliten un desarrollo sostenible y duradero", observándose pues la estrecha sintonía entre el eje central del Informe y las políticas que se han de poner en marcha para alcanzar muchos de los objetivos de desarrollo sostenible 2030 de las Naciones Unidas. Sin duda, o al menos así me lo parece, el examen y aprendizaje permanente de cómo está cambiando el mundo laboral y de cómo incide este cambio en la mejora o empeoramiento del número de personas afectadas por desigualdades que pueden provocar incremento de la riqueza para unos pocos, y aumento de la precariedad, pobreza y exclusión para muchos otros, es necesario para cualquier persona que desee acercarse a fondo, y sin prejuicios, a las nuevas (aunque algunas no lo sean tanto, ni mucho menos) realidades laborales.

108 El Informe pivotaba sobre cuatro grandes ejes, que en el texto se denominaban "mensajes", desarrollados de forma detallada a lo largo de sus tres

grandes bloques. A) En primer lugar, se planteaba, y se apuntaba ya que era muy probable que fuera así, que la disminución del crecimiento económico proyectado para el próximo futuro, ante las incertidumbres y riesgos a los que se enfrenta la economía mundial y la falta de inclusión "perjudiquen la capacidad de los países de menores ingresos para reducir la pobreza y mejorar las condiciones de trabajo". B) En segundo lugar, el acceso al trabajo no puede tomar como punto de referencia solo a las personas ocupadas y a quienes están desempleadas, sino que hay que atender cada vez tanto a la cantidad como a la calidad del empleo (sobre este último aspecto se incidirá especialmente en el tercer eje o mensaje), lo que lleva a preguntarse por la importancia del trabajo a tiempo parcial, de quienes trabajan de forma casi permanente con contratos temporales (y reconozco que ello es casi una contradicción en sus propios términos), de quienes lo hacen en la economía informal o irregular, y de quienes desean trabajar pero diversas circunstancias, básicamente de índole familiar (y con un indudable sesgo de género en detrimento de la población femenina) no se lo permiten.

109 Por ello, y aprovechando la mejora y actualización de las bases de datos disponibles, la OIT se planteaba la importancia real de la subutilización de las personas en edad de trabajar, es decir la que denomina "tasa de subutilización total de la fuerza de trabajo", constatándose que "tiende a acentuarse y supera ampliamente la de desempleo". Las cifras no engañan, ciertamente: con datos de 2020 hay 188 millones de desempleados a escala mundial, mientras que hay 165 millones de personas ocupadas que desean trabajar más horas (por ejemplo, en la UE28 un 43,3% de hombres y un 23,0 de mujeres de 25 a 49 años trabajaban involuntariamente a tiempo parcial en 2018, ascendiendo este porcentaje en España al 71,2 y 52,4% respectivamente), y 120 millones con vinculo marginal al mercado laboral y falta actual de disponibilidad pero con interés en encontrar vías que les permitan el acceso. Como el dato total es de 470 millones de personas que "carecen de un acceso adecuado al trabajo remunerado como tal o se les niega la oportunidad de trabajar el número de horas deseado", ello lleva a quienes han elaborado el Informe a concluir la importancia, a los efectos de adopción de políticas adecuadas, de "una comprensión y una medición más completas de la subutilización en el mercado laboral, además de la medición tradicional de la tasa de desempleo".

110 Es sobre la calidad del empleo sobre la que se centra el tercer eje o mensaje del Informe, que pone de manifiesto los déficits que siguen existiendo en materia salarial y de otras condiciones de trabajo que afectan tanto a los derechos individuales como colectivos de las personas trabajadoras, así como en el ámbito de la protección social. Subrayando también la importancia de tal problemática, desde su perspectiva específica y que cada vez más tiende a converger en muchas ocasiones con el trabajo asalariado por el carácter borroso y difuminado (voluntario o no ya es una cuestión bien distinta) entre

ambos, del trabajo autónomo o por cuenta propia. Por ello, no era de extrañar que el Informe siguiera reiterando una tesis que ya había sido expuesta en los de años anteriores, cual es que los déficits del trabajo decente son relevantes en la economía informal, que "registra las tasas más altas de pobreza entre los trabajadores y un elevado porcentaje de personas que trabajan por cuenta propia o de trabajadores familiares auxiliares que carecen de la protección adecuada", un número de personas que alcanza una cifra de alrededor de 2.000 millones a escala mundial, nada más ni nada menos que el 61% de la fuerza de trabajo mundial, cifrada en la actualidad en 3.300 millones.

111 Constatado que siguen existiendo importantes diferencias, que no son sino desigualdades, en el acceso al trabajo y en la calidad del empleo, el cuarto eje o mensaje del Informe pone el acento en que tales diferencias, la segmentación en suma de los mercados de trabajo, no se da solo por regiones a escala mundial, sino que también existe a este nivel, y por supuesto en cada Estado aunque con muy distintos grados de intensidad, entre las zonas rurales y urbanas, por razón de sexo y también por edad, y se presta especial atención a una realidad que parece más visible con los nuevos datos disponibles por la OIT sobre las rentas del trabajo para todos los trabajadores (tanto por cuenta ajena como por autónomos), cual es que "la desigualdad de ingresos es mucho mayor de lo que se pensaba".

El 17 de enero publicaba la OIT su informe anual sobre "Perspectivas sociales y del empleo en el mundo – Tendencias 2022", continuando con el análisis de la realidad laboral a escala mundial y que el año 2021, como se ha indicado con anterioridad, había parcialmente interrumpido al dedicar monográficamente su atención al trabajo en las plataformas digitales, algo que bien entendido también era un análisis global por la importancia que han adquirido estas.

Pues bien, el informe 2022 constata un incremento preocupante de las desigualdades, tanto entre países como en el mundo del trabajo, algo que será constatado con mayor rotundidad, desde una perspectiva global, por el informe anual de Intermon-Oxfam, presentado también el 17 de enero y cuyo título es "Las desigualdades matan", en el que recoge que "según el análisis y los datos publicados por el World Inequality Lab en diciembre de 2021 desde 1995, el 1% más rico ha acaparado una parte veces mayor del crecimiento de la riqueza global que la mitad más pobre de la humanidad.40 Actualmente, las desigualdades son tan pronunciadas como lo eran en el culmen del imperialismo occidental a principios del siglo XX. Hemos sobrepasado la Edad Dorada de finales del siglo XIX".

112 ¿Qué cabe destacar del Informe 2022 de la OIT?

Dos aspectos a resaltar en este apartado: en primer lugar, que muchos de los logros en materia de trabajo decente conseguidos antes de la pandemia se han visto considerablemente afectados, y que "los déficits de trabajo decente preexistentes están mermando las perspectivas de una recuperación sostenible en muchas regiones". En segundo término, y en concreto sobre el impacto de la crisis, partiendo las últimas previsiones de crecimiento económico, se calcula que el total de horas trabajadas a escala mundial en 2022 se mantendrá casi un 2 por ciento por debajo de su nivel prepandémico una vez ajustado al crecimiento de la población, "lo que corresponde a un déficit equivalente a 52 millones de puestos de trabajo a tiempo completo (tomando como referencia una semana laboral de 48 horas)". Seguiremos estando por debajo de la tasa de empleo de 2011, calculándose que en el presente año se sitúe en el 55,9%, un 1.4% inferior.

113 En tercer lugar, el desigual impacto de la crisis y afectación más negativa y grave para las naciones en desarrollo, que ya presentaban "mayores niveles de desigualdad, condiciones laborales más diversas y sistemas de protección social más débiles incluso antes de la pandemia". Ello, no obstante, se produce un impacto negativo de la crisis en todas las regiones mundiales, subrayándose en el documento que "en general, los indicadores clave del mercado de trabajo aún no han vuelto a los niveles anteriores a la pandemia en ninguna de las regiones: África, las Américas, los Estados Árabes, Asia y el Pacífico, y Europa y Asia Central".

114 En cuarto lugar, que la economía informal, que había sido en muchos países un amortiguador en crisis anteriores, no lo ha sido en la presente por su impacto en todos los sectores económicos, y que además se ha constituido en un freno para que las personas y empresas que operan en ella se vieran beneficiadas de las ayudas públicas, ya que "las empresas informales han tenido menos posibilidades de acceder a las líneas de crédito formales o al apoyo gubernamental relacionado con la COVID-19".

115 En quinto lugar, se desea resaltar del informe su constatación del impacto que provoca en la reconfiguración de las relaciones económicas y laborales, dados los cambios producidos por el incremento de la actividad en línea, el incremento de costes comerciales y su repercusión en las cadenas de producción y la "renacionalización" de algunas de las actividades anteriormente externalizadas. Así lo explica con todo detalle el Informe 2022: "La recuperación asimétrica de la economía mundial ha empezado a provocar efectos en cadena a largo plazo, en términos de incertidumbre e inestabilidad persistentes, que podrían desbaratar la recuperación. Los cambios en la demanda del mercado y el aumento de los servicios en línea, el incremento vertiginoso de los costos comerciales y los cambios provocados por la pandemia en la oferta de mano de obra han creado cuellos de botella en la industria manufacturera, lo que impide que se restablezcan las condiciones del mercado de trabajo anteriores a la pandemia. Las alteraciones marcadas y prolongadas de la cadena de suministro están generando incertidumbre en el entorno empresarial y podrían

llevar a una reconfiguración de la geografía de la producción con notables consecuencias para el empleo".

116 En sexto lugar, la OIT alerta del incremento de las desigualdades tecnológicas, que no solo afectan ni mucho menos al ámbito laboral, y del crecimiento de la brecha de género, así como de su afectación especial a jóvenes que se vieron afectados en su etapa educativa por la crisis de 2008 y que ahora sufren, en sus primeras fases de vida laboral, la actual, y se preocupa, como no podría ser de otra forma, por el impacto que todo ello tiene no sólo sobre la cantidad sino también sobre la calidad del trabajo, poniendo en riesgo el objetivo perseguido de un trabajo decente y digno. En el documento se alerta, pues, de que la pandemia "está exacerbando diversas formas de desigualdad, desde la intensificación de las desigualdades de género hasta la ampliación de la brecha digital", y que los cambios en la composición de las relaciones de trabajo "como la dependencia del empleo informal por cuenta propia para ganarse la vida, el aumento del trabajo a distancia y las diversas tendencias en materia de trabajo temporal, podrían deteriorar la calidad de las condiciones de trabajo".

117 Por fin, en séptimo lugar, y en esta muy apretada y totalmente subjetiva síntesis del documento que he realizado, la OIT enfatiza la necesidad de abordar la crisis y sus secuelas desde los cuatro pilares que son el santo y seña de sus últimos documentos y por supuesto también de la Declaración de su Centenario: el crecimiento económico y el desarrollo inclusivos; la protección de todos los trabajadores; la protección social universal, y el diálogo social.

Y muy especialmente cabe destacar este último, ya que se pone de manifiesto, que "ha desempeñado un papel fundamental en la respuesta a la pandemia, y muchas políticas y medidas para limitar la pérdida de puestos de trabajo han sido fruto de los debates tripartitos" y que durante el periodo de recuperación, "el diálogo social seguirá siendo crucial para vislumbrar soluciones que redunden en beneficio de las empresas y los trabajadores y que tengan repercusiones macroeconómicas y efectos indirectos positivos", reforzando estas tesis con la petición, que se dirige fundamentalmente a los países en que está poco desarrollado, de que "para que el diálogo social desempeñe este papel, será necesario reforzar las capacidades de las administraciones públicas y de las organizaciones de empleadores y de trabajadores con el fin de que participen en dicho proceso".

III. LA POLÍTICA DE EMPLEO EN LA UNIÓN EUROPEA

118 El art. 148 del TFUE dispone que el Consejo elaborará anualmente las orientaciones que los Estados deberán ser tomadas en consideración en las respectivas políticas estatales de empleo, y que el informe anual que estos

deben elaborar sobre las principales medidas adoptadas será examinado por el Consejo, que "sobre la base de una recomendación de la Comisión, podrá formular recomendaciones a los Estados miembros, si lo considera pertinente a la vista de dicho examen". Si bien las políticas laborales son competencia de los Estados miembros, no es menos cierto que las orientaciones comunitarias deben guiar sus políticas de empleo, debiendo los Estados, "considerar el fomento del empleo como un asunto de interés común y coordinar su acción al respecto en el seno del Consejo, habida cuenta de las prácticas nacionales relativas a las responsabilidades de los interlocutores sociales".

119 Las orientaciones de política de empleo para 2022, al igual que los años anteriores, se concentran en cuatro temáticas de especial interés: impulsar la demanda de mano de obra, mejorar la oferta de trabajo a través del acceso al empleo, las capacidades y las competencias, mejorar el buen funcionamiento de los mercados laborales y la eficacia del diálogo social, y promover la igualdad de oportunidades para todos, fomentar la integración social y combatir la pobreza.

120 De la primera (núm. 5) cabe destacar lo siguiente: "los estados miembros deben promover activamente una economía social de mercado sostenible y facilitar y apoyar la inversión en la creación de empleos de calidad, aprovechando también el potencial relacionado con las transiciones ecológica y digital, en vista del objetivo principal de la UE en materia de empleo para 2030. Para ello, deben reducir las trabas a las que se enfrentan las empresas para contratar mano de obra, impulsar el espíritu emprendedor responsable y el trabajo por cuenta propia auténtico, y, en particular, apoyar la creación y el crecimiento de pequeñas y medianas empresas, también a través del acceso a la financiación. Los Estados miembros deben promover el desarrollo de la economía social y aprovechar todo su potencial de manera activa, impulsar la innovación y las empresas sociales, y fomentar los modelos de negocio que creen oportunidades de empleo de calidad y generen beneficios sociales a nivel local, en particular para la economía circular y en las zonas más afectadas por la transición a una economía verde a causa de su especialización sectorial".

121 De la segunda (núm. 6) destacamos las de garantizar la transferencia del derecho a la formación durante las transiciones profesionales, ya que ello "debería permitir una mejor anticipación y adaptación de todos a las necesidades del mercado de trabajo y gestionar con éxito las transiciones, reforzando así la resiliencia general a las perturbaciones de la economía".

122 También, la puesta en marcha, a efectos de prevención del desempleo, de evaluaciones individualizadas detalladas "a más tardar a los dieciocho meses de desempleo, con vistas a prevenir y reducir significativamente el desempleo estructural", con especial atención a políticas de empleo para jóvenes en el

marco de la ejecución completa de la garantía juvenil. Igualmente, la puesta en marcha de políticas de conciliación de vida privada y laboral, de tal manera que los estados garanticen que los padres y otras personas con responsabilidades familiares "tengan acceso a unos permisos familiares y unas fórmulas de trabajo flexible adecuados, a fin de crear un equilibrio entre el trabajo y la vida privada, y fomentar un uso equilibrado de estos derechos entre hombres y mujeres". Se enfatiza que debe prestarse atención a los grupos y personas vulnerables afectados en particular por las transiciones ecológica y digital y la crisis de la covid-19. también, que es preciso abordar la brecha salarial y de empleo entre hombres y mujeres.

123 De la tercera (núm. 7) cabe destacar lo siguiente: "los estados miembros deben trabajar junto con los interlocutores sociales por unas condiciones de trabajo justas, transparentes y predecibles, conciliando derechos y obligaciones. Deben reducir y prevenir la segmentación de los mercados laborales, luchar contra el trabajo no declarado y los falsos autónomos y fomentar la transición hacia formas de empleo por tiempo indefinido. Las normas sobre la protección del empleo, la legislación laboral y las instituciones deben todas ellas establecer un entorno que favorezca la contratación y la flexibilidad necesaria para que los empleadores se adapten rápidamente a los cambios en el contexto económico, a la vez que se protegen los derechos laborales y se garantiza la protección social, un nivel adecuado de seguridad y unos entornos laborales bien adaptados, seguros y saludables para todos los trabajadores.

124 La promoción del uso de fórmulas de trabajo flexibles, como el teletrabajo, puede contribuir a que los niveles de empleo sean más elevados y a que los mercados de trabajo sean más inclusivos en el contexto del entorno posterior a la pandemia. Al mismo tiempo, es importante garantizar el respeto de los derechos de los trabajadores en relación con el tiempo de trabajo, las condiciones laborales y el equilibrio entre la vida profesional y la vida privada. Deben evitarse las relaciones laborales que den lugar a unas condiciones de trabajo precarias, también en el caso de los trabajadores de plataformas –especialmente aquellos con una baja cualificación–, mediante la lucha contra la utilización abusiva de contratos atípicos. Debe garantizarse el acceso a una resolución de litigios efectiva e imparcial, y, en caso de despido injustificado, el derecho a reparación, incluida una indemnización adecuada".

125 En fin, en la cuarta (núm. 8) se llama a los Estados a favorecer "unos mercados laborales inclusivos, abiertos a todos, instaurando medidas eficaces para promover la igualdad de oportunidades de los grupos menos representados en el mercado laboral", a la modernización de los sistemas de protección social "para ofrecer protección social eficaz, eficiente y adecuada a lo largo de todas las etapas de la vida de una persona, fomentando la inclusión social

y la movilidad social ascendente, incentivando la participación en el mercado de trabajo y abordando las desigualdades, entre otras cosas mediante el diseño de sus sistemas fiscales y de prestaciones". En todas las políticas, los estados deberán desarrollar y aplicar estrategias preventivas e integradas mediante la combinación de los tres aspectos de la inclusión activa: "un apoyo a la renta adecuado, unos mercados de trabajo inclusivos y el acceso a servicios de calidad". Se sigue insistiendo en que los sistemas de protección social "deben garantizar el derecho a unas prestaciones de renta mínima adecuadas para toda persona que carezca de recursos suficientes y promover la inclusión social alentando a las personas a participar activamente en el mercado laboral y en la sociedad".

IV. POLÍTICA DE EMPLEO EN ESPAÑA

126 Será objeto de estudio en este epígrafe la política de empleo en España. Hay que prestar atención al marco estatal de las políticas de empleo y de formación después de haber procedido al estudio de los textos de la OIT y de la política de la UE. Hay que referirse, pues, con obligada brevedad, al marco normativo, constitucional y legal español de tales políticas. Del primero, hay que tomar en consideración el art. 40.1, que llama a los poderes públicos a la promoción de políticas orientadas al pleno empleo, y el art. 35.1, que reconoce el deber de trabajar y el derecho al trabajo para todos los españoles. Qué deba entenderse por pleno empleo no es ciertamente un debate jurídico, pero no es menos importante señalar ya de entrada que el derecho al trabajo debe guiar, y no solo para los españoles sino también para los restantes ciudadanos de otras nacionalidades, teniendo en cuenta la especificidad normativa de la población extracomunitaria, la actuación de los poderes públicos. En cualquier caso, las políticas internas deben respetar, por haberse incorporado al ordenamiento jurídico estatal, dos Convenios de la OIT de indudable importancia, referidos ambos a las agencias de colocación. El primero, data de 1949 y versaba sobre las agencias retribuidas de colocación; el segundo, es de 1997 y regula, y por consiguiente acepta a escala internacional, las agencias de empleo privadas. Del segundo, cabe mencionar primeramente el ya citado TRLE: Real Decreto Legislativo 3/2015 de 23 de octubre, por el que se aprueba el texto refundido de la Ley de Empleo. A continuación, el ET/2015, en concreto sus arts. 4.2 y 17, que se analizarán posteriormente.

1. CONCEPTO, SUJETOS Y MEDIDAS DE LA POLÍTICA DE EMPLEO

127 De acuerdo con lo dispuesto en el TRLE, la política de empleo puede conceptuarse como "Conjunto de decisiones adoptadas por el Estado y las comunidades autónomas que tienen por finalidad el desarrollo de programas y

medidas tendentes a la consecución del pleno empleo, así como la calidad en el empleo, a la adecuación cuantitativa y cualitativa de la oferta y demanda de empleo, a la reducción de las situaciones de desempleo y a la debida protección en las situaciones de desempleo". Dado que dicha política se articula y estructura a través del SNE, debe apuntarse que este es "el conjunto de estructuras, medidas y acciones necesarias para promover y desarrollar la política de empleo", y que está integrado por el Servicio Público de Empleo Estatal y los Servicios Públicos de Empleo de las Comunidades Autónomas. Es decir, los sujetos intervinientes son, con especial relevancia, el Estado y de las Comunidades Autónomas, si bien no cabe olvidar la importancia práctica del papel de las Administraciones locales.

128 En efecto, el art. 3.1 regula la planificación y ejecución de la política de empleo, disponiendo que en el ámbito de competencia estatal la coordinación de la política de empleo corresponde al Gobierno, a través del Ministerio de Empleo y Seguridad Social, en el marco de los acuerdos adoptados por la Conferencia Sectorial de Empleo y Asuntos Laborales. Por su parte, el apartado 2 atribuye a las Comunidades Autónomas en su ámbito territorial, de conformidad con la CE y sus Estatutos de Autonomía, el desarrollo de la política de empleo, el fomento del empleo y la ejecución de la legislación laboral y de los programas y medidas que les hayan sido transferidos. Por fin, el art. 4 se refiere a la dimensión local de la política de empleo, estableciendo que esta la deberá tener en cuenta "para ajustarla a las necesidades del territorio, de manera que favorezca y apoye las iniciativas de generación de empleo en el ámbito local", llamando a las Comunidades Autónomas a que establezcan "los mecanismos de colaboración oportunos con las entidades locales".

129 Con carácter general, las políticas de empleo deben desarrollarse en todo el Estado, teniendo en cuenta la Estrategia española de Búsqueda Activa de Empleo, las necesidades de los demandantes de empleo y los requerimientos de los respectivos mercados de trabajo. Deberán ponerse en marcha de manera coordinada entre los agentes de formación profesional para el empleo e intermediación laboral que realizan tales acciones, con objeto de favorecer la colocación de los demandantes de empleo. Los instrumentos de la política de empleo son la intermediación laboral, las políticas activas de empleo, y la coordinación entre las políticas activas y la protección económica frente al desempleo. Los principios generales de las políticas activas de empleo, tal como son enunciados en el TRLE, son los siguientes: a) El tratamiento individualizado y especializado a las personas en situación de desempleo para mejorar su empleabilidad, así como a las personas ocupadas para contribuir a la calidad y mantenimiento de su empleo. b) La respuesta a las necesidades de las empresas en materia de capital humano, empleo y formación. c) El fomento del autoempleo y la iniciativa emprendedora, especialmente en el marco de la economía

sostenible y de los nuevos yacimientos de empleo. d) La igualdad de oportunidades y no discriminación en el acceso al empleo. En particular, se tendrá en cuenta de manera activa el objetivo de la igualdad de trato entre mujeres y hombres. e) La adecuación a las características del territorio, teniendo en cuenta la realidad del mercado de trabajo y las peculiaridades locales y sectoriales.

130 La participación institucional en materia de política de empleo, señaladamente la activa, se concreta en el art. 8, regulador de los órganos del SNE, si bien la referencia marco es sin duda la contenida en el art. 13, dedicado a los principios de organización y funcionamiento del SNE, que acoge directamente la importancia de la participación institucional de las fuerzas sociales en cuanto que dispone como primer principio la "participación de las organizaciones empresariales y sindicales más representativas en el Servicio Público de Empleo Estatal y en los servicios públicos de empleo de las comunidades autónomas, en la forma en que éstos determinen, de acuerdo con lo previsto en esta ley". También es de obligada cita el art. 17, regulador de la organización del Servicio Público de Empleo Estatal, previéndose que tanto en su estructura central como en la periférica las organizaciones empresariales y sindicales más representativas "participarán, de forma tripartita y paritaria, en sus órganos correspondientes". No es menos importante, en sede autonómica, el art. 20, regulador con carácter meramente general de la organización de los servicios autonómicos, o más exactamente de remisión a lo que estos acuerden "en función de su capacidad de autoorganización", si bien sí se recoge de forma expresa la obligación de que en tales servicios se cuente la participación de las organizaciones empresariales y sindicales más representativas "en los órganos de representación de carácter consultivo", en la forma en que se prevea por las autonomías y teniendo dicha participación "carácter tripartito y paritario".

131 En el art. 8, además de la Conferencia Sectorial de Empleo y Asuntos Laborales, nos encontramos con el Consejo General del Sistema Nacional de Empleo, conceptuado como "el órgano consultivo y de participación institucional en materia de política de empleo y de formación profesional para el empleo en el ámbito laboral", con participación tripartita de las Administraciones Públicas implicadas (estatal y autonómicas) y de las organizaciones sindicales y empresariales; se trata de un caso de tripartismo total dado que la norma dispone que para la adopción de acuerdos en el seno del Consejo "se ponderarán los votos de las organizaciones empresariales y los de las organizaciones sindicales para que cada una de estas dos representaciones cuente con el mismo peso que el conjunto de los representantes de ambas administraciones manteniendo así el carácter tripartito del Consejo". La vulneración de la normativa en el ámbito de las relaciones laborales, y más exactamente en el ámbito de las políticas de acceso al empleo y formación profesional, se encuentran reguladas, y sancionadas en el Real Decreto Legislativo

5/2000, de 4 de agosto (modificado en numerosas ocasiones), por el que se aprueba el texto refundido de la Ley sobre Infracciones y Sanciones en el Orden Social (LISOS).

2. EL PRINCIPIO DE IGUALDAD Y NO DISCRIMINACIÓN EN EL ACCESO AL EMPLEO

132 De acuerdo al art. 4.2 c) de la LET, los trabajadores tienen derecho, en la relación de trabajo, a "no ser discriminados directa o indirectamente para el empleo, o una vez empleados, por razones de sexo, estado civil, edad dentro de los límites marcados por esta ley, origen racial o étnico, condición social, religión o convicciones, ideas políticas, orientación sexual, afiliación o no a un sindicato, así como por razón de lengua, dentro del Estado español". Un principio más general de aplicación es el contenido en el apartado 1 del art. 17 (titulado "No discriminación en las relaciones laborales") que dispone que "Se entenderán nulos y sin efecto los preceptos reglamentarios, las cláusulas de los convenios colectivos, los pactos individuales y las decisiones unilaterales del empresario que den lugar en el empleo, así como en materia de retribuciones, jornada y demás condiciones de trabajo, a situaciones de discriminación directa o indirecta desfavorables por razón de edad o discapacidad o a situaciones de discriminación directa o indirecta por razón de sexo, origen, incluido el racial o étnico, estado civil, condición social, religión o convicciones, ideas políticas, orientación o condición sexual, adhesión o no a sindicatos y a sus acuerdos, vínculos de parentesco con personas pertenecientes a o relacionadas con la empresa y lengua dentro del Estado español". Ciertamente, el art. 17 es una perfecta traslación al ámbito laboral del principio de no discriminación regulado en el texto constitucional, en concreto en el importante art. 14.

133 Obsérvese, dicho sea incidentalmente, como es aceptada una diferencia de trato por razón de nacionalidad, que también se encuentra recogida en el art. 35.1 CE cuando dispone que "1. Todos los españoles tienen el deber de trabajar y el derecho al trabajo, a la libre elección de profesión u oficio, a la promoción a través del trabajo y a una remuneración suficiente para satisfacer sus necesidades y las de su familia, sin que en ningún caso pueda hacerse discriminación por razón de sexo", en el bien entendido que la diferencia es aceptada constitucionalmente, ya ha sido validada por el TC respecto a los requisitos requeridos por una persona de nacionalidad extracomunitaria para acceder a un empleo en España, pero en modo alguno para la aplicación de distintas condiciones de trabajo e independientemente de la situación de regularidad e irregularidad administrativa en que se halle la persona trabajadora extranjera en España.

134 Por lo que respecta a la normativa específica de empleo, la LE también prohíbe todo tipo de discriminación. Interesa en especial destacar que para

las agencias de colocación, es decir las entidades públicas o privadas, con o sin ánimo de lucro, que realicen actividades de intermediación laboral, el art. 33 f) fija como una de sus obligaciones la de "Garantizar, en su ámbito de actuación, el principio de igualdad en el acceso al empleo, no pudiendo establecer discriminación alguna, directa o indirecta, basada en motivos de origen, incluido el racial o étnico, sexo, edad, estado civil, religión o convicciones, opinión política, orientación sexual, afiliación sindical, condición social, lengua dentro del Estado y discapacidad, siempre que los trabajadores se hallasen en condiciones de aptitud para desempeñar el trabajo o empleo de que se trate". Toda la intermediación laboral, tanto la llevada a cabo por los servicios públicos de empleo y las agencias de colocación, así como las acciones de intermediación que puedan realizar otras entidades colaboradoras de aquéllos, deberá regirse por los principios recogidos en el art. 34, entre ellos "... los principios constitucionales de igualdad de oportunidades en el acceso al empleo y no discriminación, garantizándose la plena transparencia en el funcionamiento de los mismos", el respeto del tratamiento de datos de los trabajadores "a la normativa aplicable en materia de protección de datos", y la prestación "de forma gratuita".

135 Hay dos normas de especial relevancia, tanto de carácter general como de específica aplicación al ámbito de las relaciones de trabajo, que deben merecer nuestra atención. En primer lugar, la Ley 62/2003 de 30 de diciembre, de medidas fiscales, administrativas y de orden social. En el preámbulo se expone que "Con la base jurídica del artículo 13 del Tratado de la Comunidad Europea, se aprobaron en 2000 dos directivas: en primer lugar, la Directiva 2000/43/CE del Consejo, de 29 de junio de 2000, relativa a la aplicación del principio de igualdad de trato de las personas independientemente de su origen racial o étnico, que aborda tal principio en diversos ámbitos; en segundo lugar, la Directiva 2000/78/CE del Consejo, de 27 de noviembre de 2000, relativa al establecimiento de un marco general para la igualdad de trato en el empleo y la ocupación, que pretende luchar contra las discriminaciones basadas en la religión o convicciones, la discapacidad, la edad y la orientación sexual", y que "mediante las medidas incluidas ... se adecua la legislación española a estas dos directivas procediendo a su transposición a nuestro derecho. Además, se establece un marco legal general para combatir la discriminación por el origen racial o étnico de las personas en todos los ámbitos, se aborda la definición legal de la discriminación, directa e indirecta, y se moderniza la regulación de la igualdad de trato y la no discriminación en el trabajo".

136 En efecto, el capítulo III del título II regula las medidas "para la aplicación del principio de igualdad de trato", con la finalidad de establecer "medidas para la aplicación real y efectiva del principio de igualdad de trato y no discriminación, en particular por razón de origen racial o étnico, religión o convicciones, discapacidad, edad u orientación sexual, en los

términos que en cada una de sus secciones se establecen", siendo de aplicación a todas las personas, tanto en el sector público como en el sector privado, y definiéndolo como "la ausencia de discriminación directa o indirecta por razón del origen racial o étnico, la religión o convicciones, la discapacidad, la edad o la orientación sexual de una persona". En relación con las medidas en Materia de Igualdad de Trato y no Discriminación por el Origen Racial o Étnico de las Personas se permite el mantenimiento o adopción de medidas específicas a favor de determinados colectivos destinadas a prevenir o compensar las desventajas que les afecten por razón de su origen racial o étnico.

137 Es especialmente relevante la sección 3.ª, dedicada a las medidas de igualdad de trato y no Discriminación en el Trabajo, que tienen por finalidad "establecer medidas para que el principio de igualdad de trato y no discriminación sea real y efectivo en el acceso al empleo, la afiliación y la participación en las organizaciones sindicales y empresariales, las condiciones de trabajo, la promoción profesional y la formación profesional ocupacional y continua, así como en el acceso a la actividad por cuenta propia y al ejercicio profesional y la incorporación y participación en cualquier organización cuyos miembros desempeñen una profesión concreta", y que también permite el mantenimiento o adopción de medidas específicas a favor de determinados colectivos destinadas a prevenir o compensar las desventajas que les afecten relativas a las materias incluidas en el ámbito de aplicación de esta norma.

138 Es justamente esta Ley que modificó el texto refundido de la Ley del Estatuto de los Trabajadores, aprobado por el Real Decreto Legislativo 1/1995, de 24 de marzo, en los términos que hemos recogido con anterioridad, en las letras c) y e) del apartado 2 del art. 4, y el apartado 1 del art. 17. También se modificó, entre otras normas, la Ley 45/1999, de 29 de noviembre, sobre el desplazamiento de trabajadores en el marco de una prestación de servicios transnacional, en concreto su art. 3.1 c), fijándose como obligación de los empresarios que desplacen a España a sus trabajadores en el marco de una prestación de servicios transnacional "c) La igualdad de trato y la no discriminación directa o indirecta por razón de sexo, origen, incluido el racial o étnico, estado civil, edad dentro de los límites legalmente marcados, condición social, religión o convicciones, ideas políticas, orientación sexual, afiliación o no a un sindicato y a sus acuerdos, vínculos de parentesco con otros trabajadores en la empresa, lengua o discapacidad, siempre que los trabajadores se hallasen en condiciones de aptitud para desempeñar el trabajo o empleo de que se trate".

139 No menos importante es la Ley Orgánica 3/2007 de 22 de marzo para la igualdad efectiva entre mujeres y hombres. Es un texto de extraordinaria importancia, tanto en el terreno estrictamente jurídico como en el más amplio

de carácter social, por el impacto que puede tener su aplicación real y efectiva en el avance hacia una sociedad más justa y solidaria, en donde no existan diferencias injustificadas por razón de sexo o género. La importancia de la norma radica, en el terreno jurídico, en la modificación de numerosos textos legales vigentes, señaladamente en materia laboral y de Seguridad Social, y en el ámbito social en que trata de llevar a la sociedad la asunción de que debe acabarse con todo tipo de discriminación directa o indirecta que pueda sufrir una persona (y muy señaladamente las mujeres en la realidad que nos rodea cotidianamente) por razón de sexo, con expresa mención en el futuro texto a las que puedan o pudieran derivarse de la maternidad, la asunción de las obligaciones familiares y el estado civil.

140 Igualmente, la norma implica la transposición al ordenamiento jurídico español de varias Directivas comunitarias: 2002/73/del Parlamento Europeo y del Consejo, de 23 de septiembre de 2002, sobre aplicación del principio de igualdad de trato entre hombres y mujeres en el acceso al empleo, la formación y promoción profesionales, y condiciones de trabajo; la número 2004/113, del Consejo, de 13 de diciembre de 2002, sobre aplicación del principio de igualdad de trato entre hombres y mujeres en el acceso a bienes y servicios y su suministro. Por otra parte, las modificaciones que el texto comentado opera en las Leyes de Enjuiciamiento Civil y de la Jurisdicción contencioso-administrativa implican que estos textos incorporan la Directiva 97/80/CE del Consejo, de 15 de diciembre de 1997, relativa a la carga de la prueba en los casos de discriminación por razón de sexo.

141 Los aspectos generales más destacados de la norma son los siguientes: A) La concepción del principio de igualdad como una medida de carácter transversal que debe informar, y afectar, la actuación de todos los poderes públicos, y que también debe respetarse en el sector privado. Por consiguiente, informará todas las políticas sociales, con especial impacto en el ámbito del empleo y la protección social como lo demuestran el amplio número de preceptos de la Ley del estatuto de los trabajadores y de la Ley General de Seguridad Social que han sido modificados. B) El importante papel que se atribuye a los agentes sociales para que elaboren y aprueben planes de igualdad en las empresas, sin que ello suponga, como acabo de indicar, que los poderes públicos abdiquen de su actuación en defensa del principio de igualdad. El desarrollo gradual y paulatino de dichos planes será el mejor acicate para su progresiva implantación y desarrollo en el resto de las empresas. La norma dispone que dichos planes se elaborarán previo diagnóstico de la situación de la empresa, y que fijarán los objetivos a alcanzar en materia, entre otras, como son el acceso al empleo, clasificación profesional, promoción y formación, retribuciones, ordenación del tiempo de trabajo para favorecer la conciliación laboral, personal y familiar, y medidas de prevención del acoso sexual y del acoso por razón de sexo. C) La especial atención que se concede a la integración de la política de igualdad en las políticas, estrategias y programas de salud, indicándose

expresamente que se pretende que con tales actuaciones se evite que "por sus diferencias físicas o por los estereotipos sociales asociados, se produzcan discriminaciones entre mujeres y hombres en los objetivos y actuaciones sanitarias". D) La valoración socialmente favorable que se pretende que tenga la actuación de aquellas empresas que se ajusten fielmente a los objetivos marcados por la futura norma, mediante el reconocimiento público y oficial de que la empresa es modelo en políticas de igualdad y que por ello debe merecer un distintivo específico.

142 Cabe específicamente destacar, a los efectos de nuestra explicación, el art. 5, que trata sobre la igualdad de trato y de oportunidades en el acceso al empleo, en la formación y en la promoción profesionales, y en las condiciones de trabajo, disponiendo que ese principio se garantizará, en los términos previstos en la normativa aplicable, "en el acceso al empleo, incluso al trabajo por cuenta propia, en la formación profesional, en la promoción profesional, en las condiciones de trabajo, incluidas las retributivas y las de despido, y en la afiliación y participación en las organizaciones sindicales y empresariales, o en cualquier organización cuyos miembros ejerzan una profesión concreta, incluidas las prestaciones concedidas por las mismas", y que no constituirá discriminación en el acceso al empleo, incluida la formación necesaria, "una diferencia de trato basada en una característica relacionada con el sexo cuando, debido a la naturaleza de las actividades profesionales concretas o al contexto en el que se lleven a cabo, dicha característica constituya un requisito profesional esencial y determinante, siempre y cuando el objetivo sea legítimo y el requisito proporcionado".

La recientemente aprobada Ley 15/2022 de 12 de julio, integral para la igualdad de trato y la no discriminación, tiene también especial importancia en el ámbito jurídico laboral. En efecto, en el art. 2, que regula el ámbito subjetivo de aplicación, reconoce el derecho de toda persona a la igualdad de trato y no discriminación "con independencia de su nacionalidad, de si son menores o mayores de edad o de si disfrutan o no de residencia legal", disponiendo que "nadie podrá ser discriminado por razón de nacimiento, origen racial o étnico, sexo, religión, convicción u opinión, edad, discapacidad, orientación o identidad sexual, expresión de género, enfermedad o condición de salud, estado serológico y/o predisposición genética a sufrir patologías y trastornos, lengua, situación socioeconómica, o cualquier otra condición o circunstancia personal o social". La ley es de aplicación (art. 3 a) en el empleo, por cuenta ajena y por cuenta propia, "que comprende el acceso, las condiciones de trabajo, incluidas las retributivas y las de despido, la promoción profesional y la formación para el empleo", y también (apartado j) en el ámbito de "la protección social, las prestaciones y los servicios sociales". La concreción de estas disposiciones generales se lleva a cabo para las relaciones laborales en el art. 9, del que cabe especialmente hacer mención a su apartado 1, en el que se dispone que "No podrán establecerse limitaciones, segregaciones o exclusiones por razón de las causas previstas en esta ley para el acceso al empleo por cuenta ajena, público o privado, incluidos los criterios de selección, en la formación para el empleo, en la promoción profesional, en la retribución, en la jornada y demás condiciones de trabajo, así como en la suspensión, el despido u otras causas de extinción del contrato de trabajo".

3. INSTRUMENTOS DE LA POLÍTICA DE EMPLEO (INTERMEDIACIÓN, POLÍTICAS ACTIVAS Y COORDINACIÓN CON LAS PRESTACIONES POR DESEMPLEO)

143 El art. 5 de la Ley de Empleo conceptúa como instrumentos de la política de empleo la intermediación laboral, las políticas activas de empleo, y la coordinación entre las políticas activas y la protección económica frente al desempleo. Se define la intermediación laboral como el conjunto de acciones que tienen por objeto poner en contacto las ofertas de trabajo con los demandantes de empleo para su colocación, con la finalidad de proporcionar a los trabajadores un empleo adecuado a sus características, y facilitar a los empleadores los trabajadores más apropiados a sus requerimientos y necesidades. La intermediación tendrá una dimensión pública, pudiendo los servicios públicos de empleo establecer posibles acuerdos, convenios u otros instrumentos de coordinación con otras entidades. Los agentes de la intermediación serán los SPE por sí mismos o a través de las Entidades que colaboren con los mismos; también, las agencias de colocación debidamente autorizadas y los servicios que se determinen por vía reglamentaria para los trabajadores en el exterior.

144 En la intermediación deberán respetarse los principios de igualdad y no discriminación en el acceso al empleo, y de plena transparencia del funcionamiento de los agentes de intermediación, así como garantizar la prestación del servicio gratuito para trabajadores y empleadores. Como regla general, la selección de personal y la casación de las ofertas y demandas de empleo corresponde al SPE y discriminación de colocación debidamente autorizadas, si bien hay una excepción cuando se trate de colectivos con especiales dificultades de inserción, en cuyo caso podrán intervenir, como colaboradoras, entidades especializadas en el seguimiento de tales colectivos.

145 En el art. 36 la norma concreta qué debe entenderse por políticas activas de empleo, que no es otra cosa que el conjunto de servicios y programas de orientación, empleo y formación profesional para el empleo en el ámbito laboral dirigidas a mejorar las posibilidades de acceso al empleo, por cuenta ajena o propia, de las personas desempleadas, al mantenimiento del empleo y a la promoción profesional de las personas ocupadas y al fomento del espíritu empresarial y de la economía social; políticas activas que deben relacionarse muy estrechamente con las pasivas, pues no de otra forma puede entenderse

lo dispuesto en el apartado segundo del artículo citado al indicar que "dichas políticas se complementarán y se relacionarán, en su caso, con la protección por desempleo regulada en el texto refundido de la Ley General de la Seguridad Social".

146 El enfoque preventivo de las PAE recogidas en el TRLE se manifiesta en los siguientes términos: orientación de la gestión de los SPE, de acuerdo con las líneas marcadas en la Estrategia Española del Empleo (EEE), para facilitar nuevas oportunidades de incorporación al empleo de los desempleados y evitar el paro de larga duración. Establecimiento de un itinerario de inserción laboral individualizado para cada desempleado, adecuado a sus circunstancias profesionales y personales. Colaboración entre el SPE y el demandante de empleo "que deberá de participar". La LE regula la coordinación entre las PAE y la protección por desempleo. Se establece la obligación de los solicitantes y perceptores de prestaciones y subsidios por desempleo de inscribirse, y mantener la inscripción, como demandantes de empleo en el SPE, con plena disponibilidad para aceptar una oferta de colocación adecuada y participación en las PAE que se determinen en los itinerarios de inserción.

147 Uno de los objetivos básicos de la nueva normativa es la atención personalizada a las personas y empresas que acudan a los SPE, o por decirlo con las propias palabras de la norma "las demandas y necesidades de cada una de ellas, a efectos de que se proporcionen los servicios que correspondan", enmarcada dentro de un catálogo de servicios estructurados con carácter general para todo el territorio estatal y que se diferenciarán en su contenido según cuál sea el sujeto que demande la atención de los SPE, ya sea persona ocupada, desempleada o empresa, y de ahí que se regulen los servicios a la ciudadanía prestados por los Servicios Públicos de Empleo. Se regula la atención a las personas y empresas usuarias de los servicios, y también al acceso de las personas desempleadas. El catálogo de servicios tendrá un contenido mínimo común para todos los SPE, enumerado y detallado en el texto, sin perjuicio, y debe valorarse nuevamente la perspectiva autonomista, que cada SPE pueda desarrollar "y ampliar" esta oferta en su respectivo ámbito territorial, teniendo en cuenta la realidad de su mercado de trabajo y las necesidades de las personas y empresas a las que se dirigen sus servicios.

148 La norma incluye, por consiguiente, un catálogo específico de servicios para personas desempleadas (entrevistas personalizadas, información y gestión de ofertas de empleo, elaboración de un itinerario de inserción, oferta de acciones de formación profesional, evaluación y reconocimiento de competencias laborales, y reconocimiento de las prestaciones por desempleo con impulso y desarrollo de su gestión "por medios electrónicos"), un segundo para personas ocupadas (semejante al anterior salvo en lo relativo a las

prestaciones por desempleo y con el acento puesto en medidas tanto de fomento de empleo, por cuenta ajena o propia, como de mejora de la cualificación profesional), y un tercero destinado específicamente a empresas (difusión de sus ofertas de empleo, información sobre el mercado de trabajo, tramitación telemática de contrataciones y altas, y asesoramiento para creación de empresas y potenciación de la economía social).

4. ATENCIÓN ESPECIAL AL EMPLEO DE LAS PERSONAS JÓVENES Y DE COLECTIVOS VULNERABLES

149 Vamos a hablar a continuación de jóvenes y empleo. Por este motivo, es necesario conocer cuál es la realidad laboral de la juventud, y ubicarla en el marco más general de las políticas laborales dirigidas al conjunto de las personas trabajadoras. Cuando hablamos de jóvenes a los efectos laborales nos referimos a veces a los de edades comprendidas entre 16 y 25 años, y otros (por ejemplo, las medidas incentivadoras de su contratación en España) hasta los 30 años inclusive. En cualquier caso, en la mayor parte de los estudios se diferencia entre el primer grupo y el de 25 a 30 años a los efectos de los análisis de las políticas de empleo y de su impacto. Es conveniente tener una visión global a escala internacional de esta situación (los estudios e informes de la Comisión Europea, la OIT y de la OCDE son elementos valiosos para obtener esta información), para pasar después a examinar y evaluar la realidad de cada Estado y las perspectivas de cara al próximo futuro.

150 Además de la definición conceptual de joven a efectos jurídico laborales, es conveniente también conocer los grandes rasgos de la situación demográfica, para saber cómo evolucionará el número de jóvenes en el próximo futuro, y, algo más importante, los conocimientos y títulos educativos alcanzados, para poder pensar en políticas formativas que se adapten a las necesidades existentes en el mercado de trabajo. A partir de estos datos, irán saliendo progresivamente otras de especial interés, como son los de los grupos o colectivos más necesitados de apoyo, y las diferencias existentes en el mundo laboral por razón de sexo o género (identificadas como la brecha salarial), por no hablar de la calidad de los empleos de los jóvenes y del mayor o menor grado de cumplimiento de la normativa laboral.

151 También, no hay la menor duda de que abordar la problemática de los jóvenes en toda Europa, con independencia de la mayor o menor gravedad de la situación en cada país, es fundamental para el futuro de la cohesión social en Europa y para que los jóvenes puedan identificarse con el modelo social europeo construido por sus mayores en los años sesenta del siglo XX y que ahora se encuentra en una situación de crisis. En este sentido, son positivas las iniciativas de la UE de poner en marcha medidas que potencien las nuevas capacidades, conocimientos y habilidades de los jóvenes

para adaptarse a un mercado de trabajo en pleno cambio y en el que competimos con países emergentes que cuidan mucho las políticas de juventud. Los estudios sobre las perspectivas de futuro avanzan la importancia de la mejora de la cualificación profesional porque buena parte de los nuevos puestos de trabajo requerirán personal mejor formado que en la actualidad. Compartimos además la tesis del mejor acceso al mercado de trabajo de las personas con buena titulación, y los datos de los titulados universitarios así lo avalan. También, la creatividad, las ganas de aprender, el interés por el trabajo bien hecho, son elementos que deben poseerse en todos los trabajos, con independencia de su importancia, y hay que potenciarlos entre todos los jóvenes.

152 Sin embargo, tampoco debemos olvidar, porque el conocimiento de la realidad es necesario para poder proponer y adoptar medidas que corrijan los defectos existentes, que la realidad laboral de un importante número de jóvenes viene marcada por altas dosis de precariedad. Los datos facilitados por la Confederación Europea de Sindicatos el mes de junio de 2017, con ocasión del lanzamiento de su campaña en demanda de un mejor salario, es decir de incrementos salariales, para los trabajadores y trabajadoras, así lo ponen de manifiesto. Con la aportación de datos de Eurostat, se destacaba que en 2015 el número de jóvenes de 15 a 24 años con contratos de duración determinada era del 43,5%, frente al 14,1% del total de las personas trabajadoras, incrementándose ese porcentaje hasta el 70% en España. También se subrayaba que el empleo a tiempo parcial (32% para ese colectivo juvenil) escondía una involuntariedad de quien lo tiene, en cuanto que desearía poder trabajar a tiempo completo, alcanzando un porcentaje del 54% de jóvenes en España que se manifiestan en tal sentido.

153 Deben tomarse en consideración las diversas realidades que existen en el seno de la población joven y como afectan las mismas cuando nos referimos al empleo juvenil. Sin ánimo de exhaustividad, aquí están algunas de ellas: qué diferencias existen en el seno de los jóvenes y qué medidas hay que adoptar en especial para quienes no estudian ni tampoco están en el mercado de trabajo; a qué colectivos deben dirigirse, en su caso, las medidas de incentivación de la contratación; qué mecanismos hay que poner en marcha para garantizar que la movilidad exterior voluntaria se lleve a cabo con pleno respeto de la normativa, tanto europea como del país al que se dirige el joven, es decir qué intervención debería tener la Administración a través del servicio exterior del Estado, teniendo presente además las sustanciales diferencias de esta movilidad con respecto a la de etapas históricas anteriores, y cómo conseguir que los conocimientos adquiridos en el exterior impliquen repercusiones positivas en caso de retorno al país de origen; deberían consolidarse los aspectos formativos de los contratos especialmente dirigidos a los jóvenes (contrato para la formación y el aprendizaje, contrato en prácticas,

en España), y evitar que sólo sean un mecanismo precario de incorporación de los jóvenes al mundo laboral.

154 En relación a los colectivos vulnerables, el artículo 19 octies del TRLE (redacción según el Real Decreto-ley 3/2011, de 18 de febrero, *de medidas urgentes para la mejora de la empleabilidad y la reforma de las políticas activas de empleo*) anterior art. 26 de la Ley de Empleo que fue adoptada en el 2003, está dedicado a los colectivos "prioritarios".

155 La redacción originaria del precepto era la siguiente: "1. El Gobierno y las comunidades autónomas adoptarán, de acuerdo con los preceptos constitucionales y estatutarios, así como con los compromisos asumidos en el ámbito de la Unión Europea, programas específicos destinados a fomentar el empleo de las personas con especiales dificultades de integración en el mercado de trabajo, especialmente jóvenes, mujeres, parados de larga duración mayores de 45 años, discapacitados e inmigrantes, con respeto a la legislación de extranjería. 2. Teniendo en cuenta las especiales circunstancias de estos colectivos, los servicios públicos de empleo asegurarán el diseño de itinerarios de inserción que combinen las diferentes medidas y políticas, debidamente ordenadas y ajustadas al perfil profesional de estos desempleados y a sus necesidades específicas. Cuando ello sea necesario, los servicios públicos de empleo valorarán la necesidad de coordinación con los servicios sociales para dar una mejor atención al desempleado".

156 La redacción actual del precepto, en el TRLE, se encuentra en el art. 30, y es la siguiente: En el primer apartado se dice: "1. El Gobierno y las comunidades autónomas adoptarán, de acuerdo con los preceptos constitucionales y estatutarios, así como con los compromisos asumidos en el ámbito de la Unión Europea y en la Estrategia Española de Activación para el Empleo, programas específicos destinados a fomentar el empleo de las personas con especiales dificultades de integración en el mercado de trabajo, especialmente jóvenes, con particular atención a aquellos con déficit de formación, mujeres, parados de larga duración, mayores de 45 años, personas con responsabilidades familiares, personas con discapacidad o en situación de exclusión social, e inmigrantes, con respeto a la legislación de extranjería, u otros que se puedan determinar, en el marco del Sistema Nacional de Empleo".

157 En el segundo apartado del art. 30 TFLE se dice "2. Teniendo en cuenta las especiales circunstancias de estos colectivos, los servicios públicos de empleo asegurarán el diseño de itinerarios individuales y personalizados de empleo que combinen las diferentes medidas y políticas, debidamente ordenadas y ajustadas al perfil profesional de las personas que los integran y a sus necesidades específicas. Cuando ello sea necesario, los servicios públicos de empleo valorarán la necesidad de coordinación con los servicios sociales para dar una mejor atención a estas personas".

158 ¿Cuáles son los colectivos en situación de riesgo o exclusión social según la normativa específica? La normativa estatal sobre fomento de empleo, que encuentra su origen en el punto objeto ahora de estudio en la Ley 12/2001 de 9 de julio, que regulaba en su capítulo II el Programa de fomento de empleo para el año 2001 y que ha ido actualizándose, identificaba a los colectivos en situación de exclusión social, agrupándolos en los siguientes apartados: personas perceptoras de la renta mínima de inserción, o prestación de igual o similar naturaleza según cada Comunidad Autónoma; personas que hipotéticamente sería perceptoras de la renta mínima de inserción pero que no la reciben porque les falta algún requisito formal para ello, como que no hayan cumplido el periodo obligatorio de residencia o empadronamiento, o el de constitución de la unidad perceptora, así como aquellas que hayan agotado el periodo máximo de percepción legalmente establecido y sigan en la misma situación social y laboral que tenían cuando empezaron a percibir la renta; Jóvenes entre 18 y 30 años procedentes de instituciones de protección de menores; personas drogodependientes (drogadictos y alcohólicos) en proceso de rehabilitación o reinserción social; personas que están o proceden de instituciones penitenciarias: internos, cuyo régimen penitenciario les permita acceder a un empleo, personas en situación de libertad condicional y exreclusos.

159 Añadimos, con brevedad, una explicación de la Ley 44/2007 de 13 de diciembre, reguladora de las empresas de inserción, en aquel contenido que afecta a nuestro estudio. El capítulo I regula las disposiciones generales. Incluye el objeto y fines de las EI, cuáles son los trabajadores en situación o riesgo de exclusión social que pueden trabajar en estas empresas, y qué debe entenderse por itinerario de inserción sociolaboral y por los servicios de intermediación y acompañamiento que llevarán a cabo las EI.

160 Se trata, como indica claramente el preámbulo de la norma y concreta normativamente el artículo 1, de promover la inserción laboral en el trabajo de personas en situación o riesgo de exclusión social, y hacerlo a través de una formula empresarial específica, las EI.

161 Se trata de empresas de tránsito que persiguen la integración laboral de sus trabajadores en el mercado ordinario, y a tal efecto las EI, que se beneficiarán de todas las ayudas reguladas más adelante en la norma, deberán facilitar a los trabajadores el acceso adecuado a la formación y orientación mediante las medidas que posibiliten el tránsito desde el empleo protegido al empleo en el mercado ordinario, debiendo ser dichos procesos personalizados y asistidos de trabajo remunerado, acompañándose de formación en el puesto de trabajo y de habituación laboral y social. En cuanto que la integración es una responsabilidad bidireccional, es decir de compromiso por ambas partes, el itinerario de inserción deberá ser aceptado por el trabajador

contratado, incorporándose en el anexo del contrato de trabajo de forma obligatoria este pacto.

162 Los colectivos que podrán prestar sus servicios en las empresas de inserción (artículo 2) son aquellos que ya quedaban recogidos en la Ley 43/2006 de 29 de diciembre, para la mejora del crecimiento y del empleo (perceptores de rentas mínimas de inserción; personas que no puedan percibirla por haber agotado el período máximo de percepción o no cumplir los requisitos de residencia, empadronamiento o debida constitución de la unidad perceptora; jóvenes de 18 a 30 años que proceden de instituciones de protección de menores; personas en procesos de rehabilitación o reinserción de procesos de drogodependencia u otros trastornos adictivos; internos que puedan prestar una actividad laboral y que no se encuadren dentro de la relación laboral especial; menores internos o que se encuentren en situación de libertad vigilada, y también los ex internos).

5. LA POLÍTICA DE EMPLEO COMO MECANISMO ADECUADO DE LUCHA CONTRA LA POBREZA

163 Es necesario hacer una referencia a la "Estrategia Nacional de Prevención y Lucha contra la Pobreza y la Exclusión Social 2019-2023" (EN), aprobada por el Consejo de Ministros el 22 de marzo de 2019. La EN consta de una introducción en la que se sintetizan los principales objetivos y metas que se propone alcanzar, en la misma línea, más ampliada, que la nota de prensa antes referenciada. Interesa destacar, por su estrecha vinculación con el ámbito más propiamente laboral, la relación que establece con los principios recogidos en el Pilar Europeo de Derechos Sociales, aprobado por la cumbre social de Gotemburgo en noviembre de 2017, y su intento de dar respuesta a cambios económicos y sociales con indudable impacto sobre el mercado de trabajo como son los sociodemográficos y la influencia de la tecnología en la vida laboral, es decir la influencia de la digitalización y la aparición de nuevas formas de empleo. El Pilar Europeo se sigue desarrollando, pudiendo conocerse todo lo hecho hasta ahora y las próximas medidas a adoptar en el Plan de acción para los próximos años hecho público por la Comisión Europea el 4 de marzo de 2021.

164 No menos importante es el acento que se pone en políticas de educación y formación, fundamentales tanto para el desarrollo personal como para facilitar la incorporación, y permanencia, estable de toda persona en el mundo laboral, ya sea en condición de trabajador por cuenta ajena o por cuenta propia. Educación y formación que han de servir, y la tarea es hercúlea, para reducir las desigualdades sociales y conseguir la inserción laboral de colectivos con mayores dificultades del acceso, y permanencia, al mercado de trabajo, en especial las personas desempleadas de larga duración y los jóvenes que no han continuado los estudios después de la finalización de la

enseñanza obligatoria y que tampoco se encuentran, ya sea de forma activa o en búsqueda de empleo, en el mercado de trabajo. Y además, como las políticas dirigidas al mundo laboral son inescindibles de unas políticas adecuadas y eficientes de protección social, así como de medidas que faciliten la corresponsabilidad efectiva del cuidado familiar cuando haya dos progenitores, no es de extrañar que se apueste por incrementar la cobertura de las prestaciones por desempleo, "la mejora de las prestaciones por hijo a cargo (en el marco del desarrollo de un Ingreso Mínimo Vital) y la mejora de los permisos de parentalidad".

165 La meta 2 apuesta por la inversión social en las personas, con una muy amplia atención a las políticas de educación y formación durante toda la vida. Un objetivo a desarrollar es el de la educación equitativa e inclusiva pretendiéndose lograr "promover una educación inclusiva, especialmente entre jóvenes y adultos con baja cualificación, que reduzca el abandono educativo temprano, mejore los niveles de cualificación y dote a los ciudadanos y ciudadanas de las habilidades y competencias, personales y profesionales, necesarias para su inserción exitosa en el mercado de trabajo".

166 De las muy amplias líneas de actuación que se recogen en el documento destacamos varias de ellas que tienen impacto directo sobre el acceso y permanencia de la población en el mercado de trabajo, y que al mismo tiempo deberían contribuir a generar un empleo de mayor calidad y estabilidad. Son las siguientes: "Impulsar itinerarios de mejora de competencias que reconozcan el aprendizaje formal y no formal y permitan la reincorporación en el proceso de educación y formación para mejorar la cualificación de las personas. –Potenciar las enseñanzas de Formación Profesional (formación profesional dual y de los certificados de profesionalidad), mejorando la coordinación entre el sistema educativo, el mercado laboral y el ámbito empresarial. –Establecer iniciativas y pasarelas formativas que promuevan la continuación en los estudios de los grupos con mayor riesgo de abandono educativo temprano. –Revisar los mecanismos de actualización de las ofertas formativas para garantizar la necesaria adecuación entre la oferta y la demanda de cualificaciones. – Intensificar el papel de los servicios y estructuras de orientación en la promoción de la igualdad de oportunidades de aprendizaje y laborales de las personas fomentando la educación a lo largo de la vida. – Reducir la brecha digital, preparando a las personas para la economía digital y los nuevos nichos de empleo de alto valor añadido".

167 Un apartado de especial interés en la meta 2 es el dedicado a la formación y empleo, mediante el que se pretende promover el aprendizaje a lo largo de toda la vida y conseguir que "las personas vulnerables, sobre todo las jóvenes, logren un empleo sostenible y de calidad que les permita participar e integrarse de manera activa y estable en el mercado laboral", enfatizando algo que ciertamente es digno de mención: tener un empleo, en especial si

es precario y de baja calidad, no es una condición suficiente para garantizar la ausencia de pobreza y exclusión social, pero al mismo tiempo su carencia, o también el trabajo precario (trabajadores pobres, working poors) se convierte, en muchos casos, en la causa), debido a que el alejamiento del mercado de trabajo "lleva consigo un deterioro progresivo de los niveles de empleabilidad, la obsolescencia de las competencias, capacidades y conocimientos, que se va ensanchando a medida en que la persona pasa más tiempo en el desempleo". Las líneas de actuación que se proponen tienen su concreción mucho más desarrollada en la Estrategia Española de Búsqueda Activa de Empleo 2021-2024 y los Planes anuales de Política de Empleo, sin olvidar planes específicos como fueron el Plan director por un trabajo digno 2018, 2019 y 2020, y el Plan de choque por el empleo joven 2019-2021, así como también las medidas sobre igualdad salarial y no discriminación por razón sexo aprobadas por RDL 6/2019.

V. LA FORMACIÓN PROFESIONAL PARA EL EMPLEO EN EL ÁMBITO LABORAL

168 *La norma cúspide en materia de formación profesional está constituida por la Ley Orgánica 3/2022, de 31 de marzo, de ordenación e integración de la Formación Profesional* (en adelante, LOIFP). Esta norma ha derogado la *Ley Orgánica 5/2002 de las Cualificaciones y la Formación Profesional*, la cual, venía manteniendo los dos sistemas de formación profesional tradicionalmente existentes, uno propio del ámbito educativo o también conocido como formación profesional reglada del sistema educativo, cuya característica a destacar es su carácter "inicial" a través de la realización de sus ciclos formativos, y cuya superación da lugar de forma general a los correspondientes títulos de técnico del perfil profesional correspondiente (véase la regulación prevista en la *Ley Orgánica 2/2006, de 3 de mayo, de Educación*); y el otro, el relativo a la formación profesional del ámbito del empleo y la formación continua, que incluyen acciones formativas dispensadas por las administraciones y las empresas cuya finalización conduce a la obtención de los correspondientes certificados de profesionalidad (su régimen legal vigente parte de lo dispuesto principalmente por la *Ley 30/2015, de 9 de septiembre, por la que se regula el Sistema de Formación Profesional para el empleo en el ámbito laboral*). Esta estructura bicéfala, educativa y laboral, de la Formación Profesional, es la que la LOIFP pretendería arrumbar a través de la derogación de la Ley 5/2022, por ello, su propio art. 1 establece que el objeto de su regulación es "la constitución y ordenación de un sistema único e integrado de formación profesional". Ahora bien, esa constitución de un único sistema de formación profesional no es automático, sino que con la LOIFP se abre un proceso para ir adaptando o modificando las normativas existentes a la regulación que impulsa. Mientras tanto queda vigente la Ley 30/2015, relativa a la formación en el ámbito del empleo, dejándose para el futuro las

modificaciones que sean necesarias para adaptarlas a la nueva regulación de la LOIFP. La ley 30/2015, de 9 de septiembre, regula el Sistema de Formación Profesional para el empleo en el ámbito laboral, cuyo desarrollo reglamentario se encuentra en el Real Decreto 694/2017, de 3 de julio. Estamos ante un diseño del sistema de formación que pretende acompañar a las personas trabajadoras en el acceso, mantenimiento y retorno al empleo, pero también en su capacidad de desarrollo personal y promoción profesional. Un sistema que no solo promueve la adquisición y actualización de conocimientos, sino también que mejora las perspectivas de empleo estable y de calidad de los trabajadores. Para ello persigue cuatro objetivos estratégicos: (1) la garantía del ejercicio del derecho a la formación de las personas trabajadoras, tanto empleadas como desempleadas, en particular, de las más vulnerables; (2) la contribución efectiva de la formación a la competitividad de las empresas; (3) el fortalecimiento de la negociación colectiva en la adecuación de la oferta formativa a los requerimientos del sistema productivo, para anticiparse a la necesidades del propio tejido productivo, (4) y la eficiencia y transparencia en la gestión de los recursos públicos.

169 La financiación de este sistema proviene de los fondos de la cuota de formación profesional que aportan las empresas y los trabajadores, y también de las aportaciones específicas establecidas en el presupuesto del Servicio Público de Empleo Estatal. Aportaciones completadas con los fondos propios que las comunidades autónomas puedan destinar en el ejercicio de su competencia. En múltiples ocasiones, las acciones del sistema de formación profesional para el empleo pueden ser objeto de cofinanciación a través del Fondo Social Europeo o de otras ayudas e iniciativas europeas.

170 El Sistema de Formación para el Empleo integra diferentes iniciativas de formación: La formación programada por las empresas para sus trabajadores; la oferta formativa de las administraciones competentes para trabajadores ocupados, la oferta formativa de las administraciones competentes para trabajadores desempleados; los programas específicos de formación y los programas formativos con compromisos de contratación y, por último, otras iniciativas de formación profesional para el empleo, como las relativas a los permisos individuales de formación, la formación en alternancia con el empleo y la formación de los empleados públicos, entre otras.

171 En la formación programada por las empresas pueden participar los trabajadores asalariados que prestan sus servicios en las empresas, incluyendo los trabajadores fijos-discontinuos en los períodos de inactividad, y también aquellos trabajadores que, durante su participación en esta formación, accedan a una situación de desempleo o estén afectados por medidas temporales de suspensión de contrato por causas económicas, técnicas, organizativas o de producción, durante ese período de suspensión de empleo. La duración, contenidos y requisitos de impartición de las acciones formativas serán las

que determinen las propias empresas, aunque siempre deberán guardar relación con la actividad empresarial. Nunca tendrán la consideración de acciones formativas las actividades de índole informativa o divulgativa (por ejemplo, una charla informativa) cuyo objeto no sea el desarrollo de un proceso de formación, y, en todo caso, las que tengan una duración inferior a dos horas.

172 Esta modalidad permite que sean las empresas las que organicen la formación de sus trabajadores, bien por sí mismas e impartir la formación empleando para ello medios propios, o bien recurriendo a su contratación. También podrán optar por encomendar la organización de la formación a organizaciones empresariales o sindicales o a una entidad externa. En este último caso la impartición de la formación se realizará por una entidad formativa acreditada y/o inscrita en el registro de entidades de formación habilitado por la Administración pública competente, pero como limitación importante es que ni la actividad de organización ni la de impartición podrán ser objeto de subcontratación. Para la financiación de los costes derivados de esta formación, anualmente y desde el primer día del ejercicio presupuestario, las empresas disponen de un "crédito de formación", el cual se hace efectivo mediante bonificaciones en las correspondientes cotizaciones empresariales a la Seguridad Social a medida que se realiza la comunicación de finalización de las acciones formativas. El importe de este crédito de formación se obtiene en función de las cuantías ingresadas por cada empresa el año anterior en concepto de cuota de formación profesional y el porcentaje que, en función de su tamaño, establece la Ley de Presupuestos Generales del Estado de cada ejercicio.

173 Otra iniciativa esencial en el ámbito de la formación en el empleo, dirigida a cubrir las necesidades no cubiertas por la formación programada por las empresas para sus trabajadores es la oferta formativa para trabajadores ocupados (art. 10 ley 30/2015). Su objeto es atender a los requerimientos de productividad y competitividad de las empresas, las necesidades de adaptación a los cambios operados en el puesto de trabajo y las lógicas aspiraciones de promoción profesional y desarrollo personal de los trabajadores, de forma que les capacite para el desempeño cualificado de las distintas profesiones y les permita mejorar su empleabilidad. La oferta formativa para trabajadores ocupados se desarrolla mediante: programas de formación sectoriales, programas de formación transversales y programas de cualificación y reconocimiento profesional.

174 Junto a la anterior, resulta imprescindible, sobre la base de las características de nuestro de mercado de trabajo, impulsar las ofertas formativas dirigidas a trabajadores desempleados (art. 11 de la ley). El objetivo buscado es ofrecerles una formación ajustada a sus necesidades formativas individuales, pero también a las del sistema productivo: Su objeto es adquirir las competencias

que exige el mercado de trabajo y mejorar su empleabilidad. Particularmente, se incluyen acciones dirigidas a la obtención de certificados de profesionalidad, y pueden estar orientadas al fomento del autoempleo y de la economía social. Conviene destacar, que se otorga prioridad a los desempleados con bajo nivel de cualificación.

175 Toda esta formación puede impartirse de forma presencial, mediante teleformación, bajo plataformas y contenidos accesibles a las personas con discapacidad, o bien de forma mixta, mediante la combinación de las dos modalidades anteriores. Se considera modalidad de teleformación cuando la parte presencial que la acción formativa precise sea igual o inferior al 20 por ciento de su duración total (art. 4 RD 694/2017). Y se exige, de cara a garantizar la calidad formativa, que en la formación impartida mediante teleformación haya, como mínimo, un tutor por cada 80 participantes. Por el contrario, en la formación presencial los grupos deben ser de 30 participantes como máximo, y si se trata de formación vinculada con certificados de profesionalidad el máximo será de 25 participantes (art. 4 RD 694/2017).

176 Merece la pena resaltar, por ser generalmente desconocida, una iniciativa de formación con perspectiva individual como es el *permiso individual de formación*. Mediante este permiso, la empresa autoriza a una persona trabajadora la realización de una acción formativa que está reconocida mediante una titulación o acreditación oficial, con el fin de favorecer su desarrollo profesional y personal, siempre que no constituya una formación obligatoria para el empresario (art. 29 RD 694/2017). En esta iniciativa, la acción formativa deberá realizarse íntegramente en modalidad presencial o, de no ser así, contar con clases, prácticas o tutorías presenciales obligatorias. La empresa tiene límites a la hora de denegar la autorización del permiso por parte de la empresa ya que su decisión no puede ser arbitraria y ha de estar motivada por razones organizativas o de producción. En cuanto a la financiación de estos permisos, las empresas podrán financiar los costes salariales de los mismos con el crédito anual de formación al que hacíamos referencia en un apartado anterior.

177 Durante este permiso el trabajador percibe el salario y continúa cotizando a la Seguridad Social, si bien la financiación de los costes salariales de cada permiso está limitada a un máximo de 200 horas laborales por permiso y curso académico o año natural. Los citados costes estarán constituidos por el salario del trabajador (sueldo base, antigüedad y complementos fijos, así como por la parte correspondiente de pagas extraordinarias) y las cotizaciones devengadas a la Seguridad Social durante el período del permiso. Para la determinación de estos costes salariales solo se podrán computar y ser objeto de financiación las horas laborales dentro de la jornada laboral del trabajador que efectivamente se dejen de desempeñar por asistencia a las acciones formativas objeto del permiso individual de formación, salvo en el supuesto del trabajador

nocturno en el que las horas de descanso se podrán imputar como horas laborales. Asimismo, se podrá incluir dentro de las horas laborales el tiempo de desplazamiento desde su lugar de trabajo al centro de formación cuando coincida con horas laborales. Las empresas se aplican las correspondientes bonificaciones en los boletines de cotización mensuales a la Seguridad Social a medida que abonen los salarios a los trabajadores que disfruten dichos permisos.

178 Por último, haremos referencia a la formación en alternancia, que tiene por objeto contribuir al impulso de una formación que responda a las necesidades del mercado laboral mediante un proceso mixto, de empleo y formación, de forma que permita al trabajador compatibilizar el aprendizaje formal con la práctica profesional en el puesto de trabajo (art. 30 RD 694/2017).

179 Todas estas acciones e iniciativas formativas requieren de un seguimiento y control efectivo por las administraciones competentes que abarcará, más allá de la mera comprobación de requisitos y formalidades, extendiéndose a la evaluación de los resultados de la formación para garantizar su calidad (art. 17 ley 30/2015). A la Inspección de Trabajo y Seguridad Social le han dotado de una estructura especializada en materia de formación profesional para el empleo, una Unidad Especial de Inspección que desarrolla anualmente un programa de inspección, de acuerdo con la información que le sea facilitada por el Servicio Público de Empleo Estatal y, en su caso, por los servicios públicos de empleo de las comunidades autónomas (art. 18 ley 30/2015). La LISOS tiene un régimen de infracciones y sanciones específico aplicable en el ámbito de la formación profesional para el empleo (arts. 14, 15 y 16 LISOS).

VI. RESPONSABILIDADES ADMINISTRATIVAS EN MATERIA DE ACCESO AL EMPLEO Y FORMACIÓN PROFESIONAL

180 En este espacio sancionador son tantos los sujetos que pueden intervenir, que la fiscalización por parte de la ITSS no se constriñe a las empresas, sino que también alcanza a las entidades formativas, organizaciones y empresas que participen o asuman la organización de las acciones de formación profesional. La variada tipificación de infracciones que recoge el texto sancionador se divide, al estilo tradicional en leves (art. 14), graves (art. 14) y muy graves (art. 16). Como infracción leve, en materia de formación profesional, únicamente se expresa el incumplimiento de obligaciones de carácter formal o documental, siempre que no estén tipificadas expresamente como graves. En cambio, la enumeración de las infracciones graves es numerosa y se atiende a incumplimientos de muy diversa naturaleza, ligados tanto a obligaciones de empresas y entidades como a los propios objetivos de la formación profesional para el empleo a los que hacíamos

referencia. Un ejemplo claro de esto último es la infracción consistente en ejecutar acciones formativas que no guarden relación con la actividad empresarial, lo que no contribuiría ni a mejorar la empleabilidad del trabajador ni a la competitividad de la empresa. Otra tipología de infracciones contempla la inobservancia de las empresas o entidades formativas de sus obligaciones de control, como sería la no realización de control de asistencia de los participantes en las acciones formativas, o no ejecutar su seguimiento de aprendizaje y evaluación.

181 El elenco de infracciones muy graves es, al igual que en las graves, muy variado y numeroso. Desde simular la existencia de relación laboral para incluir a participantes en acciones formativas sin estar vinculados con la empresa, a solicitar cantidades a los participantes para financiar acciones que ya disponen de fondos públicos y son de carácter gratuito, hasta que se proceda a impartir formación por una entidad formativa no acreditada. En el resto subyace la necesidad de que haya un estricto control tanto de la obtención como del destino de las ayudas, subvenciones y demás beneficios obtenidos en las acciones formativas. Incluso, en algunas infracciones, para garantizar la devolución de lo indebidamente percibido, se determina la responsabilidad solidaria de la devolución de las cantidades de las que se ha beneficiado la empresa por cada acción formativa a las entidades que han asumido la organización de las propias acciones formativas, a las entidades que han impartido la formación, y a los beneficiarios de las ayudas y subvenciones públicas. Para reforzar el reproche administrativo a estas conductas se entiende que existe una infracción por cada empresa y acción formativa.

182 En el ámbito de acceso al empleo consideramos transcendente destacar que se considera infracción grave la conducta de dar publicidad por cualquier medio de difusión de ofertas de empleo que no respondan a las reales condiciones del puesto ofertado, o que contengan condiciones contrarias a la normativa de aplicación (art. 15.5 LISOS). Y constituye infracción muy grave la acción de solicitar datos de carácter personal en los procesos de elección o establecer condiciones, mediante la publicidad, difusión o por cualquier otro medio, que constituyan discriminaciones para el acceso al empleo por motivos de sexo, origen, incluido el racial o étnico, edad, estado civil, discapacidad, religión o convicciones, opinión política, orientación sexual, afiliación sindical, condición social y lengua dentro del Estado (art. 16 LISOS). A pesar de las sanciones en que se pueden incurrir, no es infrecuente encontrarnos en los diferentes portales de empleo ofertas que solicitan servicios sin retribuir, determinan condiciones de trabajo muy onerosas, exceptúan una determinada nacionalidad o edad y publican condiciones y contenidos con connotaciones claramente sexistas. Sin contar las imprudentes cuestiones que surgen en las entrevistas sobre la edad, estado civil o el deseo de tener descendencia. Por ello existe un debate estable relacionado con los procesos de selección y que versa sobre la posibilidad de implantar "un curriculum ciego", es decir aquel

currículo que no contenga datos o características del aspirante al empleo y que puedan dar lugar a discriminaciones como puede ser la fecha de nacimiento, el sexo, o la publicación de una foto de la persona aspirante al puesto.

183 Las sanciones de multa que pueden imponerse, de acreditarse estos incumplimientos, varían de 70 a 750 euros, las leves; de 751 a 7.500 euros, las graves, y de 7.501 a 225.018 euros, las muy graves. Ello, con la posibilidad de imponer sanciones accesorias si ha concurrido discriminación directa o indirecta por razón de sexo. Estas sanciones accesorias pueden consistir en la pérdida automática de ayudas, bonificaciones y beneficios derivados de la aplicación de programas de empleo, o en la exclusión del acceso a tales beneficios por un período de seis meses a dos años. La imposición de las mismas puede ser sustituida por la elaboración y aplicación de un plan de igualdad en la empresa, siempre que la empresa no estuviere obligada a la elaboración de dicho plan en virtud de norma legal, reglamentaria o convencional.

VII. BIBLIOGRAFÍA Y PÁGINAS WEB

1. BIBLIOGRAFÍA

AA.VV. (Dir. CAMAS RODA, F.): *El ejercicio del derecho de libertad religiosa,* Editorial Bomarzo, 2016.

M.ª ANGELS CABASSÉS PIQUÉ Y ANGÈS PARDELL VEA. *Una visión crítica del plan de implantación de la garantía juvenil en España.* Ed. Bomarzo, Albacete, 2014.

FERRAN CAMAS RODA. *La formación profesional en los ámbitos educativo y laboral.* Ed. Aranzadi, Pamplona, 2007.

FERRAN CAMAS RODA: "La nueva Ley de Formación Profesional: en búsqueda de la simbiosis entre lo educativo y lo laboral", en *Trabajo y Derecho,* número 94, octubre de 2022.

JAIME CABEZA PEREIRO y M.ª AMPARO BALLESTER PASTOR. *La estrategia europea para el empleo 2020 y sus repercusiones en el ámbito jurídico laboral español.* MTIN, Madrid, 2010.

JAVIER CALVO GALLEGO y MIGUEL RODRÍGUEZ-PIÑERO ROYO (Dirs.); *Colocación y Servicios de Empleo.* Consejo Económico y Social, Madrid, 2011.

LUIS MIGUEL CAMPS RUIZ, JUAN MANUEL RAMÍREZ MARTÍNEZ y TOMÁS SALA FRANCO (directores) *Crisis, reforma y futuro del Derecho del Trabajo: estudios ofrecidos en memoria del profesor Ignacio Albiol Montesinos.* Ed. Tirant lo Blanch, Valencia 2010.

JUAN CARLOS GARCÍA QUIÑONES. *Políticas activas de empleo durante la crisis económica (2010-2015)* Ed. Reus, Madrid 2015.

BELÉN DEL MAR LÓPEZ INSUA, JUAN ANTONIO FERNÁNDEZ BERNAT Y JOSÉ LUIS MONEREO PÉREZ. *Las políticas activas de empleo: configuración y estudio de su regulación jurídica e institucional.* Ed. Aranzadi, Pamplona, 2016.

OLIVIA MOLINA HERMOSILLA. *La dimensión jurídica de la política de empleo.* Ed. ARL-Mergablum, Sevilla 2005.

FERNANDO VALDÉS DAL-RÉ (director). *Comentarios a la Ley de Empleo.* Ed. La Ley, Madrid, 2012.

2. PÁGINAS WEB

EL DIARIO DE FERRAN CAMAS SOBRE DERECHO DEL TRABAJO, INMIGRACIÓN Y PROPUESTAS CULTURALES https://www.ferrancamas.com/.

EL BLOG DE EDUARDO ROJO. El nuevo y cambiante mundo del trabajo. Una mirada abierta y crítica a las nuevas realidades laborales. http://www.eduardorojotorrecilla.es/.

MINISTERIO DE TRABAJO, MIGRACIONES Y SEGURIDAD SOCIAL. http://www.mitramiss.gob.es/.

ORGANIZACIÓN INTERNACIONAL DEL TRABAJO: NORMAS DEL TRABAJO:IT https://www.ilo.org/global/lang–es/index.htm.

UNIÓN EUROPEA: PÁGINA OFICIAL: https://europa.eu/european-union/index_es.

III

Derecho del Trabajo: régimen jurídico básico de las relaciones laborales de carácter individual

184 El trabajo como actividad a través de la cual la persona incide en su entorno produciendo un resultado productivo o no, es el núcleo de regulación del Derecho laboral. El inicio de esta rama específica del Derecho se sitúa en la Primera Revolución Industrial, iniciada principalmente en Inglaterra entre finales del siglo XVIII e inicios del s. XIX, donde las sociedades pasan de ser rurales y agrarias a urbanas e industriales, principalmente a través de la utilización masiva de la máquina de vapor y el desarrollo de los sectores textil y metalúrgico. Esa transformación dio paso a un modelo económico capitalista, que acoge en su seno a la burguesía, propietaria de las fábricas, como clase dominante frente a una incipiente clase obrera que trabaja en aquellas.

Estas transformaciones van a desembocar en un conflicto social protagonizado por los nuevos antagonistas colectivos, el obrero asalariado por un lado, y el capitalista o empresario por otro, debido a la diferencia de poder negociador en relación al trabajo que dispone uno y otro, superior para el empleador por ser el detentador del capital o los medios de producción con los que trabaja el obrero. Esta situación se produce bajo el paraguas de una doctrina política, el liberalismo, que al amparo de la idea del *laissez faire, laisser passer*, promueve que el Estado se abstenga de cualquier intervención en la relación entre empresas y trabajadores, pero también derivado de ello que se reprima cualquier tipo de asociacionismo por parte de los trabajadores que suponga presionar la libertad individual de cada empresario.

185 Las consecuencias sociales de la nueva realidad industrial en forma de paro y pobreza en las ciudades, así como laborales, con situaciones de explotación de la clase obrera en las fábricas, hará aparecer una primera batería de normas que tendrán por objeto paliar la insostenible situación de los trabajadores y trabajadoras, así como mantener el orden político, social y económico derivado del nuevo sistema de producción. Las primeras actuaciones legislativas que se pueden calificar como de carácter laboral, al subyacer el ánimo de proteger al sujeto trabajador, consistirán en la adopción de normas a finales del s. XIX que tienen por objetivo evitar la sobreexplotación, también de niños y mujeres trabajadoras, en forma de medidas de instrucción, protección frente a accidentes de trabajo y regulación de los descansos. En todo caso, bajo la apariencia de proteger a las mujeres trabajadoras en función de su consideración como fuerzas débiles, se las pasará a excluir progresivamente del mercado de trabajo, cuestión que llevará mucho tiempo deshacer, ya hasta bien entrado el último tercio del s. XX. En todo caso, esas primeras normas protectoras en materia de condiciones de trabajo se conjugaban con la persecución de todas aquellas medidas de conflicto frente al capital (representadas por la parte empresarial), que los trabajadores pudiesen adoptar en defensa de sus intereses de clase como podía ser la huelga.

186 No será hasta la proclamación de la II República en España en 1931 cuando culmina la transición de un puzle de normas de carácter laboral que hasta entonces se habían adoptado con la creación de un Derecho del Trabajo especial dentro del ordenamiento jurídico. Para empezar, en la Constitución republicana se reconocía al Estado como una "República democrática de trabajadores de toda clase", con lo que se mostraba la importancia del trabajo y de los trabajadores en el sistema social español; también se reconocía la libre asociación y sindicación y se recogía un programa constitucional en materia de trabajo y seguridad social. Este avance jurídico-social fue bruscamente resquebrajado por el Estado surgido del estallido de la Guerra Civil española en 1936, cuya legislación se caracterizó por monopolizar en un Estado de carácter autoritario la regulación de las relaciones laborales, adoptar una concepción corporativista de la empresa que ignoraba la existencia de cualquier

conflicto entre las partes trabajadora y empresarial y suprimía la libertad sindical de los obreros, su derecho a la negociación colectiva así como cualquier mecanismo de defensa de sus intereses propios como la huelga. Sólo se pondrá fin a dicha configuración del Derecho del Trabajo en el período de transición a la democracia, primero al adoptarse el Real Decreto Ley 17/77 de 4 de marzo (RDLRTL), inspirado en una liberalización de las relaciones de trabajo que, debidamente cribado por la doctrina judicial del Tribunal Constitucional, aún está vigente en materia de conflictos colectivos como la huelga y el cierre patronal, y sobre todo con la aprobación en el año 1978 de la Constitución de 1978, que configurará como Derechos fundamentales el derecho de libertad sindical y de huelga, y establecerá la necesidad de que una ley regule el Estatuto de los trabajadores, que verá la luz en 1980, y que es precursora del actual Real Decreto Legislativo 2/2015, de 23 de octubre, por el que se aprueba el texto refundido de la Ley del Estatuto de los Trabajadores (ET/2015).

I. SIGNIFICACIÓN DEL DERECHO DEL TRABAJO

187 Al amparo de la Constitución española, así como de la influencia cada vez más intensa de la normativa derivada de la Unión Europea, el Derecho del Trabajo actual se define como una rama autónoma del ordenamiento jurídico constituida por un conjunto de principios y normas que regulan las relaciones de trabajo individuales y colectivas, el ámbito del empleo (debiendo subrayarse en este las medidas de acceso al empleo, de formación y de protección ante el desempleo), así como las relaciones de tutela estatal en materia laboral (administrativa y jurisdiccional). A estas materias tradicionales propias del Derecho del Trabajo se añaden dos que están marcando el s. XXI: por un lado, la sublime importancia en el marco europeo de las libertades de circulación de personas (incluyendo la de trabajadores), servicios y capitales sin fronteras interiores, están confluyendo en la creación de un derecho a la movilidad laboral de ciudadanos nacionales de un Estado miembro de la Unión Europea; por otro, la importancia en el ámbito mundial de los movimientos migratorios de trabajadores con el objetivo de buscar empleo (cuya gestión básica está celosamente depositada en la soberanía estatal si bien en el marco de la UE dicha competencia está delimitada por las políticas que esta puede adoptar sobre control de fronteras, asilo e inmigración), ha hecho emerger una normativa específica sobre migraciones de carácter laboral, también como ámbito propio del Derecho del Trabajo, cuyo estudio se dedica de forma exclusiva el Capítulo VI de este Manual.

188 Los fundamentos del Derecho del Trabajo son básicamente tres: en primer lugar, su carácter tuitivo, conforme al cual la función básica de la regulación propia del Derecho del Trabajo es proteger a la parte trabajadora como parte débil o subordinada de la relación laboral; en concreto, una

de las principales manifestaciones del carácter tuitivo de dicha rama jurídica es el denominado principio *pro operario*, del que se hablará posteriormente (*vid.*, párrafo 212); en segundo lugar, su función compensatoria o de búsqueda de un equilibrio entre los intereses contradictorios de las dos partes del contrato de trabajo a través de la intervención del Estado y de la autonomía colectiva de los sindicatos y patronales; y finalmente, como objetivo subyacente al Derecho del Trabajo se encuentra el de la conservación del sistema social establecido, o dicho de otra forma, la necesidad de integrar, justificar o institucionalizar el conflicto laboral latente entre la parte empresarial y la parte trabajadora que le sirve de base, es decir canalizarlo jurídicamente.

189 La denominada como Cuarta Revolución Industrial apoyada en los avances de la transformación digital (que incluyen la robótica, la inteligencia artificial o el internet de las cosas) así como por la pandemia del coronavirus COVID-19 acontecida en el ámbito mundial en el 2020, la cual no solo ha acelerado aquella revolución tecnológica sino que también ha impactado profundamente en el cuerpo y el espíritu de la legislación laboral. De hecho, la reacción frente a esta situación epidémica ha elevado la importancia del Derecho del Trabajo en la sociedad como ordenamiento de contención a la situación de crisis sanitaria y social, de forma que algunos de sus instrumentos (como la suspensión de contratos) han servido para contener una importante debacle económica y laboral. De forma directamente vinculada con ello, el trabajo de las personas, y muy especialmente de aquellos trabajadores en servicios esenciales, ha pasado a ser un elemento central, en las políticas jurídico laborales adoptadas tras la declaración del estado de alarma en 2020 en virtud de la pandemia: las medidas adoptadas han tenido como objetivo principal amparar a las personas que trabajan; ahora bien, la falta de trabajo para muchas personas trabajadoras y la pobreza a la que pueden verse abocadas ha determinado la reacción de la normativa de Seguridad Social a través de la adopción de prestaciones sobre ingresos mínimos vitales. La reacción heterónoma del Derecho del Trabajo que ha ocasionado la pandemia se ha equilibrado con el proceso de diálogo social y debe pasar a hacerlo con la negociación colectiva, pero en todo caso estas fuentes deben pasar a regular, desde una óptica tuitiva, cuestiones transcendentales en las relaciones laborales como la igualdad y no discriminación, la potenciación de sus capacidades y formación, la garantía de una plena salud y las necesarias garantías de seguridad en la existencia vital y de estabilidad laboral.

1. FUENTES DE LA RELACIÓN LABORAL

190 La referencia a las "fuentes" de Derecho del Trabajo en este apartado implica la asunción de dos definiciones básicas, por un lado como referencia a los poderes o agentes sociales con facultades para regular las relaciones de

trabajo entre empresarios y trabajadores; en este ámbito se entenderían incluidos las organizaciones internacionales, el Estado, en determinados aspectos las Comunidades Autónomas y finalmente las representaciones de los trabajadores y los sindicatos junto a los empleadores y sus asociaciones. Por otro, con la noción de fuentes del Derecho del Trabajo también se hace referencia a la norma o acto de carácter vinculante y obligatorio en el que se concretan justamente la actuación de los poderes o fuerzas sociales con capacidad para elaborarlas, donde se incluye los tratados o convenios internacionales, las leyes o los reglamentos, y también los convenios colectivos, producto del pacto entre representantes de los trabajadores y la parte empresarial.

191 El art. 3 del ET/2015 regula las fuentes de la relación laboral, y establece como tales las disposiciones legales y reglamentarias del Estado, los convenios colectivos, la voluntad de las partes, obrera y empresarial, manifestada en el contrato de trabajo, y los usos y costumbres siempre que sean de carácter local y ceñidos a un ámbito profesional específico. En todo caso, hay que recordar que la voluntad de las partes de la que habla el precepto (o denominada también como autonomía individual) no es una fuente del derecho (entendiendo de forma simplificada por tal un poder individual o norma con alcance general y vinculante), sino que es una fuente exclusiva de los derechos y obligaciones derivados del contrato de trabajo que obligan solo a la parte empresarial y trabajadora que los han pactado.

192 La primera fuente de la relación laboral establecida por el art. 3 de la ET/2015 son las disposiciones legales y reglamentarias del Estado. Siguiendo esta previsión, se ha de tener en cuenta que aquellos Tratados, convenios internacionales o demás normativa derivada de organizaciones supraestatales a las que se haya vinculado el Estado, o de donde surjan normas internacionales ratificadas por éste, pasan a ser también fuente de las relaciones laborales (véase el Capítulo I de este Manual). En todo caso, como primera fuente emanada del ámbito español está la Constitución Española de 1978. La importancia de nuestra materia se visualiza desde el principio de su articulado, ya que en su art. 1 CE se señala que España se constituye en un Estado cuyo primer pilar es el "social", que propugna como valores superiores de su ordenamiento jurídico, entre otros, la libertad y la igualdad. Esa configuración social tiene su plasmación, entre otros reconocimientos constitucionales, en la función de los sindicatos de trabajadores y las asociaciones empresariales en la defensa y promoción de los intereses económicos y sociales que les son propios (Art. 7), o en la atribución a los poderes públicos para que promuevan unas condiciones de igualdad material de los individuos y de los grupos en los que se integra, referencias que también incluirían a los trabajadores por cuenta ajena (Art. 9.2). También resulta determinante en la Constitución el reconocimiento de Derechos fundamentales, entre los que se encuentran dos que son de contenido específicamente laboral: el relativo a la libertad sindical (Art. 28.1) y el de huelga (Art. 28.2).

193 Paralelamente a dichos derechos que abordan específicamente cuestiones propias de las relaciones de trabajo, no se deben olvidar aquellos otros derechos fundamentales que sin ser exclusivamente laborales, como sería el caso por ejemplo del derecho a la intimidad, o del derecho a la libertad religiosa o ideológica, en la medida en que son ejercidos por los sujetos de las relaciones laborales en dicho ámbito adquieren un contenido laboral sobrevenido, ya que se convierten en verdaderos derechos laborales del trabajador en su condición de ciudadano (conocidos como derechos fundamentales inespecíficos). De este modo, cuando el trabajador accede a una relación laboral, el sometimiento a las órdenes e instrucciones del empresario no puede implicar su renuncia a los derechos fundamentales que tiene como ser humano, y que naturalmente también se proyectan en el ámbito laboral. De lo contrario, tal como ya tuvo ocasión de señalar el Tribunal Constitucional en la Sentencia 88/1985, de 19 de julio (RTC 1985, 88), la posición de supremacía jerárquica del empresario podría derivar a formas de "feudalismo industrial" que repugnan al Estado social y democrático de Derecho y a los valores superiores de libertad justicia e igualdad a través de los que ese Estado toma forma y se realiza.

194 La Constitución también recoge un capítulo sobre "los derechos y deberes de los ciudadanos", entre los que se reconoce a los españoles el deber de trabajar y el derecho al trabajo, a la libre elección de profesión u oficio, a la promoción a través del trabajo y a una remuneración suficiente para satisfacer sus necesidades y las de su familia, sin que en ningún caso pueda hacerse discriminación por razón de sexo (art. 35.1). Finalmente, otro bloque de derechos laborales de carácter individual se encuentran en el capítulo relativo a los "principios rectores de la política social y económica", entre los que se incluyen la atribución a los poderes públicos de que fomenten una política que garantice la formación y readaptación profesionales; que velen por la seguridad e higiene en el trabajo y garanticen el descanso necesario, mediante la limitación de la jornada laboral o las vacaciones periódicas retribuidas (Art. 40.2). Se ha de prestar atención a que la Constitución ordena a los poderes públicos a limitar la duración máxima de su tiempo de trabajo y al disfrute de los descansos necesarios, incluyendo las vacaciones, todo lo cual a su vez constituye un Derecho fundamental del trabajador tal y como se consagra en el art. 31 de la Carta de los Derechos Fundamentales de la Unión Europea (sobre la importancia de este Derecho fundamental en el marco jurídico europeo de carácter social, véase la STJUE de 14 de mayo de 2019, en el asunto C-55/18, que volverá a ser objeto de cita en el párrafo 245).

195 La Constitución también recoge el mandato de que la regule un Estatuto de los trabajadores, lo cual se cumple con la adopción del actual ET/2015. Esta norma se configura como la ley general, básica y de carácter mínimo en relación a los derechos y deberes de los trabajadores. En desarrollo del ET/2015 y del resto de leyes de carácter laboral que aprueben las Cortes Generales, el Gobierno tiene la potestad de adoptar reglamentos en forma, por ejemplo, de

Reales Decretos u Órdenes ministeriales, ahora bien, aprobará dichas reglamentaciones respetando lo que esté dispuesto en la ley como norma superior, y sin poder establecer condiciones de trabajo distintas a las establecidas en las leyes que desarrollen (art. 3.2 ET/2015).

196 Además de las disposiciones legales y reglamentarias, otra fuente de la relación laboral, específica del Derecho del Trabajo, es el convenio colectivo, lo cual está reconocido en el art. 37 de la CE al establecer que la ley garantizará el derecho a la negociación colectiva laboral entre los representantes de los trabajadores y empresarios, así como "la fuerza vinculante" de los convenios colectivos que son producto de dicha negociación. Los empresarios y los representantes de los trabajadores disponen de un poder de autonomía colectiva, que, a través de uno de sus instrumentos, la negociación entre ambas partes, pueden adoptar un pacto o convenio colectivo. En consecuencia, el convenio colectivo es un acuerdo celebrado entre el empresario o sus organizaciones representativas y los sindicatos y representantes de los trabajadores para regular cualesquiera condiciones de trabajo en un ámbito determinado, siempre que al hacerlo lo hagan dentro del respeto a las leyes (art. 85 del ET/2015).

2. RÉGIMEN DE COMPETENCIAS EN MATERIA LABORAL

197 El art. 149.1.7 CE reconoce la competencia exclusiva al Estado en materia de "legislación laboral", sin perjuicio de su ejecución por las Comunidades Autónomas. En consecuencia, en materia laboral intervienen dos Administraciones: por una parte, la Administración General del Estado que tiene, como competencia exclusiva, la de adoptar legislación laboral, pero de forma concurrente también interviene en este ámbito laboral la administración de las Comunidades Autónomas por cuanto éstas disponen de la competencia de "ejecutar" la normativa laboral previamente adoptada por el Estado. En consecuencia, el alcance de la competencia exclusiva del Estado lo es sobre la legislación laboral. Por un lado, por "legislación" se entiende no solamente la facultad de adoptar leyes en sentido estricto, es decir, normas emanadas del poder legislativo, sino también los reglamentos que desarrollan las leyes o las complementan. Según la doctrina consolidada del TC, la competencia del Estado en materia laboral se extiende a la aprobación de leyes y reglamentos ya que si así no fuera se frustraría la finalidad del Art. 149.1.7 de mantener una uniformidad en la ordenación jurídica de la materia laboral, que solamente mediante la colaboración entre ley y reglamentos puede lograrse. Por otro lado, al adjetivo "laboral" se le ha concedido un carácter concreto y restringido por parte del TC: por legislación laboral solo debe entenderse aquella dirija a regular el trabajo por cuenta ajena, es decir, la que regule las relaciones entre los trabajadores que presten sus servicios retribuidos por cuenta ajena y los empresarios, con las excepciones y exclusiones que por el propio ET/2015 se regulan.

198 Las Comunidades Autónomas no disponen de potestades legislativas en materia laboral, entendiendo esto como la posibilidad de adoptar legislación en sentido material, ya sean leyes, ya sean reglamentos, en materia laboral para su territorio, ni desarrollar o completar en sus propios ámbitos territoriales las leyes estatales en el sentido estudiado. En todo caso, lo que si pueden hacer las Comunidades Autónomas es adoptar los denominados reglamentos ejecutivos, es decir, aquellas normas referidas a aspectos organizativos o de estructuración interna de su propia organización administrativa para poder aplicar o ejecutar las disposiciones previamente adoptadas por el Estado. En este ámbito, hay que destacar la STC 31/2010, de 28 de junio de 2010 (RTC 2010, 31), que resolvió un recurso de inconstitucionalidad contra la Ley Orgánica 6/2006, de 19 de julio, de reforma del Estatuto de Autonomía de Cataluña (EAC/2006): según esta resolución constitucional, la Comunidad Autónoma puede aprobar disposiciones para la ejecución de la normativa del Estado así como para realizar la correspondiente función ejecutiva, es decir la potestad de organizar su propia administración, pero lo que no puede hacer es disponer de una potestad reglamentaria de alcance general, es decir, la Comunidad Autónoma no puede adoptar reglamentos que a partir de las leyes o reglamentos que adopte el Estado, los desarrollen normativamente.

199 En todo caso, sin afectar a las cuestiones relacionadas con el trabajo por cuenta ajena, aquellas materias de política social y económica que no son Derecho laboral en sentido estricto pueden ser asumidas por las Comunidades Autónomas. Estas, por lo tanto, pueden desarrollar competencias por ejemplo sobre fomento de su desarrollo económico, dentro de los objetivos marcados por la política económica nacional (art. 148.1.13 CE). De hecho, en el EAC/2006 se incorporan como competencias de la Generalidad de la promoción de la actividad económica en Cataluña, o la planificación de la actividad económica en el marco de las directrices que establezca la planificación general del Estado, o también el desarrollo y la gestión de la planificación general de la actividad económica (Art. 152). También posee competencias en materia de industria, la ordenación de los sectores y de los procesos industriales en Cataluña, la seguridad de las actividades, de las instalaciones, de los equipos, de los procesos y de los productos industriales, y la regulación de las actividades industriales que puedan producir impacto en la seguridad o salud de las personas, así como también la competencia compartida con el Estado sobre la planificación de la industria, en el marco de la planificación general de la economía.

II. EL OBJETO DEL DERECHO DEL TRABAJO

200 El Derecho del Trabajo regula las relaciones entre personas físicas que realizan una actividad productiva, ya sea de carácter manual o intelectual, o en ocasiones una suma de ambas, y aquellos sujetos, personas físicas o jurídica,

que se benefician de dicha actividad, pudiendo obtenerse ese beneficio ya sea mediante contratación directa y consiguiente remuneración, o bien mediante un tercero interpuesto que es quien contrata, abona la remuneración y pone al sujeto trabajador a disposición de otro empleador para el que se prestan los servicios. El objeto de nuestra disciplina es, pues, la prestación laboral, aquella en la que concurren unos determinados presupuestos sustantivos que estudiaremos a continuación y que se vehicula jurídicamente a través de un contrato o relación de trabajo, pudiendo ser de carácter común o bien especial en atención a la modalización de algunos de tales presupuestos en cada una de las llamadas relaciones especiales de trabajo.

1. RELACIONES LABORALES COMUNES

201 Llamamos relaciones laborales comunes a las que se ajustan y cumplen con los requisitos marcados por la normativa aplicable, en concreto el art. 1 de ET/2015. Es decir, nos encontramos en presencia de un supuesto jurídico en el que se establece una relación contractual entre una persona trabajadora y un sujeto empleador, en la que concurren las notas o presupuestos sustantivos recogidos en el citado artículo, que son prestación personal, voluntariedad, dependencia o subordinación, ajenidad y remuneración. En efecto, la normativa referenciada regula en el primer apartado del art. 1 el concepto de persona trabajadora, en el segundo se refiere al sujeto empleador, y en el tercero lista las relaciones jurídicas que quedan excluidas del ámbito del ordenamiento jurídico laboral, ya sea porque una norma lo dispone así expresamente o bien porque faltan uno o más de los presupuestos substantivos listados con anterioridad, siendo el ejemplo más significativo el de la relación de servicio de los funcionarios públicos, y también "la del personal al servicio de las Administraciones Públicas y demás entes, organismos y entidades del sector público, cuando, al amparo de una ley, dicha relación se regule por normas administrativas o estatutarias", siendo la norma básica de referencia el EBEP.

202 El art. 1.1 ET/2015 es de aplicación a los trabajadores que "voluntariamente presten sus servicios retribuidos por cuenta ajena y dentro del ámbito de organización y dirección de otra persona, física o jurídica, denominada empleador o empresario", mientras que se considera sujeto empleador, en el art. 1.2, a "todas las personas, físicas o jurídicas, o comunidades de bienes que reciban la prestación de servicios de las personas referidas en el apartado anterior, así como de las personas contratadas para ser cedidas a empresas usuarias por empresas de trabajo temporal legalmente constituidas". Una regla jurídica de primer orden de importancia es que no importa la denominación que las partes otorguen a la relación contractual que formalizan, sino que aquello que tiene relevancia jurídica es su contenido.

203 Es importante, y cada vez más, tener en consideración la normativa comunitaria y la jurisprudencia del Tribunal de Justicia de la Unión Europea (TJUE)

sobre el concepto de trabajador. En su jurisprudencia sobre qué debe entenderse por trabajador a los efectos del art. 45 del TFUE, el TJUE ha destacado la amplitud de ese concepto. En su sentencia de 31 de mayo de 1989 (asunto C-344/87) manifestó que la noción "debe definirse siguiendo criterios objetivos que caracterizan la relación laboral atendiendo a los derechos y deberes de las personas interesadas; la característica esencial de la relación laboral consiste en que una persona realiza durante un cierto tiempo, a favor de otra y bajo la dirección de esta, ciertas prestaciones, por las cuales percibe una retribución. Siempre que se trate del ejercicio de actividades reales y efectivas, ni la productividad más o menos alta ni la fuente de los recursos que permiten la retribución pueden tener ningún tipo de consecuencias respecto al reconocimiento o no de una persona como trabajadora", siendo las excepciones aquellos trabajos voluntarios que no tengan ningún tipo de contraprestación económica y las actividades de escasa entidad que puedan considerarse como marginales o accesorias.

Es importante referirse a la Directiva (UE) 2019/1152 del Parlamento Europeo y del Consejo, de 20 de junio de 2019, relativa a unas condiciones laborales transparentes y previsibles en la Unión Europea, que debía ser traspuesta al ordenamiento jurídico de cada Estado miembro "a más tardar el 1 de agosto de 2022". Su finalidad es (art. 1.1.) "mejorar las condiciones de trabajo mediante la promoción de un empleo que ofrezca una transparencia y una previsibilidad mayores, a la vez que se garantiza la capacidad de adaptación del mercado laboral". La norma establece unos derechos mínimos que serán de aplicación (art. 1.2) a "todos los trabajadores de la Unión que tengan un contrato de trabajo o una relación laboral conforme a lo definido por la legislación, los convenios colectivos o la práctica vigentes en cada Estado miembro, tomando en consideración la jurisprudencia del Tribunal de Justicia".

204 Obsérvese, por consiguiente, que la relación laboral común se construye alrededor de dos sujetos que formalizan una relación jurídica contractual laboral asalariada, regulándose una serie de derechos y obligaciones para cada uno de ellos, las recogidas tanto en la normativa legal (arts. 4 y 5 ET/2015) como en su caso en la convencional y en el propio contrato. En el bien entendido, que ni la regulación convencional ni el pacto contractual podrán implicar una disminución de la protección reconocida en la normativa legal al sujeto trabajador, de acuerdo al principio de jerarquía normativa recogido en el art. 3. En virtud de la formalización de la relación contractual, el sujeto empleador asume el poder de dirección, organización y sancionador frente al sujeto trabajador, debiendo este cumplir con las obligaciones inherentes al puesto de trabajo que pase a ocupar en el organigrama organizativo de la empresa.

205 Las notas de dependencia o subordinación y ajenidad son las que han marcado con mayor énfasis la distinción entre la existencia de una relación

contractual laboral asalariada o por cuenta propia, habiéndose puesto de manifiesto en resoluciones judiciales que son conceptos de un nivel de abstracción bastante elevado, que se pueden manifestar de distinta manera. Ambas implican la obligación del trabajador de cumplir con las órdenes e instrucciones del sujeto empleador en el ejercicio regular de sus poderes de dirección, pudiendo este adoptar las medidas que estime más oportunas de vigilancia y control para verificar el cumplimiento por el trabajador de sus obligaciones y deberes laborales, en el bien entendido que deberá respetar su intimidad, y también, de acuerdo a la reciente normativa sobre protección de datos, "(el) derecho a la intimidad en el uso de los dispositivos digitales puestos a su disposición por el empleador, a la desconexión digital y a la intimidad frente al uso de dispositivos de videovigilancia y geolocalización en los términos establecidos en la legislación vigente".

206 Los indicios más comunes para probar la existencia del presupuesto sustantivo de dependencia o subordinación, según una consolidada jurisprudencia del Tribunal Supremo (TS) son, entre otros, los siguientes: asistencia al centro de trabajo del empleador o al lugar de trabajo designado por éste y el sometimiento a horario; desempeño personal del trabajo, compatible en determinados servicios con un régimen excepcional de suplencias o sustituciones; inserción del trabajador en la organización de trabajo del empleador o empresario, que se encarga de programar su actividad, y por consiguiente ausencia de organización empresarial propia de aquel. Habrá que prestar atención a las diversas realidades organizativas empresariales para saber y conocer de qué forma pueden darse tales requisitos, teniendo presente el cambio y la influencia que la tecnología más moderna ha significado para la organización del trabajo y la posibilidad de prestar servicios en lugares que no son el centro de trabajo clásico o habitual.

207 La ajenidad puede darse en la titularidad de los medios de producción, en los frutos o rendimientos del trabajo, en los riesgos asumidos por los sujetos de la relación contractual, y por su posición en el mercado, pudiendo darse conjuntamente todas ellas y habiendo adquirido especial relevancia la última citada en el marco de las nuevas realidades productivas y organizativas empresariales. Entre los indicios que la jurisprudencia ha destacado como relevantes para poder probar su existencia se encuentran los siguientes: Entrega o puesta a disposición del empresario por parte del trabajador de los productos elaborados o de los servicios realizados; adopción por parte del empresario –y no del trabajador– de las decisiones concernientes a las relaciones de mercado o con el público, como fijación de precios o tarifas, y la selección de clientela, o personas a atender; carácter fijo o periódico de la remuneración del trabajo; cálculo (de la remuneración) con arreglo a un criterio que guarde una cierta proporción con la actividad prestada, sin el riesgo y sin el lucro especial que caracterizan a la actividad del empresario o al ejercicio libre de las profesiones.

2. RELACIONES LABORALES ESPECIALES

208 En la relación laboral común, como acabamos de explicar, los presupuestos sustantivos se manifiestan con toda claridad y, de acuerdo con el artículo 1 ET/2015 y como corroboran los tribunales laborales, las notas de voluntariedad, ajenidad, dependencia y remuneración se dan conjuntamente. Es diferente el supuesto de las relaciones jurídicas, que, aunque tienen cabida en el ordenamiento jurídico laboral al ser relaciones laborales, tienen flexibilidad en alguno o algunos de los presupuestos sustantivos a causa de las particularidades propias y específicas del vínculo que une a las partes contratantes. Las distintas relaciones especiales de trabajo que existen, también llamadas por un sector doctrinal contratos especiales para diferenciarlos de los comunes, tienen como elemento común el hecho de poseer una regulación específica con respecto a la regulación de la relación laboral ordinaria. Al mismo tiempo, este elemento es un punto de diferenciación entre cada una de las relaciones especiales, ya que cada regulación propia atiende a sus características diferenciadas. También tienen como elemento común que sus regulaciones han de respetar, como es obvio, los derechos básicos reconocidos en la CE (artículo 2.2 ET/2015).

209 Debido a la especificidad de cada relación especial, el ordenamiento jurídico no alberga una definición o concepto genérico que sirva para todas, por lo que hay que partir del tronco común del artículo 1 y añadir las peculiaridades que se regulan en la normativa propia, que es una normativa reglamentaria dictada en el desarrollo de lo que prevé el artículo 2.1. El artículo 2 ET/2015 plantea una lista de las relaciones laborales que presentan alguna particularidad con respecto a la relación laboral común y a la que se debe aplicar el artículo 1 de dicha norma. Además, incluye una cláusula de cierre en el artículo 2.1.l) que permite incluir en este artículo todo trabajo que sea considerado relación laboral por vía legal, y ya se ha utilizado esta vía para incorporar al personal civil no funcionario de establecimientos militares. Las diferencias entre una relación laboral común y otra especial han sido aceptadas por el TC, que considera que no se vulnera el artículo 14 de la CE por el hecho de que la normativa laboral, y concretamente el ET/1980 (mantenidas después por ET/1995 y ET/2015), haya establecido "un elenco de casos que considera como relaciones laborales de carácter especial", con una regulación parcialmente diferente de la relación común. En definitiva, todas las personas trabajadoras sujetas a una relación laboral especial tienen reconocidos los derechos constitucionales, tanto específicos como inespecíficos, en el marco de su relación de trabajo, adaptándose los reconocidos en la normativa laboral común a las particularidades y especificidades propias del tipo de relación.

210 El art. 2 ET/2015 lista hasta diez relaciones laborales especiales, a las que cabe añadir la posibilidad de algún o algunos nuevos supuestos siempre que se cumpla lo dispuesto en la letra l), es decir "cualquier otro trabajo que sea

expresamente declarado como relación laboral de carácter especial por una ley". Como explicaremos más adelante, un sector doctrinal considera que debería incluirse en este bloque las prestaciones de servicios para las plataformas tecnológicas. Tales son las siguientes: "a) La del personal de alta dirección no incluido en el artículo 1.3.c). b) La del servicio del hogar familiar. c) La de los penados en las instituciones penitenciarias. d) La de los deportistas profesionales. e) La de los artistas en espectáculos públicos. f) La de las personas que intervengan en operaciones mercantiles por cuenta de uno o más empresarios sin asumir el riesgo y ventura de aquellas. g) La de los trabajadores con discapacidad que presten sus servicios en los centros especiales de empleo. i) La de los menores sometidos a la ejecución de medidas de internamiento para el cumplimiento de su responsabilidad penal. j) La de residencia para la formación de especialistas en Ciencias de la Salud. k) La de los abogados que prestan servicios en despachos de abogados, individuales o colectivos".

211 Repárese en que cada una de las relaciones laborales especial referenciadas tiene sus propias particularidades que llevan al debilitamiento, aunque no a su desaparición en modo alguno, de los presupuestos sustantivos de la relación laboral común, señaladamente los de dependencia o subordinación y ajenidad, si bien encontramos otros supuestos en los que prácticamente desaparecen todas las notas, a excepción de la prestación personal y voluntaria. De tal manera, estas relaciones se configuran, cada una de ellas, como un ámbito de ordenación jurídica de la relación contractual en donde las notas específicas y más definidoras del tipo de prestación las sitúan en el espacio jurídico de una relación que merece tener su propia normativa y que será de prioritaria aplicación, quedando la normativa general, en concreto el ET, en sus distintas versiones desde la aprobación de la norma original en 2015, de aplicación supletoria, e incluso en alguna ocasión solo cuando se produzca remisión expresa en la norma reglamentaria o se haga constar específicamente en el contrato, previéndose que en lo no regulado por la norma reglamentaria o por pacto entre las partes, "se estará a lo dispuesto en la legislación civil o mercantil y a sus principios generales" (relación laboral especial del personal de alta dirección).

212 La explicación detallada de cada relación laboral especial no es objeto de este Manual, por lo que debe acudirse a cada norma dictada en desarrollo del art. 2.1 ET/2015 para conocer su contenido. Cabe destacar de todas ellas algunos rasgos comunes: la existencia de varias notas o presupuestos sustantivos en todas las relaciones laborales, con independencia de que la modalización y concreción sean diferentes por causa de la naturaleza común o especial de la relación; las diferentes razones de ser de cada una de las relaciones laborales especiales, que van desde la práctica imbricación con una relación civil o mercantil (personal de alta dirección) hasta la existencia de una relación especial de confianza que modaliza los derechos y los deberes laborales de las partes contratantes (personal al servicio del hogar), pasando por aquellas en

las que la ordenación del tiempo de trabajo varia sensiblemente con respeto a la común (deportistas profesionales que concentran buena parte de su actividad en los fines de semana), y sin olvidar la que es de mayor importancia para los estudiantes del grado del Derecho cual es la de prestación de servicios en un bufete para adquirir, al igual que otros trabajadores en su actividad, una adecuada práctica profesional que le permita el mantenimiento posterior de la relación profesional, ya sea entonces asalariada o en condición de socio; en fin, la acogida del ordenamiento jurídico laboral de relaciones contractuales que en etapas anteriores habían quedado fuera del mismo y que poco a poco se han incorporado, en una manifestación clara del proceso de expansión de aplicación de la normativa laboral a relaciones cuya frontera con otros ámbitos jurídicos es, en ocasiones, bastante difusa.

213 De forma excepcional, se considera que merece una breve atención especial en este Manual hacer una referencia al sector de la prestación de servicios en el hogar familiar, por su impacto en el mercado de trabajo español y por la influencia que ha tenido la labor del Tribunal de Justicia en la Unión Europea en su configuración en el año 2022. En este sentido, debe traerse a colación la modificación del Real Decreto 1620/2011, de 14 de noviembre, por el que se regula la relación laboral de carácter especial del servicio del hogar familiar, por el *Real Decreto-Ley 16/2022, de 6 de septiembre, para la mejora de las condiciones de trabajo y de Seguridad Social de las personas trabajadoras al servicio del hogar*, que reconoce derechos en materia de protección de salarios e indemnizaciones, y de protección por desempleo, anteriormente inexistentes, además de suprimir la posibilidad del libre desistimiento por la parte empresarial de la relación de trabajo, adecuándose así al Convenio núm. 189 de la OIT y a la sentencia del TJUE de 24 de febrero de 2022 (asunto C-389/20). En particular cabe resaltar que con la nueva regulación se mantiene la opción de realizar el contrato de trabajo por escrito o de palabra conforme a los parámetros de la Ley del Estatuto de los Trabajadores, pero se pasa a enfatizar que se presumirá el contrato como indefinido cuando no se hubiera realizado por escrito, sea cual sea la duración que se hubiese atribuido al mismo. También, y como ya se ha avanzado, la extinción del contrato de trabajo solo puede llevarse a cabo si se alega una causa y se justifica, ya sea de las previstas en la Ley del Estatuto de los Trabajadores, ya sea de las específicas que para el régimen del hogar familiar pasan a preverse, ex novo, en el art. 11.2 del Real Decreto 1629/2011, que son las siguientes: a)disminución de los ingresos de la unidad familiar o incremento de sus gastos por circunstancia sobrevenida; b) modificación sustancial de las necesidades de la unidad familiar que justifican que se prescinda de la persona trabajadora del hogar; y c) el comportamiento de la persona trabajadora que fundamente de manera razonable y proporcionada la pérdida de confianza de la persona empleadora. Finalmente, pero no menos importante, hay que reiterar que la principal reforma habida en el ámbito del servicio del hogar familiar se ha producido en materia de Seguridad Social: en

particular, se les ha reconocido a las personas empleadas del hogar de que a la finalización de su relación laboral, y si cumplen con los requisitos correspondientes para ello, pueden obtener prestaciones de desempleo. La adopción de esta cuestión era de cumplimiento obligado conforme a la Sentencia del Tribunal de Justicia de la Unión Europea de 24 de febrero de 2022 (asunto 389/2022), que declaró que la exclusión al personal al servicio del hogar familiar del reconocimiento de esos beneficios de Seguridad Social suponía una discriminación indirecta por razón de sexo, ya que el colectivo de mujeres, en tanto que grupo mayoritario del personal doméstico, era el verdaderamente perjudicado sin que hubiesen factores objetivos y ajenos a todo tipo de discriminación por razón de sexo que lo justificase.

3. NUEVAS FORMAS DE TRABAJO

214 La vida laboral ha cambiado considerablemente en los últimos años, a consecuencia del impacto, cada vez más rápido, de la tecnología. Es cierto, y no conviene olvidarlo, que esta ha tenido siempre una influencia relevante en las relaciones laborales, y no se entendería el nacimiento, desarrollo y evoluciones de las relaciones laborales, y de su configuración jurídica por medio del Derecho del Trabajo, sin su presencia. Cada vez más se debate sobre las nuevas (o no tan nuevas) relaciones laborales en el seno de la llamada, por algunos, economía colaborativa, y por otros, con mayor precisión, economía de plataformas, qué impacto tiene sobre la existencia del vínculo jurídico contractual, es decir sobre la existencia de "trabajo por cuenta ajena" o "trabajo por cuenta propia" y la utilización de las posibilidades que ofrece el desarrollo tecnológico para organizar el trabajo. También es objeto de especial atención, y en otros epígrafes del Manual se estudia con mayor detalle, cuál es, si es que existe, la representación de las personas trabajadoras en tales empresas o plataformas y cómo pueden gestionarse, desde la perspectiva sindical, los conflictos que se produzcan en su seno. A título de ejemplo, cuando los "riders" de una empresa de reparto de productos convocan una "huelga", ¿estamos admitiendo que los trabajadores autónomos pueden acudir a dicha medida de presión contra su "cliente" –principal si se tratan de trabajadores autónomos económicamente dependientes– o aceptamos implícitamente que no tienen tal condición jurídica contractual sino que, bajo una cobertura forma se esconde otra real, que sería la de trabajadores asalariados?

215 Debemos plantearnos cómo unir el pasado y presente, y plantearnos qué ha cambiado en la vida laboral para que pueda cuestionarse el concepto "clásico" de trabajador y de empleador. ¿Cómo se han modificado/reinterpretado/evolucionado/ los presupuestos substantivos de la relación jurídica laboral? Cabe recordar que el debate se está realizando a escala mundial, con la Iniciativa sobre el futuro del trabajo de la OIT, con cuatro grupos de trabajo cuyas tareas culminaron en la Conferencia Internacional del Trabajo de 2019: trabajo y

sociedad; trabajo decente para todos; organización del trabajo y de la producción –que incluye las cadenas mundiales de suministro– la economía de bolos (gig economy), el trabajo de multitudes (crowdworking, la uberización y otras formas análogas de trabajo) y la gobernanza del trabajo (qué normas son necesarias y/o convenientes para regular las relaciones laborales surgidas al calor del cambio tecnológico, y cómo influye este cambio en las relaciones ya existentes).

216 El desarrollo cada vez más acelerado de la economía de plataformas, en sus distintas versiones online y offline, plantea la conveniencia de analizar de qué manera concurren y con qué características los presupuestos sustantivos de la relación laboral común, o bien si estamos en presencia de una nueva relación laboral especial, o si la prestación de servicios no puede encuadrarse en el marco de la relación contractual asalariada por ser justamente lo opuesto, es decir una relación autónoma en la que el sujeto que presta los servicios es su propio empleador y presta servicios para un cliente, es decir que este último no tiene la consideración de empleador o empresario. Se debe, pues, prestar atención a las efectivas condiciones contractuales cuando existan, y no meramente a los términos formales del contrato suscrito y que habitualmente es de prestación de servicios como trabajador autónomo, diferenciando entre los distintos tipos de plataformas, ya que las relaciones contractuales se dan en las que prestan servicios online, mientras que quedan extraordinariamente difusas en las offline.

217 En todo caso, la legislación española ha dato un importante paso adelante en la calificación jurídica de determinadas prestaciones de servicios llevadas a cabo a través de plataformas. El Real Decreto-ley 9/2021, de 11 de mayo, se ha adoptado con el objeto de garantizar los derechos laborales de las personas dedicadas al reparto en el ámbito de plataformas digitales: en este sentido, se presume incluida en el ámbito de la Ley del Estatuto de los Trabajadores la actividad de las personas que presten servicios retribuidos consistentes en el reparto o distribución de cualquier producto de consumo o mercancía, por parte de empleadoras que ejercen las facultades empresariales de organización, dirección y control de forma directa, indirecta o implícita, mediante la gestión algorítmica del servicio o de las condiciones de trabajo, a través de una plataforma digital. Es decir, con este precepto, que ha pasado a ser la Disposición adicional 23.ª de la Ley del Estatuto de los Trabajadores, se presume incluidos en el Derecho del Trabajo como trabajadores por cuenta ajena aquellos que, retribución mediante, cumplan los siguientes requisitos: 1/ distribuyan o repartan cualquier mercancía; 2/ lo hagan por cuenta de una empleadora que ejerza un dominio directo, indirecto o implícito a través de una plataforma digital; y 3/, que consiguientemente utilicen un algoritmo para gestionar el servicio o para determinar las condiciones de trabajo en dicha empresa o en aquel servicio. Esa presunción se realiza sin perjuicio de la posible aplicación de la exclusión de la aplicación de la Ley del Estatuto

de los Trabajadores que se prevé en su art. 1.3 respecto de los prestadores de servicios de transportes.

218 Más allá del debate sobre la regulación sobre este tipo de prestación de servicios de reparto en el marco de una plataforma digital, naturaleza laboral o autónoma de la prestación, sí existe un clamor común en la necesidad, y no solo conveniencia, de disponer de un marco normativo que garantice unos derechos mínimos a los prestadores de servicios en cualesquiera plataformas laborales bajo demanda (o conocidos en el ámbito internacional como on-demand workers o trabajadores en sitio o en remoto bajo demanda para sirven a plataformas digitales). Esa regulación debe abordar tanto sus condiciones de trabajo como de protección social, y en esta línea avanzan las más recientes propuestas formuladas en ámbitos internacionales y comunitarios. En definitiva, cabe concluir que las relaciones de trabajo siguen siendo conflictivas, la desigualdad de partes sigue existiendo, la subordinación al poder de dirección organización y disciplinario del empleador, también; la reformulación del presupuesto substantivo de la ajenidad, para atender a las nuevas (algunas no tanto, ni mucho menos) realidades laborales basadas en aplicaciones informáticas, no obsta a que este siga existiendo. Y, más allá, aquello que debe considerarse del todo punto necesario es que toda persona trabajadora, asalariada o autónoma, tenga unos derechos laborales y de protección social garantizados.

219 En todo caso, durante el estado de alarma provocado por la epidemia de la COVID-19, si se ha adoptado una nueva regulación en relación a una metodología de trabajar que ha emergido con fuera en este periodo, se trata del teletrabajo entendido de forma general. El Real Decreto-ley 28/2020, de 22 de septiembre, ha regulado el trabajo que se desarrolle a distancia con carácter regular. En concreto, se trata de trabajo a distancia aquella forma de realizar la actividad laboral de forma que esta se presta en el domicilio de la persona trabajadora o en el lugar elegido por esta, durante toda su jornada o parte de ella, con carácter regular; de hecho, dentro de esta modalidad del trabajo a distancia se encuentra el teletrabajo, que implica que los servicios laborales se llevan a cabo mediante el uso exclusivo o prevalente de medios y sistemas informáticos, telemáticos y de telecomunicación. Para aplicarse el régimen de derechos y deberes laborales que garantizar el Real Decreto-ley 28/2020, es necesario en todo caso que el trabajo a distancia llevado a cabo por trabajadores por cuenta ajena (exceptuando los que trabajen para la Administración pública), trabajen, en un periodo de referencia de tres meses, un mínimo del treinta por ciento de la jornada, o el porcentaje proporcional equivalente en función de la duración del contrato de trabajo. Según esta legislación, el trabajo a distancia será voluntario para la persona trabajadora y para la empleadora y requerirá la firma del acuerdo de trabajo a distancia. En todo caso, la norma establece una habilitación general a los convenios colectivos para que regulen el régimen del trabajo a distancia, ya que aquellos pueden establecer, entre otras cuestiones, la identificación de los puestos de trabajo y funciones

susceptibles de ser realizados a través del trabajo a distancia, las condiciones de acceso y desarrollo de la actividad laboral mediante esta modalidad, o la regulación una jornada mínima presencial en el trabajo a distancia.

III. PRINCIPIOS DE APLICACIÓN DEL DERECHO DEL TRABAJO

220 La rica pluralidad de fuentes de la relación laboral, con la consiguiente concurrencia ante un mismo conflicto de trabajo de normas de diferente naturaleza y con distinto rango jurídico, lleva a que el ET/2015 establezca una serie de principios de aplicación y de interpretación de las normas laborales, los convenios colectivos y los contratos de trabajo. El primero a mencionar seria el principio pro-operario, que tiene su anclaje básico en los artículos 1.1 de la Constitución al configurar a España como un Estado Social, al que por tanto le concierne proteger a las partes débiles y necesitadas de la sociedad, así como el art. 9.2 de dicha norma superior, que como hemos visto, atribuye a los poderes públicos promover la igualdad material de los ciudadanos, y por tanto de los trabajadores ante la situación de desequilibrio en la que se encuentran ante la parte empleadora. El principio pro-operario equivale a la consecución de equidad en las relaciones laborales, de forma que cuando se derive una situación en la que debe aplicarse una norma que dé lugar a interpretaciones diversas, se adoptará aquella cuyo sentido sea más favorable para el trabajador.

221 El artículo 3 del ET/2015 regula los principios de aplicación del Derecho del Trabajo que son, principalmente, los de jerarquía; de norma mínima; de norma más favorable; de condición más beneficiosa; y finalmente de indisponibilidad o irrenunciabilidad de derechos. El primero de ellos se activa cuando ante un conflicto laboral pueden concurrir normas de diferente rango jerárquico para solucionarlo, así, una ley, un reglamento y un convenio colectivo. Para detectar cuál de las tres fuentes es la aplicable, el primer criterio es el de jerarquía en sentido estricto, conforme a la cual, la prioridad la tiene la legislación internacional o española, seguida de los reglamentos laborales, que como se ha visto anteriormente pueden desarrollar las disposiciones legales, pero sin que puedan establecer condiciones de trabajo distintas a éstas, y tras ellos, ya en tercer lugar, el convenio colectivo.

222 De hecho, cuando ante un supuesto laboral se produce una concurrencia entre normas laborales y convenios colectivos, el principio de jerarquía también dispone de un enfoque "competencial". Según este nuevo parámetro del principio de jerarquía, ante un conflicto laboral se aplicará aquella fuente (ley o convenio colectivo) que sea competente para fijar la correspondiente regulación o contenido vinculante que lo resuelva. En función de este enfoque competencial, los convenios colectivos deben, con carácter general, respetar los "mínimos de derecho necesario" fijados en las disposiciones legales, es decir, los convenios colectivos no pueden minorar, sino únicamente mejorar en favor de los derechos del trabajador, las condiciones de trabajo

consideradas como necesarias y mínimas previstas en la ley (por ejemplo, ante la previsión mínima legal de que las vacaciones anuales del trabajador son 30 días, los pactos colectivos son competentes para ampliar dicho período). Por otra parte, en determinados y excepcionales casos, los convenios colectivos no pueden afectar determinadas condiciones de trabajo que tienen la calificación de derecho "necesario absoluto" (o *ius cogens*): por ejemplo, la condición relativa a edad mínima de acceso al trabajo (16 años), no podría ser modificada por la negociación colectiva. Ahora bien, de forma más amplia, los convenios colectivos sí pueden actuar con mayor libertad cuando la propia ley lo permite y llenar así el déficit de regulación que ésta puede tener, por ejemplo, en materia de exámenes a realizar por los trabajadores que estudian, ámbito donde el art. 23 del ET/2015 solo marca que los trabajadores dispongan de permisos por esa razón pero remite en todo caso a los convenios colectivos a que pacten los términos del ejercicio de estos derechos (esta situación se conoce como principio de complementariedad entre la ley y el convenio). Por lo demás, en otras materias la propia ley remite de forma exclusiva a los convenios colectivos que regulen una materia por completo, como sucede por ejemplo en relación a la regulación por el art. 22 del ET/2015 del sistema de clasificación profesional (técnica denominada como de regulación "ex novo" por el convenio colectivo).

223 Otro principio de aplicación e interpretación de las normas laborales es el principio de norma más favorable, previsto en el art. 3.3 del ET/2015 cuando establece que los conflictos originados por los preceptos de dos o más normas laborales se resolverán mediante la aplicación de lo más favorable para el trabajador apreciado en su conjunto, y en cómputo anual, respecto de los conceptos cuantificables. Lo que implica el principio de norma más favorable es que cuando concurren varias normas que básicamente tengan el mismo rango jerárquico, en su aplicación a un supuesto laboral, para detectar lo que debe aplicarse deberá realizarse una comparación entre ellas por materias para saber cuál es la mejor para el trabajador, y a ser posible (esto es, si se trata de conceptos cuantificables), en cómputo anual.

224 El principio de condición más beneficiosa está definido en el art. 3.1 c) ET/2015, al decir que la relación laboral se regula por la voluntad de las partes manifestada en el contrato de trabajo, "sin que en ningún caso puedan establecerse en perjuicio del trabajador condiciones menos favorables o contrarias a las disposiciones legales y convenios colectivos antes expresados". Es decir, en el contrato de trabajo no pueden contenerse condiciones de trabajo inferiores a las establecidas en la legislación o en los convenios colectivos, y en sentido contrario, el pacto contractual entre las dos partes, empresario y trabajador, sí puede contener condiciones más beneficiosas que las previstas en la normativa o convenio colectivo aplicable. Es más, esas condiciones más beneficiosas son inatacables por el empresario tanto si figuran de forma expresa en el contrato de trabajo como si no figuran en él, pero han pasado a formar parte táci-

tamente del patrimonio del trabajador al disfrutarse con el consentimiento del empresario durante un período prolongado de tiempo. En consecuencia, cuando un trabajador disfruta de una condición de trabajo mejor a la prevista en la normativa, que no está fijada literalmente en el contrato pero que se la ha concedido el empresario, no como mera liberalidad, sino con ánimo que la disfrute de forma permanente, esa condición no puede ser suprimida unilateralmente por el empleador a no ser que siga las vías legalmente previstas, por ejemplo a través del régimen de modificaciones sustanciales de las condiciones de trabajo del art. 41 del ET/2015 (para un supuesto en el que se considera que el empleador no podía cambiar unilateralmente el obsequio navideño que venía concediendo a sus trabajadores por constituir condición más beneficiosa, véase la Sentencia de la Audiencia Nacional de 13 de marzo de 2019 [JUR 2019, 110217], núm. recurso 41/2019).

225 El principio de irrenunciabilidad de derechos, recogido en el art. 3.5 ET/2015, comporta la nulidad de las decisiones de empresarios o de trabajadores, ya sea individualmente ya sea a través del establecimiento de pactos entre ellos, que infrinjan cualquier tipo de normas imperativas, estatales o convencionales, por lo cual pasarán a aplicarse éstas y a considerarse nulos aquéllos. En otros términos, el principio de indisponibilidad de derechos busca evitar que el trabajador abdique de derechos de carácter necesario que tiene reconocidos por ley, así, por ejemplo, no se puede renunciar de forma individual ni por pacto con el empresario a los treinta días de vacaciones por año que se fija en el art. 30 de la ET/2015. No se prohíbe, sin embargo, la transacción o conciliación pre-procesal, que sería el acuerdo entre las partes de la relación laboral para la evitación de un proceso judicial mediante una contraprestación, siempre que o se vulneren los límites de la legalidad o se cometa fraude de ley.

226 Finalmente, hay que traer a colación la temática de la determinación de la Ley (nacional o extranjera) aplicable a supuestos de movilidad laboral internacional, es decir, cuando en el marco de una relación laboral entre parte empresarial y trabajadora, tengan ambas nacionalidades distintas o no, la parte trabajadora ejerce su trabajo en otro país diferente al de su domicilio o al de la parte empleadora. El art. 1.4 del ET/2015 dice que la legislación laboral española será de aplicación al trabajo que presten los trabajadores españoles contratados en España al servicio de empresas españolas en el extranjero, sin perjuicio de las normas de orden público aplicables en el lugar de trabajo. En todo caso, este precepto es de aplicación subsidiaria respecto de lo previsto en el Reglamento (CE) Núm. 593/2008 (conocido como Roma I), sobre la ley aplicable a las obligaciones contractuales: en relación a los contratos individuales de trabajo, este reglamento establece que se regirán por la ley que elijan las partes, y si no es elegida, por la ley del país "en el cual o, en su defecto, a partir del cual el trabajador, en ejecución del contrato, realice su trabajo habitualmente". Solo cuándo ésta última previsión no pueda

determinarse, el contrato se regirá por la ley del país donde esté situado el establecimiento a través del cual haya sido contratado el trabajador. Finalmente, por lo que hace a la competencia judicial internacional, es decir, la designación de los tribunales competentes para conocer de una cuestión litigiosa laboral, son aplicables las reglas del Reglamento UE núm. 1215/2012, de 22 de diciembre de 2012, relativo a la competencia judicial, el reconocimiento y la ejecución de resoluciones judiciales en materia civil o mercantil, y subsidiariamente del art. 25 de la Ley Orgánica del Poder Judicial. Como regla general, los trabajadores pueden demandar a sus empresarios en los Tribunales del país de la Unión Europea donde dichos empleadores tengan su domicilio, o bien ante el órgano jurisdiccional del lugar en el que o desde el cual el trabajador desempeñe habitualmente su trabajo o ante el órgano jurisdiccional del último lugar en que lo haya desempeñado; o también, si el trabajador no desempeña o no ha desempeñado habitualmente su trabajo en un único Estado, ante el órgano jurisdiccional del lugar en que esté o haya estado situado el establecimiento que haya empleado al trabajador [sobre el concepto de habitualidad, véase la STS (Social) de 30 de diciembre de 2013 –Núm. de Recurso: 930/2013–].

IV. DERECHOS Y DEBERES LABORALES BÁSICOS EN LA RELACIÓN DE TRABAJO

227 Tomando como base el art. 1 del ET/2015, la relación de trabajo se articula en torno al pacto (que posteriormente estudiaremos como contrato de trabajo) por el cual una persona, la parte trabajadora, se compromete voluntariamente a prestar sus servicios por cuenta ajena y en un marco de dependencia de otra persona física o jurídica –la parte empresarial– a cambio de una retribución.

Habiendo definido anteriormente el ámbito de aplicación de la legislación laboral a partir del trabajo realizado por la persona trabajadora conforme a los presupuestos sustantivos definidos en el apartado primero del art. 1 del ET/2015, su segundo apartado establece el concepto jurídico-laboral de lo que se entiende como parte empresarial, al definirla como toda aquella persona, física o jurídica, o comunidad de bienes, que reciba la prestación de servicios del sujeto trabajador. También se constituye en sujeto empresarial las empresas de trabajo temporal (ETT) reguladas a escala de la Unión Europea por Directiva 2008/104/CE del Parlamento Europeo y del Consejo de 19 de noviembre de 2008 relativa al trabajo a través de empresas de trabajo temporal, transpuesta al ámbito español por la Ley 14/1994, de 1 de junio, desarrollada por el Real Decreto 417/2015, de 29 de mayo. Según esta legislación, se denomina empresa de trabajo temporal a aquella cuya actividad fundamental consiste en poner a disposición de otra empresa usuaria, con carácter temporal, trabajadores por aquella contratados. Las ETT son por tanto el sujeto empresarial del trabajador que haya contratado, tanto del que preste sus servicios en la propia sede de la ETT, como el que sea cedido (o enviado en misión) a otra empresa usuaria a través de la formalización con esta de un contrato mercantil de puesta a disposición.

228 En función de que el art. 5 de la Directiva 2008/104/CE regula el principio de igualdad de trato de los trabajadores enviados en misión, el art. 11 de la Ley 14/1994 les reconoce el derecho durante los períodos de prestación de servicios en las empresas usuarias a la aplicación de las "condiciones esenciales de trabajo y empleo" que les corresponderían de haber sido contratados directamente por la empresa usuaria para ocupar el mismo puesto. De forma específica, el precepto establece que se consideraran como condiciones esenciales de trabajo y empleo las referidas a la remuneración, la duración de la jornada, las horas extraordinarias, los períodos de descanso, el trabajo nocturno, las vacaciones y los días festivos. En relación también al hecho de respetar la naturaleza temporal del trabajo realizado por los trabajadores enviados en misión por una ETT a una empresa usuaria, la STJUE de 14 de octubre de 2020, Asunto C-681/18, resuelve que de que el art. 5 de la Directiva 2008/104/CE se opone a que un Estado miembro no adopte ninguna medida para preservar la naturaleza temporal del trabajo a través de empresas de trabajo temporal, así como a una normativa nacional que no establezca ninguna medida para evitar que se lleven a cabo cesiones sucesivas de un mismo trabajador cedido por una ETT a una misma empresa usuaria con el objetivo de eludir las disposiciones de la Directiva 2008/104 en su conjunto.

229 En el marco de una relación laboral entre la parte empresarial y la trabajadora, los primeros derechos básicos para ambas partes a mencionar, que a su vez configuran correlativos deberes para la otra, son el de que el trabajador debe prestar sus servicios para el empresario, y éste a su vez debe retribuirle por ello en forma de salario. Ahora bien, el contenido de esa relación laboral, configurada por la ley como un contrato de trabajo, va más allá del intercambio de trabajo por salario, sino que está integrado por más derechos y deberes básicos. De los primeros se encarga el art. 4, de los segundos, el art. 5 del ET/2015. El art. 4 de la ET/2015 se divide en dos apartados, el primero de ellos se encarga de recoger los derechos laborales básicos que corresponden a todo trabajador, haya formalizado o no una relación de trabajo, es decir, son derechos que se otorgan a trabajadores en tanto que grupo social genérico y más o menos homogéneo, al margen de su concreta posición como sujetos contractuales (ALARCÓN, p. 53). Los derechos que se recopilan en el art. 4 del ET/2015 son, desde una perspectiva individual, el de trabajo y libre elección de profesión u oficio, y desde una óptica colectiva, el de libre sindicación, negociación colectiva o huelga entre otros. En cambio, en el art. 4.2 del ET/2015 se recogen los derechos que ostentan los trabajadores "en la relación de trabajo", es decir, en tanto que vinculados laboralmente a un empleador. Estos derechos sirven para completar el sinalagma contractual del trabajador mientras presta sus servicios laborales: no solo tiene derecho a su salario, que

debe recibir puntualmente, sino que tiene derecho a ejecutar su actividad de forma efectiva sin que el empresario pueda vaciar de contenido su trabajo o despojarle de ello, bajo plenas condiciones de seguridad y salud laboral, sin ningún tipo de discriminación en relación a sus condiciones de trabajo, con derecho a formarse y con respecto a su intimidad y dignidad como trabajador.

230 Respecto al principio de no discriminación en las relaciones laborales, el art. 17 del ET/2015 considera nulos cualquier disposición normativa, pacto o decisión empresarial que den lugar en el empleo, así como en materia de retribuciones, jornada y demás condiciones de trabajo, a situaciones de discriminación directa o indirecta desfavorables por razón de sexo, edad, discapacidad, origen, incluido el racial o étnico, estado civil, condición social, religión o convicciones, ideas políticas, orientación o condición sexual, adhesión o no a sindicatos y a sus acuerdos, vínculos de parentesco con personas pertenecientes a o relacionadas con la empresa y lengua dentro del Estado español. Las definiciones de discriminación directa e indirecta derivan de las Directivas europeas que han regulado dichas situaciones en el ámbito laboral, que han sido traspuestas por leyes como la Ley 62/2003, de 30 de diciembre, de medidas fiscales, administrativas y del orden social, centrada en las discriminaciones por razón del origen racial o étnico, la religión o convicciones, la discapacidad, la edad o la orientación sexual de una persona, o en la Ley Orgánica 3/2007, de 22 de marzo, para la igualdad efectiva de mujeres y hombres (LO 3/2007), y finalmente la Ley 15/2022, de 12 de julio, integral para la igualdad de trato y no discriminación. De estas normativas se deriva que existe "discriminación directa" cuando una persona es tratada de manera menos favorable que otra en situación análoga en razón de su sexo, origen racial o étnico, religión, etc...; en cambio, emerge una situación de "discriminación indirecta" cuando una disposición legal o reglamentaria, una cláusula convencional o contractual, un pacto individual o una decisión unilateral, aparentemente neutros, puedan ocasionar una desventaja particular a una persona respecto de otra por cualquiera de los factores de discriminación mencionados anteriormente. No obstante, aquellos requerimientos derivados de una disposición o política empresarial serán válidos si puede justificarse objetivamente que disponen de una "finalidad legítima" y los medios para conseguirla son "adecuados" y "necesarios". De interés son los pronunciamientos judiciales que se están produciendo en materia de discriminación indirecta por motivos religiosos. La STJUE de 14 de marzo de 2017 (Asunto C-157/15), establece una doctrina para saber cuándo una política empresarial de neutralidad religiosa que impone la prohibición de uso de cualquier signo religioso en la empresa puede suponer un factor de discriminación indirecta para quién en razón de su fe deba llevar uno. Para empezar, el Tribunal europeo valida como "finalidad legítima" de una empresa que ésta imponga una política de neutralidad religiosa. Además, según el TJUE, la orden empresarial de prohibir a los trabajadores la utilización visible de signos religiosos es "adecuada" para garantizar

la correcta aplicación de una política de neutralidad en la empresa, siempre que dicho régimen se persiga realmente de forma congruente y sistemática; finalmente, de la resolución judicial se infiere también que no se produce discriminación indirecta para un trabajador al que se prohíbe llevar un signo religioso si dicha orden empresarial atañe únicamente a los trabajadores de la empresa que están en contacto con los clientes, ya que en tal caso dicha prohibición se considerará como estrictamente "necesaria" para alcanzar la finalidad perseguida por la empresa. En desarrollo de esta doctrina, véase la Sentencia del Tribunal de Justicia de la Unión Europea de 13 de octubre de 2022, Asunto C 344/20 (L.F. v. S.C.R.L.), en la que también se entra a valorar si una norma interna de una empresa privada que prohíbe llevar cualquier signo visible de convicciones políticas, filosóficas o religiosas en el lugar de trabajo constituye una discriminación directa o indirecta por motivos de religión o convicciones donde entre otras cuestiones dice que esa política empresarial no tiene que suponer una discriminación directa si atañe indistintamente a cualquier manifestación de esas convicciones y trata por igual a todos los trabajadores de la empresa, mientras que respecto a si podría constituir una discriminación indirecta, el Tribunal declara que, en atención al requisito de que haya una finalidad legítima para que no concurran el supuesto discriminatorio, puede considerarse como legítima la voluntad de un empresario de seguir un régimen de neutralidad política, filosófica o religiosa en las relaciones con los clientes tanto del sector público como del sector privado. El Tribunal añade que esa finalidad tiene, en principio, un carácter legítimo, cuando el empresario solo incluye a los trabajadores que, supuestamente, van a estar en contacto con sus clientes, sin embargo, la mera voluntad de un empresario de llevar adelante un régimen de neutralidad, aunque constituya, en sí, una finalidad legítima, no es suficiente, por sí sola, para justificar objetivamente una diferencia de trato basada indirectamente en la religión o las convicciones, ya que el carácter objetivo de tal justificación solo puede determinarse ante una necesidad real de ese empresario, necesidad que incumbe a este demostrar.

231 Por otra parte, además de la discriminación directa o indirecta, la *Ley 15/2022, de 12 de julio, integral para la igualdad de trato y no discriminación* también contempla otros supuestos de discriminación: en primer lugar, la discriminación por asociación, que acontece cuando una persona o grupo en que se integra, debido a su relación con otra sobre la que concurra alguna de las causas o factores prohibidos de discriminación previstas en la propia ley (sexo, religión, enfermedad, etc.) es objeto de un trato discriminatorio; en segundo lugar, la discriminación por error, que es aquella que se funda en una apreciación incorrecta acerca de las características de la persona o personas discriminadas; en tercer lugar, la discriminación múltiple se produce cuando una persona es discriminada de manera simultánea o consecutiva por dos o más causas de las previstas en esta ley (por ejemplo, por ser mujer, disponer de una discapacidad y ser de otra etnia); y finalmente se produce discriminación

interseccional cuando concurren o interactúan diversas causas o factores de discriminación previstos en la ley, generando una forma específica de discriminación.

232 Para hacer efectivo el principio de igualdad y no discriminación en las relaciones laborales entre hombres y mujeres, la normativa laboral (principalmente la LO 3/2007), ha adoptado diversos instrumentos como la obligatoriedad de las empresas de más de 50 trabajadores de negociar planes de igualdad. Antes de realizar dicho Plan debe realizarse un diagnóstico que debe ser negociado con los representantes de los trabajadores sobre diversas condiciones de trabajo y cuestiones atinentes a los derechos laborales conforme vienen previstas en la LO 3/2007. Además, el art. 28 del ET/2015 establece el principio de igualdad retributiva por razón de sexo, de forma que el empresario está obligado a pagar por la prestación de un trabajo de igual valor la misma retribución, satisfecha directa o indirectamente, y cualquiera que sea la naturaleza de la misma, salarial o extrasalarial, sin que pueda producirse discriminación alguna por razón de sexo en ninguno de los elementos o condiciones de aquella. Según el precepto, un trabajo tiene igual valor que otro "cuando la naturaleza de las funciones o tareas efectivamente encomendadas, las condiciones educativas, profesionales o de formación exigidas para su ejercicio, los factores estrictamente relacionados con su desempeño y las condiciones laborales en las que dichas actividades se llevan a cabo en realidad sean equivalentes". Además, el precepto obliga a las empresas a establecer un registro salarial con los valores medios de los salarios, complementos salariales y percepciones extrasalariales de la plantilla, resultando que en aquellos casos que cuando en las empresas de más de 50 trabajadores haya una diferencia del 25% o más de la masa salarial o en la media de percepciones satisfechas a mujeres y hombres, deberá especificarse en el registro que tal diferencia no responde a motivos relacionados con el sexo de las personas.

233 El art. 4.2e) del ET/2015 reconoce el derecho del trabajador al respeto de su intimidad y a la consideración debida a su dignidad, comprendida la protección frente al acoso por razón de origen racial o étnico, religión o convicciones, discapacidad, edad u orientación sexual, y frente al acoso sexual y al acoso por razón de sexo. En la LO 3/2007 se define lo que es "acoso sexual" y "acoso por razón de sexo", considerándolos también como actos discriminatorios (art. 7). El primero es cualquier comportamiento, verbal o físico, de naturaleza sexual que tenga el propósito o produzca el efecto de atentar contra la dignidad de una persona, en particular cuando se crea un entorno intimidatorio, degradante u ofensivo. Por su parte, el acoso por razón de sexo es cualquier comportamiento realizado en función del sexo de una persona, con el propósito o el efecto de atentar contra su dignidad y de crear un entorno intimidatorio, degradante u ofensivo. A estos efectos, la LO 3/2017 establece que estos actos darán lugar a las correspondientes responsabilidades en forma de reparaciones o indemnizaciones para la víctima reales, efectivas y propor-

cionadas al perjuicio sufrido, y de un sistema eficaz y disuasorio de sanciones que prevenga la realización de conductas discriminatoria. Se ha de tener en cuenta, además, que España ratificó el 25 de mayo de 2022 el Convenio núm. 190 de la Organización Internacional del Trabajo, acompañado de la Recomendación núm. 206, sobre la violencia y el acoso, ambos textos aprobados en la Conferencia Internacional de la OIT celebrada en 2019. En el Convenio 190 se define la expresión «violencia y acoso» en el mundo del trabajo como un conjunto de comportamientos y prácticas inaceptables, o de amenazas de tales comportamientos y prácticas, ya sea que se manifiesten una sola vez o de manera repetida, que tengan por objeto, que causen o sean susceptibles de causar, un daño físico, psicológico, sexual o económico, e incluye la violencia y el acoso por razón de género; a su vez se define la expresión «violencia y acoso por razón de género» a la violencia y el acoso que van dirigidos contra las personas por razón de su sexo o género, o que afectan de manera desproporcionada a personas de un sexo o género determinado, e incluye el acoso sexual. Cuestiones ambas para las que el Convenio establece deberes para los Estados miembros en la protección de los colectivos protegidos ante aquellas situaciones. Finalmente, también reseñar la adopción en España de la Ley Orgánica 10/2022 de 6 de septiembre de garantía integral de la libertad sexual. Esta normativa incorpora importantes contenidos aplicables en el ámbito laboral, entre otros, el art. 12, que lleva por título "prevención y sensibilización en el ámbito laboral", en el que se regula que las empresas deberán promover condiciones de trabajo que eviten la comisión de delitos y otras conductas contra la libertad sexual y la integridad moral en el trabajo, incidiendo especialmente en el acoso sexual y el acoso por razón de sexo, en los términos previstos en el artículo 48 de la Ley Orgánica 3/2007, incluidos los cometidos en el ámbito digital; añade la norma que también deberán arbitrar procedimientos específicos para su prevención y para dar cauce a las denuncias o reclamaciones que puedan formular quienes hayan sido víctimas de estas conductas, incluyendo específicamente las sufridas en el ámbito digital.

234 En su relación laboral, el trabajador goza del Derecho fundamental a la intimidad y también vinculado con éste, pero también diferenciado de él, del Derecho a la protección de datos personales. La STC núm. 292/2000, de 30 de noviembre de 2000 (RTC 2000, 292), consolidó la diferenciación sobre el objeto de ambos derechos fundamentales al decir que mientras el de intimidad busca proteger frente a cualquier invasión que pueda realizarse en dicho ámbito de la vida personal y familiar que la persona desea excluir del conocimiento ajeno y de las intromisiones de terceros en contra de su voluntad, el de protección de datos persigue garantizar a esa persona un poder de control sobre sus datos personales, sobre su uso y destino, con el propósito de impedir su tráfico ilícito y lesivo para la dignidad y derecho del afectado. La normativa que ha desarrollado el Derecho a la protección de datos personales se encuentra, en primer lugar, el *Reglamento 2016/679 del Parlamento Europeo y del Consejo,*

de 27 de abril de 2016, relativo a la protección de las personas físicas en lo que respecta al tratamiento de datos personales y a la libre circulación de estos datos y por el que se deroga la Directiva 95/46/CE (llamado como Reglamento general de protección de datos). Esta normativa europea habilita que en el ámbito laboral puedan tratarse datos personales del trabajador sin necesidad de que preste su consentimiento, ya sea porque resulte necesario para la ejecución del contrato de trabajo, ya sea porque es necesario para el cumplimiento de una obligación legal de la empresa, o ya sea para satisfacer intereses legítimos de aquella. En todo caso, se prohíben el tratamiento de determinados datos como el origen étnico o racial, las opiniones políticas, las convicciones religiosas o filosóficas, o la afiliación sindical, datos relativos a la salud u orientación sexual de una persona, a no ser que el tratamiento sea necesario para el cumplimiento de obligaciones y el ejercicio de derechos específicos de la empresa o del trabajador en el ámbito del Derecho laboral y de la seguridad y protección social, y así lo autorice la ley o los convenios colectivos aplicables con las garantías adecuadas para ello.

235 En desarrollo de ese Reglamento 2016/679 se ha adoptado en España la *Ley Orgánica 3/2018, de 5 de diciembre, de Protección de Datos Personales y garantía de los derechos digitales* (LO 3/2008). Esta ley ha supuesto la inclusión en el ET/2015 de unos nuevos Derechos de los trabajadores a la intimidad en relación con el entorno digital y a la desconexión (principalmente en el art. 20 bis del ET/2015). En concreto, la nueva normativa de protección de datos en el ámbito laboral ha concedido a los trabajadores tres derechos: en primer lugar, un derecho a la intimidad en el uso de dispositivos digitales que hayan sido puestos a disposición de aquél por la empresa. En este ámbito, se obliga a las empresas a que establezcan criterios de utilización de dichos equipos, así como que fijen las garantías necesarias para que, si la empresa accede a los contenidos derivados del uso de los medios digitales a los solos efectos de controlar el cumplimiento de las obligaciones, lo haga preservando la intimidad de los trabajadores, por ejemplo, no haciéndolo en los períodos en los que se haya previsto que los dispositivos puedan utilizarse para fines privados. En segundo lugar, se ha previsto un Derecho a la intimidad frente al uso de dispositivos de videovigilancia y de grabación de sonidos en el lugar de trabajo. El empresario puede utilizarlos siempre que informe previamente a los trabajadores o sus representantes, no obstante, no podrán instalarse en lugares destinados al descanso o esparcimiento de los trabajadores, tales como vestuarios, aseos, comedores y análogos, y en el caso de equipos de grabación de sonidos, solo se admitirán cuando resulten relevantes los riesgos para la seguridad de las instalaciones, bienes y personas en función de la actividad desempeñada. En tercer lugar y último lugar, se reconoce un Derecho a la intimidad del trabajador cuanto el empresario utilice sistemas de geolocalización para controlar la actividad del trabajador. Para hacerlo, deberá informar previamente a aquél de las características del dispositivo.

236 Además, la nueva normativa de protección de datos ha regulado el Derecho a la desconexión digital, es decir, el derecho de los trabajadores y los empleados públicos a no utilizar sistemas de comunicación tecnológica vinculados a su trabajo (e-mail, móviles, etc.) fuera del tiempo de trabajo legal o convencionalmente establecido, a fin de garantizar el respeto de su tiempo de descanso, permisos y vacaciones, así como de su intimidad personal y familiar. La LO 3/2018 impone a la empresa el deber de elaborar una política interna dirigida a trabajadores, incluidos los que ocupen puestos directivos, en la que se definan las modalidades de ejercicio del derecho a la desconexión y las acciones de formación y de sensibilización del personal sobre un uso razonable de las herramientas tecnológicas que evite el riesgo de fatiga informática. Por tanto, el ejercicio del Derecho a la desconexión digital se realizará a través de lo dispuesto por la política empresarial adoptada por la empresa.

237 Como contrapartida a los derechos laborales vistos anteriormente, el trabajador también asume diversos deberes respecto de su empresario, que de forma básica vienen establecidos en el art. 5 del ET/2015. Estos deberes son principalmente el deber de trabajar con diligencia, buena fe, de contribuir a la mejora de la productividad y cumplir las órdenes e instrucciones del empresario; también en este último marco, el deber del trabajador de observar las medidas de prevención de riesgos laborales que establezca la parte empresarial para garantizar la seguridad y salud del trabajador; y a no concurrir con la actividad de la empresa en los términos fijados por el art. 21 del ET/2015. El art. 20 del ET/2015 dota al empleador del derecho a vigilancia y control para verificar el cumplimiento por el trabajador de sus deberes, guardando en su adopción y aplicación la consideración debida a su dignidad, así como también faculta a la parte empresarial para verificar el estado de salud del trabajador que sea alegado por este para justificar sus faltas de asistencia al trabajo, mediante reconocimiento a cargo de personal médico.

V. INICIO DE LA RELACIÓN LABORAL: EL CONTRATO DE TRABAJO. TIPOS

238 El presupuesto de validez de un contrato de trabajo es que ambas partes tengan capacidad laboral para contratar, una como trabajadora, la otra como parte empresarial. En relación con el trabajador, el art. 7 del ET/2015 regula que la capacidad plena se obtiene con la mayoría de edad, o con la emancipación en casos de mayores de 16 años, entre otros motivos, como dice el propio ET/2015, por el hecho de vivir de forma independiente, con consentimiento de sus padres o tutores, o con autorización de la persona o institución que le tenga a su cargo. Por otra parte, tienen capacidad limitada para concertar un contrato de trabajo los mayores de 16 y menores de 18 no emancipados, los cuales por tanto requerirán de la autorización expresa o tácita de su representante legal. En todo caso, la normativa laboral incluye como una regla de orden público

laboral la prohibición de trabajar a los menores de 16 años. De esa norma imperativa solo se exceptúa la posibilidad de que se les permita por la Autoridad laboral prestar sus servicios en espectáculos públicos, siempre que no suponga peligro para su salud ni para su formación profesional y humana. En todo caso, el permiso deberá constar por escrito y para actividades determinadas.

239 El art. 8 del ET/2015 presume la existencia de un contrato de trabajo entre todo el que presta un servicio por cuenta y dentro del ámbito de organización y dirección de otro y el que lo recibe a cambio de una retribución a aquel. Además, se ha de tener en cuenta la Disposición adicional vigesimotercera del ET/2015, que presume la laboralidad en el ámbito de las plataformas digitales de reparto: según este precepto, está sometida al ET/2015 la actividad de las personas que presten servicios retribuidos consistentes en el reparto o distribución de cualquier producto de consumo o mercancía, por parte de empleadoras que ejercen las facultades empresariales de organización, dirección y control de forma directa, indirecta o implícita, mediante la gestión algorítmica del servicio o de las condiciones de trabajo, a través de una plataforma digital. Como cualquier otro tipo de acuerdo contractual, el objeto del contrato de trabajo, configurado por la prestación de un servicio por cuenta ajena a cambio de un salario, no puede ser contrario a la ley o a las buenas costumbres, y además debe responder a una causa o función económica lícita y verdadera, que tampoco vaya en contra de la legislación o la moral (véase el art. 1271 en relación al art. 1275 del CC). Al amparo de estas bases jurídicas, la doctrina judicial mantiene que no se pueda celebrar un contrato de trabajo cuyo objeto sea el ejercicio de la prostitución por cuenta ajena, esto es, un contrato en virtud del cual la parte trabajadora asuma la obligación de mantener las relaciones sexuales que le indique la parte empresarial, con las personas que esta determine a cambio de una remuneración (Sentencia de la Audiencia Nacional de 19 de noviembre de 2018, núm. 174/2018 [AS 2019, 157]). Por otra parte, conforme a lo que se deduce del citado art. 8, el contrato de trabajo no requiere que debe formularse por escrito. Ahora bien, en el mismo precepto se establece el deber de que figuren por escrito una serie de contratos de trabajo, como por ejemplo determinados contratos de duración determinada o a tiempo parcial, si bien la sanción por incumplir la formalidad escrita no es la nulidad del contrato, sino la plena validez de éste si bien considerándolo por tiempo indefinido o por jornada completa respectivamente, salvo prueba en contrario que acredite su naturaleza temporal o el carácter a tiempo parcial de los servicios. En todo caso, cualquiera de las partes puede exigir que todo contrato de trabajo se formalice por escrito en cualquier momento; además, cuando la relación laboral sea de duración superior a cuatro semanas, el empresario debe informar por escrito al trabajador sobre los elementos esenciales del contrato y las principales condiciones de ejecución de la prestación laboral, siempre que tales elementos y condiciones no figuren ya en el contrato de trabajo formalizado por escrito.

1. LA CONTRATACIÓN INDEFINIDA Y LA CONTRATACIÓN DE DURACIÓN DETERMINADA DE CARÁCTER ESTRUCTURAL

240 El contrato de trabajo por tiempo indefinido o de duración indeterminada, es aquel que no fija de forma predeterminada una fecha de finalización de la relación laboral. Se trata en suma del contrato de trabajo que traduce la garantía de estabilidad para el trabajador en el mantenimiento de su puesto de trabajo. Tras el Real Decreto-ley 32/2021, de 28 de diciembre, de medidas urgentes para la reforma laboral, la garantía de la estabilidad en el empleo y la transformación del mercado de trabajo que ha modificado el art. 15.1 del ET/2015, el contrato de trabajo indefinido es la modalidad contractual estándar o típica, ya que debe realizarse con carácter general y además, atendiendo a la regulación del precepto, con carácter expansivo: así, el art. 15.1 dice que "el contrato de trabajo se presume concertado por tiempo indefinido". La reforma llevada a cabo por el Real Decreto-ley 32/2021 en el art. 15.1 del ET/2015 impone así el reconocimiento de que la contratación laboral debe ser indefinida, advirtiendo en todo caso que "sólo" podrán realizarse dos tipos de contratación temporal por causas de naturaleza temporal específicamente tasadas y justificadas: el contrato temporal por circunstancias de la producción y el contrato por sustitución de la persona. La atribución al contrato indefinido de un rasgo preferente en su utilización se muestra también cuando el art. 15 ET/2015 regula una seria de presunciones *iuris tantum* en favor de dicha contratación, por ejemplo en los contratos que no se observe forma escrita, o en aquellos supuestos de contratos temporales donde llegado su término el trabajador siga prestando sus servicios, también respecto de los contratos de duración determinada que se hayan celebrado en fraude de ley, o finalmente en los casos en los que los trabajadores no hayan sido dados de alta en la Seguridad Social.

241 Una modalidad de contratación indefinida es la que se configura por los contratos fijos discontinuos regulados en el art. 16 ET/2015, que engloban aquellos supuestos en que las empresas requieren de trabajos fijos pero no de ejecución continua, sino que los trabajadores los desarrollan intermitentemente generalmente en periodos anuales; eso supone que no ejercen sus servicios durante todo el periodo anual, pero al estar contratados de forma fija la empresa tiene el deber de llamarlos al trabajo para iniciar el periodo de actividad correspondiente para cubrir los trabajos para los que han sido contratados. El contrato fijo-discontinuo se debe concertar: 1. Para la realización de trabajos de naturaleza estacional o vinculados a actividades productivas de temporada; 2. O para el desarrollo de aquellos trabajos que no tengan naturaleza estacional pero que, siendo de prestación intermitente, tengan periodos de ejecución ciertos, determinados o indeterminados; 3. También para el desarrollo de trabajos consistentes en la prestación de servicios en el marco de la ejecución de contratas mercantiles o administrativas que, siendo previsibles, formen parte de la actividad ordinaria de la empresa. 4. Por otra parte,

el contrato fijo-discontinuo también puede ser realizado entre una empresa de trabajo temporal y una persona contratada para ser cedida, en los términos previstos en el artículo 10.3 de la LETT. 5. Por último, los contratos fijos-discontinuos podrán celebrarse cuando resulten esenciales para el cumplimiento de los fines que las administraciones públicas y las entidades que conforman el sector público institucional tenga encomendados previa expresa acreditación (Disposición adicional 4.ª de la Ley 32/2021, de 28 de diciembre). Según el art. 16 del ET/2015 que será el convenio colectivo o, en su defecto, el acuerdo de empresa, el que deba establecer los criterios objetivos y formales por los que debe regirse el llamamiento de las personas fijas-discontinuas. En todo caso, dicho llamamiento deberá realizarse por escrito o por otro medio que permita dejar constancia de la debida notificación a la persona interesada con las indicaciones precisas de las condiciones de su incorporación y con una antelación adecuada. Por otra parte, las personas fijas-discontinuas podrán ejercer las acciones que procedan en caso de incumplimientos relacionados con el llamamiento, iniciándose el plazo para ello desde el momento de la falta de este o desde el momento en que la conociese.

242 Los contratos de duración determinada están regulados en el art. 15.1 del ET/2015 y en el Real Decreto 2720/1998, de 18 de diciembre, en lo que no se oponga a la reforma habida en el art. 15.1 por la Ley 32/2021. Su diseño parte de la base que su concertación solo puede producirse si hay necesidades estructurales de carácter temporal en la empresa que justifiquen su cobertura por trabajadores contratados, es decir, que en la empresa aparezcan causas o necesidades temporales que justifiquen la utilización de la contratación temporal: de hecho, el art. 15.1 ET/2015 establece que "para que se entienda que concurre causa justificada de temporalidad será necesario que se especifiquen con precisión en el contrato la causa habilitante de la contratación temporal, las circunstancias concretas que la justifican y su conexión con la duración prevista" (por cierto, debe recordarse que conforme al art. 15.4 LET las personas contratadas temporalmente que incumplan este precepto adquirirán la condición de fijas). En todo caso, esas causas que justifican la temporalidad para lleva a cabo una contratación temporal son las que dan nombre a los propios contratos de trabajo temporales permitidos: el contrato por circunstancias de la producción (art. 15.2, o conocido como contracto eventual); y el contrato para la sustitución de persona (art. 15.3, conocido antes de la reforma de 2021 como contrato de interinidad). En consecuencia, la reforma llevada a cabo por la Ley 32/2021 en el art. 15 ET/2015 ha eliminado el histórico contrato temporal de obra o servicio determinado.

243 Las situaciones que se detectan en el art. 15.2 que justifican un contrato de trabajo de duración determinada celebrado por circunstancias de la producción son: 1. El incremento ocasional e imprevisible de la actividad; 2. Las oscilaciones que, aun tratándose de la actividad normal de la empresa, generan un desajuste temporal entre el empleo estable disponible y el que se requiere.

Añade el precepto que entre dichas oscilaciones, se entienden incluidas las que derivan de las vacaciones anuales. Cuando se producen ambas situaciones, la duración del contrato es la de seis meses como máximo, si bien por convenio colectivo de ámbito sectorial se podrá ampliar la duración máxima del contrato hasta un año. En todo caso, además de las dos anteriores situaciones que justifican un contrato de duración determinada por circunstancias de la producción, este también se podrá llevar a cabo por una tercera causa: 3 "para atender situaciones ocasionales, previsibles y que tengan una duración reducida". Ante estas situaciones ocasionales, previsibles y de duración reducida, dice el art. 15.2 ET/2015 que: a). Las empresas solo podrán utilizar este contrato un máximo de noventa días en el año natural, independientemente de las personas trabajadoras que sean necesarias para atender en cada uno de dichos días las concretas situaciones, que deberán estar debidamente identificadas en el contrato. b) Estos noventa días no podrán ser utilizados de manera continuada. c). Las empresas, en el último trimestre de cada año, deberán trasladar a la representación legal de las personas trabajadoras una previsión anual de uso de estos contratos. Finalmente, es de interés la cláusula prevista en el último párrafo del art. 15.2 de la LET, conforme al cual, "no podrá identificarse como causa de este contrato [de circunstancias de la producción] la realización de los trabajos en el marco de contratas, subcontratas o concesiones administrativas que constituyan la actividad habitual u ordinaria de la empresa, sin perjuicio de su celebración cuando concurran las circunstancias de la producción en los términos anteriores". Es decir, no es causa del contrato de trabajo de duración determinada de circunstancias de la producción la contrata de una empresa cuya actividad ordinaria es realizarlas, sin perjuicio de que pueda celebrar ese contrato si se producen las situaciones que se prevén en el precepto.

244 Es de sumo interés la regulación de dos mecanismos para reprimir la contratación de duración determinada "por circunstancias de la producción" de forma fraudulenta a través de su conversión de las personas que lo sufran en fijas: por un lado, en relación a las personas trabajadores a las que se les haya realizado contratos basados en circunstancias de la producción para la cobertura por aquellas de un mismo o varios puestos de trabajo, se dice por el art. 15.5, primer párrafo, "las personas trabajadoras que en un periodo de veinticuatro meses hubieran estado contratadas durante un plazo superior a dieciocho meses, con o sin solución de continuidad, para el mismo o diferente puesto de trabajo con la misma empresa o grupo de empresas, mediante dos o más contratos por circunstancias de la producción, sea directamente o a través de su puesta a disposición por empresas de trabajo temporal, adquirirán la condición de personas trabajadoras fijas. Esta previsión también será de aplicación cuando se produzcan supuestos de sucesión o subrogación empresarial conforme a lo dispuesto legal o convencionalmente". Por otro lado, en relación a "un puesto de trabajo" que haya sido cubierto por contratos de

duración determinada por circunstancias de la producción, según el art. 15.5, segundo párrafo, "asimismo, adquirirá la condición de fija la persona que ocupe un puesto de trabajo que haya estado ocupado con o sin solución de continuidad, durante más de dieciocho meses en un periodo de veinticuatro meses mediante contratos por circunstancias de la producción, incluidos los contratos de puesta a disposición realizados con empresas de trabajo temporal". A su vez, respecto del mecanismo sancionador, el artículo quinto del RDL 32/2021 modifica el texto refundido de la Ley sobre Infracciones y Sanciones en el Orden Social, aprobado por el Real Decreto Legislativo 5/2000, de 4 de agosto, se modifica su art. 7.2, que queda redactado del modo siguiente: *«2. La transgresión de la normativa sobre modalidades contractuales, contratos de duración determinada y temporales, mediante su utilización en fraude de ley o respecto a personas, finalidades, supuestos y límites temporales distintos de los previstos legal, reglamentariamente, o mediante convenio colectivo cuando dichos extremos puedan ser determinados por la negociación colectiva. A estos efectos se considerará una infracción por cada una de las personas trabajadoras afectadas.»* De forma específica, la sanción que corresponde al art. 7.2 de la LISOS ha sido objeto de atención regulatoria en el art. 40 de la LISOS de forma que pueden derivar en sanciones que van desde los 1.000 € a los 10.000 euros, en todo caso, se entenderá la producción en materia de contratación laboral de una infracción por cada trabajador afectado, y no respecto del conjunto de trabajadores afectados

245 El contrato temporal para la sustitución de trabajadores (anteriormente a 2021 denominado como contrato de interinidad) tiene por objeto sustituir a trabajadores en una empresa que, con carácter general, tienen derecho a la reserva del puesto de trabajo, siempre que en el contrato de trabajo se especifique el nombre de la persona trabajadora sustituida y la causa de sustitución (art. 15.3 ET/2015). De hecho, podrán celebrarse contratos para la sustitución de trabajadores en los supuestos siguientes: 1. Para la sustitución de una persona trabajadora con derecho a reserva de puesto de trabajo; en este supuesto, es de interés señalar que la prestación de servicios del nuevo contrato temporal podrá iniciarse antes de que se produzca la ausencia de la persona sustituida, coincidiendo ambos en el desarrollo de las funciones el tiempo imprescindible para garantizar el desempeño adecuado del puesto y, como máximo, durante quince días; 2. Además, podrá concertarse para completar la jornada reducida disfrutada por otra persona trabajadora de la empresa; 3. También podrá ser celebrado para la cobertura temporal de un puesto de trabajo durante el proceso de selección o promoción para su cobertura definitiva mediante contrato fijo, sin que su duración pueda ser en este caso superior a tres meses, o el plazo inferior recogido en convenio colectivo, ni pueda celebrarse un nuevo contrato con el mismo objeto una vez superada dicha duración máxima. Estos contratos de trabajo de interinidad no tienen fijada ninguna indemnización a la finalización del contrato, a diferencia de lo que sucede con los contratos de duración determinada por circunstancias de la producción (doce días de salario por cada

año de servicio). La STS núm. 207/2019, de 13 de marzo de 2019 (RJ 2019, 1164), no ha encontrado motivo de discriminación por esa diferencia en materia de indemnización entre contratos temporales. Según el TS, con la ausencia de indemnización en el contrato de interinidad el legislador busca destacar una situación no idéntica a las otras dos modalidades contractuales, puesto que en el caso de la interinidad por sustitución el puesto de trabajo está cubierto por otra persona trabajadora que tiene reconocido el derecho a la reserva de trabajo, y además dicho puesto no desaparece con el cese del interino, rasgo característico de este contrato ya que supone un modo de garantizar el derecho al trabajo de la persona sustituida (art. 35 CE), cosas todas ellas que no concurren en las otras dos modalidades contractuales temporales. Finalmente, hay que recordar la doctrina del Tribunal Supremo respecto del personal laboral interino de las Administraciones públicas (o contratado bajo la modalidad de "interinidad por vacante"), cuya duración se prolonga en el tiempo, en concreto más allá de tres años (recuérdese que el art. 70.1 del Real Decreto Legislativo 5/2015, de 30 de octubre establece que la ejecución de la oferta de empleo público o instrumento similar deberá desarrollarse dentro del plazo improrrogable de tres años). Según la Sentencia de 28 de junio de 2021 el nombramiento de interino laboral en el sector público que dure más de tres años se entiende que es abusivo y, en este sentido, se convertirá en un trabajador "indefinido no fijo".

2. LOS CONTRATOS DE TRABAJO DE NATURALEZA FORMATIVA

246 El contrato de trabajo formativo tiene por objeto que, a la contraprestación clásica de trabajo por salario, el empresario también ofrezca formación teórica y práctica al trabajador, ya sea ofreciéndole la oportunidad de que la obtenga compaginándola con la prestación de servicios en la empresa (contrato de formación en alternancia), ya sea permitiendo al trabajador que ponga en práctica los conocimientos previamente adquiridos en el sistema educativo (contrato formativo para la obtención de la práctica profesional adecuada al nivel de estudios). Dicha contratación es de carácter temporal, pero su realización no responde a la cobertura de necesidades temporales o permanentes en la empresa, sino que, de forma específica se permite que, al margen del tipo de trabajo a cubrir, este sirva como instrumento formativo de aprendizaje o de puesta en práctica de sus titulaciones previas. Las modalidades de contratación formativa son dos: el contrato de formación en alternancia (art. 11.2) y el contrato formativo para la obtención de la práctica profesional adecuada al nivel de estudios (art. 11.3), desarrollados por el Real Decreto 488/1998, de 27 de marzo y el Real Decreto 1529/2012, de 8 de noviembre, *por el que se desarrolla el contrato para la formación y el aprendizaje y se establecen las bases de la formación profesional dual.*

247 El art. 11.2 del ET/2015 regula el contrato de formación en alternancia. Este contrato de trabajo tiene por objeto que el trabajador realice una

formación en alternancia con su prestación de servicios retribuida en una empresa, siempre que dicha formación se haga en el ámbito de la formación profesional, los estudios universitarios o de las ofertas formativas del Catálogo de especialidades formativas del Sistema Nacional de empleo. Según el ET/2015, la actividad desempeñada por la persona trabajadora en la empresa deberá estar directamente relacionada con las actividades formativas que justifican la contratación laboral, coordinándose e integrándose en un programa de formación común, elaborado en el marco de los acuerdos y convenios de cooperación suscritos por las autoridades laborales o educativas de formación profesional o Universidades con empresas y entidades colaboradoras. Fruto de esa regulación, el propio art. 11.2 ET/2015 prevé la necesidad de que los centros educativos donde se realiza la formación hagan, con la participación de la empresa, un plan formativo individual para el alumnado contratado laboralmente, o que se designen dos tutores, uno por la empresa y otro por la entidad formativa, para realizar el seguimiento del plan formativo del alumnado-trabajador. La duración del contrato será la prevista en el correspondiente plan o programa formativo, con un mínimo de tres meses y un máximo de dos años (aunque se permiten ampliaciones). En ese espacio temporal, el tiempo de trabajo efectivo, que habrá de ser compatible con el tiempo dedicado a las actividades formativas en el centro de formación, no podrá ser superior al 65 por ciento, durante el primer año, o al 85 por ciento, durante el segundo, de la jornada máxima prevista en el convenio colectivo de aplicación en la empresa, o, en su defecto, de la jornada máxima legal. Como añade el ET/2015, la retribución será la establecida para estos contratos en el convenio colectivo de aplicación. En defecto de estos, la retribución no podrá ser inferior al 60% el primer año ni al 75% el segundo, respecto de la fijada en convenio para el grupo profesional y nivel retributivo correspondiente, y en ningún caso la retribución podrá ser inferior al SMI en proporción al tiempo de trabajo efectivo. Finalmente, conviene señalar que el art. 11.2 ET/2015 prevé un régimen específico sobre los límites de edad que debe tener la persona trabajadora que sea contratada por esta modalidad: de forma específica, se ha de señalar que en el supuesto que el contrato de formación en alternancia se suscriba en el marco de certificados de profesionalidad de nivel 1 y 2 (que equivalen a niveles básicos de competencias) del sistema de formación profesional para el empleo y programas públicos o privados de formación en alternancia de empleo-formación, que formen parte del Catálogo de especialidades formativas del Sistema Nacional de Empleo, el contrato solo podrá ser concertado con personas de hasta treinta años. En todo caso, este límite podrá superarse, y por tanto, el trabajador podrá ser contratado con más de 30 años cuando quién lo concierte sean administraciones públicas o entidades sin ánimo de lucro en el marco de los programas de activación para el empleo previstos en este texto refundido de la Ley de Empleo, cuya duración no podrá exceder de doce meses, o respecto de la participación de personas trabajadoras mayores de 30 años que participen en programas públicos de empleo y formación previstos en este texto refundido de la Ley de Empleo.

248 El contrato formativo para la obtención de la práctica profesional adecuada al nivel de estudios (art. 11.3 ET/2015) se realizará cuando el desempeño de la actividad laboral se realice para adquirir "una práctica profesional" adecuada a los correspondientes niveles de estudios, en particular con a con quienes estuviesen en posesión de un título universitario o de un título de grado medio o superior, especialista, máster profesional o certificado del sistema de formación profesional, de acuerdo con lo previsto en la Ley Orgánica 5/2002, de 19 de junio, de las Cualificaciones y de la Formación Profesional, así como con quienes posean un título equivalente de enseñanzas artísticas o deportivas del sistema educativo, que habiliten o capaciten para el ejercicio de la actividad laboral. La norma laboral busca una cercanía entre la obtención de los estudios y la realización del contrato de trabajo para la obtención de la práctica profesional al exigir que éste deberá concertarse dentro de los tres años, o de los cinco años si se concierta con una persona con discapacidad, siguientes a la terminación de los correspondientes estudios; además, de forma general no podrá suscribirse con quien ya haya obtenido experiencia profesional o realizado actividad formativa en la misma actividad dentro de la empresa por un tiempo superior a tres meses. Entre los principales rasgos distintivos de este contrato de trabajo está su duración y su retribución. Respecto del primer asunto, el art. 11.3 prevé que la duración de este contrato no podrá ser inferior a seis meses ni exceder de un año, dentro de cuyos límites los convenios colectivos de ámbito sectorial estatal o autonómico, o en su defecto, los convenios colectivos sectoriales de ámbito inferior podrán determinar su duración, atendiendo a las características del sector y de las prácticas profesionales a realizar. En todo caso, para evitar fraudes en la contratación en prácticas en materia de duración, el precepto establece diversas garantías, como por ejemplo que ningún trabajador pueda estar contratado en la modalidad de práctica profesional adecuada al nivel de estudios en la misma o distinta empresa por tiempo superior a dos años en virtud de la misma titulación o certificado de profesionalidad, o también que el trabajador no pueda ser contratado en prácticas en la misma empresa para el mismo puesto de trabajo por tiempo superior a dos años, aunque se trate de distinta titulación o distinto certificado de profesionalidad. A estos efectos, los títulos de grado, máster y, en su caso, doctorado, correspondientes a los estudios universitarios no se considerarán la misma titulación, salvo que al ser contratado por primera vez mediante un contrato formativo para la obtención de práctica adecuada al nivel de estudios el trabajador estuviera ya en posesión del título superior de que se trate. Finalmente, hay que traer a colación que la retribución por el tiempo de trabajo efectivo será la fijada en el convenio colectivo aplicable en la empresa para estos contratos o en su defecto la del grupo profesional y nivel retributivo correspondiente a las funciones desempeñadas, no obstante, el ET/2015

garantiza que en ningún caso la retribución podrá ser inferior a la retribución mínima establecida para el contrato para la formación en alternancia ni al salario mínimo interprofesional en proporción al tiempo de trabajo efectivo.

3. EL CONTRATO A TIEMPO PARCIAL

249 El art. 12 del ET/2015 define el contrato a tiempo parcial como aquél en el que se acuerde la prestación de servicios durante un número de horas al día, a la semana, al mes o al año, inferior a la jornada de trabajo de un trabajador a tiempo completo comparable de la misma empresa, con el mismo tipo de contrato (indefinido o de duración determinada), y que realice un trabajo idéntico o similar. Los contratos a tiempo parcial pueden concertarse por tiempo indefinido o por duración determinada en los supuestos en los que legalmente se permita la utilización de esta modalidad de contratación. El contrato a tiempo parcial está pensado como un contrato de búsqueda voluntaria por el trabajador, de modo que le posibilite compatibilizar su trabajo con otros compromisos familiares o, por ejemplo, también educativos; ahora bien, aunque trabaje menos horas que una jornada completa, la ley busca garantizarle la igualdad de derechos laborales con el resto de trabajadores a tiemplo completo, si bien esos derechos los disfrutará de manera proporcional, en función del tiempo trabajado.

250 El contrato a tiempo parcial se debe formalizar por escrito, en el que deberán figurar el número de horas ordinarias de trabajo al día, a la semana, al mes o al año contratadas, así como el modo de distribución de ellas según lo que esté previsto en el convenio colectivo. En caso de no respetarse estas exigencias, el contrato se presumirá celebrado a jornada completa, salvo prueba en contrario que acredite el carácter parcial de los servicios. De forma suplementaria a las horas ordinarias fijadas en su contrato, los trabajadores a tiempo parcial pueden prestar más horas de trabajo, en concreto las denominadas como "horas complementarias", no obstante, la suma de las horas ordinarias y de las complementarias no podrá exceder de la jornada de un trabajador a tiempo completo comparable. Las horas complementarias son de dos tipos: por un lado, las denominadas como "horas complementarias pactadas", que han de ser acordadas expresamente entre empresario y trabajado, ya sea con la celebración del propio contrato de trabajo, ya sea con posterioridad al mismo. El número de estas horas no podrá exceder del treinta por ciento de las horas ordinarias de trabajo objeto del contrato, a no ser que el convenio colectivo establezca otros topes conforme a las indicaciones del art. 12.5. Además, este tipo de horas complementarias pactadas sólo se podrá formalizar en el caso de contratos a tiempo parcial con una jornada de trabajo no inferior a diez horas semanales en cómputo anual. Por otro lado, se encuentran las "horas complementarias voluntarias", las cuales se pueden ofrecer por la parte empresarial en los contratos a tiempo parcial de duración indefinida con una jornada de

trabajo no inferior a diez horas semanales en cómputo anual. El número de horas complementarias voluntarias no podrá superar el quince por ciento, ampliables al treinta por ciento por convenio colectivo, de las horas ordinarias objeto del contrato.

251 Además del contrato a tiempo parcial estándar anteriormente mencionado, la regulación estatutaria recoge otros tipos de contratos a tiempo parcial como es el contrato a tiempo parcial celebrado con un trabajador que se jubila parcialmente en su empresa mediante una reducción de su jornada y de su salario de entre un mínimo del 25% y un máximo del 50%, con la condición empresarial de contratar a un trabajador mediante un contrato de relevo que sustituya la jornada dejada vacante por el primero (véase los apartados 6 y 7 del art. 12). En todo caso, aquella reducción de jornada y de salario del trabajador que se jubila parcialmente podrá alcanzar el 75% cuando el contrato de relevo con el trabajador que pasa a sustituir la jornada dejada vacante por el trabajador que se jubila parcialmente se concierte a jornada completa y con duración indefinida. Como establece el art. 12.6 del ET/2015, la ejecución de este contrato de trabajo a tiempo parcial del trabajador que se jubila parcialmente y su retribución serán compatibles con la pensión que la Seguridad Social reconozca al trabajador en concepto de jubilación parcial. De hecho, la relación laboral del trabajador a tiempo parcial (que es jubilado parcial) se extinguirá al producirse su jubilación total. Por lo que hace al trabajador que es contratado en la modalidad de "relevo" el ET/2015 establece algunas reglas para su concertación que afectan al tipo de trabajador que se puede contratar y a la duración de su contrato. A destacar respecto a lo primero que el contrato de relevo se deberá celebrar con un trabajador en situación de desempleo o que tuviese concertado con la empresa un contrato de duración determinada. Respecto a la duración del contrato de relevo, la norma general, con excepciones previstas en el propio precepto, prevé que sea indefinida o, como mínimo, igual al tiempo que falte al trabajador sustituido para alcanzar la edad de jubilación ordinaria que corresponda conforme a lo establecido en el texto refundido de la Ley General de la Seguridad Social.

VI. CONDICIONES DE TRABAJO Y VICISITUDES DE LAS RELACIONES LABORALES

252 El inicio de la relación laboral implica entre otros factores relevantes sobre las condiciones de trabajo que va a gozar el trabajador, la concertación de las funciones que realizará para el empleador que lo ha contratado. Como establece el art. 22 del ET/2015, por acuerdo entre el trabajador y el empresario se asignará al primero un grupo profesional (de entre los previstos en los convenios colectivos o acuerdos aplicables a la empresa), que es el que delimita el contenido de la prestación laboral del trabajador, de forma que éste, en virtud del pacto alcanzado, deberá hacer todas las funciones correspondien-

tes al grupo profesional asignado o solamente alguna de ellas. En todo caso, a tenor del art. 39 del ET/2015, en función de su facultad de *ius variandi* de las condiciones de trabajo, el empresario podrá de forma ordinaria ordenar al trabajador la realización de otras funciones dentro del grupo profesional; la posibilidad de indicarle la realización de funciones superiores o inferiores al grupo es una facultad extraordinaria del empresario que, por tanto, debe cumplir con determinadas condiciones: en primer lugar, que existan razones técnicas u organizativas que justifiquen ese cambio de funciones, y en segundo lugar, que dicha movilidad funcional lo sea por el tiempo imprescindible para su atención, respete las titulaciones académicas o profesionales precisas para ejercer la prestación laboral y la dignidad del trabajador. En caso de que pase a realizar funciones inferiores, podrá mantener su retribución de origen. En el supuesto de que haga funciones superiores, tendrá derecho a las funciones que efectivamente realice.

253 La atribución al trabajador de un grupo profesional es además un factor que determina el salario que recibirá. Como dice el art. 26 del ET/2015, se considerará salario la totalidad de las percepciones económicas de los trabajadores, en dinero o en especie, por la prestación profesional de los servicios laborales por cuenta ajena, ya retribuyan el trabajo efectivo, cualquiera que sea la forma de remuneración, o los periodos de descanso computables como de trabajo (es decir, el salario también retribuye los descansos o las ausencias justificadas del trabajador). El salario, por tanto, incluye el denominado salario en metálico (en dinero o moneda de curso legal), así como en especie, es decir, el consistente en bienes diferentes al dinero. En todo caso, la retribución en especie atribuida a un trabajador no puede superar el 30% del salario total que reciba. Cabe señalar como derecho mínimo de todo trabajador a jornada completa a obtener el salario mínimo interprofesional que, según establece el art. 27 del ET/2015, sea fijado por el Gobierno cada año previa consulta con las organizaciones sindicales y asociaciones empresariales más significativas. Finalmente, debe destacarse que la institución conocida como Fondo de Garantía Salarial se encarga de abonar a los trabajadores, con determinados límites, los salarios pendientes de pago a causa de insolvencia o concurso del empresario (véase el art. 33 del ET/2015).

254 La estructura del salario viene determinada por lo establecido en la negociación colectivo o, en su defecto, el contrato individual de trabajo. En ambos casos, la configuración del salario comprenderá un salario base y unos complementos salariales. El salario base es la retribución fijada por unidad de tiempo o de obra. Los complementos salariales pueden estar fijados en función de varias circunstancias: 1/ Por las condiciones personales del trabajador; 2/ Por el trabajo realizado; 3/ Por la situación y resultados de la empresa. Se podrá pactar el carácter consolidable o no de dichos complementos, es decir, su mantenimiento por el trabajador, aunque cambien sus condiciones de trabajo que dieron lugar inicialmente a la obtención del complemento. En todo caso,

salvo acuerdo en contrario, el art. 26 del ET/2015 considera que no tienen el carácter de consolidables, y por tanto el trabajador puede dejar de percibirlos ante un cambio de circunstancias, los que están vinculados al puesto de trabajo (punto 2) o a la situación y resultados de la empresa (punto 3 citado). Finalmente, destacar que todo trabajador tiene derecho a dos pagas extraordinarias al año (art. 31 del ET/2015).

255 Por jornada laboral se entiende el periodo de tiempo o número de horas en el que el trabajador desarrolla su prestación de servicios, mientras que el horario laboral es la institución laboral que precisa el tiempo exacto en que se trabaja, ya sea fijando el momento de inicio y final de la jornada, ya sea estableciendo como se distribuye el tiempo de trabajo a lo largo de aquella. El régimen de la jornada laboral es avanzado por la CE en su art. 40.2 que atribuye a los poderes públicos el deber de fomentar políticas que garanticen el descanso necesario, mediante la limitación de la jornada laboral o las vacaciones periódicas retribuidas. Ese mandato lo cumplen los arts. 34 y ss. del ET/2015 que partiendo de la base de que la duración de la jornada de trabajo ha de ser la pactada en los convenios colectivos o en los contratos de trabajo, establece una serie de normas mínimas a respetar por estos: en primer lugar, que la duración máxima de la jornada ordinaria de trabajo será de cuarenta horas semanales de trabajo efectivo de promedio en cómputo anual; en segundo lugar, que de forma general, el número de horas ordinarias de trabajo efectivo no podrá ser superior a nueve diarias. En todo caso, la norma ha dotado de flexibilidad a la aplicación de este régimen al permitir a la empresa que lo modifique, ya sea ampliando la jornada prevista, ya sea reduciéndola, a través de lo establecido por el art. 34.2 del ET/2015: así, el empresario puede establecer la distribución irregular de la jornada a lo largo del año en un 10%, respetando en todo caso los periodos mínimos de descanso diario y semanal de los trabajadores, en concreto, que entre el final de una y el comienzo de la siguiente han de mediar, como mínimo, doce horas, y el día y medio de descanso semanal del que disponen.

256 El art. 34.9 del ET/2015 tiene por objeto regular el registro diario por el sujeto empresarial de la jornada laboral realizada por el trabajador, con el fin de evitar el incumplimiento de la normativa sobre jornada máxima y descansos de los trabajadores, y proteger la seguridad y salud del trabajador, así como también para facilitar el control de su cumplimiento por parte de la Inspección de Trabajo y Seguridad Social y también del trabajador si decide presentar una reclamación laboral, por ejemplo, por exceso de jornada. Según el precepto, la empresa garantizará el registro diario de jornada, que deberá incluir el horario concreto de inicio y finalización de la jornada de trabajo de cada persona trabajadora. La organización y documentación correspondiente a dicho registro correrá a cargo de la negociación colectiva o del acuerdo de empresa o, en su defecto, de la decisión del empresario previa consulta con los representantes legales de los trabajadores en la empresa. En todo caso, la

empresa deberá conservar los registros realizados durante cuatro años y permanecerán a disposición de las personas trabajadoras, de sus representantes legales y de la Inspección de Trabajo y Seguridad Social (téngase en cuenta que la STJUE de 14 de mayo de 2019, en el asunto C-55/18, ha resuelto que los Estados miembros deben imponer a los empresarios la obligación de implantar un sistema objetivo, fiable y accesible que permita computar la jornada laboral diaria realizada por cada trabajador).

257 En función del Derecho a la conciliación de la vida laboral y familiar, las personas trabajadoras tienen derecho a solicitar las adaptaciones de la duración y distribución de la jornada de trabajo, en la ordenación del tiempo de trabajo y en la forma de prestación, incluida la prestación de su trabajo a distancia, que deberá razonables y proporcionadas en relación con las necesidades de la persona trabajadora y con las necesidades organizativas o productivas de la empresa. Como dice el art. 34.8 del ET/2015, en el caso de que tengan hijos o hijas, las personas trabajadoras tienen derecho a efectuar dicha solicitud hasta que los hijos o hijas cumplan doce años. En todo caso, es la negociación colectiva quién debe regular los términos de su ejercicio. En su ausencia, la empresa, ante la solicitud de adaptación de jornada, abrirá un proceso de negociación con la persona trabajadora durante un periodo máximo de treinta días. Finalizado el mismo, la empresa, por escrito, comunicará la aceptación de la petición, planteará una propuesta alternativa que posibilite las necesidades de conciliación de la persona trabajadora o bien manifestará la negativa a su ejercicio. En este último caso, se indicarán las razones objetivas en las que se sustenta la decisión.

258 Las horas que excedan de la jornada ordinaria de trabajo anteriormente descrita (cuarenta horas semanales de trabajo efectivo de promedio en cómputo anual) tienen la consideración de horas extraordinarias. El régimen básico de esas horas se encuentra en el art. 35 del ET/2015, que establece la necesidad que sean de carácter voluntario para el trabajador, y que su realización tenga varios límites: en primer lugar, que no superen las 80 en un año, si bien en ese cómputo no se consideraran las horas que el trabajador emplee para prevenir o reparar siniestros o daños extraordinarios en la empresa, ni tampoco las horas extras que llevadas a cabo por el trabajador le sean compensadas en forma de descansos dentro de los 4 meses posteriores a su realización. En todo caso, el ET/2015 prohíbe realizar horas extraordinarias ni trabajos nocturnos a los menores de dieciocho años. El art. 36 del ET/2015 considera trabajo nocturno el realizado entre las diez de la noche y las seis de la mañana. Además, el precepto regula lo que es un trabajador nocturno, que es aquel que realice normalmente en periodo nocturno una parte no inferior a tres horas de su jornada diaria de trabajo, así como a aquel que se prevea que puede realizar en tal periodo una parte no inferior a un tercio de su jornada de trabajo anual. La jornada de estos trabajadores nocturnos no podrá exceder de ocho horas diarias de promedio, y además no podrán realizar horas extraordinarias.

259 Las vacaciones son un derecho mínimo indisponible para el trabajador, que en caso de trabajar a tiempo completo y por el período de un año, debe gozar de forma retribuida en una duración no inferior a treinta días naturales (art. 38 del ET/2015). La Unión Europea vela especialmente por este Derecho a través de la Directiva 2003/88 y del artículo 31.2 de la Carta de los Derechos Fundamentales. Esta normativa ha permitido al TJUE garantizar tanto el derecho al descanso retribuido como su compensación económica, en este último caso, ya sea porque el trabajador haya fallecido antes del disfrute de su descanso; ya sea también cuando el trabajador no haya solicitado ejercer su derecho a vacaciones anuales antes de la fecha de extinción de la relación laboral ante la pasividad informativa del empresario; o finalmente, reconociendo la retribución normal y completa por vacaciones a un trabajador a pesar de haber sufrido previos períodos de reducción del tiempo de trabajo por causas empresariales (véanse los tres casos en las correspondientes sentencias del TJUE de 6 de noviembre de 2018, Asuntos C569/16 y C570/16; de la misma fecha, en el Asunto C619/16, y finalmente de 13 de diciembre de 2018, Asunto C-385/17).

260 Además de las vacaciones, los trabajadores disponen de otros descansos remunerados, como el de carácter semanal de un día y medio como mínimo, las fiestas de carácter laboral fijadas a nivel nacional, regional y local, así como los denominados como permisos laborales o interrupciones no periódicas de la jornada, reguladas en el art. 37 del ET/2015. Este precepto incluye permisos retribuidos como el de matrimonio de 15 días naturales, un día por traslado del domicilio habitual, o por ejemplo también dos días por el nacimiento de hijo y por el fallecimiento, accidente o enfermedad graves, hospitalización o intervención quirúrgica sin hospitalización que precise reposo domiciliario, de parientes hasta el segundo grado de consanguinidad o afinidad. Cuando con tal motivo el trabajador necesite hacer un desplazamiento al efecto, el plazo será de cuatro días. La STS (Social) de 13 febrero de 2018 (núm. 145/2018), ha interpretado el régimen de permisos retribuidos del convenio colectivo que era objeto de litigio a la luz del régimen previsto en el art. 37 del ET/2015, y resuelve que el cómputo de los permisos por matrimonio, nacimiento de hijo y fallecimiento de un familiar, se iniciara el primer día laborable siguiente al del hecho causante, cuando este hecho sucediese en día no laborable. Según el TS, si el día en que se produce el hecho que justifica el permiso no es laborable, no se inicia el permiso por matrimonio, nacimiento de hijo o fallecimiento de familiar hasta el primer día laborable que le siga.

261 Se denomina como movilidad geográfica toda orden empresarial que suponga que el trabajador se traslade a otro territorio diferente del inicialmente acordado para prestar su trabajo. El empresario puede decidir libremente ese cambio en función de su potestad de *ius variandi* ordinario si el trabajador puede seguir manteniendo su residencia. Por el contrario, si la parte empresarial decide que la parte trabajadora cambie de puesto de trabajo

del que se derive su cambio de residencia, deberá justificarlo y cumplir con las especificaciones que se contienen en el art. 40 del ET/2015. En primer lugar, la orden empresarial deberá estar justificada en razones económicas, técnicas, organizativas y de producción, o bien en contrataciones referidas a la actividad empresarial; en segundo lugar, deberá delimitar si se trata de un traslado o de un desplazamiento. Se entiende por traslado destinar al trabajador a un lugar de trabajo distinto al que ocupaba en la empresa que además de implicarle un cambio de residencia, es de carácter definitivo. Si este traslado es individual, el trabajador podrá extinguir el contrato con derecho a indemnización; si el traslado es de carácter colectivo, el empresario deberá seguir un procedimiento de consultas con la representación legal de los trabajadores. En otro caso, habrá solo "desplazamiento", si el cambio decidido por el empresario, pese a suponer al trabajador un cambio de domicilio, lo es solo a efectos temporales. La norma impone que el empresario preavise al trabajador y a que goce de unos permisos, pero sin otorgar la posibilidad de una indemnización al trabajador si desea extinguir el contrato.

262 El art. 41 del ET/2015 establece el régimen que debe seguir la empresa para modificar de forma sustancial las condiciones de trabajo del trabajador si con ello se pueden solucionar problemas o desajustes en el desarrollo de la actividad empresarial. Se considerarán modificaciones sustanciales a realizar siguiendo las reglas del art. 41 si afectan a cualesquiera condiciones de trabajo que se pretendan variar significativamente, por ejemplo en lo que hace referencia a la jornada, el horario y distribución del tiempo de trabajo, el régimen de trabajo a turnos, el sistema de remuneración y la cuantía salarial, el sistema de trabajo y rendimiento, y finalmente las funciones desempeñadas por el trabajador, cuando excedan de los límites que para la movilidad funcional prevé el artículo 39 del ET/2015. En todo caso, la parte empresarial deberá acreditar la existencia de razones económicas, técnicas, organizativas o de producción que justifiquen la modificación sustancial, que estén relacionadas con la posición competitiva, la productividad o la organización técnica o de trabajo de la empresa. El empresario debe buscar el amparo en el art. 41 del ET/2015 cuando pretenda modificar condiciones de trabajo reconocidas a los trabajadores en el contrato de trabajo, en acuerdos o pactos colectivos o disfrutadas por éstos en virtud de una decisión unilateral del empresario de efectos colectivos. Ahora bien, cuando la modificación buscada por la empresa afecte a condiciones establecidas en convenios colectivos, deberá hacerlo no conforme a lo que dice el art. 41, sino que deberá buscar otra cobertura, en concreto la prevista en el art. 82.3 del ET/2015 (o conocido como régimen de descuelgue de convenios, en este sentido véase por ejemplo la STS de 29 de junio de 2017 [RJ 2017, 3363]). El procedimiento a seguir por la parte empleadora si quiere modificar sustancialmente las condiciones de trabajo es diferente en función del número de trabajadores afectados conforme a los parámetros interpretativos previstos en el art. 41. Este precepto regula un procedimiento de carácter individual

y otro de carácter colectivo, donde deben ser consultados los representantes de los trabajadores o en su defecto, comisiones específicas de trabajadores. En determinados supuestos de modificación sustancial, en concreto los que fija el art. 41.3, el trabajador tiene derecho a rescindir su contrato y percibir una indemnización de veinte días de salario por año de servicio prorrateándose por meses los periodos inferiores a un año y con un máximo de nueve meses.

263 En materia de subcontratación de obras y servicios, el art. 42 del ET/2015 imputa determinadas responsabilidades al empleador principal (o comitente) que contrate o subcontrate con otras empresas (o subcontratistas) la realización de obras o servicios correspondientes a la "propia actividad" de aquél. Según la doctrina judicial, se entiende por propia actividad la subcontratación de las obras y servicios nucleares de la empresa comitente, de tal forma que, si no se hubiera concertado la subcontratación, las obras y servicios debieran realizarse por el propio empresario comitente so pena de perjudicar sensiblemente su actividad empresarial (véase la STS de 24 noviembre 1998 [RJ 1998, 10034]). En estos casos, el empresario principal o comitente, durante los tres años siguientes a la terminación de su encargo, responderá solidariamente de las obligaciones referidas a la Seguridad Social contraídas por los subcontratistas durante el periodo de vigencia de la contrata, y respecto de las obligaciones de naturaleza salarial contraídas por los subcontratistas con sus trabajadores responderá solidariamente durante el año siguiente a la finalización del encargo. Se ha de destacar también que según la reforma en el precepto llevada a cabo por la Ley 32/2021, de 28 de diciembre, "el convenio colectivo de aplicación para las empresas contratistas y subcontratistas será el del sector de la actividad desarrollada en la contrata o subcontrata, con independencia de su objeto social o forma jurídica, salvo que exista otro convenio sectorial aplicable conforme a lo dispuesto en el título III". No obstante, en párrafo aparte, el mismo apartado dice que "cuando la empresa contratista o subcontratista cuente con un convenio propio, se aplicará este, en los términos que resulten del artículo 84". Siguiendo con la estela que dejó la Sentencia del Tribunal Supremo de 12 de febrero de 2021, la reforma llevada a cabo en el art. 42 del ET/2015 asume el principio de que el convenio de aplicación para las empresas contratistas y subcontratistas sea el de la actividad desarrollada, si bien deja la puerta abierta a aplicar un convenio colectivo propio de empresa cuando cuente con éste y siguiendo las directrices de concurrencia de convenios del art. 84. Por lo que hace referencia a una institución diferente, la denominada como "cesión de trabajadores" de una empresa a otra, el art. 43 señala que solo es posible en el caso de las empresas de trabajo temporal. Además de ello, el precepto señala supuestos en los que acontece una cesión ilegal de trabajadores, y por tanto prohibida por la ley, por ejemplo, cuando hay un acuerdo entre dos empresarios (uno que es empresario en realidad, y el otro que solo lo es formalmente) para que el segundo proporcione al primero trabajadores que de esto modo serán utilizados por quien, sin embargo,

no asume la posición empresarial. En casos como estos, los trabajadores sometidos al tráfico prohibido tendrán derecho a adquirir la condición de fijos, a su elección, en la empresa cedente o cesionaria.

264 El art. 44 del ET/2015 regula el régimen de sucesión o cambio de titularidad de empresas, transponiendo la *Directiva 2001/23/CE del Consejo, de 12 de marzo de 2001, sobre la aproximación de las legislaciones de los Estados miembros relativas al mantenimiento de los derechos de los trabajadores en caso de traspasos de empresas, de centros de actividad o de partes de empresas o de centros de actividad.* El precepto garantiza que el cambio de titularidad de la empresa, el centro de trabajo o una unidad productiva autónoma, no genera por sí mismo la extinción de contratos de trabajo de los trabajadores de dichas entidades, sino que necesariamente se produce un supuesto de subrogación en las relaciones laborales por el nuevo empresario adquirente (empresa cesionaria): de esta forma, dicho nuevo empresario asume los contratos de trabajo que el antiguo (la empresa cedente) tenía concertadas. Además de esa continuidad de las relaciones laborales, el art. 44 del ET/2015 también prevé en otros de sus apartados otras consecuencias de carácter protector para los trabajadores: así, que la entidad cedente y cesionaria respondan solidariamente durante tres años de las obligaciones laborales nacidas con anterioridad a la transmisión y que no hubieran sido satisfechas (apartado 3 del art. 44); así como que las relaciones laborales de los trabajadores afectados por la sucesión continúen rigiéndose por el convenio colectivo que en el momento de la transmisión fuere de aplicación en la empresa transferida (apartado 4), ahora bien, conforme la doctrina judicial derivada de este precepto, sin que ello suponga una absoluta congelación de las condiciones de trabajo anteriores, ya que estás también deberán acomodarse a las normas legales o que se pacten en relación con el nuevo empleador.

265 Se denomina "suspensión del contrato de trabajo" aquella situación que supone que tanto trabajador como empresario interrumpen temporalmente sus correspondientes prestaciones laborales. Pese a ello, la relación laboral se mantiene al amparo del principio de estabilidad en el empleo, y volverá a activarse una vez hayan cesado las causas que provocaron la suspensión, de forma que el trabajador volverá a ingresar a su puesto de trabajo y el empresario volverá a pagarle su retribución. Los arts. 45 y ss. del ET/2015 fijan las causas de suspensión entre las que se encuentran situaciones como la incapacidad temporal de los trabajadores, la suspensión de empleo y sueldo por razones disciplinarias, o el ejercicio del derecho de huelga. En todo caso, también se encuentra la denominada como suspensión por causas Económicas, Técnicas, Organizativas y de Producción (situación conocida como Expediente de Regulación Temporal de Empleo, conocidos como ERTES por ETOP, regulada en el art. 47 del ET/2015, que ha sido objeto de modificación por la Ley 32/2021, de 28 de diciembre). Al amparo de esta regulación, la parte empresarial puede reducir temporalmente la jornada de trabajo de las personas trabajadoras o suspender temporalmente los contratos de trabajo, por cau-

sas económicas, técnicas, organizativas o de producción de carácter temporal; también podrán las empresas aplicar la reducción de la jornada de trabajo o la suspensión de los contratos de trabajo por causa derivada de fuerza mayor temporal. Dentro del marco de la fuerza mayor, se reconoce explícitamente la posibilidad de justificarla por impedimentos o limitaciones en la actividad normalizada de la empresa que sean consecuencia de decisiones adoptadas por la autoridad pública competente, incluidas aquellas orientadas a la protección de la salud pública. El art. 47 también señala que en los expedientes de regulación temporal de empleo por causas económicas, técnicas, organizativas y de producción, y a los que estén basados en una causa de fuerza mayor temporal, se priorizará la adopción de medidas de reducción de jornada frente a las de suspensión de contratos en la medida en que ello sea viable. En todo caso, prevé que la reducción de jornada sea de entre un diez y un setenta por ciento y se compute sobre la base de la jornada diaria, semanal, mensual o anual. Tanto en caso de suspensión temporal de las relaciones laborales como de reducción de jornada, el empresario debe comunicar su decisión a la autoridad laboral competente (que en supuestos de fuerza mayor debe autorizarla) y de forma simultánea debe abrir un periodo de consultas con los representantes legales de los trabajadores.

266 Por otra parte, la atribución en el art. 45.i) del ET/2015 de la fuerza mayor temporal como causa de suspensión (desarrollada de forma general por los arts. 31 a 33 del Real Decreto 1483/2012), sirvió de anclaje para que ante la activación del estado de alarma en 2020 por la epidemia de la Covid-19, se adoptase una regulación específica para suspender los contratos de trabajo en empresas o la reducción de jornada derivado de esa situación (expedientes conocidos como ERTES por fuerza mayor derivada de la Covid-19, cuyos requisitos, procedimiento y efectos se fijaron en el Real Decreto Ley 8/2020, de 17 de marzo). Esta legislación también introdujo novedades para facilitar en el contexto de la pandemia los ERTES por ETOP anteriormente mencionados. Además, la normativa adoptada con posterioridad al inicio del estado de alarma también promovió ERTES o por impedimento en la ejecución de su actividad por las restricciones sanitarias activadas por a consecuencia de decisiones de las autoridades. De forma general, la activación de estos instrumentos de ERTE pasó a ofrecer bonificaciones a las cotizaciones empresariales de las empresas que los utilizasen, la relajación de requisitos respecto a los trabajadores afectados respecto de la obtención de sus prestaciones de desempleo, así como la regulación para las empresas de una prohibición de despedir a los trabajadores en las mismas causas que ocasionan los ERTES.

267 También son causas de suspensión el nacimiento, adopción, guarda con fines de adopción o acogimiento, de conformidad con el CC o las leyes civiles de las Comunidades Autónomas que lo regulen, siempre que su duración no sea inferior a un año, de menores de seis años o de menores de edad mayores de seis años con discapacidad o que por sus circunstancias y experiencias

personales o por provenir del extranjero, tengan especiales dificultades de inserción social y familiar debidamente acreditadas por los servicios sociales competentes. Por lo que hace al supuesto del nacimiento, el art. 48.4 del ET/2015 dice que incluye el parto y el cuidado de menor de doce meses, los cuales suspenden el contrato de trabajo de la madre biológica durante 16 semanas, de las cuales serán obligatorias las seis semanas ininterrumpidas inmediatamente posteriores al parto, que habrán de disfrutarse a jornada completa, para asegurar la protección de la salud de la madre. A su vez, el nacimiento también suspenderá el contrato de trabajo del progenitor distinto de la madre biológica durante 16 semanas. En todo caso, el Real Decreto-ley 6/2019, de 1 de marzo establece la aplicación gradual de dicha regulación aplicable al progenitor distinto al de la madre biológica (véase su disposición transitoria decimotercera).

268 El art. 46 del ET/2015 también acoge el régimen de excedencias, que son situaciones específicas de suspensión del contrato de trabajo: el primer supuesto de excedencia es la de carácter forzoso, en función del cual un trabajador que pase a ocupar un cargo público o ejerza funciones sindicales de ámbito provincial o superior, podrá dejar de prestar sus servicios laborales y la parte empresarial deberá reservarle su puesto de trabajo para cuando vuelva. La segunda situación es la conocida como excedencia voluntaria: sea cual sea el motivo, el trabajador que tenga una antigüedad de un año puede acceder a esta suspensión contractual por un plazo no menor a cuatro meses y no mayor a cinco años. Este trabajador solo dispone de un derecho preferente al reingreso en las vacantes de igual o similar categoría a la suya que hubiera o se produjeran en la empresa. Un tercer supuesto de excedencia es el cuidado de cada hijo, que será de duración no superior a tres años para atender al cuidado de cada hijo, a contar desde la fecha de nacimiento o, en su caso, de la resolución judicial o administrativa de adopción. En cuarto término, también tienen derecho a un periodo de excedencia, de duración no superior a dos años, salvo que se establezca una duración mayor por negociación colectiva, los trabajadores para atender al cuidado de un familiar hasta el segundo grado de consanguinidad o afinidad, que por razones de edad, accidente, enfermedad o discapacidad no pueda valerse por sí mismo, y no desempeñe actividad retribuida. En estos dos últimos supuestos, durante el primer año la parte trabajadora tendrá derecho a la reserva de su puesto de trabajo. Transcurrido dicho plazo, la reserva quedará referida a un puesto de trabajo del mismo grupo profesional o categoría equivalente.

VII. LA SEGURIDAD Y SALUD DEL TRABAJADOR COMO CONDICIÓN ESENCIAL DEL CONTRATO DE TRABAJO

269 El mandato constitucional del artículo 40.2 de la CE encomendó a los poderes públicos, como uno de los principios rectores de la política social

y económica, velar por la seguridad e higiene en el trabajo. Esto comportaba la necesidad de desarrollar una política de protección de la salud de los trabajadores mediante la prevención de los riesgos derivados de su trabajo. Por otro lado, el ingreso de España a la UE requirió la armonización de nuestra política con la política comunitaria en esta materia y la necesidad de incorporar sus abundantes instrumentos normativos (directivas). Consecuencia de ello fue la promulgación en 1995 de la LPRL, pilar básico de reconocimientos de derechos de los trabajadores, el marco general de principios de acción preventiva, de establecimiento de garantías y responsabilidades indispensables para establecer un adecuado nivel de protección de la salud de los trabajadores frente a los riesgos derivados de sus condiciones de trabajo.

1. DELIMITACIÓN SUBJETIVA DEL DERECHO A LA PROTECCIÓN DEL TRABAJADOR

270 La LPRL se pronuncia con rotundidad al reconocer que los trabajadores tienen derecho a una protección eficaz en materia de seguridad y salud en el trabajo (art. 14). Ello supone la existencia de un correlativo deber del empresario de protección de los trabajadores frente a los riesgos laborales. Deber de protección que corresponde, además, a todo tipo de empresario, tanto privado como público. Sin duda, el destinatario de la norma es el trabajador pero no todas las relaciones jurídicas de trabajadores estarán comprendidas en su ámbito de aplicación. La normativa preventiva extiende su protección de modo fundamental a las relaciones laborales establecidas en el ET/2015; a las relaciones de carácter administrativo (funcionarios públicos) o estatutario (profesionales sanitarios y demás colectivos de personal que prestan sus servicios en los centros e instituciones sanitarias de la Seguridad Social) con las Administraciones Públicas y a las relaciones societarias en las cooperativas en las que existan socios trabajadores.

271 En el ámbito de las exclusiones, la LPRL elimina de su aplicación no solo a determinadas relaciones jurídicas, sino también a concretas actividades del ámbito de las funciones públicas cuyas particularidades impiden, precisamente, su aplicación y que son: policía, seguridad y resguardo aduanero; servicios operativos de protección civil y peritaje forense en los casos de grave riesgo, catástrofe y calamidad pública; Fuerzas Armadas y actividades militares de la Guardia Civil. No obstante, las regulaciones específicas que regulan la protección de la seguridad y la salud de los trabajadores que prestan sus servicios en estas actividades se han inspirado en la política prevencionista de la ley. En todo caso, se ha de destacar en el ámbito de la prestación de servicios laborales para el hogar familiar, el Real Decreto-ley 16/2022 para la mejora de las condiciones de trabajo y de Seguridad Social de las personas trabajadoras al servicio del hogar ha tenido una incidencia importante en materia de

prevención de riesgos laborales en el Real Decreto 1620/2011 por el que se regula la relación laboral de carácter especial del hogar familiar, aunque sobre todo en el alcance de la Ley 31/1995, der 8 de noviembre, de Prevención de riesgos laborales. En concreto, tras la reforma impulsada por el Real Decreto-ley 16/2022, en el Real Decreto 1620/2011 que estaba vigente, y lo continua estando, que "el empleador (el titular del hogar familiar) está obligado a cuidar de que el trabajo del empleado de hogar se realice en las debidas condiciones de seguridad y salud, para lo cual adoptará medidas eficaces, teniendo debidamente en cuenta las características específicas del trabajo doméstico". Añade el precepto que el incumplimiento grave de estas obligaciones será justa causa de dimisión del empleado. Este precepto no ha sido modificado, ahora bien, su perspectiva cambia considerablemente si matizamos que ese deber de cuidado del responsable del hogar familiar deberá seguir las directrices que la Ley 31/1995, de Prevención de Riesgos Laborales impone a la generalidad de actividades empresariales (así por ejemplo, imponiendo deberes al empleador como que evalúe los riesgos en el trabajo, informe al trabajador, lo forme, le vigile la salud, etc.): en este sentido, el Real Decreto-ley 16/2022 ha derogado de esta ley la cláusula que excluía al servicio del hogar familiar del régimen de derechos y deberes en materia de seguridad y salud en el trabajo que recoge, y por lo tanto, ese mismo régimen pasa a ser aplicable a las empleadas del servicio doméstico contratadas por un o una cabeza de familia. No obstante, la aplicación de la normativa de prevención de riesgos laborales se hará en la forma que un reglamento del Gobierno lo determine: como pasa a decir la nueva Disposición adicional decimoctava de la Ley 31/1995 adoptada en el Real Decreto-ley 16/2022, "en el ámbito de la relación laboral de carácter especial del servicio del hogar familiar, las personas trabajadoras tienen derecho a una protección eficaz en materia de seguridad y salud en el trabajo, especialmente en el ámbito de la prevención de la violencia contra las mujeres, teniendo en cuenta las características específicas del trabajo doméstico, en los términos y con las garantías que se prevean reglamentariamente a fin de asegurar su salud y seguridad".

2. IMPORTANCIA Y SIGNIFICADO DE LA PREVENCIÓN DE RIESGOS LABORALES: LAS OBLIGACIONES CLAVES DEL EMPRESARIO

272 El contenido del derecho a la protección a la seguridad y salud en el trabajo se articula a través del reconocimiento de un cuerpo de derechos básicos a los trabajadores pero, sin duda, su eficacia pasa por imponer la actividad preventiva en la empresa y exigir al empleador la adopción de cuantas medidas sean necesarias para la protección del trabajador, medidas cuya efectividad deberán prever, incluso, las distracciones o imprudencias no temerarias que pudiera cometer el trabajador. Es decir, se deberá proteger al trabajador frente a su propia imprudencia siempre que esta pueda calificarse de profesional, como podría ser un exceso de confianza en la ejecución del trabajo. En este punto,

interesa destacar que la LPRL impuso una visión prevencionista de la seguridad y salud laboral frente a la visión reparadora de la legislación anterior. Su estructura obligacional, por ello, gravita sobre la perspectiva de anticipar y evitar el riesgo, no sobre su reparación. Por tanto, las medidas que tendrán que adoptarse por el empresario serán medidas de acción positiva dirigidas a este objetivo. De aquí, que sean claves las obligaciones de evaluación de los riesgos existentes en las empresas y centros de trabajo, la planificación de la prevención, la exigencia de integración de la prevención en todas las decisiones empresariales y la adopción de una organización preventiva.

273 La evaluación de riesgos es un proceso dirigido a estimar la magnitud de aquellos riesgos que no hayan podido evitarse (por ello se admite la existencia de cierto riesgo tolerable). Con ella se obtiene la información para que el empresario esté en condiciones de tomar una decisión apropiada sobre la necesidad de adoptar medidas preventivas como eliminar o reducir el riesgo, bien mediante medidas de prevención en el origen, organizativas, de protección colectiva, de protección individual o de formación e información a los trabajadores, bien controlando periódicamente las condiciones, la organización, los métodos de trabajo y el estado de salud de los trabajadores. La evaluación de riesgos debe ser un proceso dinámico, por ello debe revisarse cuando así lo establezca una disposición especifica o se hayan detectado daños a la salud de los trabajadores por no ser las actuaciones adecuadas o suficientes. Las actividades preventivas que resulten necesarias de la evaluación son objeto de planificación por el empresario, incluyendo para cada actividad preventiva el plazo para llevarla a cabo, la designación de responsables y los recursos humanos y materiales necesarios para su ejecución (art. 16 LPRL).

274 Además de la evaluación y la planificación es fundamental que la prevención se integre en el sistema general de la empresa. Con ello, queremos decir que la prevención debe estar presente en todas las actividades de la empresa y englobar a todos sus niveles jerárquicos. Ello requiere la implantación de un Plan de Prevención de Riesgos Laborales, que atribuya a todos los espacios de la organización empresarial la obligación de incluir la prevención en cualquier actividad que se realice o se ordene y en todas las decisiones que se adopten. Ahora bien, uno de los principales escollos que podemos encontrar para la efectiva integración de la prevención es la falta de concienciación y sensibilización preventiva de empresarios y directivos, que no siempre tienen una visión rentable y productiva de las acciones preventivas excepto cuando el daño ya ha acaecido, cuando se produce el accidente de trabajo. La falta de concienciación ha generado unas políticas empresariales más dirigidas a un cumplimiento formal de las normas, que a una efectiva y real acción preventiva. Ello se pone de manifiesto, principalmente, en que la mayoría de las empresas han delegado la responsabilidad de su acción preventiva en terceros, en servicios de prevención ajenos, donde la integración expresada resulta más difícil, y los resultados de su acción se traducen en una compleja gestión

burocrática de documentos cuya pretensión es la acreditación de la observancia (formal) de las obligaciones.

3. CONTENIDO SUSTANCIAL DEL DERECHO DEL TRABAJADOR

275 La figura del trabajador se percibe como el sujeto pasivo de la prevención, sobre el que se despliegan una serie de derechos que concretan y materializan su genérico derecho a la protección integral y eficaz de su salud e integridad. Para una adecuada actuación preventiva, el trabajador tiene derecho a ser informado directamente de los riesgos para su salud y seguridad y de las medidas preventivas adoptadas, incluidas las previstas para hacer frente a situaciones de emergencia; recibir una formación teórica y práctica, suficiente y adecuada en el momento de su contratación y cuando cambie el contenido de la tarea encomendada o se introduzcan nuevas tecnologías o cambios en los equipos de trabajo; interrumpir su actividad y si fuera necesario abandonar el lugar de trabajo, cuando considere que dicha actividad entraña un riesgo grave e inminente para su vida o su salud; tener garantizada una vigilancia periódica de su estado de salud, en función de los riesgos inherentes a su puesto de trabajo; disponer de las medidas de protección específicas cuando por sus propias características personales o estado biológico conocido o incapacidad física, psíquica o sensorial, sean especialmente sensibles a determinados riesgos derivados del trabajo y ser consultados y participar en todas las cuestiones que afecten a la seguridad y a la salud en el trabajo. Los trabajadores tendrán derecho a efectuar propuestas al empresario y a los órganos de participación y representación (delegados de prevención, comité de seguridad y salud), a través de quienes se ejerce su derecho a participar.

276 El derecho a la información (art. 18 LPRL) y la formación (art. 19 LPRL) de los trabajadores constituyen obligaciones empresariales nucleares para conseguir una eficaz política de prevención. Su objetivo es un mejor conocimiento tanto del alcance real de los riesgos derivados del trabajo como de la forma de prevenirlos y evitarlos, de manera adaptada a las peculiaridades de cada centro de trabajo, a las características de las personas que en él desarrollan su prestación laboral y a la actividad concreta que realizan. Una vez evaluados los riesgos, resulta obligado transmitir la información a los trabajadores, y no solo los de su puesto de trabajo, también los generales de la empresa. Siguiendo la esfera de la lógica, se habrá de transferir a los trabajadores las medidas y actividades de protección y prevención aplicables a los riesgos que prevea el propio plan preventivo elaborado por la empresa. En un peldaño superior se encuentra la formación, que es una obligación de garantía y que puede impartirla la empresa por medios propios o concertarla con servicios ajenos acreditados, sin que pueda suponer coste alguno para el trabajador. Su contenido debe ser teórico y práctico, con lo que no bastará un simple adiestramiento en la profesión, ha de ser suficiente y adecuada e impartirse en el momento

de la contratación. El cumplimiento real y efectivo de estas obligaciones no es baladí, ya que es valorado por los tribunales a la hora de excluir la responsabilidad empresarial en los accidentes de trabajo (STSJ de Cataluña de 19 de septiembre de 2018 [JUR 2018, 292793]).

277 Al trabajador también se le reconoce el derecho a interrumpir su actividad y abandonar el lugar de trabajo cuando considere que dicha actividad entraña un riesgo grave e inminente para su vida o su salud (art. 21 LPRL). Es uno de los escasos supuestos en que nuestro ordenamiento jurídico faculta al trabajador para actuar por propia iniciativa en protección de su derecho. Para ello es necesario que concurran ambas circunstancias, que el riesgo sea grave e inminente, es decir que haya una probabilidad razonable de materialización inmediata. En caso contrario se ha calificado la postura de unilateral, arbitraria y desproporcionada al entender que el trabajador ya dispone de otros cauces legales para conseguir que la empresa cumpla con sus obligaciones (STSJ de Navarra de 31 de octubre de 2005 [AS 2005, 3433]). Otras veces, la postura judicial es más flexible e interpreta que lo importante no es que exista tal tipo de riesgo, sino que el trabajador crea que se da, bastando con que su apreciación sea de buena fe y no constituya una grave negligencia (STSJ del País Vasco de 16 de diciembre de 2014 [JUR 2015, 27108]).

278 La temporalidad en la contratación, la inestabilidad en el puesto de trabajo, la parcialidad involuntaria y la subcontratación empresarial que difumina la figura del empresario obligado son factores de precariedad que no solo limitan la protección de la salud de los trabajadores, sino que generan nuevos riesgos asociados al estrés y la preocupación laboral. La corta duración de las relaciones laborales condiciona la actuación preventiva (formación e información, vigilancia de la salud, etc.) y si además, paradójicamente, se asignan a estos trabajadores temporales funciones de elevado riesgo obtenemos que estos trabajadores están expuestos a una mayor incidencia de sufrir accidentes de trabajo. En conclusión, una adecuada actuación preventiva requiere un marco normativo laboral sólido, favorable a la estabilidad de la relación de trabajo y defensor de los derechos de los trabajadores.

VIII. EXTINCIÓN DE LAS RELACIONES LABORALES

279 La extinción del contrato de trabajo supone el fin de la relación jurídica que une a las partes trabajadora y empresarial, con la consiguiente cesación definitiva de la prestación de servicios por el trabajador y el cumplimiento de las obligaciones empresariales respecto de aquél. La resolución de la relación laboral se produce por los motivos que están previstos en el art. 49 del ET/2015, como, por ejemplo, por el cumplimiento del plazo convenido en un contrato de duración determinada o la realización de la obra o servicio determinado; por la jubilación o incapacidad de cualquiera de las dos partes, o también por mutuo consentimiento, que tiende a asimilarse por la doctrina

judicial a la dimisión voluntaria del trabajador. El recibo de finiquito es la manifestación expresa de la voluntad extintiva de las dos partes para dar por finalizada la relación y la expresión de la entrega al trabajador de los haberes que hasta ese momento se adeudan al trabajador.

280 Otro motivo de extinción del contrato es la decisión del trabajador de finalizar su relación laboral debido a un incumplimiento previo del empresario de sus deberes laborales, que es lo que el art. 50 del ET/2015 denomina como "extinción por voluntad del trabajador". El incumplimiento imputable a la parte empresarial se ha de basar en una de las causas que enumera aquel precepto, que son que el empresario lleve a cabo modificaciones sustancias en las condiciones de trabajo llevadas a cabo sin respetar lo previsto en el artículo 41 y que redunden en menoscabo de la dignidad del trabajador; la falta de pago o retrasos continuados en el abono del salario pactado; y finalmente, cualquier otro incumplimiento grave de sus obligaciones por parte del empresario, salvo los supuestos de fuerza mayor, así como la negativa del mismo a reintegrar al trabajador en sus anteriores condiciones de trabajo en los supuestos previstos en los artículos 40 y 41 del ET/2015, cuando una sentencia judicial haya declarado los mismos injustificados. Cuando el trabajador se acoja al art. 50 para resolver el contrato no es necesario que preavise al empresario de su decisión, pero deberá solicitar ante el Juez de lo Social la declaración de extinción contractual, debiendo acreditar y probar el propio trabajador las causas que haya alegado. Si el Juez estima la demanda el trabajador tendrá derecho a una indemnización cifrada en treinta y tres días de salario por año de servicio, prorrateándose por meses los periodos de tiempo inferiores a un año, hasta un máximo de veinticuatro mensualidades.

281 Finalmente, el despido del trabajador es otra causa de extinción del contrato de trabajo. De forma general, se entiende por despido la decisión del empresario de poner fin a la relación laboral, la cual será válida siempre que, como requisito insoslayable, se justifique en alguna de las causas previstas por el ET/2015 para poder despedir, básicamente por un incumplimiento contractual del trabajador (despido disciplinario); por razones correspondientes a la capacidad del trabajador o bien en supuestos específicos de carácter empresarial (despido por causas objetivas); o finalmente, como subtipo de este último, el despido por razones económicas, tecnológicas, organizativas o de producción de la empresa que afecten a una cantidad importante de trabajadores (despido colectivo).

1. EL DESPIDO DISCIPLINARIO

282 El despido disciplinario es aquella decisión unilateral tomada por el empresario –en el ámbito de su legítimo poder de dirección, organizativo y sancionador, *ex* art. 1.1 y 20.2 ET/2015–, por la que pone fin a la relación laboral que lo vincula con el trabajador debido a un incumplimiento contractual grave y

culpable de este último. Al constituir la máxima sanción laboral imputable a un trabajador, la jurisprudencia ha resuelto tradicionalmente la aplicación del llamado "principio gradualista" en la ejecución del despido disciplinario, de modo que el empleador solo puede llevarlo a cabo si es proporcional a la infracción cometida por el trabajador. Además, la doctrina judicial considera que la valoración de un despido disciplinario es por naturaleza de solución casuística, ya que no es posible admitir soluciones estándar sin tener en cuenta todos los elementos que han conducido a su ejecución, en particular la conducta personal (o factor humano), el hecho acontecido y la responsabilidad laboral que se deriva.

283 Las causas que dan motivo a un despido disciplinario se establecen de forma abierta en el art. 54 del ET/2015, donde se incluyen por ejemplo causas referidas a la propia prestación laboral, así, que el trabajador se ausente o llegue tarde al trabajo de forma repetida e injustificada, o que disminuya su rendimiento de forma continuada y voluntaria. El precepto también prevé el despido del trabajador por vulnerar la potestad directiva del empleador en el trabajo, por ejemplo, por desobedecerle, por ofenderle verbal o físicamente, o acosarle tanto a aquél, como a las personas que trabajan en la empresa, así como por estar en estado de embriaguez o toxicomanía con afectación a sus servicios laborales exigidos. Por último, como manifestación del deber del trabajador de prestar sus servicios de buena fe (arts. 5 y 20 ET/2015), el art. 54 contiene como causa de despido que el trabajador la transgreda o abuse de la confianza del empleador en el desempeño del puesto de trabajo.

284 Tal y como establece el art. 55.1 del ET/2015, a no ser que el convenio colectivo de aplicación fije más requisitos, el despido disciplinario deberá ser notificado por escrito al trabajador, haciendo figurar los hechos que lo motivan y la fecha en que tendrá efectos, es decir el momento en el cual el empresario entienda por extinguida la relación laboral. Si el trabajador es representante de los trabajadores el empresario debe abrir antes de adoptar la decisión extintiva un expediente donde deberá oír las alegaciones del representante, y del órgano representativo al que pertenezca. A su vez, si el trabajador está afiliado a un sindicato y el empresario lo conoce, éste deberá recibir en audiencia previa a los delegados sindicales de la sección sindical correspondiente a dicho sindicato.

285 El art. 59.3 ET/2015 concede al trabajador un plazo de caducidad de 20 días a contar desde la fecha que se haya fijado en el despido para reclamar judicialmente contra la decisión del empresario. Dentro de ese periodo se debe celebrar el acto de conciliación previa en el que intentarán llegar a un acuerdo el empresario y el trabajador. Si se realiza sin avenencia y se llega a juicio, el juez de lo Social calificará el despido como "procedente", "improcedente" o "nulo". El despido será procedente cuando el empresario pruebe el incumplimiento del trabajador y haya observado las formalidades del despido.

El despido será improcedente cuando el empresario no consiga acreditar o probar los hechos imputados en la carta de despido, o el despido sea una decisión desproporcionada ante la conducta del trabajador, o bien cuando el empresario no haya cumplido con el procedimiento para realizar el despido disciplinario (en todo caso, si un empresario despide sin cumplir las formalidades prescritas, vuelve a tener un plazo de 20 días para realizar un nuevo despido ya con carta de despido. En caso de despido improcedente, el empresario, en el plazo de cinco días desde la notificación de la sentencia, podrá optar entre la readmisión del trabajador o el abono de una indemnización equivalente a treinta y tres días de salario por año de servicio, prorrateándose por meses los periodos de tiempo inferiores a un año, hasta un máximo de veinticuatro mensualidades (art. 56.1). El despido será nulo cuando se haya producido en violación de los derechos fundamentales del trabajador, o que se lleven a cabo respecto de trabajadoras embarazadas o en períodos de suspensión relacionados con nacimiento o adopción de hijos (art. 55). El despido nulo tendrá el efecto de la readmisión inmediata del trabajador, con abono de los salarios dejados de percibir.

2. LA EXTINCIÓN DEL CONTRATO POR CAUSAS OBJETIVAS

286 Se trata de la decisión del empresario de despedir, de forma general, a un trabajador (o a varios de ellos), en función de causas que no tienen que ver con derivadas subjetivas en forma de negligencias del trabajador, sino que responden a motivos estrictamente empresariales o de interés para el funcionamiento de la empresa. El art. 52 del ET/2015 regula que las causas objetivas que el empleador debe acreditar para poder despedir a un trabajador son las siguientes: en primer lugar, por la ineptitud del trabajador conocida o sobrevenida con posterioridad a su colocación efectiva en la empresa. En segundo lugar, por la falta de adaptación del trabajador a las modificaciones del puesto de trabajo siempre que hayan transcurrido dos meses desde la introducción de las modificaciones. En tercer lugar, también se considera despido objetivo la extinción de contratos indefinidos concertados directamente por entidades sin ánimo de lucro para la ejecución de planes y programas públicos determinados, sin dotación económica estable y financiados por las Administraciones Públicas, por la insuficiencia de la correspondiente consignación para el mantenimiento del contrato de trabajo de que se trate. Y en cuarto y último lugar, se aplicará el régimen del despido objetivo cuando la empresa acredite causas económicas, tecnológicas, organizativas y de producción, y la cantidad de despidos de trabajadores a que la extinción afecte a un número inferior a los umbrales establecidos en el art. 51 del ET/2015 (como se verá en el posterior apartado, si los despidos por dichas causas empresariales superasen los topes previstos en dicho precepto, los despidos ya no serían por causas objetivas, sino que tendrían la calificación de despidos colectivos, a los que se aplica el régimen previsto en el propio art. 51).

287 La definición de cuándo concurren causas económicas, tecnológicas, organizativas y de producción se prevé en el art. 51 del ET/2015: las primeras, cuando de los resultados de la empresa se desprenda una situación económica negativa, en casos tales como la existencia de pérdidas actuales o previstas, o la disminución persistente de su nivel de ingresos ordinarios o ventas (se entiende por persistente, si durante tres trimestres consecutivos el nivel de ingresos ordinarios o ventas de cada trimestre es inferior al registrado en el mismo trimestre del año anterior). La doctrina judicial sostiene que dicha situación económica negativa debe estar referida a la empresa en su conjunto, de tal manera debe probarse su concurrencia en la empresa en su totalidad, sin que quepa reducir dicho ámbito a alguno de sus centros, departamentos, divisiones, secciones o unidades productivas autónomas. Además, la justificación del despido económico tiene que realizarse a través de tres pasos: primero, la acreditación de la existencia de una situación económica negativa; segundo, que la empresa establezca el efecto de esa situación sobre los contratos de trabajo, en la medida en que aquélla provoca la necesidad de amortización total o parcial de los puestos de trabajo, y en tercer y último lugar, que se demuestre la adecuada proporcionalidad de las medidas extintivas adoptadas para responder a esa necesidad. A su vez, respecto de las causas organizativas y de producción hábiles para poder despedir, la jurisprudencia mantiene que deben analizarse en el contexto en que se producen, esto es, en la concreta rama de actividad afectada y no de forma global en la empresa (véase la STS núm. 872/2017 de 14 noviembre [RJ 2017, 5660]).

288 Para llevar a cabo el despido objetivo, la parte empresarial debe cumplir con las formalidades previstas por el art. 53 del ET/2015: de forma inicial, está obligado a comunicar por escrito al trabajador su decisión justificándola en la causa del despido que proceda según el art. 52, y simultáneamente poner a disposición de aquél de una indemnización de veinte días por año de servicio, prorrateándose por meses los periodos de tiempo inferiores a un año y con un máximo de doce mensualidades. Solo en el caso que el despido fuese por razones económicas, técnicas, organizativas y de producción, y en función de la situación económica por la que pase la empresa, el empresario podrá no poner a disposición del trabajador dicha indemnización, siempre que lo haga constar en la carta escrita de despido, sin perjuicio del derecho del trabajador de exigir su abono cuando tenga efectividad la decisión extintiva. Además de los requisitos anteriores, el empleador deberá conceder al trabajador un plazo de preaviso de quince días, computado desde la entrega de la comunicación personal hasta la extinción del contrato de trabajo, de cuyo escrito de preaviso se dará copia a la representación legal de los trabajadores para su conocimiento. Durante el periodo de preaviso el trabajador, o su representante legal si se trata de una persona con discapacidad que lo tuviera, tendrá derecho, sin pérdida de su retribución, a una licencia de seis horas semanales con el fin de buscar nuevo empleo.

289 Si la parte trabajadora recurriese contra la decisión extintiva el juzgador competente calificará la extinción como procedente, improcedente y nula. Será procedente cuando se acredite por la parte empresarial la causa alegada y pruebe el cumplimiento de los requisitos formales para llevar a cabo el despido. En este caso, el trabajador seguirá reteniendo la indemnización pagada por la empresa. El despido será improcedente si el empresario no consigue probar ante el juez la concurrencia de las causas que ha alegado o bien no demuestra el cumplimiento fehaciente de las formalidades exigidas para llevar a cabo la extinción contractual. En todo caso, el hecho de que el empresario no haya concedido el período de preaviso o se haya equivocado de forma excusable en el cálculo de la indemnización, no serán motivos de despido improcedente, sin perjuicio de la obligación del empresario de abonar los salarios correspondientes a dicho periodo o al pago de la indemnización en la cuantía correcta. En caso de despido improcedente, el juez de lo social hará optar al empresario entre readmitir al trabajador (en cuyo caso, éste deberá devolverle la indemnización de 20 días que se le haya pagado), o abonarle una indemnización equivalente a treinta y tres días de salario por año de servicio, prorrateándose por meses los periodos de tiempo inferiores a un año, hasta un máximo de veinticuatro mensualidades (es decir, sobre los 20 días de indemnización que inicialmente hubiese cobrado el trabajador, se le incrementará la indemnización 13 días más). Finalmente, el despido será nulo si se ha llevado a cabo vulnerando los derechos fundamentales del trabajador, o bien se ha llevado a cabo en períodos de suspensión por nacimiento o adopción de hijos o en casos de trabajadoras embarazadas. El despido nulo supone la readmisión inmediata de la parte trabajadora a su puesto de trabajo.

3. EL DESPIDO COLECTIVO

290 Siguiendo la estela de la Directiva 98/59/CE del Consejo, de 20 de julio de 1998, relativa a la aproximación de las legislaciones de los Estados miembros que se refieren a los despidos colectivos, el art. 51.1 del ET/2015 expresa que se entiende producido un despido colectivo cuando en un período de noventa días se extingan contratos de trabajo por causas económicas, tecnológicas, organizativas o de producción de la empresa que afecten a un grupo de trabajadores cuyo número supere los topes numéricos establecidos en el propio precepto. En este aspecto de la franja temporal (noventa días) en la que se computan los despidos activados por la empresa a los efectos de considerarlos como de carácter colectivo conforme a la Directiva 98/59/CE, la STJUE de 11 de noviembre de 2020, Asunto C-300/19, ha resuelto que a los efectos de apreciar si un despido individual en concreto forma parte de un despido colectivo, el período de referencia de noventa días para determinar la existencia de un despido colectivo ha de calcularse computando todo período de 90 días consecutivos en el que haya tenido lugar ese despido

individual y durante el cual se haya producido el mayor número de despidos efectuados por el empresario por uno o varios motivos no inherentes a la persona de los trabajadores. Por otra parte, el propio art. 51 también considera como despido colectivo la extinción de los contratos de trabajo que afecten a la totalidad de la plantilla de la empresa, siempre que el número de trabajadores afectados sea superior a cinco, cuando aquel se produzca como consecuencia de la cesación total de su actividad empresarial derivada de las causas antes señaladas.

291 El rasgo que caracteriza el despido colectivo es que antes de llevarlo a cabo, el empleador está obligado a abrir un periodo de consultas con los representantes legales de los trabajadores, de una duración no superior a treinta días naturales, o de quince en el caso de empresas de menos de cincuenta trabajadores, en cuyo desarrollo las partes deberán negociar de buena fe, con vistas a la consecución de un acuerdo. La apertura de dicho período de consultas se realizará mediante la remisión a los representantes obreros de un escrito con un contenido específico, regulado en el art. 51.2 del ET/2015. Añade este precepto, que dicha consulta deberá versar, como mínimo, sobre las posibilidades de evitar o reducir los despidos colectivos y de atenuar sus consecuencias mediante el recurso a medidas sociales de acompañamiento, tales como medidas de recolocación o acciones de formación o reciclaje profesional para la mejora de la empleabilidad. En particular, cuando los despidos colectivos propuestos por la parte empresarial afecten a más de 50 trabajadores, es obligatorio que las medidas sociales de acompañamiento incluyan un plan de recolocación externa de los trabajadores.

292 El periodo de consultas regulado en el art. 51.2 del ET/2015 podrá acabar con acuerdo, si lo adoptan de forma general la mayoría de miembros de los representantes de los trabajadores (siempre que representen a la mayoría de los trabajadores del centro o centros de trabajo afectados), o sin acuerdo. Tanto si hay acuerdo como si no, el empresario podrá notificar los despidos individualmente a los trabajadores afectados, lo que deberá realizar conforme a lo establecido en el art. 53.1 que regula las extinciones por causas objetivas. En consecuencia, entre otros requisitos deberá poner a disposición de los trabajadores afectados una indemnización de veinte días por año de servicio, prorrateándose por meses los periodos de tiempo inferiores a un año y con un máximo de doce mensualidades. En todo caso, deberán haber transcurrido como mínimo treinta días entre la fecha de la comunicación de la apertura del periodo de consultas a la autoridad laboral y la fecha de efectos del despido.

293 Según el art. 124 de la LJS, la decisión empresarial de despedir colectivamente podrá impugnarse por los representantes legales de los trabajadores en base a que no concurra la causa legal indicada en la comunicación

escrita; que no se haya realizado el período de consultas o seguido los procedimientos previstos en el art. 51 del ET/2015, que la decisión extintiva se ha adoptado con fraude, dolo, coacción o abuso de derecho; o que el despido se efectúe vulnerando derechos fundamentales y libertades públicas. El Juzgador declarará el despido colectivo como ajustado a derecho (lo que equivaldría a la procedencia del despido colectivo) cuando la decisión extintiva del empresario haya cumplido los requisitos procedimentales del 51 del ET/2015 y acredite la concurrencia de la causa legal esgrimida. Al contrario, la sentencia declarará no ajustada a Derecho la decisión extintiva (lo que sería equivalente a la improcedencia del despido colectivo), cuando el empresario no haya acreditado la concurrencia de la causa legal indicada en la comunicación extintiva. Y declarará como nula la decisión extintiva únicamente cuando el empresario no haya realizado el período de consultas o seguido los procedimientos previstos en el art. 51 del ET/2015, así como cuando la medida empresarial se haya efectuado en vulneración de derechos fundamentales y libertades públicas. Como se observa, lo que hace el Juez es "declarar", más que calificar, si los despidos colectivos son o no ajustados a Derecho, o nulos. Esta declaración puede tener efectos (de cosa juzgada) respecto de los procedimientos judiciales que el art. 124 también ofrece abrir a los trabajadores individuales individualmente afectados que reclamen contra el mismo despido colectivo resuelto. Por otra parte, el art. 124.3 también prevé bajo determinadas condiciones la denominada acción de jactancia impulsada por la propia empresa con la finalidad de que se declare ajustada a derecho el despido colectivo que ha decidido; el precepto añade que la sentencia declarativa tendrá efectos de cosa juzgada sobre los procedimientos individuales que se puedan abrir por dicho despido.

IX. LA FISCALIZACIÓN DE LA NORMA LABORAL

294 Como ocurre en otros ámbitos del ordenamiento jurídico, la normativa laboral no siempre es observada de forma espontánea. De aquí que el poder público ha de crear un servicio con el fin de poder garantizar su cumplimiento. Este servicio público es la Inspección de Trabajo y Seguridad Social (ITSS), institución firmemente asentada en nuestro país desde hace más de 100 años pero que ha intentado adaptarse a las circunstancias de la realidad social y económica en las que despliega su actuación. Su presencia está en la mayoría de los países del mundo por requerimiento de los convenios 81 (sobre inspección del trabajo en la industria y el comercio) y 129 (sobre inspección del trabajo en la agricultura) de la OIT. Su regulación actual se encuentra en la Ley 23/2015, de 21 de julio, Ordenadora del Sistema de Inspección de Trabajo y Seguridad Social (LITSS/2015). Su función, básicamente, es salvaguardar los derechos de los trabajadores consagrados en la legislación laboral y contribuir al sostenimiento del sistema de protección social.

1. LA INSPECCIÓN DE TRABAJO Y SEGURIDAD SOCIAL: ÁMBITO DE ACTUACIÓN, FUNCIONES, FUNCIONARIOS QUE LA INTEGRAN Y COMPETENCIAS

295 La actuación de la ITSS se extiende a toda la normativa del denominado orden social e incluye: el marco regulador del sistema de relaciones laborales, la prevención de riesgos laborales, las normas de seguridad social, empleo y colocación, migraciones y fórmulas de economía social como son las sociedades cooperativas y las sociedades laborales (artículo 12 LITSS/2015). Respecto de ellas desarrolla su función más conocida, la vigilancia y exigencia de su cumplimiento, sin embargo también es importante destacar sus cometidos de asistencia técnica a las empresas con ocasión del ejercicio de la función inspectora, especialmente a las pequeñas y medianas empresas, intentando facilitarles un mejor cumplimiento de las disposiciones del orden social. Por otro lado, la cercanía a la realidad laboral de la función inspectora hace que tenga un gran prestigio su actividad conciliadora y de mediación en huelgas y otros conflictos laborales, a pesar de que la Recomendación 81 de la OIT (1947) sobre Inspección de Trabajo sugiera que las funciones de los inspectores del trabajo no debieran incluir las de conciliador o árbitro en conflictos del trabajo tanto por la necesidad de ser imparciales en el ejercicio de sus funciones como de que así sea percibido por las partes.

296 La actuación de la Inspección de Trabajo y Seguridad Social se extiende a las personas físicas y jurídicas, tanto públicas como privadas, a las comunidades de bienes u otras entidades sin personalidad jurídica, en cuanto ostenten la condición de sujetos obligados o responsables del cumplimiento de las normas del orden social. Su actividad se ejerce en las empresas, los centros de trabajo y, en general, en aquellos lugares en que se ejecute la prestación laboral. También se expande a los vehículos y los medios de transporte en general en los que se preste trabajo, incluidos trenes, aviones y aeronaves civiles, y buques de pabellón español cuando se hallen en puertos del territorio español o en aguas en las que España ejerza soberanía o jurisdicción y a los puertos, aeropuertos, vehículos y puntos de salida, escala y destino, tanto en su condición de centros de trabajo como en lo relativo a los viajes de emigración e inmigración interior.

297 La función inspectora se ejerce por funcionarios pertenecientes al Cuerpo Superior de Inspectores de Trabajo y Seguridad Social, y por funcionarios de carrera del Cuerpo de Subinspectores Laborales. Ambos cuerpos tienen habilitación nacional y su situación jurídica y las condiciones de servicio deben garantizarles la objetividad e imparcialidad que exigen los convenios de la OIT señalados. El Cuerpo de Subinspectores Laborales cuenta con dos Escalas especializadas: la Escala de Empleo y Seguridad Social y la Escala de Seguridad y Salud Laboral. Esta última, creada por LITSS/2015, tiene unas funciones específicas en materia de prevención de riesgos laborales y su pretensión

es ampliar y reforzar la actuación de la Inspección en esta materia, puesto que hasta entonces era atribución exclusiva de los funcionarios del Cuerpo Superior de Inspectores, y no hay que obviar que España registra algunas de las peores cifras de siniestralidad laboral de la Unión Europea. En el ejercicio de su función, a todos estos funcionarios, se les tiene que garantizar protección frente a cualquier violencia, coacción, amenaza o influencia indebida. Ejemplo de ello, es la posibilidad de iniciar expedientes sancionadores por obstrucción a la labor inspectora ante este tipo de comportamientos (art. 50 TRLISOS).

298 La Inspección de Trabajo y Seguridad Social puede actuar de oficio y, también, en virtud de denuncia, siendo esta una acción pública. Cualquier persona puede denunciar incumplimiento de la legislación social, en contraste se requiere que la denuncia no sea anónima y de ser así se obliga a su no tramitación (art. 20 LITSS/2015). Como medida de protección a los trabajadores que denuncian sus propias irregularidades laborales se prevé que los funcionarios de la inspección consideren confidencial y guarden sigilo profesional sobre el origen de cualquier queja de que conozcan. En el desarrollo de la actuación inspectora y para poder ejercer una solvente actuación inspectora se autoriza a los funcionarios facultades muy amplias, destacando la de entrar libremente en cualquier momento y sin previo aviso en todo centro de trabajo, establecimiento o lugar sujeto a inspección y a permanecer en el mismo. No es fortuita la cautela de que, si el centro sometido a inspección coincide con el domicilio de una persona física, se deberá obtener su expreso consentimiento o, en su defecto, la oportuna autorización judicial (art. 12 LITSS/2015). La justificación, la protección constitucional del domicilio particular. También pueden practicar cualquier diligencia de investigación, examen, reconstrucción o prueba que consideren necesaria; así como requerir información, sólo o ante testigos, al empresario o al personal de la empresa sobre cualquier asunto relativo a la aplicación de las disposiciones legales y exigir la identificación, o razón de su presencia, de todas las personas que se encuentren en el centro de trabajo inspeccionado (art. 13).

299 La ITSS interviene en esta tarea de fiscalización de la normativa exigiendo responsabilidad administrativa y proponiendo sanciones a través de la emisión de actas de infracción. Para ello, debe comprobar la existencia de infracciones tipificadas como tales. Es decir, que los incumplimientos de la normativa, las conductas infractoras, se incluyan en los tipos infractores relacionados, fundamentalmente, en la TRLISOS (como se verá en el capítulo de extranjería, la LE/2000 recoge las infracciones específicas en materia de extranjería). Es lo que se denomina principio de tipicidad que deriva directamente del artículo 25 de la CE y entendido en el sentido de predeterminación normativa por ley de las conductas constitutivas de infracciones administrativas y de las sanciones aplicables a las mismas. En el ámbito de las infracciones laborales existe la particularidad de que se incluyen no solo las acciones u omisiones contrarias

a las normas legales y reglamentarias, sino también los incumplimientos de las cláusulas normativas de los convenios colectivos, no así de su clausulado obligacional, y si bien existe debate a la hora de calificar unas y otras cláusulas la óptica jurisprudencial reconduce las obligacionales prácticamente a las obligaciones de paz asumidas expresamente por los sujetos negociadores (STS de 20 de diciembre de 1995, Ar. 9496).

300 Bien parecería por lo anterior que la ITSS solo inicia expedientes sancionadores. No es así, la ley le permite "advertir y requerir al sujeto responsable, en vez de iniciar un procedimiento sancionador" (art. 22 LITSS/2015), pero añade que tal posibilidad solo es posible "cuando las circunstancias del caso así lo aconsejen". Lo que indica que se trata de supuestos excepcionales, pues lo ordinario será la sanción de la conducta infractora. Otro requisito añadido es que no se deriven perjuicios directos a los trabajadores o a sus representantes, no obstante la norma no precisa qué tipo de perjuicio queda incluido. Apuntamos la idea de equiparar perjuicio directo a derechos materiales de los trabajadores, mayoritariamente de contenido económico. Requerir exige determinar un plazo para que se adopten las medidas necesarias en orden al cumplimiento de la normativa de orden social o se subsanen las deficiencias observadas en materia de prevención de riesgos laborales, previéndose su justificación ante el funcionario actuante. No deja de ser un instrumento ampliamente utilizado en la práctica inspectora que, además, funciona como mecanismo de promoción y difusión de la normativa. Obviamente, en el supuesto de incumplimiento del requerimiento se iniciaría el procedimiento sancionador, pudiendo actuar la inobservancia como elemento agravante de la sanción a imponer.

301 Podría pensarse que, desde el reconocimiento constitucional de la negociación colectiva y la intervención activa de los interlocutores sociales, el papel de la ITSS quedaría en un plano inferior. No ha sido así, al contrario, en los últimos años se advierte que uno de los ejes sobre los que gira la política laboral de los diferentes gobiernos gravita, precisamente, en la actuación de la ITSS. Constituyen ejemplos significativos el *Plan de Lucha contra el empleo irregular y el fraude a la Seguridad Social* (abril 2012), el *Plan Estratégico de la Inspección de Trabajo y Seguridad Social para el período 2018-2020* (abril de 2018) y el *Plan Director por un Trabajo Digno 2018-2019-2020* (BOE 28 de julio de 2018) elaborado por el gobierno socialista una vez aprobada la moción de censura contra el gobierno del Partido Popular. El último, el *Plan Estratégico de la Inspección de Trabajo y Seguridad Social 2021-2023* (BOE del 3 de noviembre), que plantea un reforzamiento de la eficacia, de las capacidades y de la organización de la Inspección. Todos ellos, aún con objetivos y programas diferentes, coinciden en la importancia de la ITSS en la promoción del trabajo decente, trabajo decente que según la OIT implica ingresos justos, seguridad en el lugar de trabajo, protección social para las familias, perspectivas de desarrollo personal e integración social, libertad para que los individuos expresen sus opiniones,

se organicen y participen en las decisiones que afectan sus vidas, y la igualdad de oportunidades y trato para todos, mujeres y hombres.

2. INFRACCIONES Y SANCIONES EN MATERIA DE RELACIONES LABORALES

302 El ordenamiento laboral no ofrece un concepto global de infracción en materia de relaciones individuales de trabajo, la noción va referida a una remisión a la regulación sustantiva: son infracciones laborales las acciones u omisiones de los empresarios contrarias a las normas legales, reglamentarias y cláusulas normativas de convenios en materia de relaciones laborales (art. 5 TRLISOS), o en el ámbito de la prevención de riesgos laborales, se definen como "las acciones u omisiones de los sujetos responsables... que incumplan las normas legales, reglamentarias y cláusulas normativas de los convenios colectivos en materia de seguridad y salud laboral sujetas a responsabilidad conforme a la presente Ley". Ya hemos señalado antes que la disposición sustantiva a contravenir se amplía en esta materia acogiendo a las cláusulas normativas de las normas convencionales, extensión lógica cuyo soporte argumentativo lo encontramos en la condición de fuente de derecho del convenio colectivo y en su determinación de derechos y obligaciones en la relación laboral.

303 El empresario, titular de la relación laboral, es el responsable característico de este espacio administrativo sancionador, entendiendo por tal las personas físicas o jurídicas y las comunidades de bienes a que hace referencia el art. 1.2 ET/2015, y dentro de ellas se incluye a la Administración pública como empleadora laboral, donde su actividad se inserta en la esfera del Derecho del Trabajo. Sin embargo, el tratamiento sancionador respecto de los incumplimientos a las normas de prevención de riesgos laborales no es idéntico para el empresario privado y público. Este último dispone de un trato ventajoso en tanto no es posible imputarle responsabilidad a través del inicio de un expediente sancionador con imposición de multa económica. De acuerdo con el art. 45 de la LPRL, la exigencia le vendrá ordenada por resolución de la autoridad competente, en la que se establecerá el mandato de realización de las medidas correctoras adecuadas a los incumplimientos detectados, conforme al procedimiento establecido para cada tipo de administración (general, autonómica o local). Lo cierto es que no deja de ser una materia en la que la Administración goza de cierta impunidad.

304 En el área de las relaciones laborales la tipificación de las infracciones es muy numerosa, en concordancia tanto con las obligaciones y condiciones de trabajo a respetar como con la importancia del bien jurídico protegido. A ello se dedica el capítulo III del TRLISOS que incluye infracciones en materia de relaciones laborales individuales y colectivas, de prevención de riesgos laborales, de empleo, de empresas de trabajo temporal, etc. La distribución de

las infracciones es la tradicional: leves, graves y muy graves, y su calificación viene determinada por la trascendencia del incumplimiento. Es conveniente añadir que esa importancia no siempre tiene unos contornos precisos y delimitados sino que abre la posibilidad de interpretación al aplicador mediante el recurso a *conceptos jurídicos indeterminados*, como es la infracción muy grave en prevención de riesgos laborales de "No adoptar cualesquiera otras medidas preventivas aplicables a las condiciones de trabajo en ejecución de la normativa sobre prevención de riesgos laborales de las que se derive *un riesgo grave e inminente* para la seguridad y salud de los trabajadores" (art. 13.10 TRLISOS). Gravedad e inminencia son conceptos que requieren cierta dosis de subjetividad en la valoración lo que incide en una discrecionalidad contradictoria con el principio de seguridad jurídica que debe reinar en el procedimiento sancionador.

305 Las sanciones consisten en multa pecuniaria y su cuantía depende de la materia en la que se ha producido la infracción, de la gravedad de ésta y de la presencia de determinadas circunstancias que permiten graduar la sanción en sus tramos mínimo, medio o máximo. Entre los criterios previstos legalmente para graduar las sanciones figuran, entre otros, la negligencia e intencionalidad del sujeto infractor, fraude o connivencia, incumplimiento de las advertencias previas y requerimientos de la Inspección, cifra de negocios de la empresa, número de trabajadores o beneficiarios afectados en su caso, perjuicio causado y cantidad defraudada (art. 39.2 TRLISOS). En el ámbito de la prevención de riesgos laborales se establecen criterios específicos de graduación de las sanciones y las cuantías a imponer son notoriamente más elevadas que en el resto de materias, pudiendo llegar a imponerse una cuantía de hasta 983.736 euros (art. 40.2 TRLISOS). En general, las multas pueden incrementarse sustancialmente en aquellos casos en los que la Inspección de Trabajo y Seguridad Social aprecia la existencia de reincidencia. La sanción nunca podrá imponerse si la infracción ha prescrito y las infracciones en el orden social prescriben a los tres años contados desde la fecha de la infracción salvo en materia de Seguridad Social, donde las infracciones prescribirán a los cuatro años y en materia de prevención de riesgos laborales en que las infracciones leves prescribirán al año, las graves, a los tres años, y las muy graves, a los cinco años (art. 4 TRLISOS). El procedimiento sancionador en el orden social se inicia con la extensión de acta de infracción por la Inspección de Trabajo y Seguridad Social.

X. BIBLIOGRAFÍA Y PÁGINAS WEB

1. BIBLIOGRAFÍA

AA.VV. (Directores: Ferran Camas Roda y Gemma Ubasart González): *Manual del Estado del Bienestar y las Políticas Sociolaborales.* Editorial Huygens, Barcelona, 2018.

AA.VV. (Dir. Carolina Gala e Ignasi Beltran): *Derecho del Trabajo.* Huygens Editorial, Barcelona 2011.

ALARCÓN CARACUEL, M. R.: "El impacto de la nueva Ley en el contrato de trabajo". *La* Ley de Prevención de Riesgos Laborales. *XIV Jornadas Universitarias Andaluzas de Derecho del Trabajo y Relaciones Laborales.* Consejo Andaluz de Relaciones Laborales, 1997.

CAMAS RODA, F.: *Las obligaciones del empresario en la normativa de prevención de riesgos laborales,* Wolters Kluwer, Madrid, 2002.

CAMAS RODA, F.: *La normativa internacional y comunitaria de seguridad y salud en el trabajo,* Tirant lo Blanch, Valencia, 2003.

MARÍN ARCE, JUAN IGNACIO: *El derecho a la seguridad y salud en el trabajo, expresión de los avances y retrocesos democráticos.* Editorial Bomarzo, Albacete, 2019.

PÉREZ AMORÓS, F.: "Unas reflexiones para el debate sobre el Derecho del Trabajo y la Covid-19: por una realidad más justa". En Revista Internacional y Comparada de Relaciones Laborales y Derecho del empleo. Volumen 9, número 1, enero-marzo de 2021.

FREIHERR VON RICHTHOFEN, W.: *La inspección de Trabajo. Guía de la profesión, Colección* Informes OIT, Ministerio de Trabajo y Asuntos Sociales, Madrid, 2003.

2. PÁGINAS WEB

EL DIARIO DE FERRAN CAMAS SOBRE DERECHO DEL TRABAJO, INMIGRACIÓN Y PROPUESTAS CULTURALES: https://www.Ferrancamas.com.

EL BLOG DE EDUARDO ROJO. El nuevo y cambiante mundo del trabajo. Una mirada abierta y crítica a las nuevas realidades laborales: http://www.eduardorojotorrecilla.es/.

ITSS (Inspección de Trabajo y Seguridad Social): http://www.mitramiss.gob.es/itss/web/index.html.

INSST (Instituto Nacional de Seguridad y Salud en el Trabajo): http://www.insht.es.

MITRAMISS (Ministerio de Trabajo, Migraciones y Seguridad Social), Plan Director por un Trabajo Digno: http://www.mitramiss.gob.es/es/destacados/HOME/plan-director-por-un-trabajo-digno.pdf.

OIT (Organización Internacional del Trabajo): https://www.ilo.org [Se recomienda acceder a la pestaña "Normas del Trabajo"].

IV

Derecho colectivo del trabajo

SUMARIO: I. LIBERTAD SINDICAL Y ASOCIACIONISMO EMPRESARIAL. 1. *Libertad sindical: titularidad, contenido y representatividad.* 2. *Asociacionismo empresarial: contenido y representatividad.* II. REPRESENTACIÓN EN LA EMPRESA. 1. *Representación sindical.* 2. *Representación unitaria.* 3. *La responsabilidad del empresario y su reproche administrativo.* III. NEGOCIACIÓN COLECTIVA. 1. *El convenio colectivo: contenido y eficacia.* 2. *Convenio colectivo estatutario: legitimación, concurrencia, vigencia y descuelgue.* IV. CONFLICTOS COLECTIVOS: HUELGA Y CIERRE PATRONAL. 1. *El derecho de huelga y el cierre patronal: conceptos.* 2. *El ejercicio del derecho de huelga: procedimiento.* 3. *La responsabilidad del empresario por actuaciones contrarias al derecho de huelga: la prohibición de sustituir a trabajadores en huelga.* V. BIBLIOGRAFÍA Y PÁGINAS WEB. 1. *Bibliografía.* 2. *Páginas web.*

306 El derecho colectivo del trabajo, también denominado derecho sindical, tiene por objeto principal regular las relaciones laborales entre: los empresarios –organizados profesionalmente en asociaciones o no– y las organizaciones profesionales de trabajadores en sus diferentes formas: sindicatos, delegados de personal, comités de empresa, asambleas, coaliciones, etc. La ordenación jurídica de estas relaciones parte de la función –inspirada en el Art. 5 de la Carta Social Europea y en el Art. 8.1.a del Pacto Internacional de Derechos Económicos, Sociales y Culturales– que el Art. 7 de la Constitución Española (CE) otorga a sindicatos y asociaciones empresariales "de promoción y defensa de los intereses sociales y económicos que les son propios", admitiendo la existencia de prioridades contrapuestas cuyo alcance tiene incidencia más allá del ámbito estrictamente laboral, en la sociedad en general. Esta función que la CE encomienda a sindicatos y organizaciones empresariales precisa de una disciplina que ordene las relaciones de representación de las voluntades colectivas, así como las manifestaciones o acciones de conflicto que han de derivarse de las relaciones colectivas. De esta forma, el derecho colectivo del trabajo es la especialidad que estudia los instrumentos legales de autotutela –negociación colectiva, huelga y cierre patronal, este último con las limitaciones que más adelante se verán– y de autoorganización y coordinación –libertad sindical, asociación y participación de los trabajado-

res en la empresa– reconocidos a sindicatos y empresarios en el ejercicio de sus respectivas defensas de intereses.

I. LIBERTAD SINDICAL Y ASOCIACIONISMO EMPRESARIAL

307 Las inquietudes sociales y económicas de los trabajadores tienen una doble vertiente: de una parte, son intereses derivados del intercambio de trabajo por salario que incumbe a este colectivo de forma directa. De otra parte, son aspiraciones resultantes de su condición como miembros de la sociedad, preocupados por la mejora de la calidad de vida, el acceso a la vivienda, a la cultura, etc. (PALOMEQUE LÓPEZ, 2015). Para promover y defender estos intereses, las personas trabajadoras precisan de una institución estable y organizada que represente al colectivo frente al empresario, pero también como grupo de presión ante las instituciones públicas. Ello convierte a las organizaciones sindicales en sujetos políticos de relevancia llamados por la propia CE a participar en los proyectos de la Administración que afecten al bienestar de los ciudadanos o a la calidad de vida de éstos (Art. 129.1 CE). Así pues, la libertad sindical se configura como el derecho básico que ampara la creación, organización y acción del sindicato dotándole de la autonomía necesaria para ejercer su función constitucional y social.

308 También la búsqueda del interés colectivo empresarial se canaliza a través de dos vías. En primer lugar, se estructura como un poder de respuesta y resistencia ante las reivindicaciones de los trabajadores y, en segundo lugar, actúa como grupo de presión ante el estado. Sin embargo, y a diferencia de las organizaciones sindicales, la finalidad colectiva de las patronales es secundaria puesto que su interés básico y primordial es un beneficio individual, principalmente económico. Esta distinta naturaleza explica que la CE no atribuya a las asociaciones empresariales el papel de actor influyente en decisiones político-sociales que reserva a los sindicatos. En virtud de ello, la jurisprudencia constitucional ha venido reiterando que la libertad sindical solo es predicable de los sindicatos, pero en ningún caso de las patronales. La defensa de los intereses de éstas se acomoda, pues, en el marco del común derecho de asociación (Art. 22 CE) que asiste a cualquier colectivo, siempre que su finalidad sea legal y que su estructura interna y funcionamiento sean democráticos.

1. LIBERTAD SINDICAL: TITULARIDAD, CONTENIDO Y REPRESENTATIVIDAD

309 La libertad sindical aparece por primera vez a nivel internacional en el año 1919, en el preámbulo de Constitución de la Organización Internacional del Trabajo (OIT) como un principio necesario para mejorar las condiciones de trabajo de la población y aportar estabilidad social. El reconocimiento legal, sin

embargo, deberá esperar hasta el año 1948 cuando se promulga el Convenio N.° 87 OIT que obliga a los estados firmantes a adoptar medidas para la protección del derecho. A partir de ese momento, diferentes Convenios y Tratados internacionales han desarrollado el alcance de la libertad sindical en términos más detallados. Destacan entre los más importantes, el Convenio Núm. 98 de la OIT sobre negociación colectiva (1949), la Convención Europea de Derechos Humanos (1950), la Carta Social Europea (1961), el Pacto Internacional de Derechos Políticos y Civiles y el Pacto Internacional de Derechos Económicos, Sociales y Culturales, ambos de 1966, y la Carta de Derechos Fundamentales de la Unión Europea (2000). En el contexto español, la ratificación de los instrumentos anteriores se produjo de manera progresiva a partir de 1977 e implicó la incorporación de la libertad sindical a la CE de 1978 como un derecho fundamental (Art. 28 CE) sujeto a amparo constitucional y que ha de ser regulado por ley orgánica que "en todo caso deberá respetar su contenido esencial" (Art. 53 CE). Se trata de un derecho indisponible para el legislador, que sólo podrá reconocer, modificar o suprimir por ley otros derechos y contenidos adicionales, debiendo mantener intacto el contenido esencial que se comenta más adelante.

310 La Ley 11/1985, de 2 de agosto, de libertad sindical (LOLS), dictada en desarrollo del Art. 28.1 CE, constituye el eje normativo de la representación colectiva y de la acción sindical. La LOLS se estructura en 5 títulos en los que se regulan: titularidad y contenido de la libertad sindical (Título I, Arts. 1-3), el régimen jurídico sindical en cuanto a la constitución y actuación como persona jurídica del sindicato (Título II, Arts. 4-5), la representatividad sindical en la que se reconocen las garantías y facultades especiales a los sindicatos con mayor implementación frente a los de representatividad ordinaria (Título III, Arts. 6-7), la acción sindical donde se establecen los derechos de actuación del sindicato en el marco de la empresa a través de las secciones sindicales y/o delegado sindical (Título IV, Arts. 8-11) y, finalmente la tutela antidiscriminatoria en materia sindical (Título V, Arts. 12-15).

311 Los litigios derivados de la constitución y reconocimiento de los sindicatos y los que surjan de la impugnación y modificación de sus estatutos, se sustancian de acuerdo al procedimiento previsto en los Artículos 167-175 de la *Ley 36/2011, de 10 de octubre, reguladora de la jurisdicción social* (LJS). La misma ley, en los Artículos 177 y ss. regula el proceso especial de tutela del derecho de libertad sindical a través de un procedimiento preferente y sumario. Finalmente, el *Real Decreto Legislativo 5/2000, de 4 de agosto, por el que se aprueba el texto refundido de la Ley sobre Infracciones y Sanciones en el Orden Social* (TRLISOS), prevé la tutela administrativa de las infracciones en materia de libertad sindical. Puesto que el TRLISOS solo contempla las infracciones laborales, se entiende que el sujeto infractor en materia de libertad sindical únicamente puede ser el empresario. Las vulneraciones del derecho

a las que será de aplicación esta normativa se tipifican como graves (Art. 7) y muy graves (Art. 8).

312 Según lo previsto en el Convenio N.° 87 OIT, todas las personas trabajadoras "sin ninguna distinción" son titulares del derecho a la libertad sindical. De forma similar, el Art. 28.1 CE empieza diciendo: "Todos tienen derecho a sindicarse libremente". De ello no cabe inferir, sin embargo, que este sea un derecho universal pues la propia CE permite limitaciones y excepciones legales de algunos colectivos que se verán más adelante. La LOLS matiza que la titularidad la ostentan "todos los trabajadores", entendiendo como tales los que prestan servicios por cuenta ajena, así como el personal laboral y funcionario de las administraciones públicas (Arts. 1.1 y 1.2). Serán, en consecuencia, titulares del derecho los mayores de 16 años que de acuerdo con el Art. 7 ET/2015 tengan capacidad legal para contratar. Asimismo, los extranjeros residentes en España aunque no tengan permiso de estancia o residencia, podrán sindicarse libremente en las mismas condiciones que los españoles en virtud del Art. 11 de la Ley Orgánica 4/2000, de 11 de enero, sobre derechos y libertades de los extranjeros en España y su integración social (LE/2000) tras la reforma efectuada a raíz de la sentencia del STC de 7 de noviembre 2007 (RTC 2007, 236) que declaró inconstitucional la vinculación del derecho a la libertad sindical a la autorización de estancia o residencia en España.

313 Con todo, el concepto de trabajador a los efectos del derecho a la libertad sindical no se agota con los sujetos de una relación jurídica de prestación de servicios en vigor. La LOLS abarca una noción de trabajador inclusiva de los sujetos que han tenido acceso al mercado laboral; parados, jubilados o incapacitados que hayan cesado su actividad a consecuencia de su incapacidad (Art. 3.1 LOLS). Ahora bien, estos colectivos podrán afiliarse al sindicato de su elección, pero no podrán en ningún caso fundar sindicatos que tengan por finalidad la tutela de sus intereses singulares, aunque obviamente sí podrán constituir asociaciones. Dos argumentos justifican tal limitación. El colectivo de los trabajadores no activos tendrá, de manera lógica y lícita, como aspiración prioritaria la defensa de la protección social, de modo que una organización sindical creada con esta finalidad entraría en conflicto directo con los intereses de los trabajadores activos, cuyo objetivo primordial es la mejora de las condiciones de trabajo generando una contradicción en términos jurídicos. Se incumpliría la función constitucional de los sindicatos, que es común en defensa de los mismos intereses colectivos y, por tanto, dejaría de representar el conflicto ante los empresarios para pasar a ser también un conflicto entre organizaciones sindicales. Por lo demás, y teniendo en cuenta que según se ha indicado anteriormente, los sindicatos están llamados a participar en los proyectos políticos de ámbito social, la simultaneidad de objetivos

contrapuestos podría comprometer las decisiones de los poderes públicos en materia de bienestar general.

314 Los trabajadores autónomos que no tengan trabajadores a su servicio –que no sean empleadores– son titulares del derecho a la libertad sindical con idéntica limitación: posibilidad de afiliación, pero no de creación de sindicatos (Art. 3.1 LOLS). Cabe incluir aquí el colectivo de trabajadores autónomos económicamente dependientes (TRADE) a los cuales la LOLS no hace referencia. El régimen jurídico de este grupo concreto de trabajadores obliga a "No tener a su cargo trabajadores por cuenta ajena" (Art. 11.2.a) de la Ley 20/2007, de 11 de julio, del Estatuto del trabajo autónomo (LETA). En concordancia, sus derechos en el ámbito sindical se han de entender idénticos a los establecidos en el Art. 3.1 LOLS. El sentido de estas inclusiones en la titularidad del derecho no es otro que la posición socioeconómica, y por ende intereses, similar de los trabajadores asalariados y los autónomos no empleadores, lo que sin duda justifica un tratamiento unitario de ambos sujetos. En sentido inverso, la prohibición de fundar sindicatos se explica porque la actividad sindical necesita de una contraparte frente a la cual ejercer sus reivindicaciones, contraparte que no existe en el caso de los trabajadores autónomos.

315 Además de las anteriores limitaciones, el sistema constitucional permite determinadas exclusiones de la titularidad del derecho a la libertad sindical. Son las previstas en el Art. 28.1 CE y Art. 1.3 LOLS que afectan a los miembros de las fuerzas o institutos armados y otros cuerpos sometidos a la disciplina militar. También, las interdicciones establecidas en el Art. 127.1 CE y Art. 1.4 LOLS, las cuales prohíben la afiliación de jueces, magistrados y fiscales a sindicatos mientras estén en activo. La idea subyacente a estas excepciones no es otra que la sujeción a la neutralidad política de tales colectivos ordenada en las legislaciones respectivas. En todo caso, si se les permite formar asociaciones profesionales para la defensa de sus respectivos intereses, sin que puedan llevar a cabo actividades políticas, ni tener vinculaciones con partidos políticos u organizaciones sindicales. Respecto a las exclusiones que se acaban de señalar, es preciso tener en cuenta que, en lo referido a los cuerpos armados o militares, las leyes españolas se adecuan a los preceptos internacionales, en concreto al Art. 9.1 del Convenio N.° 87 OIT que permite a las legislaciones nacionales decidir si estos colectivos deben o no gozar del derecho a la libertad sindical. No sucede lo mismo con los jueces, magistrados y fiscales, sobre los cuales el Convenio N.° 87 OIT guarda silencio, siendo posible interpretar que les atribuye el derecho sin limitaciones en cuyo caso la interdicción prevista en el ordenamiento español no vendría avalada por el derecho internacional.

316 El derecho a la libertad sindical es un conglomerado genérico y complejo de derechos que el Art. 28 CE no delimita de forma exhaustiva. Este

conjunto de derechos está compuesto por un núcleo o contenido esencial que el legislador ha de respetar (Art. 53.1 CE) pues se trata de las facultades que identifican y hacen reconocible el ejercicio del derecho (STC de 8 de abril de 1981 [RTC 1981, 11]). La jurisprudencia constitucional ha identificado como núcleo esencial e irreductible derechos tales como: la libertad de fundar organizaciones sindicales, la libertad de afiliación y la consiguiente libertad sindical negativa –esto es, el derecho a no afiliarse a ningún sindicato–, el derecho a la actividad sindical, las garantías de autonomía en el desarrollo de esta actividad, la prohibición de actos de injerencia de los poderes públicos y/o empresarios y la prohibición de discriminación. Este contenido esencial se identifica con los derechos establecidos en los Arts. 2-8 del Convenio N.° 87 OIT que, de forma un tanto ambivalente, se han trasladado al Art. 2 de la LOLS.

317 Complementa este núcleo esencial un bloque heterogéneo de facultades y potestades, denominado contenido adicional, cuya función es la de facilitar la actividad sindical. En este concepto se integran, a modo de ejemplo: la participación institucional, la promoción y participación en elecciones, la creación de secciones y delegados sindicales en los centros de trabajo, la obtención de medios como locales o tablones de anuncios para información, la posibilidad de realizar asambleas en los lugares de trabajo, etc. Teniendo en cuenta que ni el contenido esencial ni el adicional citados suponen un listado de *numerus clausus*, de lo anterior es posible extraer un primer rasgo importante que permite distinguir ambos contenidos: la intangibilidad de los derechos y facultades que integran el contenido esencial frente a la materialidad de los que conforman el contenido adicional. Distinción que, por otro lado, ha de vincularse necesariamente a la naturaleza de las normas que regulan cada uno de ellos. Si, como ya se ha dicho, el contenido esencial está sujeto, por expreso mandato constitucional, a ley orgánica, el contenido adicional viene atribuido por normas infraconstitucionales, legales o reglamentarias, convenios colectivos o decisiones unilaterales del empresario. Y, por consiguiente, las facultades y derechos adicionales pueden ser alterados o suprimidos, no así el contenido esencial. Sin embargo, el TC ha reiterado que cualquier modificación del contenido adicional viene limitada a elementos no necesarios del derecho a la libertad sindical. En otras palabras, el contenido adicional está condicionado a la eficacia del contenido esencial (por todas, STC de 9 de mayo de 1995 [RTC 1995, 67]).

318 El ordenamiento jurídico español parte de la igualdad ante la ley de todos los ciudadanos (Art. 14 CE), igualdad que se predica también de las organizaciones sindicales con independencia del ámbito –territorial o funcional– en el que sitúen su actividad, o de su implantación. El contenido esencial, por tanto, en su condición de núcleo mínimo irreductible, se reconoce a todas las centrales sindicales sin excepción, y por extensión a sus representantes. En contraste, el elenco de derechos y facultades que conforman el contenido adicional no

ha de ser necesariamente otorgado por igual a todos los sindicatos. El TC ha justificado esta diferencia de trato entre organizaciones sindicales en base a que la desigualdad, si está provista de motivación objetiva y razonable y guarda proporcionalidad entre la finalidad perseguida y los medios empleados para conseguirla, no cabe considerarla en vulneración de los derechos a la igualdad y a la libertad sindical protegidos constitucionalmente (STC de 29 de julio de 1985 [RTC 1985, 98]).

319 Dentro del entramado plural de derechos y facultades que conforman el contenido de la libertad sindical, es posible distinguir un doble plano en atención al sujeto titular de cada derecho. Desde esta perspectiva, la vertiente individual abarca los derechos que son propios de las personas trabajadoras individualmente consideradas y, la vertiente colectiva alude a los derechos cuya titularidad corresponde a los sindicatos ya constituidos. Forman parte del plano individual: el derecho a fundar sindicatos, el derecho a afiliarse a ellos y el derecho a la actividad sindical. Asimismo, como se verá, el derecho de afiliación se descompone en dos facetas: la dimensión positiva y la dimensión negativa mientras que el derecho a la actividad sindical se materializa a través de la acción individual pero también mediante la acción colectiva.

320 El derecho a fundar sindicatos es el "derecho previo" o medio necesario a partir del cual se podrá llevar a cabo la acción sindical, que es la verdadera finalidad de cualquier organización de este tipo. Este derecho garantiza a cualquier trabajador/a la posibilidad de participar en la constitución de un sindicato sin autorización previa, así como a extinguirlo o suspenderlo mediante procedimientos democráticos (Art. 2.1.a LOLS). Aunque resulta evidente que los sindicatos se fundan por la unión de un conjunto de voluntades, –la Convención Europea de Derechos Humanos, en su Art. 11.1, así lo recoge cuando establece que toda persona tiene derecho a "fundar, con otros, sindicatos"– y que la propia ley (Art. 4.1 LOLS) habla de los "promotores y dirigentes", la legislación española no excluye que un solo trabajador baste para la creación de un sindicato. En cuanto al procedimiento, se requiere constitución escrita mediante estatutos que deberán ser depositados en el registro público establecido a estos efectos. Depósito que también se exige en el supuesto de modificación de los estatutos del sindicato una vez ya constituido (Art. 4.8 LOLS).

321 La redacción del Art. 2.1.b LOLS: "El derecho del trabajador a afiliarse al sindicato de su elección con la sola condición de observar los estatutos del mismo o a separarse del que estuviese afiliado, no pudiendo nadie ser obligado a afiliarse a un sindicato", contiene las dos vertientes antes citadas. Por un lado, la vertiente positiva: derecho a afiliarse al sindicato elegido sin más requisito que respetar los estatutos y a separarse del mismo en cualquier momento por decisión libre de la persona trabajadora y, por otra, la vertiente

negativa: derecho a no ser obligado/a a pertenecer a ningún sindicato. Esta doble configuración legal del derecho de afiliación tiene como objetivo proteger a la persona afiliada frente a posibles actos abusivos tanto por parte de la organización sindical, como por parte del empresario. En otras palabras, la ley pretende vetar cualquier diferencia de trato por razón de afiliación o actividad sindical con el fin de garantizar la igualdad.

322 El derecho de cualquier trabajador/a a no ser obligado/a a pertenecer a un sindicato (vertiente negativa) se reconoce en el Art. 28 CE y en el Art. 2.1.b LOLS y en concreto prohíbe las denominadas cláusulas de seguridad sindical cuyo objetivo es fomentar la implantación de un sindicato. Son ejemplos de conductas prohibidas: la obligación de pagar al sindicato una cuota "de solidaridad" sin estar afiliado al mismo; el pacto entre empresa y sindicato para la contratación preferente de personal afiliado al sindicato o, en caso de despidos el pacto entre empresa y sindicatos de condiciones más favorables para los afiliados. Deben distinguirse estas acciones concretas fruto del pacto entre un sindicato y el empresario consideradas en vulneración del derecho de afiliación, de las medidas de fomento a la sindicación o afiliación adoptadas por el legislador. En este último supuesto, es admisible que los trabajadores sindicados tengan legalmente atribuidos derechos diversos de aquellos que no lo estén, "pues en tal caso no se está haciendo la sindicación obligatoria y la diferencia de régimen jurídico será legítima si lo es dentro del campo del artículo 14 de la CE, siempre que no entrañe presión o coacción" (STC de 22 de noviembre de 1982 [RTC 1982, 68]).

323 El derecho a la libertad sindical comprende el derecho a la actividad sindical individual en virtud del cual el trabajador puede realizar actuaciones sindicales con independencia de su afiliación o no a un sindicato, dentro o fuera de la empresa, mediante su adhesión o participación en las actividades lícitas convocadas por un sindicato. Es de especial relevancia el criterio establecido por la STC de 9 de mayo de 1994 (RTC 1994, 134) que permite ejercer actividades sindicales a los trabajadores individuales sin vinculación a ningún sindicato. El TC apoya tal decisión en la lógica de la función sindical: en la medida en que un sindicato tiene entre sus objetivos principales implicar al mayor número posible de trabajadores que compartan el mismo interés, sería contradictorio excluir de las actividades organizadas para conseguir tal propósito a los trabajadores no pertenecientes al sindicato que las promueve pues ello dejaría desprotegidos a los trabajadores no afiliados. Además, y teniendo en cuenta que el porcentaje de afiliación en España es inferior al 20% de los trabajadores, limitar la participación únicamente a los afiliados podría frustrar en muchos casos la función constitucional de los sindicatos, pues ciertas acciones o reivindicaciones carecerían del apoyo suficiente para tener efectividad.

324 Forma también parte de la actividad sindical individual de los trabajadores, ahora sí, afiliados y en el ámbito de la empresa o centro de trabajo, constituir

secciones sindicales de conformidad con los estatutos del sindicato; celebrar reuniones previa notificación al empresario, recaudar cuotas y distribuir información sindical, fuera de las horas de trabajo y sin perturbar la actividad normal en la empresa (Art. 8.1 LOLS). Conviene destacar que el objeto de estos derechos es el centro de trabajo o empresa, lo cual lleva aparejadas las correlativas obligaciones del empresario. El derecho a distribuir información implica tanto el derecho de los trabajadores a quien vaya dirigida a recibirla, como la obligación del empresario a permitir que los destinatarios la reciban. El auge de las nuevas tecnologías supone un cambio de paradigma no previsto por la LOLS y el uso del correo electrónico de la empresa como canal para transmitir información sindical ha suscitado la controversia respecto a si el empresario debe o no tolerar tal uso. De nuevo, ha sido la jurisprudencia del TC la que ha venido a cubrir este vacío legal, declarando que el derecho a transmitir información forma parte del contenido esencial de la libertad sindical y, en consecuencia, al empresario se le impone la carga de aceptar que los medios de su propiedad, preexistentes en la empresa sean utilizados por los trabajadores afiliados para desarrollar su actividad. Ahora bien, con el objetivo de evitar un uso abusivo el TC establece tres reglas que los afiliados deberán cumplir: 1) la comunicación no podrá perturbar la actividad normal de la empresa, 2) la utilización de los medios electrónicos no puede perjudicar el uso que el empresario hubiera previsto para los mismos y, 3) la utilización tampoco podrá suponer mayores costes para el empleador (STC de 7 de noviembre de 2005 [RTC 2005, 281]).

325 La vertiente colectiva de la libertad sindical se refiere al conjunto de derechos y facultades que el ordenamiento jurídico otorga al sindicato como ente colectivo y en consecuencia nacen a partir del momento en que el sindicato ha sido constituido. El Art. 28 CE únicamente contempla el derecho "a formar confederaciones y a fundar organizaciones sindicales internacionales o a afiliarse a las mismas", por lo que es necesario acudir al Art. 2 LOLS y a la jurisprudencia del TC para comprender el catálogo y alcance de esta vertiente colectiva. Cabe señalar, en primer lugar, la dimensión organizativa que encuentra amparo en el Art. 2.1.a LOLS a través del derecho a suspender o extinguir un sindicato con la sola condición de mediar un procedimiento democrático, y en el Art. 2.2 apartados b) y c) LOLS. En estos preceptos se encuentra una exigencia de autonomía organizativa del sindicato para permitirle establecer su administración interna, sus actividades, así como su programa de acción como libremente decida, sin ningún tipo de injerencia ni del poder público ni del poder privado. Facultades de autoorganización que la ley refuerza otorgando a los sindicatos el derecho de reglamentación que se concreta en la redacción de sus propios estatutos y reglamentos (Art. 2.2.a LOLS).

326 El modelo de relaciones laborales en España se configura como un modelo plural basado en la libertad sindical; en especial de la libertad de

creación de sindicatos, de la libertad de autoorganización y libertad de acción y de asociación empresarial cuyo resultado es la convivencia de organizaciones y asociaciones de diferente entidad representativa dentro del mismo ámbito funcional y/o territorial. En este contexto, el ordenamiento jurídico ha creído conveniente trasladar las diferencias existentes entre los distintos sindicatos a la regulación que les ampara, otorgando determinadas funciones y privilegios sólo a algunos sindicatos, en concreto a los mayoritarios, con el objetivo de asegurar una supuesta racionalidad de las relaciones laborales y el fomento de la efectividad en la tutela del interés de los trabajadores. De esta forma, aparece la institución de la mayor representatividad sindical en la LOLS y en el ET/2015 como mecanismo de selección de sindicatos que, al reunir los requisitos legales, gozaran de una serie de ventajas respecto al resto.

327 Legalmente la representatividad sindical se define en el Art. 6.1. LOLS como la condición reconocida a determinados sindicatos que les confiere una "singular posición jurídica a efectos tanto de participación institucional como de acción sindical". La condición de representatividad se establece en base al criterio de la "audiencia electoral" y se construye a partir de la presencia de los sindicatos en los órganos de representación unitaria. Esto es, atendiendo al número de puestos o representantes obtenidos en las elecciones a órganos de representación en la empresa de los trabajadores por cuenta ajena –comités de empresa y delegados de personal– y de los funcionarios públicos –juntas de personal y delegados de personal–. Como es evidente, esta solución legislativa lleva implícita una desigualdad en el trato a los sindicatos, de muy difícil encaje constitucional que el TC ha buscado salvar justificando la necesidad de prevenir una excesiva atomización sindical con un gran número de sindicatos que no consiguen fuerza suficiente como para lograr sus objetivos (por todas STC de 18 de diciembre de 1995 [RTC 1995, 188]). Por lo tanto, se presenta como una fórmula de compromiso que pretende conjugar el respeto a la pluralidad sindical y el derecho a la igualdad de trato a todos los sindicatos. Sin embargo, como se verá a continuación, es dudoso que el criterio de audiencia electoral sea una justificación objetiva y razonable del trato desigual que la ley dispensa a los sindicatos más representativos.

328 La construcción legislativa resultante de la LOLS obliga a distinguir tres tipos o grados de organizaciones sindicales representativas, con una lista de derechos y funciones diferenciada. En primer lugar, destacan los sindicatos más representativos a nivel estatal, aquellos que hayan obtenido el 10% o más de los delegados de personal, de los miembros de los comités de empresa y de los correspondientes órganos de las administraciones públicas (Art. 6.2.a LOLS). Puesto que la representatividad así exigida lo es respecto del total de los representantes del personal entendido como el conjunto de todas las categorías o sectores de actividad, cabe concluir

que solamente podrán acceder a ser sindicatos más representativos a nivel estatal las grandes centrales sindicales, en la actualidad UGT y CCOO. En segundo lugar, ostentan la condición de sindicatos más representativos a nivel de Comunidad Autónoma (Art. 7.1 LOLS) aquellos que, sin estar afiliados a federaciones o confederaciones de ámbito estatal, hayan obtenido el 15% de los representantes unitarios en el territorio de esa Comunidad, siempre que hayan obtenido al menos 1.500 representantes. Como en el caso anterior, tal audiencia ha de alcanzarse en el conjunto de todos los sectores de actividad, con lo que el acceso a esta condición queda limitado a organizaciones sindicales complejas. Finalmente, el tercer tipo de representatividad se refiere a los sindicatos con representatividad suficiente (Art. 7.2 LOLS). Son aquellos que hayan obtenido al menos el 10% de los representantes unitarios de los trabajadores en un determinado ámbito territorial y funcional. Ello significa que puede haber tantos sindicatos suficientemente representativos como combinaciones posibles de los ámbitos funcional y territorial, los cuales gozarán de capacidad representativa en ese específico ámbito.

329 Las organizaciones que adquieran la cualidad de más representativas a nivel estatal y de Comunidad Autónoma (CCAA) gozan de las prerrogativas previstas en el Art. 6.3 LOLS, entre las cuales cabe destacar la representación institucional ante las Administraciones Públicas y organismos de carácter estatal o autonómico que la tengan prevista (Arts. 6.3.a y 7.1 LOLS). Facultad que se concreta en el derecho a estar presentes en numerosos órganos administrativos que gestionan materias de interés general para los trabajadores y en las que esos sindicatos son portavoces del colectivo social al que representan. Tal representación institucional se otorga por la LOLS a los sindicatos más representativos estatales no sólo en los organismos de ámbito estatal, sino también en los autonómicos; y, a la inversa, a los sindicatos más representativos autonómicos no sólo en los organismos de ese ámbito, sino en los estatales. Este derecho, que no forma parte del contenido esencial de la libertad sindical, encuentra sus fundamentos constitucionales además de en el Art. 7 CE, en los Arts. 129 y 131.2 CE. Se trata de una previsión legal dirigida a fomentar la labor de interlocución social y política mediante negociaciones bi o tripartitas con los órganos de gobierno y/o con las asociaciones empresariales, conocidos bajo la denominación de concertación social.

330 Por lo que se refiere a los sindicatos con representatividad suficiente, no tienen atribuida la representación institucional a ningún nivel, ni tampoco la cesión temporal del uso de inmuebles públicos que si les corresponde a los sindicatos más representativos. Pero dentro de su ámbito de actuación, funcional o territorial, están legitimados para ejercer las mismas funciones que las asignadas a los más representativos de acuerdo con lo que dispone el Art. 6.3. apartados b), c), d), e) y g) LOLS. Es decir, derecho a la negociación colectiva

en los términos que establece el ET/2015, participar como interlocutores en la determinación de las condiciones de trabajo en las Administraciones Públicas a través de los oportunos procedimientos de consulta o de negociación, participar en los sistemas no jurisdiccionales de solución de conflictos de trabajo, promover elecciones para delegados de personal y comités de empresa y organismos correspondientes de las Administraciones Públicas, y cualquier otra función que se establezca.

331 Desde la perspectiva jurídica, el mecanismo de la mayor representatividad sindical plantea el problema de hasta qué punto supone un ataque a la autonomía o independencia sindical respecto del estado. La naturaleza de este mecanismo es ambigua pues de un lado actúa como medio de apoyo a la capacidad de acción de los sindicatos, dotándoles de mayor fuerza para realizar reivindicaciones colectivas o para concluir acuerdos que mejoren las condiciones de trabajo de una mayor parte de trabajadores. Pero por otra parte ampara el monopolio de varios sindicatos en determinadas actividades, lo cual limita la libertad de acción a los sindicatos favorecidos tanto como a los que quedan excluidos. Este elemento es especialmente relevante en el modelo español puesto que, además, las organizaciones representativas –tanto las más representativas como las simplemente representativas– se financian a través de fondos públicos. Ello implica que el modelo de relaciones laborales se ha diseñado a medida del Estado y ha limitado considerablemente la autonomía sindical, buscando la complicidad de las grandes organizaciones (MORATO GARCÍA, 2017) a la vez que perjudica a las organizaciones minoritarias pues no les permite desarrollarse en igualdad de condiciones. En otras palabras, mantiene a estas últimas relegadas a un papel secundario con pocas –o nulas– posibilidades de alcanzar la condición de representatividad.

2. ASOCIACIONISMO EMPRESARIAL: CONTENIDO Y REPRESENTATIVIDAD

332 A nivel internacional, el derecho de asociación de los empresarios se menciona únicamente en el Convenio N.° 87 OIT sobre la libertad sindical, el cual se refiere de manera indistinta a las organizaciones de trabajadores y de empresarios estableciendo en los Estados firmantes las mismas obligaciones respecto a las garantías de libertad sindical y, en el Art. 5 de la Carta Social Europea donde se equipara el derecho de sindicación tanto a sindicatos como a las patronales. En España, el TC ha excluido expresamente a las organizaciones empresariales del radio de acción de la libertad sindical, situándolas en el genérico derecho de asociación (STC de 8 de abril de 1992 [RTC 1992, 52] y STC de 21 de marzo de 1994 [RTC 1994, 92]). El Art. 52 CE obliga al legislador a promulgar una ley (no orgánica) que regule "las organizaciones profesionales que contribuyan a la defensa de los intereses económicos que les

sean propios", ley que aún no ha sido aprobada. Cubre este vacío legal la Ley 19/1977, de 1 de abril, sobre regulación del derecho de asociación sindical, preconstitucional, y derogada por la Disp. Derogatoria de la LOLS en todo excepto en lo que se refiere en particular a las asociaciones empresariales, sin perjuicio de la aplicación supletoria de la Ley Orgánica 1/2002, de 22 de marzo, reguladora del derecho de asociación. De este modo, las asociaciones empresariales se sitúan extramuros de la LOLS, pero se presentan igualmente como instituciones básicas del Estado social y democrático de Derecho, para la defensa, en este caso, de los derechos e intereses esencialmente económicos de los empresarios.

333 La Ley 19/1977, estructura el derecho de asociación empresarial en paralelo a la regulación que para los sindicatos recoge la LOLS. Es posible diferenciar una vertiente individual del derecho en la que se integra la libertad de constitución y de afiliación; y, por otra parte, una vertiente colectiva que incluye la libertad de actuación interna y externa, reglamentación, federación, gestión y disolución, únicamente limitadas por la exigencia de adecuación a los principios democráticos. El proceso de constitución de la organización empresarial se caracteriza, al igual que en el caso de los sindicatos, por la concesión de las máximas garantías y facilidades, de tal forma que, sin necesidad de ningún tipo de autorización administrativa previa, basta con el depósito y registro de los estatutos de la asociación en la oficina pública correspondiente (Art. 3 Ley 19/1977). La exclusión de la LOLS supone que ciertos derechos reconocidos a los sindicatos –como el derecho de huelga, el derecho a presentar candidatos en las llamadas elecciones sindicales, a convocar esas elecciones, etc.– no corresponden a las asociaciones patronales, lo cual es lógico dada la diferente naturaleza de ambas organizaciones. Sin embargo, otros derechos les vienen reconocidos por distintas normas: así, el derecho a negociar convenios colectivos estatutarios (Art. 87.2 ET/2015), a la participación institucional en organismos públicos (DA 6.ª ET/2015) que lo reconoce a las más representativas en el ámbito estatal o autonómico, a plantear conflictos colectivos (Art. 154 LJS), o al uso de inmuebles públicos (DA 6.ª ET/2015).

334 No existe una regulación de la representatividad empresarial ni a nivel general ni en un ámbito territorial y específico. Sólo algunas disposiciones legales del ET/2015 dan cuenta de ciertos aspectos de ésta. A efectos de ostentar representación institucional en defensa de intereses generales de los empresarios ante las Administraciones Públicas y otras entidades y organismos de carácter estatal o de CCAA que la tengan prevista, se entiende que gozan de tal capacidad representativa las asociaciones empresariales que, de acuerdo con la DA 6.ª ET/2015, cuenten –como afiliadas– con el 10% o más del total de las empresas, siempre que éstas den empleo al 10% o más de los trabajadores. De lo cual se deduce, que sólo las grandes confederaciones empresariales, en concreto la CEOE, alcanzan la condición de mayor repre-

sentatividad. Son asociaciones empresariales más representativas de CCAA las que en ese ámbito cuenten con el 15% o más de empresas y trabajadores en el ámbito de una determinada comunidad y siempre que tales asociaciones no estén integradas en una asociación empresarial estatal, es decir, si limitan su ámbito de actuación a una comunidad determinada. Finalmente, el Art. 87.3 ET/2015, reconoce a los exclusivos efectos de la negociación colectiva, legitimación a las asociaciones empresariales simplemente representativas –esto es, aquellas que en un ámbito concreto ocupen al menos al 15% de los trabajadores afectados por el convenio, prescindiendo del número de empresas asociadas–.

II. REPRESENTACIÓN EN LA EMPRESA

335 El Art. 129.2 CE encomienda a los poderes públicos promover la participación de los trabajadores en la empresa. Sin establecer una forma concreta, el Art. 129.2 CE remite necesariamente al conjunto de normas destinadas al tratamiento de las relaciones laborales en la Constitución. El legislador, ha recogido este principio programático en el Art. 4.1.g ET/2015 como uno de los derechos laborales básicos de los trabajadores, y ha optado por regularlo en el Título II, Arts. 61 a 76 ET/2015, identificando el derecho de participación de los trabajadores en la empresa con la creación de dos órganos de representación: los delegados de personal y los comités de empresa. Sin duda, estos constituyen una de las manifestaciones posibles del derecho de participación, pero no la única. No puede ser de otra manera, ya que el Art. 3 del Convenio 135 OIT, sobre los representantes de los trabajadores, ratificado por España en 1972, define esta figura como comprensiva de: "a) los de representantes sindicales, es decir, representantes nombrados o elegidos por los sindicatos o por los afiliados a ellos; y b) representantes electos, es decir, representantes libremente elegidos por los trabajadores de la empresa".

336 Por tanto, el derecho no se agota con las formas previstas en el Título II ET/2015. Así lo reconoce el propio Art. 61 ET/2015 al afirmar que "de conformidad con lo dispuesto en el art. 4 de esta Ley, y sin perjuicio de otras formas de participación, los trabajadores tienen derecho a participar en la empresa a través de los órganos de representación regulados en este Título". De hecho, la legislación española admite un doble canal de representación de los trabajadores en los centros de trabajo: en primer lugar, los órganos propiamente sindicales –secciones sindicales y en su caso, delegados sindicales– de acuerdo con lo establecido en los Arts. 8 y 10 LOLS y, en segundo lugar, los órganos electos –también denominados representación unitaria– formada por los comités de empresa y delegados de personal, según lo previsto en el Título II ET/2015. Es esta representación unitaria la que determina la representatividad de los sindicatos.

1. REPRESENTACIÓN SINDICAL

337 Como se acaba de mencionar, la representación sindical en la empresa está formada por las secciones sindicales y, en su caso delegados sindicales. Las secciones sindicales están formadas por el conjunto de trabajadores o de funcionarios de un centro de trabajo o de una empresa afiliados a un mismo sindicato. Tienen una doble dimensión, pues son instancias organizativas internas del sindicato, forman parte de la estructura de éste y, a la vez, ostentan ante el empresario la representación de sus afiliados. Para constituir una sección sindical, es irrelevante el número de trabajadores en plantilla o el número de afiliados. Tampoco es necesario que el sindicato tenga la condición de representatividad, basta simplemente que el sindicato haya sido legalmente constituido. Además, las secciones sindicales pueden formarse tanto a nivel de centro de trabajo como de empresa, en función del planteamiento estratégico que cada sindicato elija. El nivel de competencias y de instrumentos de actuación de las secciones sindicales varía según éstas superen o no determinados criterios selectivos. Ahora bien, las atribuciones y facilidades que la ley establece se entienden como mínimas y pueden ser ampliadas en el convenio colectivo, pero no reducidas.

338 Todas las secciones sindicales, gozan de los derechos establecidos en el Art. 8.1 apartados b) y c) LOLS (ver párrafo 337). Sin embargo, las que pertenezcan a los sindicatos más representativos y las que tengan algún representante en los comités de empresa o en los órganos de representación unitaria constituidos en las administraciones públicas (juntas y delegados de personal), disfrutan (Art. 8.2.b LOLS) del derecho a la negociación colectiva sujeto al Título III ET/2015 y, en especial, en sus Art. 87.1 y 88.b. También tienen derechos que corresponden al contenido adicional de la libertad sindical, tales como: a) derecho a un tablón de anuncios situado en el centro de trabajo y en un lugar accesible para los trabajadores (Art. 8.2 a LOLS) con la finalidad de facilitar la difusión de avisos de interés para los afiliados y para los trabajadores en general, y b) derecho a utilizar un local adecuado para desarrollar sus actividades en las empresas o centros de trabajo de más de 250 trabajadores (Art. 8.2.c LOLS), local que será de uso compartido para todas las secciones sindicales que puedan existir en la misma empresa o centro de trabajo.

339 Siempre que se cumplan todos los requisitos previstos en el Art. 10.1 LOLS, las secciones sindicales podrán elegir delegados sindicales quienes, a todos los efectos representarán a las primeras en la empresa o centro de trabajo. Los requisitos son los siguientes: 1) que la empresa o centro de trabajo ocupe a más de 250 trabajadores, cualquiera que sea la clase de su contrato, de naturaleza indefinida o temporal, a tiempo completo o parcial. 2) Las secciones han de tener algún representante en los órganos de representación unitaria, si éstos existen en la empresa. 3) Los delegados sindicales han de ser elegidos por y entre los afiliados al sindicato en la empresa. Resulta

por ello ilícito, que la designación sea efectuada directamente por el propio sindicato. El número mínimo de delegados sindicales por cada sección sindical, establecido en el Art. 10.2 LOLS depende de la audiencia electoral y del volumen de trabajadores de la empresa, pero podrá ser ampliado por convenio colectivo estatutario.

340 Las competencias de los delegados sindicales son similares a las previstas para los representantes unitarios (Art. 10.3 LOLS). Así, tienen derecho a recibir la misma información que la empresa ponga a disposición de los órganos unitarios, debiendo guardar sigilo profesional cuando sea procedente. Tienen derecho a asistir a las reuniones de los comités de empresa y de los órganos internos de la empresa en materia de seguridad e higiene, con voz, pero sin voto y, derecho a ser oídos por la empresa previamente a la adopción de medidas de carácter colectivo que afecten a los trabajadores en general y a los afiliados de sus sindicatos en particular y, especialmente, en los despidos y sanciones de estos últimos. En cuanto a las garantías, el mismo Art. 10.3 LOLS equipara el nivel de garantías legales de los representantes sindicales con el de los unitarios.

2. REPRESENTACIÓN UNITARIA

341 El Título III ET/2015 prevé dos posibilidades de representación unitaria: comités de empresa y delegados de personal, según el número de trabajadores que ocupe la empresa o centro de trabajo. A diferencia de la representación sindical, la unitaria tiene carácter obligatorio, de forma que una vez realizadas las elecciones deben designarse los órganos correspondientes, sin que la voluntad de las partes o el convenio colectivo puedan establecer pactos en contra. El Art. 62 ET/2015 crea, para las empresas o centros de trabajo de tamaño reducido, de entre 6 y 49 trabajadores, órganos de representación individuales: delegados de personal. A las empresas que ocupen a 50 trabajadores o más, el Art. 63 ET/2015 las dota de órganos colegiados: comités de empresa. Quedan excluidas de la representación unitaria, por tanto, las empresas o centros de trabajo con menos de 6 trabajadores. Es perfectamente posible, pues que una empresa con diferentes centros de trabajo en los que el número de trabajadores sea inferior a 6 en cada uno, no tenga representación unitaria, aunque la plantilla total de la empresa supere los mínimos legales establecidos. Si bien es cierto que tanto el ET/2015 como otros preceptos de la normativa laboral aluden a "empresa o centro de trabajo", la unidad electoral básica es el centro de trabajo, cuando este cuente con un mínimo de 10 trabajadores. El mandato de ambos órganos es de cuatro años, entendiéndose prorrogado si, llegado a su término, no se hubiesen promovido nuevas elecciones de representantes. Durante su mandato, solamente podrán ser revocados por decisión de los trabajadores que los hayan elegido, mediante asamblea convocada al efecto a instancia de un tercio,

como mínimo, de los trabajadores y por mayoría absoluta de éstos, mediante voto secreto (Art. 67.3 ET/2015).

342 Los delegados de personal ostentan la representación de los trabajadores en las empresas o centros de trabajo con menos de 50 y más de 10 trabajadores, aunque en las que cuentan con una plantilla entre 6 y 10 trabajadores podrá haber un delegado de personal si así lo deciden los trabajadores por mayoría (Art. 62 ET/2015). La elección de los delegados se realiza por sufragio personal, libre, directo y secreto de todos los trabajadores de la empresa o centro de trabajo, estén o no afiliados a algún sindicato. En las empresas o centros de trabajo que ocupen entre 31 y 49 trabajadores, se eligen 3 delegados que ejercerán sus funciones de forma mancomunada, aunque ello no implica que deba ser por unanimidad pues la jurisprudencia acepta la actuación por mayoría en casos de discrepancia entre los delegados. En las empresas cuyo número de empleados sea inferior a 31, se elige un solo delegado de personal, cuya actuación, obviamente, no está sujeta a la regla de la mancomunidad. Esta división que evita el número par debe entenderse como la evidencia de impedir empates en las deliberaciones (OJEDA AVILÉS).

343 El comité de empresa es el órgano representativo y colegiado que representa al conjunto de los trabajadores en las empresas o centros de trabajo que ocupen a 50 o más trabajadores (Art. 63.1. ET/2015). Puesto que, como se ha indicado anteriormente, el centro de trabajo es la unidad electoral básica, se constituirá –con las excepciones que a continuación se verán– un comité por cada centro de trabajo que supere los 50 trabajadores, sin que ello afecte a la denominación que se mantiene como comité de empresa, aunque en puridad debería ser comité de centro. Su composición viene determinada por una progresión legal que parte de 5 miembros en centros de entre 50 y 100 trabajadores, hasta un máximo de 75 miembros, de los cuales 21, para centros de 750 a 1000 trabajadores y de 1000 en adelante, 2 por cada 1000 o fracción hasta el máximo indicado (Art. 66.1 ET/2015). El comité de cada centro elige entre sus miembros un presidente y un secretario, elaborará su propio reglamento de procedimiento que deberá remitir a la autoridad laboral y a la empresa. Deberá reunirse cada dos meses o siempre que así lo soliciten un tercio de sus miembros o de los trabajadores de la empresa (Art. 66.2 ET/2015) y a sus sesiones podrán asistir con voz, pero sin voto, los delegados sindicales.

344 El Art. 63 ET/2015 prevé dos excepciones a la regla numérica general de constitución de comités de empresa: el comité de empresa conjunto (Art. 63.2 ET/2015) y el comité de empresa intercentros (Art. 63.3 ET/2015). El comité de empresa conjunto se debe constituir, necesariamente, cuando la empresa tenga, en la misma provincia o en municipios limítrofes, varios centros pero ninguno de los cuales supere los 50 trabajadores, pero sí

sumados. O bien, cuando la empresa cuente con varios centros en la misma provincia, y algunos superen el mínimo de 50 trabajadores y otros no, en cuyo caso cada centro con la plantilla adecuada formará un comité cada uno y el resto, formarán un comité conjunto siempre que la cifra total de trabajadores de éstos sume más de 50 trabajadores, de lo contrario procederá la elección de delegados de personal en cada uno de ellos en el número que corresponda.

345 El art. 63.3 ET/2015 permite al convenio colectivo estatutario pactar un comité intercentros con un máximo de 13 miembros y según el número de trabajadores de la empresa (Art. 66 ET/2015), que serán designados entre los componentes de los distintos comités de empresa de cada centro y por ellos mismos, conforme a la implantación sindical. Del precepto se sigue que en cada centro debe existir un comité de empresa, de lo contrario no es posible la creación de un comité intercentros. A diferencia del comité de empresa, que es una construcción legal, el comité intercentros es de creación voluntaria, a través del convenio colectivo el cual podrá otorgarle los poderes y funciones que las partes acuerden, incluso por encima de las establecidas legalmente para el comité de empresa, por ejemplo, atribución de créditos de horas y delegados adicionales a los sindicatos que tengan presencia en este comité. En la práctica, la función más importante de este comité intercentros consiste en la negociación del convenio para toda la empresa, lo que le convierte –salvo expresión en contra– en un órgano permanente de la empresa. Excepto en lo anterior, los órganos unitarios: comité de empresa y delegados de personal gozan de las mismas funciones (Art. 62.2 ET/2015) y garantías (Art. 68 ET/2015) estas últimas pudiendo ser ampliadas por convenio colectivo estatutario.

3. LA RESPONSABILIDAD DEL EMPRESARIO Y SU REPROCHE ADMINISTRATIVO

346 La TRLISOS aglutina todos los incumplimientos de las obligaciones que la vertiente colectiva del Derecho del Trabajo impone a los empresarios. Su concreta gravedad dependerá de los perjuicios que se pueda causar a los trabajadores en su condición de sujetos colectivos. Con sano criterio se considera infracción muy grave la transgresión de los deberes materiales de colaboración que impongan al empresario las normas reguladoras de los procesos electorales a representantes de los trabajadores (art. 8.7). La intervención del empresario en el proceso electoral es esencial, en tanto debe facilitar los medios precisos para el normal desarrollo de la votación y de todo el proceso electoral (art. 75.1 ET/2015). Concretamente, una vez que se comunica a la empresa el propósito de celebrar elecciones, esta tiene un plazo de 7 días para trasladarla a los trabajadores que han de constituir la mesa y remitir a la misma el censo laboral, con indicación de los trabajadores que reúnan los requisitos de edad

y antigüedad necesarios para ostentar la condición de electores y elegibles (art. 6 del RD 1844/1994). Ello no supone que el empresario se vea obligado a entregar el censo a los sindicatos (STSJ de Andalucía, de 5 de mayo de 2008, AS 2009, 716).

347 El mismo criterio de valoración de gravedad tienen las acciones u omisiones del empresario que impidan el ejercicio del derecho de reunión de los trabajadores, de sus representantes y de las secciones sindicales (art. 8.5 TRLISOS). La medida sancionadora, con una redacción abierta, contempla cualquier conducta impeditiva del derecho por parte del empresario, como puede ser negar el derecho de reunión a los integrantes del Comité de Empresa una vez despedidos por el empresario, pero habiendo sida recurrida esta decisión (STSJ de Cataluña de 6 de julio de 2000, JUR 2000, 294692). En este mismo nivel se sitúa la vulneración del derecho de asistencia y acceso a los centros de trabajo de quienes ostenten cargos electivos a nivel provincial, autonómico o estatal en las organizaciones sindicales más representativas (art. 8.6 TRLISOS). Es una manifestación de la protección que se otorga a los sujetos sindicales y para ello debe tratarse de un cargo electivo sindical y acreditar tal condición, el acceso ha de tener como objeto la participación en actividades propias del sindicato o del conjunto de trabajadores, y es necesario comunicarlo previamente al empresario, y no interrumpir el desarrollo normal del proceso productivo (art. 9.1.c LOLS).

348 En una magnitud inferior se encuentran las infracciones graves (arts. 7.7, 7.8 y 7.9 TRLISOS). Las conductas recogidas son, esencialmente: la transgresión de los derechos de información, audiencia y consulta de los representantes de los trabajadores y de los delegados sindicales; la conculcación de los derechos de los representantes de los trabajadores y de las secciones sindicales en materia de crédito de horas retribuidas y locales adecuados para el desarrollo de sus actividades, así como de los tablones de anuncios; y la vulneración de los derechos de las secciones sindicales en orden a la recaudación de cuotas, distribución y recepción de información sindical, en los términos en que legal o convencionalmente estuvieren establecidos. Distinguimos, por tanto, tres bloques de incumplimientos: el primero relacionado con las competencias de los representantes de los trabajadores que sobre esta materia se contemplan en el ET/2015 (tanto en el art. 64 como en otros preceptos del mismo texto legal o de la LOLS); el segundo comprensivo de las garantías que los representantes disponen para el ejercicio, precisamente, de su actividad representativa como es el disfrute de un número de horas retribuidas (art. 68. ET/2015); y un tercero integrado en la órbita de la actividad del sindicato respecto de sus afiliados u otros trabajadores (art. 8. LOLS).

349 Dentro de este apartado, merece una pequeña mención el artículo 9 del TRLISOS que tutela los derechos de información y consulta de los trabajadores en las empresas y grupos de empresas de dimensión comunitaria. Para

ello prevé un elenco de infracciones graves y muy graves en conductas que tiendan a obstaculizar el ejercicio de los derechos de información y consulta, bien porque tratan de evitar la constitución de un comité de empresa europeo o, en su caso, el procedimiento alternativo de información y consulta, bien porque impiden el adecuado funcionamiento de estos cauces de información y consulta. No podemos sino resaltar la extraordinaria importancia de esta representación colectiva y que intenta dar una respuesta social a la realidad del mercado interior de la UE. Mercado que puso en evidencia que las decisiones estratégicas de los agentes económicos de dimensión transnacional, con repercusiones en los ámbitos nacionales y locales, se adoptaban en centros de decisión situados fuera de los lugares donde se ubicaban los mecanismos tradicionales de representación de los trabajadores. El establecimiento de los instrumentos de información y consulta en un ámbito transnacional, mediante la creación de uno o varios comités de empresa europeos, permite que el interlocutor natural será la dirección central de la empresa o grupo de empresas de dimensión comunitaria.

III. NEGOCIACIÓN COLECTIVA

350 Las relaciones laborales, por definición colectivas, se desarrollan en un contexto en el cual la autonomía de las partes, entendida como la libertad e independencia de patronales y sindicatos entre ellas y respecto al Estado, es la característica esencial. La autonomía colectiva presupone, por tanto, un cierto equilibrio de poder entre organizaciones empresariales y sindicales que les permite iniciar un proceso de diálogo encaminado a establecer acuerdos o pactos bilaterales ordenadores de las relaciones de trabajo sin la intervención de los poderes públicos. La regulación resultante de este proceso será el convenio colectivo, que vendrá a complementar la normativa estatal en materia laboral. Es posible, pues, afirmar que la autonomía colectiva es la fuente originaria del proceso de negociación colectiva, el cual tiene la finalidad de concluir un convenio colectivo regulador de las relaciones entre empresarios y representantes de los trabajadores, además de establecer las condiciones de trabajo que habrán de ser aplicadas al global de los trabajadores amparado por el convenio.

351 En términos generales, el Art. 37.1 CE incorpora al ordenamiento jurídico los Convenios N.° 98 y 154 OIT, sobre negociación colectiva y sobre fomento de la negociación colectiva, al reconocer tanto el derecho a la negociación colectiva como la fuerza vinculante de los convenios, que habrán de ser garantizados por ley ordinaria. Dada su ubicación en la estructura constitucional, no se trata de un derecho fundamental, pero en virtud de su inclusión en el Art. 2.2.d LOLS, forma parte del contenido esencial de la libertad sindical colectiva. La garantía constitucional se ha de entender como la aceptación implícita de la importancia que, para el funcionamiento democrático del mercado

laboral, tiene el diálogo entre los actores sociales. Es en el sentido de promover el diálogo, la razón por la cual el Art. 37.1 CE no impone en ningún momento que las partes lleguen a un acuerdo, pero si lo alcanzaren, ordena a la ley que éste adquiera eficacia jurídica.

1. EL CONVENIO COLECTIVO: CONTENIDO Y EFICACIA

352 Atendiendo a los presupuestos citados anteriormente la ley, concretamente el Título III, Arts. 82-92 ET/2015 articula el derecho a la negociación colectiva mediante la regulación de los requisitos procedimentales y de contenido que deberá cumplir el convenio colectivo. Básicamente: forma escrita y publicidad (Art. 90 ET/2015) y legitimación –basada en la representatividad estudiada en el primer apartado de este capítulo– de las partes negociadoras (Art. 87 ET/2015). El convenio colectivo negociado de acuerdo al Título III, convenio colectivo estatutario, gozará de eficacia contractual y normativa ya que sus efectos se extienden a todos los trabajadores –efectos *erga omnes*– incluidos en el ámbito de aplicación del convenio. A la vista de ello, procede, pues, preguntarse si con este modelo se agotan las posibilidades de la negociación colectiva, es decir, si necesariamente todo proceso de negociación ha de someterse a esta regulación. La respuesta dada por el TC en la STC de 4 de junio de 2001 (RTC 2001, 121) es totalmente negativa: el Art. 37.1 CE no establece ningún modelo concreto, por lo que no pueden quedar al margen del derecho de negociación colectiva otro tipo de pactos que no sigan lo establecido en el ET/2015.

353 Emerge así el convenio colectivo extraestatutario, denominación que hace referencia precisamente, a que el mismo se ha suscrito sin alguno o todos de los requisitos del Título III ET/2015. Este tipo de convenios se rige por la regla general del Derecho Común (Art. 1257 del CC) de modo que sólo vincula a las partes que lo suscriben. Tiene, por tanto, eficacia contractual, y será de aplicación únicamente a los firmantes: empresas u asociaciones empresariales y a los trabajadores afiliados a los sindicatos firmantes, pero carece de eficacia normativa. Es por el mero hecho de esa eficacia contractual que el TC ha declarado su encaje constitucional, ya que, de lo contrario, de reconocerse únicamente el modelo de negociación colectiva regulado en el ET/2015, los sindicatos no representativos se verían privados de ese derecho. Tal como se ha dicho anteriormente, la negociación colectiva forma parte del contenido esencial de la libertad sindical y en consecuencia asiste a todas las organizaciones sin excepción. Por otra parte, es conveniente recordar que la negociación colectiva tiene su origen en la autonomía colectiva de las partes. Es perfectamente lícito durante un proceso de negociación que éstas puedan convenir la negociación al margen de los requisitos de ese título, por lo cual un único modelo de negociación colectiva sería constitucionalmente inadmisible ya que supondría la vulneración del derecho a la libertad sindical y a la libertad de

asociación de los empresarios. Finalmente, el Art. 37.1 CE reconoce el derecho a la negociación colectiva a los representantes de los trabajadores, entendido de forma amplia más allá de las organizaciones sindicales. Este tipo de representación no tiene cabida en la libertad sindical, pero como sujetos a los que los trabajadores han conferido poder de representación deben gozar del derecho a negociar lo que a los intereses de sus representados convenga (STC de 22 de enero de 2015 [RTC 2015, 8]).

2. CONVENIO COLECTIVO ESTATUTARIO: LEGITIMACIÓN, CONCURRENCIA, VIGENCIA Y DESCUELGUE

354 La eficacia normativa supone la incorporación del convenio colectivo al sistema de fuentes del derecho laboral con sujeción al principio de jerarquía normativa (Art. 3 ET/2015) lo cual significa simultáneamente que las condiciones pactadas en el convenio no pueden ser inferiores a las legalmente previstas y que el contrato individual no puede contener condiciones menos favorables que las previstas en el convenio colectivo. En paralelo, la eficacia normativa se expresa en la eficacia personal general o *erga omnes*, es decir, el convenio será de aplicación automática a todos los trabajadores incluidos en el ámbito territorial y funcional del mismo, estén o no afiliados, sin necesidad de incorporación expresa al contrato de trabajo individual. Se comprende así, el interés de los trabajadores en negociar un convenio colectivo estatutario. Sin embargo, es necesario que se cumplan los requisitos de legitimación para negociar este tipo de convenios, condiciones que están directamente vinculadas al ámbito territorial y funcional de negociación (Arts. 83 y 87 ET/2015). Obsérvese que se trata de una adición "y", de forma que la legitimación se erige como una estructura de contenido complejo cuya combinación puede dar lugar a muy distintos tipos de convenios: de empresa, de sector provincial, de sector nacional, de sector autonómico, de centro de trabajo, etc.

355 El ET/2015 establece tres criterios para determinar el ámbito de aplicación del convenio: 1) ámbito funcional, o espacio objetivo cuyas relaciones de trabajo van a ser reguladas: sectores, sector, rama de actividad económica, grupo de empresas, empresa, el centro de trabajo u otra unidad inferior de la empresa. 2) Ámbito territorial o geográfico: el espacio territorial delimitado en el que se va a aplicar el convenio: local, provincial, interprovincial, autonómico o estatal. 3) Ámbito personal: el conjunto de empresas y trabajadores sobre el que se va a proyectar el contenido del convenio colectivo. Se incluyen obligatoriamente los trabajadores temporales, y los que se incorporen durante la vigencia del convenio, pero pueden quedar excluidos los trabajadores con relación laboral especial de alta dirección, siempre y cuando tengan la capacidad negocial suficiente para acordar colectivamente sus propias condiciones de trabajo.

356 El punto de partida para establecer quienes tienen la capacidad de negociar –quienes ostentan la legitimación necesaria– se encuentra en el Art. 87 ET/2015. Así, cuando se trata de negociar convenios de empresa o de ámbito inferior –centro de trabajo–, por parte de los trabajadores tendrán la capacidad necesaria los representantes unitarios o las secciones sindicales. A estas últimas les corresponde la negociación cuando así lo acuerden y siempre que sumen en su conjunto la mayoría de los miembros del comité de empresa o entre los delegados de personal (Art. 87.1 ET/2015). Sin embargo, el comité de empresa o delegados de personal de un centro de trabajo carece de legitimación para negociar un convenio colectivo de empresa, que afecte a varios centros de trabajo. Por parte empresarial, están legitimados el propio empresario. Si es persona física podrá actuar por medio de apoderados o representantes; si es persona jurídica deberá actuar a través de sus administradores, gerentes o representantes (Art. 87.3 ET/2015).

357 Para la negociación de convenios colectivos de ámbito superior a la empresa, están legitimados para negociar por parte de los trabajadores: a) Los sindicatos con mayor representatividad a nivel estatal (Art. 6.2 LOLS) y en sus respectivos ámbitos, los entes sindicales afiliados, federados o confederados a los mismos (Art. 87.2.a ET/2015), b) Los sindicatos más representativos a nivel de CCAA (Art. 7.1 LOLS) y, en sus respectivos ámbitos, los entes sindicales afiliados, federados o confederados a los mismos (Art. 87.2.b ET/2015). Estos sindicatos más representativos de CCAA también están legitimados para negociar convenios colectivos de ámbito estatal (Art. 87.4 ET), c) Los sindicatos con una representatividad mínima o suficiente; que cuenten con un mínimo del 10% de los miembros de los comités de empresa o delegados de personal en el ámbito geográfico y funcional del convenio.

358 Por parte empresarial, cabe distinguir dos posibilidades: si se trata de convenios de grupos de empresas o que afecten a varias empresas vinculadas por razones organizativas, tiene capacidad para negociar la representación de las mismas. Cuando se trate de convenios colectivos sectoriales, ostentan legitimación las asociaciones empresariales que en el ámbito geográfico y funcional del convenio cuenten con el 10% de los empresarios, siempre que den ocupación a igual porcentaje de trabajadores afectados y aquellas asociaciones que en dicho ámbito ocupen al 15% de los trabajadores afectados. Para el caso que no existieran asociaciones empresariales con suficiente representatividad, estarán legitimadas las asociaciones empresariales que cuenten con el 10% o más de las empresas o trabajadores en el ámbito estatal, y las asociaciones de CCAA que cuenten en la que se trate, con un mínimo del 15% de empresas o trabajadores (Art. 87.3.c ET/2015).

359 Las reglas de legitimación anterior permiten excepciones. Así, y de acuerdo a lo dispuesto en el Art. 83.3 ET, en el ámbito de una CCAA podrán negociarse, por los sindicatos y asociaciones empresariales legitimados, acuerdos

o pactos que afecten a lo dispuesto en los de ámbito estatal siempre que no modifiquen las siguientes materias: el periodo de prueba, las modalidades de contratación, la clasificación profesional, la jornada máxima anual de trabajo, el régimen disciplinario, las normas mínimas en materia de prevención de riesgos laborales y la clasificación profesional. Por acuerdo interprofesional (Art. 83.2 ET) puede impedirse la negociación a nivel de CCAA en los términos señalados o modificarse la lista de materias no negociables. Estas interferencias entre los ámbitos estatal y autonómico, pensadas para facilitar la articulación entre convenios colectivos, pueden complicar las normas de aplicación, máxime si a lo anterior se añade la prioridad aplicativa del convenio de empresa en las materias establecidas en el Art. 84.2 ET/2015. Es decir, es posible negociar un convenio de empresa o de grupo de empresas en cualquier momento, aunque exista un convenio de ámbito superior vigente, que regule de forma diferente las materias previstas en el Art. 84.2 ET/2015 – nótese que son las condiciones esenciales de trabajo. En todas excepto en el salario. El RDL 32/2021 ha modificado las materias reservadas al convenio de empresa, de forma que el salario base aplicable siempre será el establecido en el convenio sectorial excepto, claro está, si el convenio de empresa regula un salario superior.

360 Además del contenido mínimo del convenio regulado en el Art. 85.3 ET/2015, las partes tienen libertad para determinar lo a que su interés convenga, dentro del respeto a las leyes y los reglamentos imperativos y el respeto al principio de igualdad de trato y no discriminación (Art. 85.1 ET/2015). El convenido debe establecer, de forma obligatoria el periodo de vigencia (Art. 86 ET/2015) que las partes acuerden y de forma opcional puede también establecer la forma para su renovación. En caso de que esta última no existiera y una vez finalizado el periodo establecido, alguna de las partes debe denunciar la finalización, pues en caso contrario el convenio quedará prorrogado año tras año, hasta que alguna de las partes lo denuncie. Es lo que se conoce como ultraactividad. A partir de la denuncia, el convenio se mantendrá vigente durante un año durante el cual las partes deberán negociar la renovación Si transcurrido este periodo no alcanzaran un acuerdo, deberán someterse al procedimiento de mediación establecido en el Art. 83 ET/2015, pero el convenio continua vigente hasta que renovado.

361 La cláusula de descuelgue o de modificación de condiciones de trabajo establecida en el Art. 82.3 ET/2015 constituye una excepción a la regla de la eficacia general y en la práctica permite dejar, prácticamente sin efecto al convenio colectivo en determinadas materias. En este sentido, según el art. 82.3 ET/2015, después de afirmar que los convenios colectivos regulados por esta Ley del Estatuto de los Trabajadores obligan todos los empresarios y los trabajadores incluidos dentro de su ámbito de aplicación y durante todo el tiempo de vigencia, añade que "sin perjuicio de lo anterior, cuando concurran causas económicas, técnicas, organizativas o de producción, por acuerdo entre

la empresa y los representantes de los trabajadores legitimados para negociar un convenio colectivo conforme a lo previsto en el artículo 87.1, se podrá proceder, previo desarrollo de un periodo de consultas en los términos del artículo 41.4, a inaplicar en la empresa las condiciones de trabajo previstas en el convenio colectivo aplicable, sea este de sector o de empresa, que afecten a las siguientes materias…". Por lo tanto, un convenio colectivo del cual se pretenda descolgar algunas de sus condiciones de trabajo puede ser tanto de sector como de empresa.

362 Las partes empresarial y social pueden acordar la inaplicación en la empresa de lo pactado en el convenio colectivo en alguna de las materias que el art. 82.3 ET/2015 señala, entre las que se encuentra el sistema de remuneración y la cuantía salarial. En este asunto, debe considerase la doctrina sentada por el la Sentencia del Tribunal Supremo (Sala de lo Social), núm. 439/2019, 11 de junio. A grandes rasgos, el conflicto planteado ante el TS deriva del acuerdo de inaplicación de convenio colectivo el cual supone aplazar el abono de la paga extraordinaria de Navidad así como modificar el pago de la nómina mensual, el cual pasaba a hacerse de forma fraccionada. El TS no valida este tipo de acuerdo. Para ello entra a analizar si las medidas de inaplicación pretendidas encuentran cabida dentro de las materias recogidas en artículo 82.3 ET; dice la sentencia que las materias en las cuales se permite el descuelgue es un "numerus clausus", aunque advierte también que son susceptibles de interpretación extensiva. En todo caso, aun partiendo de tal posibilidad de interpretación extensiva, al referirse expresamente el apartado d) a "sistema de remuneración y cuantía salarial", el TS entiende que "en orden a la fecha de pago de los salarios y pagas extraordinarias, no hay posibilidad descuelgue o inaplicación en aquellas materias retributivas distintas del sistema de remuneración y cuantía salarial, pues son las únicas a las que se refiere expresamente le norma, el sistema de remuneración, son los criterios o reglas que fijan los distintos conceptos retributivos o la estructura salarial y la manera de percibir los mismos, pero nunca se refieren a la fecha de pago por la prestación del trabajo, pues en otro caso el legislador habría optado por referir 'la fecha de pago del salario y de los demás conceptos retributivos'. Por tanto, el aplazamiento de la fecha de pago de la paga extraordinaria de Navidad así como del abono del salario pactado, no son materias susceptibles de incardinarse en el sistema de remuneración motivo por el cual no caben dentro del mecanismo previsto en el artículo 82.3 ET".

363 Para que sea posible el descuelgue, deben concurrir algunas de las causas establecidas en este precepto: económicas, técnicas, organizativas o de producción. Son causas únicamente vinculadas a la empresa y, por tanto, en las que los trabajadores no pueden incidir ni positiva ni negativamente.

364 Focalizando la atención en las causas económicas de la empresa para proceder al descuelgue (que las estadísticas muestran como es la más utilizada para

activar dicho procedimient00), el art. 82.3 ET/2015 regula que "se entiende que concurren causas económicas cuando de los resultados de la empresa se desprenda una situación económica negativa, en casos tales como la existencia de pérdidas actuales o previstas, o la disminución persistente de su nivel de ingresos ordinarios o ventas. En todo caso, se entenderá que la disminución es persistente si durante dos trimestres consecutivos el nivel de ingresos ordinarios o ventas de cada trimestre es inferior al registrado en el mismo trimestre del año anterior".

365 Es necesario además que se lleve a cabo un periodo de consultas después del cual se llegue a un acuerdo, entre empresa y representantes de los trabajadores legitimados conforme al Art. 87.1 ET/2015.

366 El acuerdo, deberá determinar con exactitud las nuevas condiciones y su duración y ser comunicado a la autoridad laboral.

367 En el caso de no producirse tal acuerdo las partes deberán acudir a mecanismos de solución extrajudicial de conflictos, o someter la discrepancia a la Comisión Consultiva Nacional de Convenios Colectivos u órgano correspondiente autonómico, que adoptará una decisión por vía de arbitraje (Art. 91.2 ET/2015). Respecto de la posibilidad de que finalmente actúe estos órganos véase el Real Decreto 1362/2012, de 27 de septiembre, por el que se regula la Comisión Consultiva Nacional de Convenios Colectivos. En ningún caso, el empresario podrá dejar de inaplicar el convenio colectivo hasta alcanzar un acuerdo o solución arbitral.

368 Se ha de recordar que la posible intervención en última instancia (y tras el fracaso del proceso de consultas), de la Comisión Nacional de Convenios Colectivos u órgano correspondiente autonómico, fue validada constitucionalmente por las Sentencia del Tribunal Constitucional 119/2014, de 16 de julio de 2014 (Rec. 5603-2012) y la núm. 8/2015, de 22 de enero de 2015 (Rec. 5610-2012).

IV. CONFLICTOS COLECTIVOS: HUELGA Y CIERRE PATRONAL

369 Junto a la negociación colectiva, el conflicto colectivo es una de las principales instituciones del derecho colectivo del trabajo, siendo la huelga, sin lugar a duda, la principal medida conflictiva de autotutela de los trabajadores. Conceptualmente es posible definir la huelga como una alteración colectiva y concertada del proceso productivo con la finalidad de presionar al empresario para la obtención de sus reivindicaciones. Desde la perspectiva del comportamiento de los trabajadores, la huelga se manifiesta en la cesación del trabajo, lo que correlativamente supone la cesación de la obligación del empresario de abonar el salario mientras dure aquella. De este modo la huelga se concibe como un sacrificio mutuo: al empresario le está vedado substituir los trabajadores huelguistas, de forma que debe soportar los perjuicios que la cesación

de trabajo le comporte y los trabajadores deben afrontar la pérdida de remuneración.

1. EL DERECHO DE HUELGA Y EL CIERRE PATRONAL: CONCEPTOS

370 La Constitución española proclama el derecho de huelga como un derecho fundamental, cuyo ejercicio deberá ser regulado por ley (Art. 28.2 CE). Por razones de índole política, sin embargo, hasta la fecha no ha sido promulgada y se mantiene vigente la normativa preconstitucional RDLRTL de 1977, que ha sido valorada y depurada constitucionalmente por la STC de 8 de abril de 1981 (RTC 1981, 11) a raíz de un recurso de inconstitucionalidad. Ambos textos conforman el cuerpo inseparable del desarrollo legal de la huelga en la actualidad. Plantean, no obstante, problemas interpretativos de cierto calado que han llevado a una intensa judicialización de las acciones relacionadas con el ejercicio de la huelga. La jurisprudencia de forma, a veces vacilante y otras contradictoria, ha solucionado los litigios con criterios *ad hoc*, lo que complica el estudio y dificulta el análisis general del derecho. Con todo, es posible extraer de este amplio cuerpo legal, los elementos principales para la correcta comprensión del ejercicio del derecho de huelga que a continuación se exponen.

371 Es común y pacífico referirse a la huelga como un derecho de titularidad individual y ejercicio colectivo. En otras palabras, la huelga tiene una naturaleza esencialmente colectiva, aunque quien decide si se adhiere a la misma es cada trabajador. Ello implica una distinción entre la titularidad y el contenido o facultades de las que se compone el derecho. La STC de 8 de abril de 1981 (RTC 1981, 11) da cuenta de ello, considerando que la titularidad individual se ejerce a través de unas facultades que son propias y singulares del trabajador individual y se refieren a su actitud ante una huelga ya convocada: la decisión de éste de unirse o no a la misma, optar por participar o no en acciones de desarrollo de la huelga, p. e. piquetes, y disponer en cualquier momento el finalizar su participación en la misma, aunque el resto de trabajadores continúen en huelga. Son facultades de ejercicio colectivo: la convocatoria, el establecimiento de las reivindicaciones, la adopción de medidas que se llevaran a cabo durante el desarrollo de la huelga, la publicidad o proyección exterior y finalmente la decisión de desconvocar la huelga y darla por finalizada. La titularidad de estos derechos corresponde a sujetos colectivos ya sean estos representantes de los trabajadores, sindicatos o trabajadores reunidos en asamblea.

372 El derecho de huelga es un derecho básico (Art. 4.1.e ET/2015) y como tal indisponible para su titular, por lo que cualquier pacto establecido en los contratos individuales de trabajo que contengan la renuncia o cualquier otra restricción al derecho de huelga, son nulos (Art. 2 RDLRTL). Ello no obsta para que el Art. 8.1 de la misma normativa, admita que durante la vigencia

del convenio colectivo pueda establecerse una cláusula de paz, equivalente a la renuncia a la huelga, si está pactada en el propio convenio. En la STC de 8 de abril de 1981 (RTC 1981, 11) el TC ha validado el precepto entendiendo que no se trata de una extinción del derecho, sino tan sólo de un compromiso temporal de no ejercitarlo. Una vez finalizada la vigencia del convenio, la cláusula de paz decae y los trabajadores podrán, si es el caso, declarar huelga por cualquier motivo legalmente válido. La cláusula de paz ha pasado, de esta forma, a ser una posibilidad contemplada también en el Art. 82.2 ET/2015.

373 Más allá del concepto de huelga definido en el párrafo 371, el TC ha desarrollado un criterio extensivo que supera el ámbito laboral e identifica ésta como una perturbación que, si bien tiene su origen en el proceso de producción, las reivindicaciones, los sujetos que participan y las medidas de presión pueden alcanzar otros ámbitos no estrictamente laborales (STC de 8 de abril de 1981 [RTC 1981, 11]). Ampliar el concepto de huelga comporta la necesidad de revisar los efectos de las mismas, pues los intereses en juego y los intervinientes en cada caso, conducirán a diferentes formas de manifestación. Desde el punto de vista normativo el RDLRTL clasifica las huelgas, además de las legales, en ilegales y abusivas. El TC, a tenor de la concepción expansiva indicada, ha reinterpretado y matizado las condiciones para tal calificación. Hay que estar, pues, a esta interpretación y no a la literalidad de la normativa, en lo que se refiere a la licitud o ilicitud de la huelga.

374 Con relación a lo establecido en el Art. 7.1 RDLRTL, la STC de 8 de abril de 1981 (RTC 1981, 11) ha confirmado que se han de presumir ilegales las huelgas que comportan una ocupación ilegal de lugares de trabajo, entendiéndose como tal "un ilegal ingreso en los locales o una ilegal negativa de desalojo frente a una legítima orden de abandono, pero no, en cambio, la simple permanencia en los puestos de trabajo" puesto que "la interdicción de ocupación de locales y de dependencias no puede entenderse como regla impeditiva del derecho de reunión de los trabajadores, necesario para el desenvolvimiento del derecho de huelga y para la solución de la misma... Hay que decir también que la ocupación de locales y dependencias se torna ilícita cuando con ella se vulnera el derecho de libertad de otras personas (verbigracia, de los trabajadores no huelguistas) o el derecho sobre las instalaciones y los bienes".

375 Respecto al resto de tipos ilegales que contiene el Art. 11 RDLRTL, el Alto Tribunal ha considerado que las huelgas políticas o no profesionales no lo serán cuando éstas tengan su causa en la protesta contra decisiones de los poderes públicos que afecten directamente a los intereses generales de los trabajadores. El TC hace una interpretación extensiva de tales intereses incluyendo políticas sociales llevadas a cabo por el gobierno, la reivindica-

ción de un plan general de empleo, etc. (STC de 8 de febrero de 1993 [RTC 1993, 36]). Por su parte, las huelgas de solidaridad o apoyo se presumirán legales cuando estén fundadas en los propios intereses de los trabajadores en huelga, ya que "los intereses defendidos mediante la huelga no tienen que ser necesariamente los intereses de los huelguistas, sino los intereses de la categoría de los trabajadores. Por otra parte, no puede discutirse que los trabajadores huelguistas pueden tener un interés que les haga solidarios con otros trabajadores" (STC de 8 de abril de 1981 [RTC 1981, 11]). Y finalmente, las huelgas novatorias se consideran ilegales si pretenden la modificación de un convenio colectivo en vigor, pero no cuando tengan por objeto un aspecto regulado por otra fuente (STC de 1 de marzo de 1990 [RTC 1990, 38]). Quedan fuera de la ilegalidad, asimismo, las huelgas que tengan por objeto la reclamación de la interpretación del convenio, ya que en ambos casos no se pretende la modificación del convenio. No se consideran ilegales tampoco aquellas huelgas fundadas en el incumplimiento del convenio por parte del empresario (STC de 19 de diciembre, de 1994 [RTC 1994, 332]).

376 La huelga es un derecho subjetivo dentro de la relación jurídica entre empresarios y trabajadores, por lo que exige proporcionalidad, sacrificios mutuos y el deber, también mutuo, de lealtad y honradez, para imponer al resto de trabajadores, a los usuarios y al público en general exclusivamente los gravámenes y molestias que sean necesarios (OJEDA AVILÉS, 2012). Según la modalidad elegida, la proporcionalidad necesaria entre estos elementos puede quedar desvirtuada y conducir a abusos. El carácter abusivo de las modalidades previstas en el Art. 7.2 RDLRTL, esto es: huelgas rotatorias, huelgas tapón o estratégicas, huelgas de celo o reglamento y las que no comporten la cesación del trabajo, lleva implícito, según el TC una presunción *iuris tantum* en la cual podrá ampararse quien pretenda la calificación de ilicitud de la huelga, pero tal presunción admite prueba en contra de forma que corresponde a los huelguistas probar que la modalidad elegida no fue abusiva (STC de 8 de abril de 1981 [RTC 1981, 11]). También opera la presunción *iuris tantum* en la huelga intermitente, pero en este caso la falta de mención legal implica que corresponde al empresario probar el carácter abusivo (STC de 2 de diciembre de 1982 [RTC 1982, 72]).

377 Como cualquier derecho, el de huelga no es absoluto. Colisiona con otros derechos tan fundamentales como éste: la seguridad de las personas, el derecho a la vida, el derecho a la educación, etc. Por este motivo, el ejercicio de la huelga tiene limitaciones legales que se concentran en los servicios mínimos de una parte, y los servicios de seguridad y mantenimiento, de otra. En ambos casos, los trabajadores designados a ellos no podrán decidir libremente si secundar o no el conflicto ya que estarán sujetos a las obligaciones que la prestación del servicio exija. No obstante, el concepto y la naturaleza de estos tipos de servicios es diferente y procede hacer una clara distinción. Los ser-

vicios mínimos tienen como objetivo continuar la actividad de la empresa, a pesar de la huelga. Será una actividad menor, ralentizada, que afectará a los usuarios y/o al público, pero éstos no quedaran desprovistos del servicio de que se trate. Esa y no otra es su finalidad. La ley no exige servicios mínimos en todas las empresas en huelga, sólo en aquellas que presten servicios esenciales para la comunidad. Lo decisorio aquí no es si se trata de empresas públicas o privadas, sino del servicio que presten. Se deduce de lo anterior que los servicios mínimos se dirigen a preservar los derechos fundamentales del resto de ciudadanos, sin vaciar de contenido el derecho de huelga, es decir sin alcanzar el nivel de rendimiento habitual ni asegurar su funcionamiento normal Aunque no existe una definición legal sobre que debe entenderse por servicios esenciales, la jurisprudencia ha ido estableciendo grandes áreas de actividad esencial: sanidad, transporte, energía, enseñanza, medios de información, comunicaciones.

378 Los servicios de seguridad y mantenimiento no pretenden mantener la actividad durante la huelga, tan sólo preservar la seguridad de personas y cosas y asegurar el reinicio de la producción una vez acabe aquella. Por tanto, se deberá establecer este tipo de servicios en todas las empresas que lo precisen y solo en esas, debiendo ser proporcionales e idóneas a lo que se pretende. La naturaleza de estos servicios de seguridad y mantenimiento se vincula a la libertad de empresa y a los derechos económicos del empresario y no tanto a los derechos generales de la sociedad. En palabras del TC, la huelga no es, ni puede ser en ningún momento una vía para producir daños o deterioros en los bienes del capital (STC de 8 de abril de 1981 [RTC 1981,11]), por ello se ha de garantizar durante la misma y en todas las empresas o centros de trabajo donde sean necesarios, los servicios de seguridad y de mantenimiento de los locales, materias primas y cualquier otro que sea imprescindible para conseguir la reanudación de la actividad productiva, además de preservar la seguridad de las personas y las cosas (Art. 6.7 RDLRTL). La propuesta de las medidas de seguridad y servicios a tales efectos es potestad del empresario, mientras que la designación de los trabajadores que las llevarán a cabo, y por tanto verán limitado su derecho de huelga, es una facultad compartida entre el empresario y el comité de huelga. A este último le corresponde velar y garantizar el cumplimiento de las obligaciones inherentes a estas.

379 Corresponde al gobierno, o a las autoridades autonómicas o locales imparciales según el ámbito de la huelga, decretar los servicios mínimos (Art. 10 RDLRTL). Las garantías de funcionamiento de la actividad que en ellos se establezcan deberán ponderar las circunstancias del conflicto: extensión, duración prevista y el sector afectado, con la naturaleza de los derechos o bienes constitucionalmente protegidos sobre los que repercute. Se trata de fijar el programa de servicios mínimos con un criterio restrictivo, favorable al ejercicio del derecho de huelga, teniendo en cuenta que esta debe de

mantener una capacidad de presión suficiente que le permita lograr sus objetivos. Es decir, se deben cubrir los trabajos necesarios para prestar mínimamente los servicios o bienes que la actividad de la empresa suministra, sin alcanzar el rendimiento habitual. Formalmente, el acto que decreta los servicios mínimos deberá declarar la esencialidad de la actividad, y estar adecuadamente motivado y justificado.

380 Sin embargo, es controvertido a quien compete la designación final de los trabajadores que deberán cumplirlos. La práctica impone una designación en dos fases: la primera emite la orden gubernativa, señala los servicios que deberán realizarse y habilita a una autoridad inferior para designar los concretos trabajadores. Y, aunque el TC había declarado en la STS de 24 de abril de 1986 (RTC 1986, 51) que no es imprescindible pactar los servicios mínimos con los trabajadores, el hecho que la OIT haya indicado que en el señalamiento de estos servicios deberían participar tanto las autoridades como empresarios y sindicatos, ha llevado a oír a estos –que no pactar– en diversos procesos. La designación ha de notificarse a cada uno de los trabajadores asignados. En caso de incumplimiento de los servicios mínimos, el Art. 6.5 RDLRTL faculta al gobierno a sustituir a los trabajadores huelguistas por otros trabajadores o por efectivos militares, fórmulas que se han utilizado en muy raras ocasiones. En todo caso, el incumplimiento por los trabajadores de los servicios mínimos no convierte la huelga en ilegal, pero pueden a título individual ser objeto de sanciones disciplinarias.

381 El cierre patronal, también denominado *lock-out*, se define como la clausura temporal del centro de trabajo decidida de forma unilateral por el empresario como medida de presión frente a los trabajadores. Es la medida conflictiva por excelencia en manos del empresario o de las patronales. Y es esa relación con el conflicto lo que distingue el cierre de otras situaciones que no tienen nada que ver, pero pueden conducir al cese temporal de actividad. Así, no tienen la consideración de cierre, la paralización de la actividad por orden de la autoridad laboral ante incumplimientos del empresario de normas laborales o administrativas, o la interrupción de actividad por decisión empresarial con suspensión de los contratos por causas económicas y demás previstas en el Art. 45.1 ET/2015. A diferencia de la huelga (Art. 28.2 CE), el cierre patronal no está explícitamente recogido en la CE, y aunque podría incardinarse en la libertad de empresa (Art. 38 CE) o bien en las medidas de conflicto de empresarios y trabajadores reconocidas en el Art. 37.2 CE, en ningún caso se trataría de un derecho fundamental. Dado que solo contempla la medida el Art. 12 RDLRTL, a juicio del TC no es posible equiparar jurídicamente la huelga y el cierre patronal porqué ello llevaría a aceptar el principio de la igualdad de armas entre empresarios y trabajadores. Principio cuya existencia no es posible defender en el derecho español pues la naturaleza fundamental del derecho de huelga actúa como contrapeso cuyo objetivo es permitir a quienes tienen una dependencia salarial mejorar su relación de fuerzas, mientras que el

cierre patronal otorga un mayor poder a quien ya lo venía ostentando (STC de 8 de abril de 1981 [RTC 1981, 11]).

382 De ahí que el TC haya realizado una interpretación restrictiva del Art. 12 RDLRTL relegándolo a un poder de policía empresarial, únicamente lícito como reacción ante situaciones de peligro para preservar la integridad de personas y bienes, limitado al tiempo que dure el riesgo y para asegurar la reanudación de la actividad (Art. 13 RDLRTL). El cierre no es, por tanto, una huelga de patronos. En el cierre, a diferencia de la huelga, no hay reivindicación, sino defensa y por ello afecta directamente al derecho al trabajo. Si huelguistas son quienes han decidido libremente participar en la situación de conflicto, el cierre afecta no sólo a éstos, además provoca la imposibilidad de cumplir la prestación laboral a quienes libremente habían decidido no participar en la huelga. Por ello, el denominado cierre ofensivo o de agresión, se considera ilegal en el ordenamiento jurídico español, puesto que supone un atentado directo al derecho de huelga, y correlativamente al derecho al trabajo de los no huelguistas. En cambio, es legal el cierre defensivo, con el único objetivo de preservar a personas y bienes de las consecuencias desproporcionadas del derecho de huelga (STS de 31 de marzo de 2000 [RJ 2000, 7403]).

383 Los empresarios solo podrán proceder al cierre del centro cuando, en caso de huelga o cualquier otra modalidad de irregularidad en la relación colectiva de trabajo, concurran alguna de las causas siguientes: a) notorio peligro de violencia para las personas o de daños para las cosas, b) ocupación ilegal del centro de trabajo o de sus dependencias o peligro cierto de que ello pueda ocurrir y, c) que el volumen de la inasistencia o irregularidades en el trabajo impidan gravemente el proceso normal de producción (Art. 12 RDLRTL). La naturaleza de estas causas hace difícil o imposible prever el cierre con antelación, por ello el empresario viene obligado a comunicar a la autoridad laboral el cierre de la empresa en un máximo de 12 horas después de haber procedido al mismo (Art. 13.1 RDLRTL). La reapertura se podrá producir a iniciativa del empresario, de los trabajadores y en defecto de las iniciativas anteriores, a requerimiento de la autoridad laboral (Art. 14 RDLRTL). La negativa a la apertura dentro del plazo establecido por la autoridad laboral se considera infracción muy grave (Art. 8.9 TRLISOS).

384 En cuanto a los efectos, el régimen jurídico parte de la distinción entre cierre legal e ilegal. En el caso del cierre legal, sus efectos son muy similares a los de la huelga: la relación de trabajo no se extingue, se suspende el contrato de trabajo y de las obligaciones reciprocas: salario y prestación del servicio (Art. 45.1.m ET/2015), teniendo derecho el trabajador a la reincorporación al mismo puesto de trabajo una vez reabierto el centro de trabajo. Suspensión de la obligación de cotizar a la seguridad social, alta asimilada sin derecho a la prestación económica por desempleo o incapacidad temporal. Por contra, el

cierre patronal ilegal se considera un incumplimiento contractual del empresario que implica el abono de los salarios correspondientes a los trabajadores (Art. 15.2 RDLRTL). Además, producirá la sanción administrativa del empresario (Art. 8.3 TRLISOS) e incluso podría llegar a tener la consideración de ilícito penal si la actividad de la empresa se desarrolla en el ámbito sanitario previsto en el Art. 222 CP/1995.

2. EL EJERCICIO DEL DERECHO DE HUELGA: PROCEDIMIENTO

385 Como todo derecho fundamental, el derecho de huelga está sometido a una serie de exigencias formales y procedimentales que regulará la ley (Art. 53.1 CE). De acuerdo con el RDLRTL y la STC de 8 de abril de 1981 (RTC 1981, 11), este procedimiento se acomoda a tres fases. La fase preparatoria consta de la convocatoria y la comunicación o preaviso. Declarar una huelga exige un acuerdo expreso en tal sentido (Art. 3.1 RDLRTL) que pueden llevar a cabo, de forma alternativa: a) los representantes de los trabajadores –órganos de representación unitaria o sindical o los sindicatos de trabajadores– (Art. 3.2.a RDLRTL), b) directamente los trabajadores afectados por el conflicto (Art. 3.2.b RDLRTL). El acuerdo deberá ser comunicado por escrito al empresario, empresarios u organizaciones empresariales según el ámbito de la huelga, y a la autoridad laboral, como mínimo con cinco días naturales de antelación a la fecha de inicio (Art. 3.3 RDLRTL), y diez días hábiles si afecta a servicios públicos. En este último caso, además, los representantes de los trabajadores están obligados a efectuar la publicidad necesaria, para que los usuarios del servicio conozcan con antelación la convocatoria de la huelga (Art. 4 RDLRTL). La comunicación escrita deberá contener como mínimo: los objetivos de la huelga, las gestiones llevadas a cabo para resolver las diferencias, la fecha de inicio y la composición del comité de huelga (Art. 3.3 RDLRTL). Éste deberá estar integrado por un máximo de 12 miembros elegidos de entre los trabajadores afectados y será el responsable de las negociaciones y actuaciones para la solución del conflicto y garantizar los servicios mínimos y de seguridad y mantenimiento durante la huelga (Arts. 5, 6.7 y 8.2 RDLRTL).

386 Durante la fase de desarrollo de la huelga, se deberá respetar el derecho a trabajar de aquellos trabajadores que no deseen unirse a la huelga (Art. 6.4 RDLRTL) lo cual ha generado un aspecto especialmente conflictivo en lo que concierne a la actuación de los piquetes. A este respecto, conviene recordar que el derecho a la huelga incluye el derecho a la información y difusión de la misma de forma pacífica y sin coacción (Art. 6.6 RDLRTL). La fase de conclusión contempla diferentes formas posibles de terminación de la huelga: a) desconvocatoria de la huelga por desistimiento de los trabajadores en cualquier momento, b) por acuerdo entre el comité de huelga (o los representantes designados por éstos) y el empresario o empresarios

(Art. 8.2 RDLRTL), c) Arbitraje obligatorio impuesto por el gobierno (Art. 10.1 RDLRTL), como fórmula excepcional y constitucionalmente aceptada siempre que se respete la imparcialidad de los árbitros (STC de 8 de abril de 1981 [RTC 1981, 11]).

387 La participación en una huelga legal es causa de suspensión del contrato de trabajo (Arts. 6.2 RDLRTL y 45.1 ET/2015). Ello implica la interrupción de las prestaciones laborales recíprocas: trabajo y salario. Por lo que se refiere a las prestaciones de la Seguridad Social, el trabajador se mantiene en alta asimilada, sin derecho por el periodo de huelga, a la prestación económica por desempleo ni a la incapacidad laboral. El empresario queda exonerado de la obligación de cotizar. La participación en una huelga ilegal igualmente afecta a la pérdida del salario los días no trabajados, pero además constituye un incumplimiento de contrato que puede llegar a ser calificado de grave y culpable (Art. 54 ET/2015) por transgresión de la buena fe contractual, por desobediencia o por indisciplina. El trabajador huelguista podrá ser sancionado (Art. 58.1 ET/2015) o incluso ser despedido por causas disciplinarias si su participación en la huelga ilegal ha sido activa, es decir, mediante una conducta transgresora y consciente de la realidad y un propósito de daño desproporcionado a los intereses empresariales. Corresponde al empresario la carga de la prueba de los hechos que generan el despido.

3. LA RESPONSABILIDAD DEL EMPRESARIO POR ACTUACIONES CONTRARIAS AL DERECHO DE HUELGA: LA PROHIBICIÓN DE SUSTITUIR A TRABAJADORES EN HUELGA

388 El artículo 6.5 del RDLRTL impide que el empresario, mientras dure la huelga, sustituya a los huelguistas por trabajadores que no estuviesen vinculados a la empresa al tiempo de ser comunicada la misma. Lo que se prohíbe es lo que se denomina popularmente como *esquirolaje* por su relación con el *esquirol*: persona que se presta a sustituir a un huelguista (según una de las acepciones de la Real Academia de la Lengua Española). Como curiosidad señalar que el origen histórico de la utilización del término se debe a *L'Esquirol*, localidad barcelonesa de donde procedían los obreros que, a fines del siglo XIX, ocuparon el puesto de trabajo de los de Manlleu durante una huelga. Una interpretación estricta de este precepto hace deducir que lo proscrito es solo el "esquirolaje externo", la conducta del empresario de realizar contrataciones de trabajadores que, en el momento de ser anunciada la huelga, no pertenecían a la plantilla de la empresa y cuyo único objeto es neutralizar sus efectos. A sensu contrario, parecería advertirse que otras sustituciones no externas estarían amparadas en el marco de la huelga.

389 Lo anterior debe ser matizado, La jurisprudencia, considerando el carácter de derecho fundamental de la huelga, ha ampliado la interpretación y

conviene que la prohibición también alcanza al esquirolaje interno, es decir a la sustitución del trabajo que debían haber desempeñado los huelguistas por parte de trabajadores de la empresa que en situaciones ordinarias no tiene asignadas tales funciones. Y si bien se considera que es legítimo el poder de dirección del empresario, y la ley protege su recto ejercicio, su utilización no puede ser admitida en estos supuestos en tanto quedaría anulada o aminorada la presión ejercida legítimamente por los huelguistas a través de la paralización del trabajo. Es por ello, que ni el empresario puede imponer a los trabajadores no huelguistas la realización de las tareas que corresponden a los que secundaron la convocatoria, ni los trabajadores que libremente decidieron no secundarla pueden sustituir el trabajo de sus compañeros (STC de 28 de marzo de 2011 [RTC 2011, 33]). Quedan incluidas tanto las situaciones en que los huelguistas son sustituidos por trabajadores de la misma empresa pero de distinto centro de trabajo, como cuando los sustituidos son de otra categoría o grupo profesional, incluso siendo de la misma categoría se utiliza a los trabajadores en un día que no tenían programado el turno de trabajo. En esta línea, la normativa de Empresas de Trabajo Temporal prohíbe a las empresas usuarias celebrar contratos de puesta a disposición para sustituir a trabajadores en huelga.

390 No podemos dejar de mencionar en un manual del siglo XXI de la posibilidad muy real del esquirolaje tecnológico, o el empleo de medios automáticos o mecánicos para sustituir a los trabajadores en huelga. Sobre ello, y no siempre de forma pacífica, ya han tenido oportunidad de pronunciarse nuestros tribunales en relación al ejercicio del derecho de huelga en sectores de radiodifusión o televisión. Con carácter general, podemos establecer que no solo en el supuesto de que se utilicen medios humanos para la realización de actividades que exceden de los servicios decretados como esenciales, se lesiona el derecho de huelga, sino que también se lesiona este derecho cuando una empresa del sector de radiodifusión sonora y televisión emite programación o publicidad por medios automáticos, siempre que dicha actividad empresarial prive materialmente a los trabajadores de su derecho fundamental, vaciando su contenido. Ahora bien, como señala la sentencia del Tribunal Constitucional de 2 de febrero de 2017 (RTC 2017, 20), la efectividad del ejercicio del derecho de huelga tampoco demanda del empresario una conducta dirigida a no utilizar los medios técnicos con los que cuenta en la empresa que pueda comprometer el logro de los objetivos de la huelga, al igual que no obliga a los restantes trabajadores a contribuir al éxito de la protesta, y ello porque lo que garantiza la Constitución es el derecho a realizar la huelga, no el resultado o el éxito de la misma. Lo contrario equivaldría a imponer al empresario una conducta de colaboración en la huelga que no está prevista legalmente.

391 La TRLISOS califica y tipifica como muy grave estos actos del empresario lesivos del derecho de huelga de los trabajadores y consistentes en la

sustitución de los trabajadores en huelga por otros no vinculados al centro de trabajo al tiempo de su ejercicio (art. 8.10). La sanción puede alcanzar la cuantía de 225.018 euros. Los hechos entroncan con lo dicho hasta ahora, si bien conviene llamar la atención sobre el sujeto responsable ya que el artículo hace referencia al empresario, pero los actos vulneradores del derecho de huelga pueden ser realizados por terceros empresarios distintos del titular de la empresa o centro de trabajo en cuyo ámbito se produce la huelga, siempre que tales empresarios tengan una especial vinculación con aquel (STSJ de Cataluña, de 12 de marzo de 2018 [AS 2018, 1114]). Nos referimos a los casos de subcontratación, en los que se produce una fragmentación de la posición empresarial que proyecta efectos en los derechos fundamentales de los trabajadores. De poco servirían las prohibiciones, garantías y tutelas establecidas en la legislación laboral en relación con las actuaciones empresariales lesivas del derecho de huelga si se admitiera que estas alcancen únicamente al empresario directo en la relación laboral, y no al empresario principal, que es sobre quien habrán de recaer en última instancia los efectos económicos lesivos de la huelga y quien, por tanto, podrá estar igual o más interesado que el contratista en combatirla (STC de 19 de octubre de 2010). Por tanto, se admite la sanción al empresario no titular de la relación laboral sin que ello suponga ninguna interpretación extensiva del ámbito sancionatorio.

V. BIBLIOGRAFÍA Y PÁGINAS WEB

1. BIBLIOGRAFÍA

BAYLOS GRAU, A.: *Servicios esenciales, servicios mínimos y derecho de huelga.* Bomarzo, Albacete, 2018.

CASAS BAAMONDE, M. E.: "Los equívocos de la representatividad para negociar convenios colectivos sectoriales estatales ante la descentralización de la negociación colectiva". Lefevre: Derecho de las relaciones laborales, núm. 5 de 2018).

MORATO GARCÍA, R, M.; SASTRE IBARRECHE, R.: *Una Aproximación al derecho sindical.* Ed. Ratio Legis, Salamanca, 2017.

OJEDA AVILÉS, A.: *Compendio de Derecho Sindical.* Ed. Tecnos, Madrid, 2012.

PALOMEQUE LÓPEZ, M. C.: *Derecho Sindical.* Ed: Centro de estudios financieros, Madrid, 2015.

PALOMO VÉLEZ, R. I.: *El Modelo español de representación de los trabajadores en la empresa.* Ed. Tirant Lo Blanch, Valencia, 2017.

SALA FRANCO, T.: *Derecho Sindical.* Ed. Tirant lo Blanch, 2020.

2. PÁGINAS WEB

EL DIARIO DE FERRAN CAMAS SOBRE DERECHO DEL TRABAJO, INMIGRACIÓN Y PROPUESTAS CULTURALES. https://www.ferrancamas.com/.

EL BLOG DE EDUARDO ROJO. El nuevo y cambiante mundo del trabajo. Una mirada abierta y crítica a las nuevas realidades laborales. http://www.eduardorojotorrecilla.es/.

MINISTERIO DE TRABAJO, MIGRACIONES Y SEGURIDAD SOCIAL:. Guía de la Negociación Colectiva 2018. http://www.mitramiss.gob.es/es/sec_trabajo/ccncc/B_Actuaciones/Guia/GuiaNC_2018_web.pdf.

MINISTERIO DE TRABAJO Y ECONOMÍA SOCIAL – MINISTERIO DE INCLUSIÓN, SEGURIDAD SOCIAL Y MIGRACIONES: Guía Laboral 2022. https://www.boe.es/biblioteca_juridica/publicacion.php?id=PUB-DT-2022-251&tipo=L&modo=2.

V

Derecho de la Seguridad Social

392 La Seguridad Social constituye uno de los pilares fundamentales del Estado Social. Es uno de los instrumentos más importante de la política social del Estado Social de Derecho no en vano es esencial para poder garantizar a los miembros de la sociedad un sustento del que valerse ante las situaciones de necesidad protegidas. Los sistemas de Seguridad social aparecieron en Europa entre finales del siglo XIX y la primera mitad del siglo XX como el resultado de un largo proceso histórico de protección de los ciudadanos frente a las inseguridades vinculadas al trabajo especialmente con posterioridad a la revolución industrial y cuando los sistemas iniciales de protección existentes (el ahorro, el mutualismo, los seguros privados) y el sistema de seguros sociales devino insuficiente para hacer frente a la magnitud de los riesgos protegidos.

I. LA SEGURIDAD SOCIAL: HISTORIA, CONCEPTO Y PRINCIPIOS BÁSICOS

393 Se denomina Seguridad Social a la protección que una sociedad proporciona a los individuos y las familias para asegurar el acceso de éstos a la asisten-

cia médica y garantizar la seguridad de sus ingresos, en particular en caso de vejez, desempleo, enfermedad, invalidez, accidentes del trabajo, maternidad o pérdida de la principal fuente de ingresos de la familia. En este sentido los sistemas de Seguridad Social prevén unos ingresos básicos en caso de desempleo, enfermedad y accidente laboral, vejez y jubilación, invalidez, responsabilidades familiares tales como el riesgo durante el embarazo y el cuidado de los hijos y la pérdida del sostén de la familia. La Seguridad Social, debido a su carácter redistributivo, desempeña un papel importante para reducir y mitigar la pobreza, prevenir la exclusión social y promover la inclusión social y se ha convertido en un elemento esencial para la cohesión social.

394 El artículo 9 del Pacto Internacional de Derechos Económicos, Sociales y Culturales establece que "los Estados Partes en el presente Pacto reconocen el derecho de toda persona a la seguridad social, incluso al seguro social". El derecho a la seguridad social es de importancia fundamental para garantizar a todas las personas su dignidad humana cuando hacen frente a circunstancias que les privan de su capacidad para ejercer plenamente los derechos reconocidos en este Pacto. El derecho a la seguridad social incluye el derecho a obtener y mantener prestaciones sociales, ya sea en efectivo o en especie, sin discriminación, con el fin de obtener protección, en particular contra: a) la falta de ingresos procedentes del trabajo debido a enfermedad, invalidez, maternidad, accidente laboral, vejez o muerte de un familiar; b) gastos excesivos de atención de salud; c) apoyo familiar insuficiente, en particular para los hijos y los familiares a cargo.

395 El derecho a la Seguridad Social ha sido reafirmado categóricamente en el Derecho internacional. Las consideraciones de derechos humanos de la seguridad social aparecen claramente en la Declaración de Filadelfia de 1944, en la que se pedía "extender las medidas de seguridad social para garantizar ingresos básicos a quienes los necesitan y prestar asistencia médica completa". La Seguridad Social fue reconocida como un derecho humano en la Declaración Universal de Derechos Humanos de 1948, donde se declara en el artículo 22 que "toda persona, como miembro de la sociedad, tiene derecho a la seguridad social", y en el párrafo 1 del artículo 25 establece que toda persona tiene "derecho a los seguros en caso de desempleo, enfermedad, invalidez, viudez, vejez y otros casos de pérdida de sus medios de subsistencia por circunstancias independientes de su voluntad". Este derecho fue posteriormente reconocido en diversos tratados internacionales de derechos humanos como por ejemplo en el artículo 5 e) iv) de la Convención Internacional sobre la Eliminación de todas las Formas de Discriminación Racial; artículos 11.1 e) y 14.2 c) de la Convención sobre la eliminación de todas las formas de discriminación contra la mujer; y artículo 26 de la Convención sobre los Derechos del Niño, así como en tratados regionales de derechos humanos como por ejemplo en el artículo 12 de la Carta Social europea (revisada). En el apartado 12 de la Parte 1.ª de este texto se establece que todos los trabajadores y las personas a su cargo tienen derecho a la seguridad social.

396 En el caso de España, el artículo 41 de la CE da un mandato a los poderes públicos para que mantengan un régimen público de Seguridad Social para todos los ciudadanos, que garantice la asistencia y prestaciones sociales suficientes ante situaciones de necesidad, especialmente en caso de desempleo. La asistencia y prestaciones complementarias serán libres. El artículo 41 se integra dentro del Título I de la CE en concreto se integra dentro del Capítulo III ("De los principios rectores de la política social y económica") del Título I de la CE, disponiendo el artículo 53.3 de la CE que el reconocimiento, el respeto y la protección de los principios reconocidos en el mencionado capítulo informarán la legislación positiva, la práctica judicial y la actuación de los poderes públicos. Sin embargo, dichos principios sólo podrán ser alegados ante la Jurisdicción ordinaria de acuerdo con lo que dispongan las leyes que los desarrollen (artículo 53.3 de la CE).

397 En la actualidad, la acción protectora del sistema de Seguridad Social español se articula partiendo de un módulo de protección integral y universalizada que comprende la asistencia sanitario-farmacéutica, la protección familiar, los servicios sociales y, en determinados casos, el subsidio por desempleo. A esta protección acceden todos los ciudadanos, en idénticas condiciones, con independencia de que hayan contribuido o no al sistema de la Seguridad Social, y se completa, por una parte, con el sistema de prestaciones económicas en el que, de forma armónica y diferenciada, se integra la modalidad contributiva, en la que se ofrecen rentas de sustitución de los salarios percibidos en activo (proporcionalidad entre salario-cotización y prestación) y, por otra, con la modalidad no contributiva, dirigida a proporcionar rentas de compensación de las necesidades básicas en favor de aquellos ciudadanos que, encontrándose en situación de necesidad, no acceden a la esfera contributiva. A estos dos niveles de carácter público y obligatorio hay que añadir un tercer nivel complementario de carácter libre, constituido principalmente por las Entidades de Previsión Social y los Fondos de Pensiones.

1. ANTECEDENTES HISTÓRICOS

398 El punto de partida de las políticas de protección en España se sitúa en el año 1900 que es cuando se crea el primer seguro social, en concreto, la Ley de Accidentes de Trabajo, Con anterioridad a esta fecha se creó en el año 1883 la Comisión de Reformas Sociales que se encargó del estudio de cuestiones que interesasen a la mejora y bienestar de la clase obrera. En el 1908 aparece el Instituto Nacional de Previsión en el que se integran las cajas que gestionan los seguros sociales que van surgiendo. Posteriormente se dio luz verde a la aprobación de una serie de seguros sociales, entre los que destacan el Retiro Obrero (1919), el Seguro Obligatorio de Maternidad (1923), Seguro de Paro Forzoso (1931), Seguro de Enfermedad (1942), Seguro Obligatorio de Vejez e Invalidez (SOVI) (1947). La protección dispensada por estos seguros

pronto se mostró insuficiente, lo que llevó a la aparición de otros mecanismos de protección articulados a través de las Mutualidades laborales, organizadas por sectores laborales y cuyas prestaciones tenían como finalidad completar la protección preexistente. Dada la multiplicidad de Mutualidades, este sistema de protección condujo a discriminaciones entre la población laboral, produjo desequilibrios financieros e hizo muy difícil una gestión racional y eficaz.

399 En 1963 aparece la Ley de Bases de la Seguridad Social cuyo objetivo principal era la implantación de un modelo unitario e integrado de protección social, con una base financiera de reparto, gestión pública y participación del Estado en la financiación. A pesar de esta definición de principios, muchos de los cuales se plasmaron en la Ley General de la Seguridad Social de 1966, con vigencia de 1 de enero de 1967, lo cierto es que aún pervivían antiguos sistemas de cotización alejados de los salarios reales de trabajadores, ausencia de revalorizaciones periódicas y la tendencia a la unidad no se plasmó al pervivir multitud de organismos superpuestos. Por su parte, La Ley de Financiación y Perfeccionamiento de la Acción Protectora de 1972 intentó corregir los problemas financieros existentes, si bien, agravó los mismos al incrementar la acción protectora, sin establecer los correspondientes recursos que le dieron cobertura financiera. Por ello, no será hasta la implantación de la democracia en España, y la aprobación de la Constitución, cuando se produzcan una serie de reformas en los distintos campos que configuran el sistema de la Seguridad Social.

400 Con anterioridad a la CE se publicó el Decreto 2065/1974, de 30 de mayo, por el que se aprueba el texto refundido de la Ley General de la Seguridad Social. La primera gran reforma post-constitucional se produce con la publicación del Real Decreto Ley 36/1978, de 16 de noviembre, que, en función de lo acordado en los Pactos de la Moncloa crea un sistema de participación institucional de los agentes sociales favoreciendo la transparencia y racionalización de la Seguridad Social, así como el establecimiento de un nuevo sistema de gestión realizado por los siguientes Organismos: Instituto Nacional de la Seguridad Social para la gestión de las prestaciones económicas del sistema; Instituto Nacional de Salud, para las prestaciones sanitarias; Instituto nacional se Servicios Sociales para la para la gestión de los servicios sociales; el Instituto Social de la Marina para la gestión de los trabajadores del mar y la Tesorería General de la Seguridad Social como caja única del sistema actuando bajo el principio de solidaridad financiera.

401 La década de los noventa supuso una serie de cambios sociales que han afectado a cuestiones muy variadas y que han tenido su influencia dentro del sistema de Seguridad Social: cambios en el mercado de trabajo, mayor movilidad en el mismo, incorporación de la mujer al mundo laboral etc., que han hecho necesario adaptar la protección a las nuevas necesidades surgidas. En 1995 se firmó el Pacto de Toledo, con el apoyo de todas las fuerzas políticas y sociales,

que tuvo como consecuencia importantes cambios y el establecimiento de una hoja de ruta para asegurar la estabilidad financiera y las prestaciones futuras de la Seguridad Social. La implantación de las prestaciones no contributivas, la racionalización de la legislación de la Seguridad Social (llevado a cabo a través del nuevo Texto Refundido de 1994), la mayor adecuación entre las prestaciones recibidas y la exención de cotización previamente realizada, la creación del Fondo de Reserva de la Seguridad Social, la introducción de los mecanismos de jubilación flexible y de incentivación de la prolongación de la vida laboral, o las medidas de mejora de la protección, en los supuestos de menor cuantía de pensiones, son manifestaciones de los cambios introducidos desde 1990 hasta la fecha, en el ámbito de la Seguridad Social.

2. PRINCIPIOS

402 El sistema español de Seguridad Social, además de por su carácter público tal y como se establece en al artículo 41 de la CE, se identifica por su carácter universalista, manteniendo una protección especial hacia los trabajadores ante los riesgos que padecen como consecuencia del trabajo. Hasta la aprobación de la Ley 26/1990, de 20 de diciembre, sobre prestaciones no contributivas de la Seguridad Social, que introduce un segundo nivel de protección con el objetivo de suplir la carencia de rentas de subsistencia, con independencia de la actividad profesional del beneficiario y de sus aportaciones económicas al sistema (cotizaciones), el sistema se organizaba sobre tres grandes principios: de un lado el principio de proporcionalidad entre la prestación reconocida y la contribución económica realizada por los trabajadores (contributividad); por la naturaleza profesional de la protección ligada al desempeño de una actividad y en última instancia por la escasa o nula consideración de los recursos económicos disponibles por parte del sujeto protegido.

403 Junto a estos principios de sistema de seguridad como un sistema de protección profesional de carácter público, universal y proporcional, es necesario añadir otros principios, como por ejemplo el principio de reparto en virtud del cual las cotizaciones de los trabajadores en activo financian las prestaciones existentes en ese momento, incluidas las pensiones de aquellos que dejaron de trabajar, el principio de suficiencia de prestaciones a partir del cual los beneficios que el sistema ofrece en forma de prestaciones deben ser suficientes para asegurar un nivel de vida similar al que se tenía cuando se percibía un salario conocido como tasa de sustitución; también el principio de unidad de caja, entendido como la voluntad del Estado de racionalizar en el tiempo y en la totalidad del territorio nacional, la distribución de fondos de la Seguridad Social, para hacer frente a la totalidad de sus obligaciones.

404 La LGSS/2015 aborda el tema de los principios en el artículo 2 de esta norma, bajo la rúbrica de Principios y fines de la Seguridad Social, estableciéndose que el sistema de la Seguridad Social, configurado por la acción

protectora en sus modalidades contributiva y no contributiva, se fundamenta en los principios de universalidad, unidad, solidaridad e igualdad. Por su parte, en el apartado 2.° se reconoce que el Estado, por medio de la Seguridad Social, garantiza a las personas comprendidas en el campo de aplicación de esta, por cumplir los requisitos exigidos en las modalidades contributiva o no contributiva, así como a los familiares o asimilados que tuvieran a su cargo, la protección adecuada frente a las contingencias y en las situaciones que se contemplan en la LGSS/2015.

II. ASISTENCIA SOCIAL

405 La asistencia social se configura, por su parte, como un instrumento fundamental de lucha contra la pobreza y a favor de los más vulnerables. El objetivo de la asistencia social es que todos los miembros de una sociedad disfruten de los mismos derechos y oportunidades. Tomando como punto de referencia que en todas las sociedades hay desigualdades, la asistencia social está dirigida a los más desfavorecidos. Su trabajo está orientado a que todos los individuos puedan satisfacer sus necesidades básicas y disfruten de una serie de servicios destinados a su protección ayudando a quienes más lo necesitan, y promoviendo la inclusión de los más desprotegidos haciendo frente a la desigualdad. Aunque tuvo inicialmente su fundamento en la caridad y en la beneficencia, con prestaciones que constituían en esencia actos de liberalidad, y, por consiguiente, no exigibles por los beneficiarios, poco a poco ha ido configurándose como una forma de protección social por parte de los poderes públicos.

1. CONCEPTO Y ALCANCE

406 Aunque es muy difícil establecer un concepto uniforme de lo que se entiende por asistencia social, lo cierto es que la asistencia social va más allá de la noción de protección social, aunque puede ser definida en parte, como una forma de protección social, diferente de la seguridad social y con caracteres propios que puede ser dispensada tanto por organismos públicos como privados (en muchas ocasiones por parte de organizaciones no gubernamentales – ONG's) y que tiene por objetivo fundamentalmente atender las situaciones de necesidad de personas o grupos con especiales problemas de integración social. Se trata, así pues, de un conjunto de acciones tendentes a modificar y mejorar las circunstancias de carácter social que impidan el desarrollo integral del individuo, así como la protección física, mental y social de personas en estado de necesidad, indefensión desventaja física y mental, hasta lograr su incorporación a una vida plena y productiva.

407 El objetivo fundamental de la asistencia social es que todos los integrantes de una sociedad gocen de los mismos derechos y oportunidades sin exigir que los beneficiarios hayan efectuado alguna contribución específica previa para

que acceda a los beneficios previstos, especialmente, para las personas que no cuentan con recursos suficientes para satisfacer ciertas necesidades básicas. Actúa, de esta manera, como complemento de la Seguridad Social, articulándose de forma diferente a ésta ya que se financia, normalmente, a través de impuestos. Se incluye, en definitiva, dentro de la misma un conjunto de acciones que se otorga para cubrir aquellas situaciones de necesidad no protegidas a través de las prestaciones básicas del sistema; de ahí su carácter complementario del sistema de Seguridad Social. Dos son, así pues, los elementos principales que diferencian la asistencia social de la Seguridad Social; de un lado, la existencia de un derecho subjetivo o no a los beneficios totalmente ajeno a la contribución previa y la financiación de los mecanismos de protección generalmente a través de la vía impositiva general.

408 Al hablar de asistencia social, es necesario diferenciar entre: asistencia social "interna"; y asistencia social "externa". La asistencia social "interna" forma parte de la acción protectora de la Seguridad Social, constituye un complemento de las prestaciones de la Seguridad Social, está destinada a sujetos incluidos en el ámbito de aplicación del sistema de Seguridad Social –tanto contributivo como no contributivo–, está condicionada a la prueba de la situación de necesidad económica del solicitante. Estas características señaladas suponen, por un lado, que la asistencia social "interna" es, tal y como tendremos ocasión de apreciar más adelante competencia exclusiva del Estado, sin perjuicio de la ejecución de sus servicios por las CC.AA.; y por otro, que se encuentran comprendidas en el ámbito objetivo de los Reglamentos comunitarios.

409 Por su parte, la asistencia social "externa" está al margen del sistema de la Seguridad Social, constituye un conjunto heterogéneo de prestaciones financiadas también con fondos públicos, que actúan de forma subsidiaria respecto de las prestaciones de la Seguridad Social y que garantizan unos ingresos mínimos a grupos de población que carecen de recursos de subsistencia. Estas prestaciones son subsidiarias y son individuales. Tal y como tendremos ocasión de apreciar más adelante, el TC ha señalado, al respecto, que esta categoría de asistencia social ha de entenderse hecha en relación con la remisión contenida en el artículo 148 referido a las competencias que pueden asumir las Comunidades Autónomas, en concreto, en su apartado 1.20.ª donde se hace referencia, de forma expresa, a la asistencia social.

410 Esta asistencia social aparece como un mecanismo protector de situaciones de necesidad específicas, sentidas por grupos de población a los que no alcanza aquel sistema y que opera mediante técnicas distintas de las propias de la Seguridad Social. En el momento actual –con independencia de que la evolución del sistema de Seguridad Social pueda ir en la misma dirección–, es característica de la asistencia social su sostenimiento al margen de toda obligación contributiva o previa colaboración económica de los destinatarios o bene-

ficiarios. Las Leyes examinadas responden a esta idea al otorgar prestaciones, con cargo a los presupuestos de la Comunidad Autónoma, a un grupo de personas no incluidas en el régimen de la Seguridad Social, a quienes se dispensa la protección que establecen por estimar el legislador vasco que concurren en ellas circunstancias que les hacen acreedores de la misma. No se trata, por tanto, de ampliar o completar el campo de aplicación de la Seguridad Social; sino de contemplar la situación de un colectivo de personas, cualificado por unas circunstancias concretas, determinadas e irrepetibles. En remediar o atender esa situación se agota la virtualidad de ambas Leyes.

411 El Tribunal Constitucional ha tenido ocasión de pronunciarse sobre el concepto de asistencia social, entre otras, en la sentencia núm. 146/1986, de 25 de noviembre de 1986 al señalar: "Siguiendo la pauta de algunos instrumentos internacionales como la Carta Social Europea, lo que deba entenderse por asistencia social, en sentido abstracto, abarca una técnica de protección fuera del sistema de la Seguridad Social, con caracteres propios, que la separan de otras afines o próximas a ella. Uno de estos caracteres típicos es su dispensación por entes públicos o por organismos dependientes de entes públicos, cualesquiera que estos sean. La asistencia social viene conformada como una técnica pública de protección, lo que la distingue de la clásica beneficencia, en la que históricamente halla sus raíces".

412 Por su parte, el Tribunal de Justicia de la Unión Europea se ha decantado por considerar que no se puede excluir la posibilidad de que una legislación nacional se vincule simultáneamente a una y otra categoría (seguridad social y asistencia social), en razón de su ámbito de aplicación personal, de sus objetivos y de sus modalidades de aplicación aunque lo deseable pueda parecer, desde el punto de vista de la aplicación del Reglamento referido a la libre circulación de personas, que sea establecer una distinción clara entre los regímenes legales que correspondan, respectivamente, a la Seguridad Social y a la asistencia social tal y como se establece en la Sentencia del Tribunal de Justicia de la UE de 22 de junio de 1972 (asunto entre Rita Frilli y el Estado Belga), lo que permite así pues que los límites entre una y otra institución sean muy poco nítidos al poder estar incluso mezclados a través de prestaciones con una doble finalidad: de carácter asistencial pero pertenecientes al campo de la Seguridad Social.

2. LA DELIMITACIÓN (NADA PACÍFICA) DEL CONTENIDO DE LA ASISTENCIA SOCIAL Y SU CONEXIÓN CON EL CONCEPTO DE SEGURIDAD SOCIAL

413 En el caso de España, la asistencia social (asistencia social "interna") se incluye dentro de la acción protectora de la Seguridad Social al hablar de la acción protectora del sistema en su artículo 42.2 de la LGSS/2015 con carácter de complemento de las prestaciones económicas, "los beneficios de la

asistencia social" y desarrollada en la Sección 6.ª, en concreto, en los artículos 64 y 65 de la LGSS/2015 donde se establece que La Seguridad Social, con cargo a los fondos que a tal efecto se determinen, podrá dispensar a las personas incluidas en su campo de aplicación y a los familiares o asimilados que de ellas dependan los servicios y auxilios económicos que, en atención a estados y situaciones de necesidad, se consideren precisos, previa demostración, salvo en casos de urgencia, de que el interesado carece de los recursos indispensables para hacer frente a tales estados o situaciones. En las mismas condiciones, en los casos de separación judicial o divorcio, tendrán derecho a las prestaciones de asistencia social el cónyuge o ex cónyuge y los descendientes que hubieran sido beneficiarios por razón de matrimonio o filiación.

414 Por su parte el artículo 65 de la LGSS/2015 está dedicado al contenido de las ayudas asistenciales, estableciéndose que las ayudas asistenciales comprenderán, entre otras, las que se dispensen por tratamientos o intervenciones especiales, en casos de carácter excepcional, por un determinado facultativo o en determinada institución; por pérdida de ingresos como consecuencia de la rotura fortuita de aparatos de prótesis, y cualesquiera otras análogas cuya percepción no esté regulada en esta ley ni en las normas específicas aplicables a los regímenes especiales. Son, en general, servicios y ayudas económicas destinadas a atender determinados estados o situaciones de necesidad, no cubiertos por otras prestaciones, siempre que se carezca de los recursos indispensables para hacer frente a los mismos.

415 Desde el punto de vista subjetivo, que es el más significativo, la asistencia social pretende otorgar protección a aquellos sujetos que, por unas u otras razones (aunque reconducibles todas ellas a la marginación social que sufren esos individuos), no pueden tener acceso a las prestaciones de la Seguridad Social. Desde el punto de vista objetivo, la asistencia social otorga prestaciones distintas de las de la Seguridad Social, que consisten esencialmente en rentas "de compensación", es decir, "de subsistencia" para esas personas indigentes. Y, finalmente, esas prestaciones se dispensan por unas instituciones diferentes de las entidades que gestionan la Seguridad Social. Resulta de todo ello un mecanismo complementario de protección social dirigido a colectivos sociales diferentes, con unas prestaciones distintas y con unas instituciones propias que –podemos añadir– actúan regidas por reglas jurídicas específicas.

416 A diferencia de la Seguridad Social que es –en su legislación básica y todo su régimen económico– competencia exclusiva del Estado tal y como se establece en el artículo 149.1,17 CE, la Constitución española contempla la asistencia social como un mecanismo de protección social sobre el que las Comunidades Autónomas pueden asumir competencias tal y como se establece en el artículo 148.1, 20 de la CE, cosa que han hecho todos los Estatutos de las Comunidades Autónomas que se han reservado la exclusiva competencia en materia de asistencia social. A pesar de ser, tal y como hemos visto, una parte de la Seguridad

Social y que puedan existir dudas sobre su carácter de competencia exclusiva o no, al ir más allá de lo establecido en la LGSS/2015, debe entenderse que la competencia exclusiva en asistencia social corresponde –en virtud del artículo 148.1, 20 y los Estatutos de Autonomía– a las Comunidades Autónomas.

417 En cualquier caso, a pesar de su cita expresa tanto en la CE como en los Estatutos de Autonomía, en ningún caso aparece bien delimitado el alcance específico de lo que es asistencia social, manteniendo una coexistencia competencial nada pacífica. En la sentencia del TC 76/1986, de 9 de junio (RTC 1986, 76) la mayoría del Tribunal sostuvo una concepción amplia de asistencia social para admitir la constitucionalidad de las disposiciones impugnadas frente a una noción más estricta que mantuvieron dos Magistrados discrepantes que formularon un voto particular, al señalar éstos últimos: "La noción de asistencia social no está precisada en el texto constitucional, por lo que ha de entenderse remitida a conceptos elaborados en el plano de la legislación general, que no han dejado de ser tenidos en cuenta por el constituyente. De la legislación vigente se deduce la existencia de una asistencia social externa al sistema de Seguridad Social, y no integrada en él, a la que ha de entenderse hecha la remisión contenida en el artículo 148.1.20.ª de la CE y, por tanto [la] competencia posible de las Comunidades Autónomas [...]. Esta asistencia social aparece como un mecanismo protector de situaciones de necesidad específicas, sentidas por grupos de población a los que no alcanza aquel sistema y que opera mediante técnicas distintas de las propias de la Seguridad Social. En el momento actual –con independencia de que la evolución del sistema de Seguridad Social pueda ir en la misma dirección– es característica de la asistencia social su sostenimiento al margen de toda obligación contributiva o previa colaboración económica de los destinatarios o beneficiarios".

III. DISTRIBUCIÓN DE COMPETENCIAS ESTADO-COMUNIDADES AUTÓNOMAS EN MATERIA DE SEGURIDAD SOCIAL

418 En el ámbito de la Seguridad Social, la competencia fundamental corresponde al Estado, al establecer en el artículo 149.1.17.ª CE, que el Estado tiene competencia exclusiva sobre la legislación básica y régimen económico de la Seguridad Social, añadiendo a continuación, "sin perjuicio de la ejecución de sus servicios por la Comunidades Autónomas". Como puede observarse, aunque la Seguridad Social es una competencia exclusiva del Estado, la CE admite, de forma expresa, la posibilidad de que las Comunidades Autónomas colaboren en el cumplimiento de los objetivos trazados por el Estado encargándose de la ejecución de sus servicios. Así, si bien formalmente aparece como una competencia exclusiva del Estado, la competencia en materia de Seguridad Social, es compartida, pues el Estado se ocupa de aquello que sea esencial, básico o fundamental, y las Comunidades Autónomas, por una parte, siguen los criterios establecidos en las normas básicas del Estado, y por otra,

desarrollan aquellos aspectos no esenciales, cumpliéndose con el principio de jerarquía, de modo que una misma materia (Seguridad Social en nuestro caso) queda sometida a una pluralidad de competencias de distintos titulares.

1. LEGISLACIÓN BÁSICA V. EJECUCIÓN

419 Como hemos tenido ocasión de apreciar, el Estado tiene competencia exclusiva sobre la legislación básica en materia de Seguridad Social. En este sentido es importante tener en cuenta que la CE no distribuye las competencias entre el Estado y las Comunidades Autónomas en el ámbito de la Seguridad social mediante una separación de materias en bloque, como si fueran compartimentos estancos, de exclusiva competencia, bien del Estado bien de las Comunidades Autónomas, sino que se limita a enunciar las que pueden ser asumidas por los Estatutos, con lo que el Estado mantiene todas las competencias que le corresponden conforme el ordenamiento jurídico en vigor, si bien la mayor parte de las materias son compartidas. Legislación básica es todo aquello que directa o indirectamente se encuentre relacionado con lo que afecte a los principios que rigen el sistema de la Seguridad Social. El objetivo perseguido por la CE al establecer que la legislación básica sea competencia exclusiva del Estado, es que en lo esencial exista una única regulación normativa aplicable a toda la nación, que evite discriminaciones, sin perjuicio de introducir por parte de las Comunidades Autónomas aquellas peculiaridades que les puedan afectar, dentro de las competencias que les hayan atribuido la Constitución y sus Estatutos de Autonomía.

420 El Tribunal Constitucional (TC) ha entendido por legislación básica aquella que afecta a los criterios generales de regulación de un sector del ordenamiento jurídico o de una materia jurídica, que deben ser comunes a todo el Estado y también, aquella que "establece un común denominador que encierran las bases y a partir del cual cada Comunidad Autónoma puede regular la materia con arreglo a sus peculiaridades e intereses" (*Vid.*, al respecto, entre otras, SSTC 32/1981, 28 de julio [RTC 1981, 32] de STC 197/1996, de 28 de noviembre [RTC 1996, 197]), por tanto en materia de Seguridad Social por legislación básica debe entenderse el conjunto de normas que configuran, entre otros, el sistema como tal, sus principios, estructura y contenido, definen su funcionamiento, su acción protectora y delimitan el campo de aplicación.

421 Por legislación básica debe entenderse, así pues, todo aquello que directa o indirectamente se encuentre relacionado con lo que afecte a los principios que rigen el sistema de la Seguridad Social, en particular, el principio de unidad, que preserva a los ciudadanos de la existencia de diversas normativas autonómicas, que pudieran afectar a su relación con la Seguridad Social. Se trata de un concepto jurídico indeterminado, de difícil delimitación máxime cuando en pocas ocasiones la propia norma que es quien debería hacerlo se define como básica o no básica. El carácter de legislación no básica sólo puede

hacerse, a sensu contrario, una vez tenemos delimitado lo que es básico. En definitiva, las competencias que pueden asumir las Comunidades Autónomas en materia de Seguridad Social corresponden a la legislación no básica, a la de desarrollo de la básica que corresponde al Estado, así como a la ejecución de ésta. Lo que el artículo 149.1.17.ª de la CE permite a las Comunidades Autónomas es la ejecución de los servicios de la Seguridad Social, de suerte que consiente lo que se ha venido denominando competencia de ejecución.

422 Así, los diferentes Estatutos de Autonomía han venido asumiendo la competencia referida al desarrollo y ejecución de la legislación básica del Estado, así como la ejecución de la gestión del régimen económico de la Seguridad Social, produciéndose, de esta manera un reparto de competencias entre el Estado y las Comunidades Autónomas en lo que afecta a la legislación no básica en materia de Seguridad Social, no en vano, las competencias que pueden asumir las Comunidades Autónomas en materia de Seguridad Social corresponden a la legislación no básica, a la de desarrollo de la básica que corresponde al Estado, así como a la ejecución de ésta, de lo que se infiere que en materia de legislación de Seguridad Social, la competencia es compartida entre el Estado y las Comunidades Autónomas, según sea tal legislación, básica o no básica, respectivamente.

2. RÉGIMEN ECONÓMICO DE LA SEGURIDAD SOCIAL

423 El régimen económico de la Seguridad Social definido como la determinación de los recursos del sistema y su distribución territorial y funcional, comprende, la cotización (nivel contributivo), cuantía de las prestaciones y régimen financiero, es competencia exclusiva del Estado. Esta atribución al Estado de competencias sobre el régimen económico de la Seguridad social se realiza en bloque, sin distinguir entre facultades normativas y ejecutivas. Así, atribuye las competencias atribuidas a las Comunidades Autónomas referida a la gestión del régimen económico, es necesario tener en cuenta que el nivel de intervención o participación autonómica viene necesariamente condicionado por los principios que inspiran la normativa estatal en la materia: el principio de solidaridad y el principio de caja única.

424 Tal y como se establece en la STC 124/1989, de 7 de julio (RTC 1989, 124), el art. 149.1.17.ª de la CE no puede extraerse la apresurada conclusión de que en materia de régimen económico de Seguridad Social el Estado retenga sólo potestades normativas. Que ello no es así se deduce sin dificultad de un análisis sistemático, histórico y teleológico del precepto constitucional. El designio perseguido con el acantonamiento del "régimen económico" dentro de la competencia exclusiva del Estado no ha sido otro, con toda claridad, que el de preservar la unidad del sistema español de Seguridad Social y el mantenimiento de "un régimen público", es decir, único y unitario de Seguridad Social para todos los ciudadanos (art. 41 de la Constitución), que garantice

al tiempo la igualdad de todos los españoles en el ejercicio de los derechos y deberes en materia de Seguridad Social (art. 149.1.1.ª de la Constitución). Debe tenerse en cuenta a este propósito que en el momento de aprobarse la Constitución había sido ya creada la Tesorería General de la Seguridad Social para hacer efectivos los principios de solidaridad financiera y de unidad de caja, y este dato resulta relevante para la correcta interpretación del art. 149.1.1 7.ª, en la medida en que, como cabe deducir de los antecedentes y de los debates parlamentarios que culminaron en la aprobación del texto del citado precepto constitucional, la mención separada del "régimen económico" como función exclusiva del Estado trataba de garantizar la unidad del sistema de la Seguridad Social, y no sólo la unidad de su regulación jurídica, impidiendo diversas políticas territoriales de Seguridad Social en cada una de las Comunidades Autónomas.

IV. ACTOS DE ENCUADRAMIENTO

425 Los actos de encuadramiento podrían ser definidos como el conjunto o la suma de actos administrativos "especiales", en virtud de los cuales nace la relación jurídica de Seguridad Social entre el potencial beneficiario de la protección y la Entidad que cubre los riesgos protegidos. Son actos que se realizan ante la Tesorería General de la Seguridad Social, en cuya virtud el sujeto, ya sea empresario o trabajador, queda incluido en el Sistema de la Seguridad Social. La obligación pública de constituir la relación de Seguridad Social deriva de la realización de alguna actividad profesional incluida dentro de su campo de aplicación (caso de la seguridad social de tipo profesional o contributivo), o bien de la situación del sujeto protegido dentro de los niveles o requisitos que exige la LGSS/2015 por carecer de rentas (caso seguridad social no contributiva).

426 Mediante los actos de encuadramiento se determina el régimen en el que debe causar alta un trabajador, procediéndose a un análisis de la actividad laboral del trabajador, así como de la normativa aplicable a cada régimen de Seguridad Social, para establecer finalmente que el alta debe realizarse en un determinado régimen. Aunque suelen ser actos de naturaleza declarativa no constitutiva por cuanto que de ellos no depende el inicio de la relación jurídica de Seguridad Social, ya que el establecimiento de la relación jurídica se hace depender de la existencia de determinados presupuestos de hecho a los que la ley atribuye la virtualidad de dar origen a dicha relación, de lo que se infiere que son "actos instrumentales", el incumplimiento de los actos de encuadramiento genera responsabilidades administrativas al suponer una infracción grave y da lugar al nacimiento de la responsabilidad empresarial en orden a las prestaciones.

427 Es necesario tener en cuenta que aunque corresponde a las personas y entidades que reglamentariamente se determinen (normalmente el empresario), el cumplimiento de las obligaciones de solicitar la afiliación y de dar cuenta a

los correspondientes organismos de la Administración de la Seguridad Social de los hechos determinantes de las altas, bajas y variaciones de datos, si las personas y entidades a quienes incumban tales obligaciones no las cumplieran, podrán los interesados instar directamente su afiliación, alta, baja o variación de datos, sin perjuicio de que se hagan efectivas las responsabilidades en que aquellas hubieran incurrido, incluido, en su caso, el pago a su cargo de las prestaciones, y de que se impongan las sanciones que resulten procedentes. Igualmente, estos actos podrán ser realizados de oficio por los correspondientes organismos de la Administración de la Seguridad Social cuando, a raíz de los datos de que dispongan, de las actuaciones de la Inspección de Trabajo y Seguridad Social o por cualquier otro procedimiento, se compruebe la inobservancia de dichas obligaciones.

1. INSCRIPCIÓN DE EMPRESAS Y AFILIACIÓN A LA SEGURIDAD SOCIAL

428 Tal y como se establece en el artículo 138 LGSS/2015, los empresarios, como requisito previo e indispensable a la iniciación de sus actividades, solicitarán su inscripción en el Régimen General de la Seguridad Social, haciendo constar la entidad gestora o, en su caso, la mutua colaboradora con la Seguridad Social por la que hayan optado para proteger las contingencias profesionales, y en su caso, la prestación económica por incapacidad temporal derivada de contingencias comunes del personal a su servicio. Los empresarios deberán comunicar las variaciones que se produzcan de los datos facilitados al solicitar su inscripción, y en especial la referente al cambio de la entidad que deba asumir la cobertura de las contingencias indicadas anteriormente.

429 Se trata de una obligación formal que recae sobre el empresario y consiste en solicitar su inscripción como requisito previo e indispensable al comienzo de sus actividades, cuando vaya a contratar a trabajadores por cuenta ajena. La inscripción se efectúa ante el correspondiente organismo de la Administración de la Seguridad Social, a nombre de la persona física o jurídica o entidad sin personalidad titular de la empresa. A los efectos de la LGSS/2015 se considera empresario, aunque su actividad no esté motivada por ánimo de lucro, a toda persona física o jurídica o entidad sin personalidad, pública o privada, por cuya cuenta trabajen las personas incluidas en el artículo 136 de la misma. A través de la inscripción se ejercita por la empresa la opción de aseguramiento, esto es la elección de una Mutua de accidentes de trabajo o Entidad gestora (el INSS), que va a gestionar los riesgos profesionales. La opción de aseguramiento es anual (de fecha a fecha del último día del mes), y salvo que el empresario decida cambiar de entidad gestora (otra Mutua o el INSS), se entenderá prorrogada tácitamente por periodos de igual duración hasta el cese de la empresa.

430 Por su parte, la afiliación es un acto administrativo mediante el que se reconoce a la persona la condición de incluida en el sistema de la Seguridad Social

cuando es la primera vez que realiza una actividad determinante de su inclusión. Es un acto único, valido para toda la vida y para todo el sistema de la Seguridad social, en cualquier régimen, aunque luego se cambie de empresa o actividad. Es obligatorio para todas las personas comprendidas en el campo de aplicación y debe llevarse a cabo en el momento en que el trabajador ingresa en la empresa a instancia del empresario, de quienes no estando afiliados ingresen a su servicio, es decir, (sea su primer empleo). Igualmente se hará a instancia del trabajador cuando vaya a trabajar por cuenta propia o cuando trabajando por cuenta ajena su empresario no cumpla con el requisito y se realizará de oficio, en incumplimiento de la obligación de solicitar la afiliación por parte de los trabajadores o empresarios a los que incumba esta obligación.

431 La afiliación debe ser solicitada por el empresario antes del inicio de la prestación de servicios del trabajador, pero nunca antes de los sesenta días naturales al día previsto para el comienzo de la actividad para los trabajadores que contrate y que no tengan número de afiliación o número de Seguridad Social. No obstante, si no es solicitada por el empresario, también puede ser solicitada por el trabajador, o puede instarse de oficio como consecuencia de la actuación de la inspección o a la vista de los datos que figuren en las entidades gestoras o cuando, por cualquier procedimiento, se compruebe que no se ha cumplido dicha obligación. De hecho, en la práctica la solicitan los propios trabajadores que carecen de número de Seguridad Social (a menudo porque son extranjeros y se trata de su primer trabajo en España).

2. ALTAS Y BAJAS Y VARIACIÓN DE DATOS

432 Acto administrativo mediante el cual se reconoce a la persona que inicia una actividad o se encuentre en una situación conexa con la misma, su condición de comprendida en el campo de aplicación del régimen de seguridad social que corresponda en función de la naturaleza de la actividad o de la situación, con los derechos y obligaciones correspondientes. Se trata de un acto por el que se establece la procedencia de la inclusión en uno o varios regímenes de seguridad social para que proceda la protección correspondiente. Tal y como se establece en el art. 139.3 LGSS/2015, el reconocimiento del derecho al alta y a la baja en el Régimen General corresponderá al organismo de la Administración de la Seguridad Social que reglamentariamente se establezca.

433 Hay tres clases de alta: alta real; la situación asimilada al alta y la denominada alta presunta o de pleno derecho. El alta real se produce cuando el trabajador ingresa al trabajo, habiéndolo comunicado la empresa, y se mantiene durante todo el tiempo en que el trabajador presta servicios, incluidas situaciones de suspensión del contrato por incapacidad temporal, maternidad, riesgo durante el embarazo o durante la lactancia natural, etc.; las situaciones asimilada al alta son, en cambio, las que recoge la legislación para supuestos en los que, por no realizar el trabajador una actividad, se produciría la baja en

la relación con la Seguridad Social pero se mantiene una situación asimilada a la del alta para permitir la protección del trabajador por sí durante ese tiempo de inactividad le sobreviene alguna contingencia.

434 Así, tal y como se establece en el artículo 166 LGSS/2015 ubicado dentro del capítulo IV del Título II referido a normas generales en materia de prestaciones, para causar derecho a las prestaciones del Régimen General, las personas incluidas en su campo de aplicación habrán de cumplir, además de los requisitos particulares exigidos para acceder a cada una de ellas, el requisito general de estar afiliadas y en alta en dicho Régimen o en situación asimilada a la de alta al sobrevenir la contingencia o situación protegida, salvo disposición legal expresa en contrario. En este artículo 166 se especifica, a título de ejemplo, que será asimilada a la de alta la situación legal de desempleo total durante la que el trabajador perciba prestación por dicha contingencia. También tendrá la consideración de situación asimilada a la de alta, con cotización, salvo en lo que respecta a los subsidios por riesgo durante el embarazo y por riesgo durante la lactancia natural, la situación del trabajador durante el período correspondiente a vacaciones anuales retribuidas que no hayan sido disfrutadas por el mismo con anterioridad a la finalización del contrato.

435 Por su parte, el alta de pleno derecho tiene lugar cuando inexistente el alta real y hallándose el sujeto protegido en situación en que debiera estar de alta, la ley establece la presunción de la existencia efectiva del alta a efectos de determinadas contingencias como son: accidentes de trabajo y enfermedades profesionales, desempleo, y asistencia sanitaria por enfermedad común, maternidad, riesgo durante el embarazo y accidente no laboral. Se aplica en estos casos, por tanto, el principio de automaticidad de las prestaciones tal y como se establece en el apartado 4.° del artículo 166 LGSS/2015 al establecerse que los trabajadores comprendidos en el campo de aplicación de este Régimen General se considerarán, de pleno derecho, en situación de alta a efectos de accidentes de trabajo, enfermedades profesionales y desempleo, aunque su empresario hubiera incumplido sus obligaciones. Igual norma se aplicará a los exclusivos efectos de la asistencia sanitaria por enfermedad común, maternidad y accidente no laboral.

3. COTIZACIÓN

436 La cotización a la Seguridad Social se corresponde con la aportación que los sujetos obligados a cotizar, es decir, empresarios (cuota empresarial) y trabajadores (cuota obrera) realizan a la Seguridad Social como contribución a su sostenimiento financiero. Si bien la cotización comprende, por lo general, dos aportaciones: a) de los empresarios, y b) de los trabajadores, en el caso de cotización por las contingencias de accidentes de trabajo y enfermedades profesionales y por el Fondo de Garantía Salarial la cotización completa correrá a cargo exclusivamente de los empresarios.

437 La obligación de cotizar nace desde el comienzo de la prestación del trabajo y no se interrumpe mientras dura la relación laboral entre el empresario y el trabajador. Incluso subsiste en las situaciones de incapacidad temporal, riesgo durante el embarazo, riesgo durante la lactancia natural, disfrute de los periodos de descanso por maternidad y paternidad, o periodos de prueba del trabajador. La obligación de cotizar termina al finalizar la prestación de trabajo, siempre que se presente el parte de baja del trabajador dentro de los 3 días naturales siguientes. Si la baja del trabajador se presenta después de esos 3 días de plazo, la obligación de cotizar continúa hasta el día en que la Tesorería General de la Seguridad Social conozca el cese en el trabajo, salvo que los interesados prueben que dicho cese se produjo con anterioridad.

438 Las cantidades a ingresar a la Seguridad Social, llamadas cuotas, se calculan aplicando a la base de cotización del trabajador el porcentaje o tipo de cotización que corresponde a cada contingencia protegida. La base de cotización se calcula añadiendo a las retribuciones mensuales que tenga derecho a percibir el trabajador, o que realmente perciba, de ser éstas superiores, la parte proporcional de las pagas extraordinarias y las demás percepciones de vencimiento superior al mensual o que no tengan carácter periódico y se satisfagan en el ejercicio. Anualmente se establecen bases de cotización (mensuales o diarias) mínimas y máximas para las distintas contingencias y categorías profesionales de los trabajadores (grupos de cotización). La base de accidentes de trabajo y enfermedades profesionales también se utiliza para calcular las cotizaciones por Desempleo, Fondo de Garantía Salarial y Formación Profesional. El Tipo de cotización es el porcentaje que se aplica a las bases de cotización para la obtención de las cuotas de la Seguridad Social. El tipo de cotización se distribuye entre empleador y empleado, salvo, como hemos tenido ocasión de apreciar, las correspondientes a Accidentes de Trabajo y Enfermedades Profesionales y Fondo de Garantía Salarial, que van a cargo exclusivamente de la empresa. Los tipos de cotización se fijan anualmente por la Ley de Presupuestos Generales del Estado.

439 El empresario es el responsable del ingreso de la cotización propia y de la de sus trabajadores, para lo cual descontará del salario de sus trabajadores las aportaciones que les correspondan en el momento de su abono, efectuándose por meses devengados y a través de un sistema telemático mediante la remisión electrónica de documentos (RED). Transcurrido el plazo reglamentario establecido para el pago de las cuotas a la Seguridad Social sin ingreso de las mismas y sin perjuicio de las particularidades previstas para los aplazamientos y/o fraccionamientos de cuotas, se devengará la obligación de recargos que son variables en función de si se han presentado o no los documentos de cotización dentro del plazo reglamentario oscilando entre el 10 y 35% de la deuda (Real Decreto 1415/2004, de 11 de junio, por el que se aprueba el Reglamento General de Recaudación de la Seguridad Social).

V. PRESTACIONES DEL SISTEMA

440 Las prestaciones son consideradas como el conjunto de medidas que pone en funcionamiento la Seguridad Social para prever, reparar o superar determinadas situaciones de infortunio o estados de necesidad específicos que suelen originar una pérdida de ingresos o un exceso de gastos en las personas que los sufren y que el Estado ofrece una protección por lo general en forma de prestación para amortiguar, en parte el impacto del riesgo sufrido y permitir, cuando se cumplan los requisitos establecidos legal y reglamentariamente en cada caso, que los ciudadanos tenga auxilio por parte del Estado. Conjunto de prestaciones económicas y asistenciales que conforman la acción protectora del sistema. Se suele distinguir entre prestaciones contributivas y prestaciones no contributivas según la exigencia o no de una determinada cotización previa.

441 Tal y como se establece en el artículo 42 LGSS/2015 modificado por el Real Decreto-ley 6/2019, de 1 de marzo de medidas urgentes para garantía de la igualdad de trato y de oportunidades entre mujeres y hombres en el empleo y la ocupación, por la *Ley 3/2019, de 1 de marzo de mejora de la situación de orfandad de las hijas e hijos de víctimas de violencia de género y otras formas de violencia contra la mujer*, y más recientemente, por la Ley 19/2021, de 20 de diciembre, sobre el ingreso mínimo vital la acción protectora del sistema español de Seguridad Social comprende además de la asistencia sanitaria en los casos de maternidad, de enfermedad común o profesional y de accidente, sea o no de trabajo y la recuperación profesional, cuya procedencia se aprecie en cualquiera de los casos que se mencionan en la letra anterior, así como las prestaciones de servicios sociales que puedan establecerse en materia de formación y rehabilitación de personas con discapacidad y de asistencia a las personas mayores, así como en aquellas otras materias en que se considere conveniente, una serie de prestaciones económicas.

442 En concreto, las prestaciones económicas incluidas en la acción protectora son las vinculadas a la situaciones de incapacidad temporal; nacimiento y cuidado de menor; riesgo durante el embarazo; riesgo durante la lactancia natural; ejercicio corresponsable del cuidado del lactante; cuidado de menores afectados por cáncer u otra enfermedad grave; incapacidad permanente contributiva e invalidez no contributiva; jubilación, en sus modalidades contributiva y no contributiva; desempleo, en sus niveles contributivo y asistencial; protección por cese de actividad; pensión de viudedad; prestación temporal de viudedad; pensión de orfandad; prestación de orfandad; pensión en favor de familiares; subsidio en favor de familiares; auxilio por defunción; indemnización en caso de muerte por accidente de trabajo o enfermedad profesional, ingreso mínimo vital, así como las que se otorguen en las contingencias y situaciones especiales que reglamentariamente se determinen por real decreto, a propuesta del titular del Ministerio competente; y en última instancia las prestaciones familiares de la Seguridad Social, en sus modalidades contributiva y no contributiva.

443 Al margen de las prestaciones económicas, se incluye dentro de la acción protectora alguna prestación en especie; en concreto la asistencia sanitaria, la prestación farmacéutica y la prestación de servicios sociales. La asistencia sanitaria de la Seguridad Social tiene por objeto la prestación de los servicios médicos y farmacéuticos necesarios para conservar o restablecer la salud de sus beneficiarios, así como su aptitud para el trabajo. Proporciona, también, los servicios convenientes para completar las prestaciones médicas y farmacéuticas, atendiendo, de forma especial, a la rehabilitación física precisa para lograr una completa recuperación profesional del trabajador. Añadiéndose en el citado artículo 42 LGSS/2015 que igualmente, y como complemento de las prestaciones comprendidas en el apartado anterior, podrán otorgarse los beneficios de la asistencia social.

1. PRESTACIONES CONTRIBUTIVAS

444 Las prestaciones contributivas son el conjunto de prestaciones del sistema de Seguridad Social de carácter económico y de duración indefinida, aunque no siempre, que la Seguridad Social otorga a determinados colectivos, para protegerlos de riesgos o situaciones de necesidad, cuya concesión está generalmente sujeta a una anterior relación jurídica con la Seguridad Social y al cumplimento de unos requisitos exigidos, por norma general un período previo de cotización (o período de carencia). Su cuantía se determina en función de la cantidad cotizada (por el trabajador y el empresario) en ciertos periodos que sirven para determinar una base reguladora de la pensión de que se trate y al que se aplica el porcentaje correspondiente para obtener la cuantía final de la prestación.

445 Entre las prestaciones contributivas se encuentran: la incapacidad temporal; la incapacidad permanente; las prestaciones por lesiones permanentes no invalidantes; la prestación de riesgo durante el embarazo; las prestaciones por nacimiento y cuidado del menor; la prestación por jubilación; las prestaciones por muerte y supervivencia; las prestaciones a favor de familiares y el desempleo. Las prestaciones contributivas están sujetas al principio de proporcionalidad contributiva o lo que es lo mismo, la prestación será proporcional a las cantidades aportadas por el sujeto beneficiario al sistema público, así como a la duración de la cotización a lo largo de toda la vida laboral. Sin tratarse de una correspondencia exacta sí es cierto que se establece una relación muy directa entre la cantidad aportada y el tiempo de aportación. A continuación, vamos a proceder a exponer los rasgos característicos de las principales prestaciones contributivas del sistema.

446 La prestación económica por incapacidad temporal trata de cubrir la falta de ingresos que se produce cuando el trabajador, debido a una enfermedad o accidente, está imposibilitado temporalmente para trabajar y precisa asistencia sanitaria de la Seguridad Social. Se concreta en un subsidio diario que la

persona trabajadora percibe mientras está imposibilitado temporalmente para trabajar. Tienen la consideración de situaciones determinantes de la incapacidad temporal: a) Las debidas a enfermedad, común o profesional, y a accidente, sea o no de trabajo, mientras el trabajador esté impedido para el trabajo y reciba asistencia sanitaria de la Seguridad Social; así como también: b) los períodos de observación por enfermedad profesional, en los que se prescriba la baja en el trabajo durante los mismos.

447 Para poder tener derecho al subsidio se exige además de estar afiliado y en alta o en situación asimilada a la de alta en la fecha del hecho causante, mientras reciban asistencia sanitaria de la Seguridad Social y estén impedidas para el trabajo, en el caso de que la incapacidad temporal derive de enfermedad común: tener cubierto un período de cotización de 180 días dentro de los 5 años inmediatamente anteriores al hecho causante. Requisito que no se exige en el caso de que la incapacidad temporal sea a consecuencia de un accidente –sea o no de trabajo– y de enfermedad profesional, pues no se requiere ningún período previo de cotización. La cuantía del subsidio se fija en función de la base reguladora (BR) y de los porcentajes aplicables a la misma. Así, con carácter general, la base reguladora es el resultado de dividir el importe de la base de cotización del trabajador en el mes anterior al de la fecha de iniciación de la incapacidad por el número de días a que dicha cotización se refiere (este divisor será concretamente: 30, si el trabajador tiene salario mensual; 30, 31 o 28, 29 si tiene salario diario). Mientras que el porcentaje aplicable es diferente según cual sea el origen de la incapacidad temporal: en caso de enfermedad común y accidente no laboral: el 60% desde el día 4 hasta el 20 inclusive y el 75% desde el día 21 en adelante, mientras que en el caso de accidente de trabajo y enfermedad profesional el 75% desde el día en que se produzca el nacimiento del derecho.

448 La prestación económica de incapacidad permanente, en su modalidad contributiva, trata de cubrir la pérdida de rentas salariales o profesionales que sufre una persona, cuando estando afectada por un proceso patológico o traumático derivado de una enfermedad o accidente, ve reducida o anulada su capacidad laboral de forma presumiblemente definitiva. De hecho, aparece definida en el art. 193.1 LGSS/2015 como la situación del trabajador que, después de haber estado sometido al tratamiento prescrito, presenta reducciones anatómicas o funcionales graves, susceptibles de determinación objetiva y previsiblemente definitivas, que disminuyan o anulen su capacidad laboral. No obstará a tal calificación la posibilidad de recuperación de la capacidad laboral del incapacitado, si dicha posibilidad se estima médicamente como incierta o a largo plazo.

449 Esta prestación cualquiera que sea su causa determinante, se clasificará en grados, en función del porcentaje de reducción de la capacidad de trabajo del interesado, valorado de acuerdo con la lista de enfermedades que se apruebe

reglamentariamente. Así, tendrá la consideración de incapacidad permanente parcial para la profesión habitual aquella que, sin alcanzar el grado de total, ocasiona al trabajador una disminución no inferior al 33% en su rendimiento normal para dicha profesión, sin impedirle la realización de las tareas fundamentales de la misma. Por su parte será considerada incapacidad permanente total para la profesional habitual la que inhabilita al trabajador para la realización de todas o de las fundamentales tareas de dicha profesión, siempre que pueda dedicarse a otra distinta e incapacidad permanente absoluta para todo trabajo: la que inhabilita por completo al trabajador para toda profesión u oficio y finalmente la gran invalidez como la situación del trabajador afecto de incapacidad permanente y que, por consecuencia de pérdidas anatómicas o funcionales, necesite la asistencia de otra persona para los actos más esenciales de la vida, tales como vestirse, desplazarse, comer o análogos. Se utiliza la denominación de los grados contemplada en la Disposición transitoria vigésima sexta de la LGGSS/2015 ya que lo dispuesto en el artículo 194 de la LGSS/29015 donde se mantienen los 4 grados, pero con una denominación más sencilla (incapacidad permanente parcial, total, absoluta y gran invalidez) únicamente será de aplicación a partir de la fecha en que entren en vigor las disposiciones reglamentarias a que se refiere el apartado 3 del mencionado artículo 194.

450 Cada uno de los grados en que se clasifica la incapacidad permanente cuya declaración corresponde al Instituto Nacional de la Seguridad Social, a través de los órganos correspondientes y en todas las fases del procedimiento (cualquiera que sea la Entidad gestora o colaboradora que cubra la contingencia de que se trate), evaluar, calificar y revisar la incapacidad y reconocer el derecho a las prestaciones económicas contributivas de la Seguridad Social por incapacidad permanente, en sus distintos grados, así como determinar las contingencias causantes de la misma, dará derecho, en su caso, a la correspondiente prestación económica por incapacidad permanente. Tal y como en este sentido se establece en el art. 196 LGSS/2015: La prestación económica correspondiente a la incapacidad permanente parcial, consistirá en una cantidad a tanto alzado. En el caso de la incapacidad permanente total, la prestación consistirá en una pensión vitalicia, que podrá excepcionalmente ser sustituida por una indemnización a tanto alzado cuando el beneficiario fuese menor de sesenta años. Por su parte, la prestación económica correspondiente a la incapacidad permanente absoluta consistirá en una pensión vitalicia. Si el trabajador/a fuese calificado como gran inválido, tendrá derecho a una pensión vitalicia equivalente a la incapacidad permanente absoluta incrementándose su cuantía con un complemento, destinado a que el inválido pueda remunerar a la persona que le atienda.

451 Por su parte la prestación económica de lesiones permanentes no incapacitantes consiste en una indemnización a tanto alzado que la Seguridad Social reconoce a los trabajadores que sufran lesiones, mutilaciones y deformida-

des causadas por accidentes de trabajo o enfermedades profesionales, que, sin llegar a constituir incapacidad permanente, supongan una disminución de la integridad física del trabajador, siempre que aparezcan recogidas en el baremo establecido al efecto. La cuantía de la prestación se fija en el Baremo aprobado a través de la Orden ESS/66/2013, de 28 de enero, por la que se actualizan las cantidades a tanto alzado de las indemnizaciones por lesiones, mutilaciones y deformidades de carácter definitivo y no invalidantes. Se trata de una prestación compatible con el trabajo pero incompatible con las prestaciones económicas establecidas para la incapacidad permanente, salvo que las lesiones, mutilaciones o deformidades sean totalmente independientes de las tomadas en consideración para declarar la incapacidad permanente y su grado.

452 La prestación económica de riesgo durante el embarazo trata de cubrir la pérdida de ingresos que se produce, cuando la trabajadora es declarada en situación de suspensión del contrato de trabajo por riesgo durante el embarazo, en los supuestos en que, debiendo cambiar de puesto de trabajo o de actividad por otro compatible con su estado, dicho cambio no resulte técnica u objetivamente posible o no pueda razonablemente exigirse por motivos justificados tal y como se establece en el Art. 26.3 de la LPRL. La prestación económica consistirá en subsidio equivalente al 100 por 100 de la base reguladora correspondiente. A tales efectos, la base reguladora será equivalente a la que esté establecida para la prestación de incapacidad temporal, derivada de contingencias profesionales.

453 Las prestaciones económicas por nacimiento y cuidado del menor a las que tiene derecho la madre biológica, al igual que en los supuestos de adopción, guarda y acogimiento, tratan de cubrir la pérdida de rentas del trabajo o de ingresos que sufren los trabajadores, por cuenta ajena o por cuenta propia, cuando se suspende su contrato o se interrumpe su actividad por los motivos, legalmente establecidos en el art. 48.4 ET/2015. Las personas beneficiarias de la prestación por nacimiento y cuidado de hijo con motivo de parto natural tendrán derecho a suspender su contrato de trabajo durante un periodo de 16 semanas de descanso por parto o maternidad, ampliables en caso de parto múltiple. En el caso de supuestos de adopción y acogimiento preadoptivo, el período de descanso se prorroga en dos semanas más por cada hijo a partir del segundo en el caso de que sean menores de 6 años o mayores de 6 años con discapacidades o minusvalías o con especiales dificultades de inserción social y familiar acreditadas.

454 En el caso de la prestación por nacimiento y cuidado del menor por parte de la madre biológica –maternidad–, adopción, guarda y acogimiento, el período de carencia exigido es diferente según si los trabajadores tienen menos de 21 años de edad o 21 años cumplidos y son menores de 26 o bien tienen cumplidos los 26 años de edad en la fecha del parto o en la fecha de

la decisión administrativa o judicial de acogimiento o de la resolución judicial por la que se constituye la adopción. La prestación económica consiste en un subsidio equivalente al 100% de la base reguladora correspondiente (la establecida para la prestación por incapacidad temporal derivada de contingencias comunes, tomando como referencia la fecha del inicio del descanso). En caso de parto múltiple y de adopción o acogimiento de más de un menor, realizados de forma simultánea, se concederá un subsidio especial por cada hijo o menor acogido, a partir del segundo, igual al que corresponda percibir por el primero, durante el período de 6 semanas inmediatamente posteriores al parto o, cuando se trate de adopción o acogimiento, a partir de la decisión administrativa o judicial de acogimiento o de la resolución judicial por la que se constituya la adopción (art. 178 LGSS y art. 2-8 Real Decreto 295/2009, de 6 de marzo, por el que se regulan las prestaciones económicas del sistema de la Seguridad Social por maternidad, paternidad, riesgo durante el embarazo y riesgo durante la lactancia natural).

455 La prestación económica por nacimiento y cuidado del menor por parte del progenitor distinto a la madre biológica trata de cubrir el disfruten de los períodos de descanso o permisos, por nacimiento de hijo, adopción y acogimiento al que tiene derecho este progenitor. Para tener derecho a esta última prestación –paternidad–, el otro progenitor debe encontrarse en el supuesto permitido de suspensión del contrato de trabajo de acuerdo con el art. 48.4 del ET/2015 en la redacción dada por el Real Decreto-ley 6/2019, de 1 de marzo, de medidas urgentes para garantía de la igualdad de trato y de oportunidades entre mujeres y hombres en el empleo y la ocupación, encontrarse afiliado y en situación de alta y acreditar un período mínimo de cotización de 180 días, dentro de los siete años inmediatamente anteriores a la fecha de inicio de dicha suspensión, o, alternativamente, 360 días a lo largo de su vida laboral con anterioridad a la mencionada fecha. La prestación económica consiste en un subsidio equivalente al 100% de la base reguladora (art. 23 del Real Decreto 295/2009, de 6 de marzo, por el que se regulan las prestaciones económicas del sistema de la Seguridad Social por maternidad, paternidad, riesgo durante el embarazo y riesgo durante la lactancia natural).

456 La prestación por jubilación en su modalidad contributiva, cubre la pérdida de ingresos que sufre una persona cuando, alcanzada la edad establecida, cesa en el trabajo por cuenta ajena o propia, poniendo fin a su vida laboral, o reduce su jornada de trabajo y su salario en los términos legalmente establecidos. A partir de 1-1-2013, la edad de acceso a la pensión de jubilación depende de la edad del interesado y de las cotizaciones acumuladas a lo largo de su vida laboral, requiriendo haber cumplido la edad de: 67 años o 65 años cuando se acrediten 38 años y 6 meses de cotización. Estas edades de jubilación y el período de cotización se aplicarán de forma gradual entre el año 2013 y 2027. Por lo que respecta al período de carencia es necesario distinguir entre el Período de cotización genérico: 15 años y el período de cotización específico:

2 años deberán estar comprendidos dentro de los 15 años inmediatamente anteriores al momento de causar el derecho o a la fecha en que cesó la obligación de cotizar, si se accede a la pensión de jubilación desde una situación de alta o asimilada, sin obligación de cotizar.

457 La cuantía de la pensión se determina aplicando a la base reguladora el porcentaje general que corresponda en función de los años cotizados y, en su caso, el porcentaje adicional por prolongación de la vida laboral, cuando se acceda a la jubilación con una edad superior a la ordinaria vigente en cada momento y el coeficiente reductor que corresponda. A partir del año 2022, la base reguladora será el cociente que resulta de dividir por 350 las bases de cotización del interesado durante los 300 meses inmediatamente anteriores al del mes previo al del hecho causante. Desde el 1-1-2013, el número de meses se ha ido elevando progresivamente a razón de 12 meses por año el período de bases computables a razón de 16 años 2013; 17 el 2014;... 22 el año 2019 hasta llegar a 25 el año 2022 (Disposición Transitoria octava de la LGSS. Normas transitorias sobre la base reguladora de la pensión de jubilación).

458 Junto a la situación de jubilación ordinaria es necesario tener en cuenta que el sistema de Seguridad Social contempla diferentes supuestos de jubilación anticipada, en los que se destaca la jubilación anticipada por causa no imputable al trabajador y la jubilación anticipada por voluntad del trabajador. En este sentido, debe precisarse que ambas opciones han sido objeto de modificación por la Ley 21/2021, de 28 de diciembre, de garantía del poder adquisitivo de las pensiones y de otras medidas de refuerzo de la sostenibilidad financiera y social del sistema público de pensiones.

En cuanto al primer supuesto, jubilación anticipada derivada del cese no voluntario, para su acceso se exige una serie de requisitos entre los que se deben mencionar los siguientes: tener cumplida una edad que sea inferior en 4 años –como máximo– a la edad que en cada caso resulte de aplicación para la jubilación ordinaria; encontrarse inscrito en las oficinas de empleo como demandante de empleo durante un plazo de, al menos, seis meses inmediatamente anteriores a la fecha de la solicitud de la jubilación; acreditar un período mínimo de cotización efectiva de 33 años; que el cese del trabajo se haya producido por las causas específicamente señaladas en el art. 207.1 LGSS –despido colectivo por causas económicas, técnicas, organizativas o de producción; despido por causas objetivas, muerte, jubilación, incapacidad del empresario principal; extinción del contrato por causas de fuerza mayor; etc.– La pensión de esta específica tipología de jubilación anticipada será objeto de reducción mediante la aplicación, por cada mes o fracción de mes que, en el momento del hecho causante, le falte al trabajador para cumplir la edad legal de jubilación, en cada caso resulte de la aplicación de lo establecido en el artículo 205.1 a) LGSS. Los coeficientes reductores se encuentran recogidos en el artículo 207.2 LGSS y se determinan en función del período de cotización acreditado y los meses de anticipación. En este sentido, puede señalarse a modo de ejemplo que, si el trabajador accede a su jubilación con 48 meses de anticipo su pensión será penalizada con un coeficiente reductor del 30% si no tiene un periodo cotizado de 38 años y 6 meses, un 28% si tiene un periodo cotizado igual o superior a 38 años y 6 meses e inferior a 41 años y 6 meses, 26% si tiene un periodo cotizado igual o superior a 41 años y 6 meses e inferior a 44 años y 6 meses y 24% si iguala o supera un periodo cotizado de 44 años y 6 meses. Estos coeficientes reductores van minorándose a medida que el acceso a la jubilación se acerque más a la edad ordinaria, y si se posee un mayor periodo de cotización. En cuanto a la jubilación anticipada por voluntad del interesado es preciso que se tenga cumplido una edad que sea inferior en dos años –como máximo– a la edad en que cada caso resulte de aplicación para el acceso a la jubilación ordinaria. Asimismo, la persona interesada debe acreditar un período mínimo de cotización efectiva de 35 años. De igual modo que la pensión por jubilación anticipada por causa no imputable al trabajador, la pensión por jubilación anticipada voluntaria será objeto de reducción mediante la aplicación, por cada mes o fracción de mes que, en el momento del hecho causante, le falte al trabajador para cumplir la edad de jubilación. En este caso los coeficientes reductores se encuentran plasmados en el artículo 208.2 LGSS, y a este respecto se puede señalar que si quiere adelantar el acceso a la jubilación en 24 meses, el coeficiente reductor es del 21% para aquellas personas que no acrediten un periodo cotizado de 38 años y 6 meses, el 19% para los que justifiquen un periodo cotizado igual o superior a 38 años y 6 meses e inferior a 41 años y 6 meses, el 17% si ha cotizado un periodo igual o superior a 41 años y 6 meses e inferior a 44 años y 6 meses o el 13% si el trabajador ha superado un periodo de cotización de 44 años y 6 meses. En un primer momento, y solo contemplando los porcentajes referenciados, podría considerarse que las personas que acceden a la jubilación por causas no imputables directamente a su voluntad son penalizadas de una manera más intensa que las que acceden por su propia voluntad, pero debe tenerse en cuenta el cómputo de meses que se valoran para poder tener derecho a la prestación, siendo en conjunto más beneficioso en la prestación por jubilación anticipada no imputable al trabajador. En este sentido, se puede reparar que si se quiere adelantar 24 meses la jubilación por causas no voluntarias al trabajador el coeficiente reductor es de 15% si no se llega al período de cotización de 38 años y 6 meses, es decir, un 6% menos que en la jubilación anticipada voluntaria. Por último, para concluir con el tema de la jubilación anticipada, también se deben mencionar otras situaciones que dan derecho a reducir la edad de jubilación ordinaria: jubilación anticipada por razón del grupo o actividad profesional; Jubilación anticipada de trabajadores con discapacidad; Jubilación anticipada por tener la condición de mutualista; Jubilación anticipada sin tener la condición de mutualista.

459 Las prestaciones por muerte y supervivencia están destinadas a compensar la situación de necesidad económica que produce, para determinadas

personas, el fallecimiento de otras. Las prestaciones que se pueden otorgar son: pensión de viudedad; prestación temporal de viudedad; pensión de orfandad; pensión en favor de familiares; subsidio en favor de familiares; auxilio por defunción y las indemnizaciones por AT o EP. Las más relevantes son, sin duda alguna, la pensión de viudedad y las de orfandad. Las personas beneficiarias de la pensión de viudedad son el cónyuge supérstite o la persona que estuviese unida la causante mediante pareja de hecho. A este respecto, tiene derecho a acceder a la pensión viudedad aquellos que hubiesen contraído matrimonio previo. No obstante, el artículo 219 LGSS, además de contemplar el requisito general del vínculo matrimonial para el acceso a la pensión de viudedad, también establece ciertos requisitos específicos en el caso de que el fallecimiento del causante se debiera a una enfermedad común no sobrevenida tras el vínculo conyugal, lo que requiere que el matrimonio se celebrase un año antes de la defunción o, alternativamente que existan hijos. Aunque esta exigencia no será obligatoria si se acredita una convivencia superior a dos años. De la misma manera, tienen derecho a la pensión de viudedad los que se encuentren unidos al causante en el momento de su fallecimiento (art. 221 LGSS). Este específico supuesto, al igual que los supuestos de jubilación anticipada –voluntaria e involuntaria– ha sido objeto de revisión por la Ley 21/2021 de garantía del poder adquisitivo de las pensiones y de otras medidas de refuerzo de la sostenibilidad financiera y social del sistema público de pensiones. Esta modificación ha simplificado alguno de los requisitos que con anterioridad a la misma se solicitaban a las parejas de hecho. Actualmente, aquellas personas unidas mediante esta figura jurídica pueden acceder a la pensión de viudedad si acreditan que han formalizado su situación con antelación mínima de dos años con respecto a la fecha del fallecimiento del causante, mediante certificación de la inscripción en alguno de los registros específicos existentes en las CCAA o ayuntamientos o documento público en el que conste la constitución de dicha pareja. Asimismo, también deben acreditar, mediante el correspondiente certificado de empadronamiento, una convivencia estable y notoria con carácter inmediato al fallecimiento del causante y con una duración ininterrumpida no inferior a cinco años, salvo que existan hijos en común, en cuyo caso solo deberán demostrar la existencia de pareja de hecho a través de la inscripción en el registro o documento público. Bien es cierto que los requisitos que se establecen para las parejas de hecho son más exigentes que los que se peticionan en caso de vínculo matrimonial. No obstante, con la entrada en vigor de la modificación llevada a cabo por la Ley 21/2021, prácticamente, se ha equiparado la situación de las parejas de hecho con los matrimonios, terminando con la discriminación que existía anteriormente, en la que se imponía a los primeros, el cumplimiento de requisitos económicos que en ningún momento se exigían a los matrimonios. En cuanto a la cuantía de la pensión de viudedad es, con carácter general, el 52% de la base reguladora, ampliable al 70% cuando se cumplan determinados requisitos, en especial: tener cargas familiares, ser la única fuente de ingresos y tener unos ingresos por debajo de un determinado límite. Por su parte, la cuantía de la pensión de orfandad es, con carácter general, el 20% de la base reguladora (art. 36 del Decreto 3158/1966, de 23 de diciembre, por el que se aprueba el Reglamento General que determina la cuantía de las prestaciones económicas del Régimen General de la Seguridad Social y condiciones para el derecho a las mismas). Si el fallecimiento ha sido debido a accidente de trabajo (AT) o enfermedad profesional (EP), se concede, además, a cada huérfano una indemnización especial de una mensualidad de la base reguladora (art. 37 Decreto 3158/1966).

460 En última instancia, la prestación por desempleo está gestionada y abonada por el Servicio Público de Empleo Estatal (SEPE) y se percibe tras la pérdida involuntaria de un empleo. La cuantía se calcula en función de las cotizaciones realizadas durante los periodos trabajados. Para poder tener derecho al desempleo es necesario encontrarse en situación legal de desempleo (es decir en alguna de las situaciones establecidas en el art. 267 LGSS/2015) estar disponible para buscar activamente empleo y para aceptar una colocación adecuada. La solicitud incluye el compromiso de actividad; si este no se cumple podrá afectar a su prestación. Para poder tener derecho a esta prestación es necesario haber trabajado y cotizado a desempleo al menos 360 días dentro de los 6 años anteriores a la situación legal de desempleo. La duración de la prestación depende de las cotizaciones por desempleo que haya realizado en los últimos 6 años, siempre que no se hayan tenido en cuenta para una prestación anterior, ya sea prestación contributiva o subsidio. Por su parte la cuantía de la prestación contributiva depende de las bases de cotización a la Seguridad Social por contingencias profesionales, durante los 180 últimos días cotizados, sin tener en cuenta las horas extraordinarias. La base reguladora de la prestación es la media de la base de cotización del periodo indicado. El importe diario que se percibe es el 70% de la base reguladora durante los primeros 180 días de prestación y el 50% a partir del día 181 hasta el final de la misma.

2. PRESTACIONES NO CONTRIBUTIVAS

461 Por su parte, las prestaciones no contributivas son aquellas que se otorgan a ciudadanos que se encuentran en situación de necesidad, aunque nunca hayan cotizado o no lo hayan hecho durante el tiempo necesario para tener derecho a prestaciones contributivas. Su percepción se condiciona a un nivel máximo de ingresos. Además, para su cobro se establecen unos ciertos requisitos: a) residir legalmente en España.; b) no tener derecho a recibir una pensión contributiva y c) no contar con unos ingresos suficientes. Se considerarán no suficientes los ingresos en el caso de que las rentas/ingresos de que disponga el solicitante sean inferiores al importe de la pensión que solicita en su cómputo anual. Si se convive con familiares, para que el solicitante pueda

recibir la prestación no contributiva, la suma de los ingresos anuales del solicitante y de las personas que conviven el solicitante deberá estar dentro de los límites reglamentarios establecidos anualmente en función del número de miembros de la unidad de convivencia.

462 Como puede observarse a diferencia de las prestaciones contributivas que se reconocen en función del tiempo cotizado, las prestaciones económicas no contributivas son prestaciones que se reconocen a aquellos ciudadanos que, encontrándose en situación de necesidad protegible, carecen de recursos suficientes para su subsistencia en los términos legalmente establecidos, aun cuando no hayan cotizado nunca o el tiempo suficiente para alcanzar las prestaciones del nivel contributivo. Dentro de esta modalidad, se encuentran las pensiones siguientes: la invalidez y la jubilación. La gestión de estas pensiones no contributivas está atribuida a los órganos competentes de cada Comunidad Autónoma y a las Direcciones provinciales del Instituto de Mayores y Servicios Sociales (IMSERSO) en las ciudades de Ceuta y Melilla.

463 Fue a partir de la aprobación de la Ley 26/1990, de 20 de diciembre, por la que se establecen en la Seguridad Social prestaciones no contributivas que se dio en España un impulso fundamental a las prestaciones no contributivas. Esta Ley tenía como objetivo principal el establecimiento y regulación de un nivel no contributivo de prestaciones económicas del Sistema de la Seguridad Social, como desarrollo del principio rector contenido en el artículo 41CE, que encomienda a los poderes públicos el mantenimiento de un "régimen público de Seguridad Social para todos los ciudadanos", y, por tanto, dictada al amparo de lo previsto en el artículo 149.1.17.ª de la CE. Los únicos requisitos exigidos para el derecho a las pensiones en su modalidad no contributiva, son: con carácter general, la residencia en territorio nacional y la insuficiencia de recursos; y, con carácter específico, la edad de sesenta y cinco años, para la pensión de jubilación, y la edad de dieciocho años y el grado de minusvalía establecido, para la de invalidez.

464 La pensión no contributiva de invalidez asegura a todos los ciudadanos en situación de invalidez y en estado de necesidad una prestación económica, asistencia médico-farmacéutica gratuita y servicios sociales complementarios, aunque no se haya cotizado o se haya hecho de forma insuficiente para tener derecho a una pensión contributiva. Pueden ser beneficiarios de esta prestación no contributiva los ciudadanos españoles y nacionales de otros países, con residencia legal en España que cumplen los siguientes requisitos: a) carecer de ingresos suficientes y b) cumplir unas condiciones específicas de la propia pensión no contributiva de invalidez como son: a) tener dieciocho o más años y menos de sesenta y cinco; b) residir en territorio español y haberlo hecho durante un período de cinco años, de los cuales dos han de ser consecutivos e inmediatamente anteriores a la fecha de la solicitud y c) acreditar un grado de discapacidad igual o superior al 65%.

465 Centrándonos en la carencia de ingresos suficientes, se considera que existen rentas o ingresos insuficientes cuando la suma, en cómputo anual, de los mismos sea inferior al importe, también en cómputo anual, de la prestación. No obstante, aunque el solicitante carezca de rentas o ingresos propios, si convive con otras personas en una misma unidad económica, únicamente se entenderá cumplido el requisito de carencia de rentas o ingresos suficientes cuando la suma de los de todos los integrantes de aquella sea inferior al límite de acumulación de recursos fijado en la Ley. Los límites de acumulación de recursos, en el supuesto de unidad económica, serán equivalentes a la cuantía, en cómputo anual, de la pensión, más el resultado de multiplicar el setenta por ciento de dicha cifra por el número de convivientes, menos uno. Cuando la convivencia, dentro de una misma unidad económica, se produzca entre el solicitante y sus descendientes o ascendientes en primer grado, los límites de acumulación de recursos serán equivalentes a dos veces y media de la cuantía que resulte de aplicar lo establecido anteriormente.

466 Por su parte, la pensión no contributiva de jubilación asegura a todos los ciudadanos mayores de 65 años y en estado de necesidad una prestación económica, asistencia médico-farmacéutica gratuita y servicios sociales complementarios, aunque no se haya cotizado o se haya hecho de forma insuficiente para tener derecho a una pensión contributiva. Al igual que hemos visto para la invalidez no contributiva para poder tener derecho a esta pensión se exige carecer de ingresos suficientes en los mismos términos y con el mismo alcance que en el caso de la invalidez no contributiva así como tener sesenta y cinco o más años de edad y Residir en territorio español y haberlo hecho durante un período de diez años, en el período que media entre la fecha de cumplimiento de los dieciséis años y la de devengo de la pensión, de los cuales dos han de ser consecutivos e inmediatamente anteriores a la fecha de la solicitud.

467 A los efectos de acreditar la carencia de ingresos suficientes, tal y como se establece en el art. 368 de la LGSS/2015 y el art. 16.2 del Real Decreto 357/1991 de 15 de marzo, las personas beneficiarias de pensión en su modalidad no contributiva están obligados a presentar en el primer trimestre del año una declaración de los ingresos o rentas computables de la respectiva unidad económica de convivencia, referidos al año inmediatamente anterior, así como las posibles variaciones y previsiones relativas al año en curso. La cuantía individual de las prestaciones no contributivas se fija anualmente por el Gobierno en la correspondiente Ley de Presupuestos Generales del Estado y se establece en función del número de beneficiarios de pensión no contributiva integrados en la misma unidad económica de convivencia, de los ingresos personales y/o de las personas que integran la unidad económica, no pudiendo ser inferior al 25 por 100 del importe íntegro para el año en cuestión. Es importante tener en cuenta que las pensiones de Jubilación y de invalidez no Contributivas son incompatibles entre sí.

468 Para finalizar el tema de las prestaciones no contributivas, es necesario referirnos, aunque sea brevemente, al nivel asistencial de la prestación por desempleo que está destinado a desempleados que por diferentes motivos no han podido volver a trabajar o acceder a la prestación contributiva de desempleo. Esta prestación se financia a través de las aportaciones del Estado, y consta de una prestación económica y del abono a la Seguridad Social de la cotización correspondiente a algunas contingencias. Son beneficiarios del subsidio por desempleo los parados que figuren inscritos como demandantes de empleo, sin haber rechazado oferta de empleo adecuada ni haberse negado a participar, salvo causa justificada, en acciones de promoción, formación o reconversión profesionales, y que carezcan de rentas superiores, en cómputo mensual, al 75 por 100 del salario mínimo interprofesional, excluida la parte proporcional de las pagas extraordinarias, siempre que se encuentren en algunas de las siguientes situaciones a) haber agotado una prestación contributiva de desempleo y tener responsabilidades familiares; b) haber agotado una prestación contributiva de desempleo de, al menos, 360 días de duración, carecer de responsabilidades familiares y ser mayor de 45 años de edad en la fecha del agotamiento; c) no tener derecho a prestación contributiva, si se cumplen ciertos requisitos (periodo de cotización mínimo y/o responsabilidades familiares) o d) en las condiciones previstas, ser emigrante retornado, liberado de prisión o inválido rehabilitado procedente de las situaciones de incapacidad permanente total, absoluta o gran invalidez. La duración de la prestación y la cotización a la Seguridad Social está en función de la modalidad de subsidio a que tenga derecho el beneficiario, destacando: Subsidio por desempleo ordinario; el subsidio por desempleo para trabajadores mayores de 52 años y el subsidio especial para trabajadores mayores de 45 años que hayan agotado prestación por desempleo de 24 meses.

469 Tal y como se establece en el art. 278 de la LGSS/2015 la cuantía del subsidio por desempleo es igual al 80 por ciento del indicador público de rentas de efectos múltiples mensual vigente en cada momento (IPREM). Para el año 2022, la cantidad del IPREM se sitúa en 579,02 euros; y por tanto, la prestación asistencial por desempleo queda fijada en los 463,216€. En el caso de tratarse de desempleo por una pérdida de empleo a tiempo parcial, esta cuantía se recibe en proporción a las horas previamente trabajadas cuando se encuentren en la situación de agotar la contributiva, con o sin cargas familiares, o en la situación de estar en situación legal de desempleo, que se recoge en el apartado anterior. Cuando por estas causas se perciba el subsidio para mayores de 52 años, se percibirá sin parcialidad. Por su parte, en el caso del subsidio especial para trabajadores mayores de 45 años que hayan agotado prestación por desempleo de 24 meses, la cuantía oscila entre el 80 por 100 del IPREM (trabajador con uno o ningún familiar a su cargo); el 107 por 100 (dos familiares a su cargo) y el 133 por 100 (tres o más familiares a su cargo).

3. EL INGRESO MÍNIMO VITAL

470 El Ingreso Mínimo Vital es una prestación dirigida a prevenir el riesgo de pobreza y exclusión social de las personas que viven solas o están integradas en una unidad de convivencia y carecen de recursos económicos básicos para cubrir sus necesidades básicas. El Ingreso Mínimo Vital se configura como derecho subjetivo a una prestación económica, que forma parte de la acción protectora de la Seguridad Social, y garantiza un nivel mínimo de renta a quienes se encuentren en situación de vulnerabilidad económica. Opera como una red de protección dirigida a permitir el tránsito desde una situación de exclusión a una participación en la sociedad. Contendrá para ello en su diseño incentivos al empleo y a la inclusión, articulados a través de distintas fórmulas de cooperación entre administraciones.

471 El Ingreso Mínimo vital fue introducido en España por el Real Decreto-ley 20/2020, de 29 de mayo, por el que se establece el ingreso mínimo vital, el cual, actualmente ha sido sustituido por la Ley núm. 19/2021 de 20 de diciembre. (BOE de 21 de diciembre) donde se establece en su preámbulo, apartado III que nace con el objetivo principal de garantizar, a través de la satisfacción de unas condiciones materiales mínimas, la participación plena de toda la ciudadanía en la vida social y económica, rompiendo el vínculo entre ausencia estructural de recursos y falta de acceso a oportunidades en los ámbitos laboral, educativo, o social de los individuos. La prestación no es por tanto un fin en sí misma, sino una herramienta para facilitar la transición de los individuos desde la exclusión social que les impone la ausencia de recursos hacia una situación en la que se puedan desarrollar con plenitud en la sociedad. Aunque la situación de privación económica que sufren las personas a las que va dirigida esta medida esté en el origen de su situación de vulnerabilidad, la forma concreta que tomará su inclusión social variará en función de las características de cada individuo: para algunos, será el acceso a oportunidades educativas, para otros, la incorporación al mercado de trabajo o, la solución a una condición sanitaria determinada. Este objetivo de inclusión condiciona de manera central el diseño de la prestación, que, incorporando las mejores prácticas internacionales, introduce un sistema de incentivos buscando evitar la generación de lo que los expertos en política social han llamado “trampas de pobreza”, esto es, que la mera existencia de prestación inhiba el objetivo de inclusión social y económica de los receptores. Se destaca, en su diseño, la importancia de la cooperación con las comunidades autónomas y entidades locales en el despliegue de unos itinerarios de inclusión flexibles y adaptados a cada situación para los beneficiarios del ingreso mínimo vital, así como del sector privado que también es copartícipe del diseño de estos itinerarios de inclusión, estableciéndose un Sello de Inclusión Social que acredite a todas aquellas empresas que ofrezcan oportunidades de empleo y formación a los perceptores del ingreso mínimo vital.

472 Con la aparición de esta nueva prestación, se da cumplimiento a una reiterada recomendación de expertos y del Consejo Europeo de implementar una renta mínima de carácter estatal que prevenga el riesgo de pobreza y exclusión social, de cobertura a las personas que se encuentran en esas situaciones y contribuya a disminuir la desigualdad social en nuestro país. Esta prestación nace con la vocación de hacer frente al problema de la pobreza severa mediante la trasferencia de renta así como también la reducción de las tasas de riesgo de pobreza y exclusión social y a la mejora de la cohesión social disminuyendo las desigualdades sociales. A pesar de las dificultades de implementación y el contexto en el que surge (crisis provocada por el covid-19), se trata, sin duda alguna, de un importante refuerzo del sistema de protección social a través de una prestación dirigida a mejorar la protección de los más vulnerables.

473 El derecho a la prestación derivada del Ingreso Mínimo Vital se configura en función de la situación de vulnerabilidad económica de los beneficiarios. A estos efectos, se considera que se da esta situación cuando el promedio mensual del conjunto de ingresos y rentas anuales computables de la persona beneficiaria individual o del conjunto de miembros de la unidad de convivencia, correspondientes al ejercicio anterior, sea al menos 10 euros inferior al nivel de renta garantizada para cada supuesto previsto, en función de las características de la persona beneficiaria individual o la unidad de convivencia, requiriéndose además que su patrimonio, excluida la vivienda habitual, sea inferior a los límites establecidos en el real decreto-ley.

474 El ingreso mínimo vital presenta las siguientes cuatro características:

a) Garantiza un nivel mínimo de renta mediante la cobertura de la diferencia existente entre la suma de los recursos económicos de cualquier naturaleza de que disponga la persona beneficiaria individual o, en su caso, los integrantes de una unidad de convivencia, y la cuantía de renta garantizada para cada supuesto en los términos del artículo 10.

b) Se articula en su acción protectora diferenciando según se dirija a un beneficiario individual o a una unidad de convivencia, en este caso, atendiendo a su estructura y características específicas.

c) Es una prestación cuya duración se prolongará mientras persista la situación de vulnerabilidad económica y se mantengan los requisitos que originaron el derecho a su percepción.

d) Se configura como una red de protección dirigida a permitir el tránsito desde una situación de exclusión a una de participación en la sociedad. Contendrá para ello en su diseño incentivos al empleo y a la inclusión, articulados a través de distintas fórmulas de cooperación entre administraciones.

e) Es intransferible. No podrá ofrecerse en garantía de obligaciones, ni ser objeto de cesión total o parcial, compensación o descuento, retención o embargo, salvo en los supuestos y con los límites previstos en el artículo 44 del texto refundido de la Ley General de la Seguridad Social, aprobado por Real Decreto Legislativo 8/2015, de 30 de octubre.

475 Podrán ser beneficiarias del ingreso mínimo vital tal y como se establece en el art. 4 de la Ley núm. 19/2021 de 20 de diciembre, tanto las personas integrantes de una unidad de convivencia en los términos establecidos en el real decreto-ley que regula el Ingreso Mínimo Vital como las personas de al menos veintitrés años que no sean beneficiarias de pensión contributiva por jubilación o incapacidad permanente, ni de pensión no contributiva por invalidez o jubilación, que no se integren en una unidad de convivencia en los términos establecidos en este real decreto-ley, siempre que no estén unidas a otra por vínculo matrimonial o como pareja de hecho, salvo las que hayan iniciado los trámites de separación o divorcio o las que se encuentren en otras circunstancias que puedan determinarse reglamentariamente. No se exigirá el cumplimiento del requisito de edad ni el de haber iniciado los trámites de separación o divorcio en los supuestos de mujeres víctimas de violencia de género o de trata de seres humanos y explotación sexual. También podrán ser beneficiarias de la prestación del ingreso mínimo vital las personas que temporalmente sean usuarias de una prestación de servicio residencial, de carácter social, sanitario o socio-sanitario.

476 Todas las personas beneficiarias, estén o no integradas en una unidad de convivencia, deberán cumplir los siguientes requisitos: a) tener residencia legal y efectiva en España y haberla tenido de forma continuada e ininterrumpida durante al menos el año inmediatamente anterior a la fecha de presentación de la solicitud. No se exigirá este plazo respecto de los menores incorporados a la unidad de convivencia por nacimiento, adopción, guarda con fines de adopción o acogimiento familiar permanente; así como tampoco delas personas víctimas de trata de seres humanos y de explotación sexual ni de las mujeres víctimas de violencia de género; b) Encontrarse en situación de vulnerabilidad económica por carecer de rentas, ingresos o patrimonio suficientes, en los términos establecidos en el artículo 8 del Real Decreto-ley 20/2020 de 29 de mayo; c) Haber solicitado las pensiones y prestaciones públicas vigentes que se determinen reglamentariamente, a las que pudieran tener derecho. En todo caso, quedan exceptuados los salarios sociales, rentas mínimas de inserción o ayudas análogas de asistencia social concedidas por las comunidades autónomas.

477 La clave para el Ingreso Mínimo Vital es, como se puede ver, la situación de vulnerabilidad económica y para determinar esta situación, se tomará en consideración la capacidad económica de la persona solicitante beneficiaria individual o, en su caso, de la unidad de convivencia en su conjunto, computándose los recursos de todos sus miembros. Se apreciará que concurre este requisito cuando el promedio mensual del conjunto de ingresos y rentas

anuales computables de la persona beneficiaria individual o del conjunto de miembros de la unidad de convivencia, correspondientes al ejercicio anterior, en los términos establecidos en el artículo 18 del Real-decreto-ley 20/2020, de 29 de mayo, referido a cómputo de los ingresos y patrimonio, sea inferior, al menos en 10 euros, a la cuantía mensual de la renta garantizada con esta prestación que corresponda en función de la modalidad y del número de miembros de la unidad de convivencia en los términos del artículo 10 donde se fija la determinación de la cuantía. Es importante tener en cuenta que no computarán como ingresos los salarios sociales, rentas mínimas de inserción o ayudas análogas de asistencia social concedidas por las comunidades autónomas, y otros ingresos y rentas. No se aprecia que concurre este requisito cuando la persona beneficiaria individual sea titular de un patrimonio valorado, de acuerdo con los criterios que se contemplan en el artículo 18 del Real Decreto-ley 20/2020, en un importe igual o superior a tres veces la cuantía correspondiente de renta garantizada por el ingreso mínimo vital para una persona beneficiaria individual. En el caso de las unidades de convivencia, se entenderá que no concurre este requisito cuando sean titulares de un patrimonio valorado en un importe igual o superior a la cuantía resultante de aplicar la escala de incrementos que figura en el anexo II del propio Real Decreto-ley.

478 Con el fin de que la percepción del ingreso mínimo vital no desincentive la participación en el mercado laboral, la percepción del ingreso mínimo vital será compatible con las rentas del trabajo o la actividad económica por cuenta propia de la persona beneficiaria individual o, en su caso, de uno o varios miembros de la unidad de convivencia en los términos y con los límites que reglamentariamente se establezcan. De interés es en este punto la regulación prevista en el Real Decreto 789/2022, de 27 de septiembre, por el que se regula la compatibilidad del Ingreso Mínimo Vital con los ingresos procedentes de rentas del trabajo o de la actividad económica por cuenta propia con el fin de mejorar las oportunidades reales de inclusión social y laboral de las personas beneficiarias de la prestación.

479 Como al efecto se informa en la página web del Ministerio de Trabajo y Economía Social (Derechos y deberes en relación con la Seguridad Social) el Ingreso Mínimo Vital consiste en una prestación económica que se fija y se hará efectiva mensualmente en los términos establecidos en este Real Decreto-ley y en sus normas de desarrollo. Para este año 2022 los importes son: 639,12 para una unidad de convivencia formada por dos adultos; 786,61 para dos adultos y un menor o tres adultos y 934,10 € para una unidad con dos adultos y dos menores, o tres adultos y un menor, o por cuatro adultos y 1.081,59€ para una unidad de convivencia formada por un adulto y cuatro o más menores, dos adultos y tres o más menores o tres adultos y dos o más menores, o por cuatro adultos y un menor…Esta cuantía se incrementa con un complemento del 22 por 100, cuando se trate de unidad de convivencia monoparental (un solo adulto que conviva con uno o más descendientes hasta el segundo grado menores de edad sobre los que tenga la guarda y custodia exclusiva, o que conviva con uno o más

menores en régimen de acogimiento familiar permanente o guarda con fines de adopción cuando se trata del único acogedor o guardador, o cuando el otro progenitor, guardador o acogedor se encuentre ingresado en prisión o en un centro hospitalario por un periodo ininterrumpido igual o superior a un año). La cuantía mensual de la prestación de ingreso mínimo vital que corresponde a la persona beneficiaria individual o a la unidad de convivencia vendrá determinada por la diferencia entre la cuantía de la renta garantizada y el conjunto de todas las rentas e ingresos de la persona beneficiaria o de los miembros que componen la unidad de convivencia del ejercicio anterior.

El derecho a la prestación del ingreso mínimo vital nacerá a partir del primer día del mes siguiente al de la fecha de presentación de la solicitud.

El pago será mensual y se realizará mediante transferencia bancaria, a una cuenta del titular de la prestación, de acuerdo con los plazos y procedimientos establecidos en el Reglamento general de la gestión financiera de la Seguridad Social, aprobado por el Real Decreto 696/2018, de 29 de junio por el que se aprueba el Reglamento general de la gestión financiera de la Seguridad Social.

480 El derecho a percibir la prestación económica del ingreso mínimo vital se mantiene mientras subsistan los motivos que dieron lugar a su concesión y se cumplan los requisitos y obligaciones previstos en este Real Decreto-ley. Todas las personas beneficiarias, integradas o no en una unidad de convivencia, estarán obligadas a poner en conocimiento de la entidad gestora competente, en el plazo de treinta días naturales, aquellas circunstancias que afecten al cumplimiento de los requisitos o de las obligaciones establecidos en este Real Decreto-ley. El Real Decreto-ley que instaura el Ingreso Mínimo Vital se regulan las causas de suspensión y extinción del derecho al Ingreso Mínimo Vital, así como el régimen de Incompatibilidad del ingreso mínimo vital con la asignación por hijo o menor a cargo y obligaciones de las personas beneficiarias, incluyéndose un régimen especial de infracciones y sujetos responsables, sanciones y procedimiento sancionador. También se incluyen las reglas referidas al cómputo de los ingresos del ejercicio anterior para tener derecho al Ingreso Mínimo vital así como las diferentes formas de acreditar los requisitos para poder tener derecho a esta nueva prestación. En última instancia es importante señalar que el ingreso mínimo vital, como prestación no contributiva de la Seguridad Social, se financiará de conformidad con lo previsto en el artículo 109 del texto refundido de la Ley General de la Seguridad Social, aprobado por Real Decreto Legislativo 8/2015, de 30 de octubre, mediante aportaciones del Estado al Presupuesto de la Seguridad Social.

VI. RESPONSABILIDADES EN MATERIA DE SEGURIDAD SOCIAL

481 Al margen de la responsabilidad administrativa en materia de Seguridad Social que será objeto de estudio en el apartado siguiente, el presente apartado

va a estar centrado en el análisis de la responsabilidad en materia de prestaciones, o lo que es lo mismo la responsabilidad de hacer efectivo el pago de las prestaciones de la Seguridad Social a favor de los sujetos beneficiarios. Sistema de responsabilidad establecido a partir del cumplimiento o incumplimiento de las obligaciones vinculadas a condiciones para tener derecho a las prestaciones, en especial, el requisito general de estar afiliado y en alta en la Seguridad Social o en situación asimilada a la de alta al sobrevenir la contingencia o situación protegida, y en su caso, obviamente, al cumplimiento de la obligación de cotizar por cuanto que el sistema de Seguridad Social imputa responsabilidad en materia de prestaciones a las Entidades gestoras sobre la base del cumplimiento de las obligaciones fundamentales para el establecimiento de la relación jurídica con la Seguridad Social, fijando un régimen de responsabilidad subsidiaria o solidaria en caso de incumplimiento de los mismos.

1. RESPONSABILIDAD EN ORDEN A LAS PRESTACIONES

482 Tal y como se establece en el artículo 45 LGSS/2015 referido a la responsabilidad en orden a las prestaciones: las entidades gestoras de la Seguridad Social serán responsables de las prestaciones cuya gestión les esté atribuida, siempre que se hayan cumplido los requisitos generales y particulares exigidos para causar derecho a las mismas en las normas establecidas tanto en la LGSS/2015 como en las normas específicas que sean aplicables a los distintos regímenes especiales. Para la imputación de responsabilidades en orden a las prestaciones contributivas, a entidades o personas distintas se estará a lo dispuesto en la presente ley, en sus disposiciones de desarrollo y aplicación o en las normas reguladoras de los regímenes especiales. El artículo 167 añade además de las entidades gestoras que la responsabilidad recae en las mutuas colaboradoras con la Seguridad Social o los empresarios que colaboren en la gestión o, en su caso, a los servicios comunes.

483 El incumplimiento de las obligaciones en materia de afiliación, altas y bajas y de cotización determinará la exigencia de responsabilidad, en cuanto al pago de las prestaciones, previa la fijación de los supuestos de imputación y de su alcance y la regulación del procedimiento para hacerla efectiva. No obstante, las entidades gestoras, mutuas colaboradoras con la Seguridad Social o, en su caso, los servicios comunes procederán, de acuerdo con sus respectivas competencias, al pago de las prestaciones a los beneficiarios en aquellos casos, incluidos en dicho apartado, en los que así se determine reglamentariamente, con la consiguiente subrogación en los derechos y acciones de tales beneficiarios. El indicado pago procederá aun cuando se trate de empresas desaparecidas o de aquellas que por su especial naturaleza no puedan ser objeto de procedimiento de apremio. Igualmente, las mencionadas entidades, mutuas y servicios asumirán el pago de las prestaciones, en la medida en que se atenúe el alcance de la responsabilidad de los empresarios respecto a dicho pago.

484 Se aplica el denominado principio de automaticidad de las prestaciones, en virtud del cual a partir de lo establecido en el art. 167.3 LGSS/2015, la entidad gestora o colaboradora otorgará la prestación al beneficiario, aún en el supuesto de responsabilidad empresarial, subrogándose en los derechos del beneficiario contra el empresario responsable. Se suele distinguir entre automaticidad absoluta o plena que se da en los supuestos de alta de pleno derecho, y en virtud de la cual, la entidad gestora o colaboradora está obligada al anticipo de la prestación sin ningún tipo de condicionantes y que afecta a las prestaciones derivadas de accidentes de trabajo o enfermedades profesionales, al desempleo y a la asistencia sanitaria por enfermedad común, maternidad y accidente no laboral y automaticidad relativa en cuyo supuestos para que la entidad gestora o colaboradora resulte obligada al anticipo de la prestación es requisito indispensable que el trabajador se encuentre en alta en el momento de producirse el hecho causante de la prestación y que afecta a los supuestos de incapacidad temporal derivada de contingencias comunes; maternidad y jubilación.

485 El anticipo de las prestaciones, en ningún caso, podrá exceder de la cantidad equivalente a dos veces y media el importe del indicador público de renta de efectos múltiples vigente en el momento del hecho causante o, en su caso, del importe del capital coste necesario para el pago anticipado, con el límite indicado por las entidades gestoras, mutuas o servicios. En todo caso, el cálculo del importe de las prestaciones o del capital coste para el pago de las mismas por las mutuas o empresas declaradas responsables de aquellas incluirá el interés de capitalización y el recargo por falta de aseguramiento, pero con exclusión del recargo de las prestaciones económicas derivadas de accidente de trabajo o enfermedad profesional por falta de medidas de seguridad y salud en el trabajo a que se refiere el artículo 164 LGSS/2015.

486 Los derechos y acciones que, por subrogación en los derechos y acciones de los beneficiarios, correspondan a aquellas entidades, mutuas o servicios frente al empresario declarado responsable de prestaciones por resolución administrativa o judicial o frente a las entidades de la Seguridad Social en funciones de garantía, únicamente podrán ejercitarse contra el responsable subsidiario tras la previa declaración administrativa o judicial de insolvencia, provisional o definitiva, de dicho empresario. Cuando, en virtud de lo dispuesto en este apartado, las entidades gestoras, las mutuas y, en su caso, los servicios comunes se subrogasen en los derechos y acciones de los beneficiarios, aquellos podrán utilizar frente al empresario responsable la misma vía administrativa o judicial que se hubiera seguido para la efectividad del derecho y de la acción objeto de subrogación. Por su parte, corresponderá a la entidad gestora competente la declaración, en vía administrativa, de la responsabilidad en orden a las prestaciones cualquiera que sea la prestación de que se trate, así como de la entidad que, en su caso, deba anticipar aquella o constituir el correspondiente capital coste.

2. SUPUESTOS ESPECIALES DE RESPONSABILIDAD EN ORDEN A LAS PRESTACIONES

487 En relación con las contratas y subcontratas de obras y servicios, el art. 167 de la LGSS/2015 establece que en el caso de las contratas y subcontratas de obras y servicios correspondientes a la propia actividad del empresario contratante, cuando un empresario haya sido declarado responsable, en todo o en parte, del pago de una prestación, si la correspondiente obra o industria estuviera contratada, el propietario de esta responderá de las obligaciones del empresario si el mismo fuese declarado insolvente. Debe tenerse en cuenta que no habrá lugar a esta responsabilidad subsidiaria cuando la obra contratada se refiera exclusivamente a las reparaciones que pueda contratar el titular de un hogar respecto a su vivienda. Es necesario poner en relación este artículo 167 con el art. 42.1 y 2 ET/2015 donde se prevé la exoneración parcial de la responsabilidad solidaria impuesta por el art. 42.2 ET/2015 durante los tres años siguientes a la terminación de su encargo de las obligaciones referidas a la Seguridad Social contraídas por los contratistas y subcontratistas durante el periodo de vigencia de la contrata, al establecerse la obligación de que los empresarios que contraten con otros la realización de obras o servicios correspondientes a la propia actividad comprueben que estos contratistas están al corriente en el pago de las cuotas de la Seguridad Social mediante la solicitud de una certificación negativa por descubiertos a la Seguridad Social, que deberá librarla en el plazo de 30 días improrrogables y en los términos que reglamentariamente se establezcan.

488 Por su parte, en los casos de sucesión en la titularidad de la explotación, industria o negocio, el adquirente responderá solidariamente con el anterior o con sus herederos del pago de las prestaciones causadas antes de dicha sucesión. La misma responsabilidad se establece entre el empresario cedente y cesionario en los casos de cesión temporal de mano de obra, aunque sea a título amistoso o no lucrativo, sin perjuicio de lo establecido en el art. 16.3 de la Ley 14/1994, de 1 de junio, por la que se regulan las empresas de trabajo temporal donde se establece que la empresa usuaria responde subsidiariamente de las obligaciones salariales y de Seguridad Social contraídas con el trabajador durante la vigencia del contrato de puesta a disposición, así como de la indemnización económica derivada de la extinción del contrato de trabajo. Dicha responsabilidad será solidaria en el caso de que cesión ilegal de trabajadores.

489 En última instancia, cuando la prestación haya tenido como origen supuestos de hecho que impliquen responsabilidad criminal o civil de alguna persona, incluido el empresario, la prestación será hecha efectiva, cumplidas las demás condiciones, por la entidad gestora, servicio común o mutua colaboradora con la Seguridad Social, en su caso, sin perjuicio de aquellas responsabilidades. En estos casos, el trabajador o sus derechohabientes podrán exigir las indemnizaciones procedentes de los presuntos responsables criminal o civilmente. Con independencia de las acciones que ejerciten los trabajadores

o sus causahabientes, el Instituto Nacional de Gestión Sanitaria o comunidad autónoma correspondiente y, en su caso, las mutuas colaboradoras con la Seguridad Social, tendrán derecho a reclamar al tercero responsable o, en su caso, al subrogado legal o contractualmente en sus obligaciones, el coste de las prestaciones sanitarias que hubiesen satisfecho. Igual derecho asistirá, en su caso, al empresario que colabore en la gestión de la asistencia sanitaria, conforme a lo previsto en la presente ley.

490 Tal y como se establece en el último inciso del apartado 3.° del art. 168 LGSS/2015, para ejercitar el derecho al resarcimiento del coste de las prestaciones sanitarias, la entidad gestora competente y, en su caso, las mutuas colaboradoras con la Seguridad Social o empresarios, tendrán plena facultad para personarse directamente en el procedimiento penal o civil seguido para hacer efectiva la indemnización, así como para promoverlo directamente, considerándose como terceros perjudicados al efecto del artículo 113 del CP/1995 donde se establece que: "la indemnización de perjuicios materiales y morales comprenderá no sólo los que se hubieren causado al agraviado, sino también los que se hubieren irrogado a sus familiares o a terceros" pudiendo, por tanto, formar parte de los mismos.

VII. RÉGIMEN SANCIONADOR EN MATERIA DE SEGURIDAD SOCIAL

491 Como ya se ha expresado en otros apartados del manual, aquí las infracciones también se gradúan y clasifican en leves, graves y muy graves. El TRLISOS dedica el capítulo III a relacionar la totalidad de infracciones en que se puede incurrir en este ámbito del orden social, como es la Seguridad Social y diferencia, y esto es sustancial, entre infracciones de empresarios e infracciones de trabajadores. Además, quedan incluidos otros sujetos que participan, colaboran e intervienen en la gestión de la Seguridad Social como son las Mutuas de Accidentes de Trabajo y Enfermedades Profesionales, las Entidades de formación y las empresas que colaboran voluntariamente en la gestión. Si en el capítulo de extranjería cuestionábamos la inclusión del trabajador extranjero como sujeto responsable de las infracciones, ahora queda totalmente justificado que el trabajador pueda ser objeto de sanción en tanto como solicitante o perceptor de prestaciones se le exigen una serie de obligaciones o se le imponen una relación de prohibiciones que de transgredir generan consecuencias de índole sancionador. En todo caso, y allí está la diferencia con el trabajador extranjero, no está previsto imponer una sanción económica al trabajador por cuenta ajena en materia de Seguridad Social.

1. INFRACCIONES DEL EMPRESARIO

492 El catálogo de infracciones del empresario es muy vasto y equiparable al sinfín de obligaciones que la normativa de Seguridad Social le impone:

obligaciones informativas, de actos de encuadramiento, de cotización, de colaboración obligatoria en la gestión, etc. Todas ellas se encuentran de forma dispersa en la compleja regulación que hoy en día constituye el ordenamiento de la Seguridad Social. Como ya se ha mencionado en otros capítulos, las infracciones leves se asocian a obligaciones formales y documentales cuya comisión no merece un elevado reproche por el débil alcance de sus consecuencias. Sirvan como ejemplo la infracción por no exponer, en lugar destacado del centro de trabajo, el ejemplar del documento de cotización o copia autorizada del mismo en el que conste la cotización efectuada, o la concerniente a no comunicar en el plazo reglamentario y en la forma prevista las bajas de los trabajadores que cesen en el servicio de la empresa (artículo 21 TRLISOS). Ha de observarse que, en este último supuesto, además de la posible sanción, los perjuicios son para la propia empresa en tanto si no comunica la baja del trabajador permanece la obligación de cotización.

493 El listado de infracciones graves es muy extenso, consta de 16 apartados (artículo 23 TRLISOS), y comprende algunos comportamientos vinculados a obligaciones sustantivas con repercusión en la situación de los trabajadores, como es que no se les solicite el alta en la empresa con anterioridad al inicio de su prestación de servicios, considerándose una infracción por cada trabajador, o que no se les entregue cuantos documentos sean precisos para la solicitud y tramitación de cualesquiera prestaciones, incluido el certificado de empresa. El revestimiento de gravedad obedece a que determinados incumplimientos empresariales menoscaban los derechos económicos de los trabajadores en su relación con la Seguridad Social. Otras infracciones reprueban directamente actuaciones de impago de cotizaciones por el perjuicio que supone para la financiación del sistema de Seguridad Social. El elenco de infracciones muy graves se relaciona con incumplimientos de carácter sustantivo, pero de una mayor significación y directamente asociados, en su mayoría, al trabajo no declarado, fraude en prestaciones y falsedad documental.

494 En esta materia se observa que no hay una homogeneización de sanciones ligadas a los incumplimientos. Nos referimos a que dentro de las infracciones graves o muy graves algunas pueden tener diferente tipo de sanción económica, optando el legislador en un momento circunstancial (situaciones de crisis) por elevar la cuantía de la multa de aquellos comportamientos que considera más atentatorios al equilibrio del mercado de trabajo. Así, el Real Decreto-ley 5/2011, de 29 de abril, de medidas para la regularización y control del empleo sumergido y fomento de la rehabilitación de viviendas incrementó notablemente la sanción empresarial por no dar de alta al trabajador que pasó de 626 euros a 3.126 euros (actualmente, la sanción mínima por este incumplimiento es de 3.750 euros). En la misma línea, la Ley 13/2012, de 26 de diciembre, de lucha contra el empleo irregular y el fraude a la Seguridad Social que con el objetivo de actuar con mayor dureza en aquellas situaciones de economía irregular y fraude que afecten a un grupo de trabajadores,

incrementa las cuantías de las sanciones de manera proporcional al número de afectados respecto de los cuales se haya cometido la infracción (20% si son dos, 30% tres, 40% cuatro y 50% si son 5 o más trabajadores), bien por falta de afiliación o alta en la Seguridad Social, bien por tratarse de solicitantes o beneficiarios de prestaciones incompatibles con el trabajo por cuenta ajena (artículo 40 TRLISOS).

2. INFRACCIONES DE LOS TRABAJADORES

495 En este apartado (arts. 24,25 y 26 TRLISOS) se incluyen aquellos procederes de los trabajadores, tanto beneficiarios de prestaciones como solicitantes, que obvien los deberes que las normas les exigen para el reconocimiento o mantenimiento de la prestación, o que actúan de forma fraudulenta para conseguir una prestación o, en su caso, incrementar su cuantía. La ley 13/2012 señalada amplió la posibilidad de sancionar a los trabajadores que no hayan percibido efectivamente la prestación, pero sí la hayan solicitado. Es una medida de endurecimiento y extensión de responsabilidad a determinadas conductas fraudulentas tal como compatibilizar la solicitud de prestación por desempleo con el trabajo por cuenta ajena. En estos supuestos, los tribunales se han pronunciado en el sentido de que no cabe un desistimiento de la solicitud de prestación si la Inspección de Trabajo comprueba la realización de trabajos y la renuncia es extemporánea por haber recaído ya resolución expresa (TSJ de Canarias, Sala de lo Social, 21 Sep. 2018, [AS 2019, 619]). Las sanciones a los trabajadores, insistimos, no son sanciones de multa económica, sino de pérdida de la pensión o prestación durante un período o la extinción para aquellos comportamientos que se han calificado como muy graves (art. 47 TRLISOS). Se ha de atender al tipo de prestación o pensión: las infracciones muy graves llevan aparejadas la pérdida de la pensión o prestación durante un período de seis meses, no obstante, si es una prestación o subsidio por desempleo o la prestación por cese de actividad del trabajador autónomo, la sanción siempre será la extinción. Adicionalmente, a los trabajadores se les podrá excluir del derecho a percibir cualquier prestación económica y ayuda de fomento de empleo durante un año, así como del derecho a participar durante ese período en acciones de formación profesional para el empleo.

3. EL RECARGO EN PRESTACIONES

496 El recargo en prestaciones es una institución legendaria (más de 100 años de existencia) de responsabilidad empresarial en materia de Seguridad Social que se encuentra regulada en el art. 164 LGSS/2015. No podemos abordar aquí el problemático estudio de su naturaleza jurídica, únicamente apuntar que la doctrina científica y jurisprudencial todavía no ha resuelto si su carácter es sancionador o indemnizatorio. La determinación de la existencia de recargo

en las prestaciones económicas derivadas del acaecimiento de un accidente de trabajo o de la contracción de una enfermedad profesional supone que estas se aumentarán, según la gravedad de la falta, en un 30 a un 50 por ciento. Para ello se requiere que la lesión sufrida por el trabajador se produzca por equipos de trabajo o en instalaciones, centros o lugares de trabajo que carezcan de los medios de protección reglamentarios, los tengan inutilizados o en malas condiciones, o que la empresa no haya observado las medidas generales o particulares de seguridad y salud en el trabajo, o las de adecuación personal a cada trabajo. Es decir, el recargo procederá siempre que exista una relación de causalidad entre la infracción imputable a la empresa y el daño producido, relación de causa-efecto que ha de probarse y ser examinada en cada caso concreto. Por ello, aunque exista infracción no hay recargo si la infracción no es la causa directa del accidente.

497 La responsabilidad del pago del recargo recae sobre el empresario infractor y no puede ser objeto de seguro alguno, llegando a considerarse nulo de pleno derecho cualquier pacto o contrato que se realice para cubrirla, compensarla o trasmitirla. Generalmente, el empresario infractor coincidirá con el titular de la relación jurídico laboral, el empleador del trabajador, pero en supuestos de descentralización productiva (contratas y subcontratas), en los que en aras de una óptima coordinación de actividades empresariales la norma preventiva atribuye obligaciones específicas al empresario principal, la responsabilidad sobre el pago del recargo puede imputarse a este, bien directamente o bien conjuntamente de forma solidaria con el empresario del trabajador accidentado (STS, sala cuarta, 18 de abril de 1992 [RJ 1992, 4849]).

498 Otra de las cuestiones de debate jurídico en torno al recargo es si la intervención del trabajador en el accidente, su imprudencia o negligencia puede exonerar al empresario. En primer lugar, conviene precisar que si concurre imprudencia del trabajador que pueda calificarse de temeraria no hay accidente de trabajo en cuanto se excluye del concepto por el art. 156.4b) de la LGSS/2015, lo que hace imposible el planteamiento del recargo. Por el contrario, al ser conceptuado como accidente de trabajo el concurso de imprudencia profesional del trabajador cuando sea consecuencia del ejercicio habitual de su trabajo y se derive de la confianza que este inspira (art. 156.5a) de la LGSS) se podría plantear si persiste en estos supuestos la responsabilidad empresarial. La doctrina judicial ha sido pacífica en este aspecto: la imprudencia profesional del trabajador no desvirtúa el nexo de causalidad entre la falta de medidas de prevención adoptada por el empresario y el daño acaecido, lo que no obsta a la posibilidad de atenuar la responsabilidad dentro de los parámetros porcentuales del 30 al 50% (STSJ de Madrid, de 11 de abril de 2005, [AS 2005, 1775]). Por último, apuntar que el recargo es independiente y compatible con las responsabilidades de todo orden, incluso penal, que puedan derivarse de la infracción.

VIII. BIBLIOGRAFÍA Y PÁGINAS WEB

1. BIBLIOGRAFÍA

ALARCÓN CARACUEL, M. R.: *La Seguridad Social en España,* Aranzadi, 1999.

ALONSO ARANA, M. Novedades en la Ley del IMV (Análisis normativo de la Ley 19/2021). Aranzadi digital núm. 1/2021. parte Estudios y comentarios.

ALONSO SECO, J. M. y GONZALO GONZÁLEZ, B.: *La Asistencia social y los servicios sociales en España.* Boletín oficial del Estado, 2000.

CAVAS MARTÍN, F y GARCÍA ROMERO, B (Dirección y Coordinación). El ingreso mínimo vital: Una perspectiva global: regulación estatal, derecho comparado y conexiones con rentas mínimas autonómicas. Agencia Estatal Boletín del Estado, Madrid 2021.

CARBONERO MARTÍNEZ, A.; *El Ingreso Mínimo Vital, un avance en la protección de las personas socialmente vulnerables.* Revista de Derecho Laboral vLex. #1, diciembre 2020.

FERNÁNDEZ ORRICO. F. J.: *Las Pensiones no contributivas y la asistencia social en España.* Boletín oficial del Estado, 2002.

HIERRO HIERRO, FJ. Algunas notas sobre la regulación de urgencia reciente: reales decretos-leyes 4, 5 y 6/2022. Revista Española de Derecho del Trabajo núm. 253/2022.

MARTÍNEZ-GIJÓN MACHUCA. M.A.: *Protección social, seguridad social y asistencia social: España y la Unión Europea.* Consejo Económico y Social. 2005.

MUÑOZ MOLINA, J.: *Lecciones de derecho de la Seguridad Social: campos de aplicación, actos de encuadramiento, cotización y acción protectora del Régimen General.* Don Folio, 2016.

TRILLO GARCÍA, A.R.: *Cotización, liquidación y recaudación de cuotas de la Seguridad Social.* Aranzadi Thomson Reuters, 2018.

FERNÁNDEZ ORRICO. F. J.: *Las prestaciones de la seguridad social: teoría y práctica.* Ministerio de Empleo y Seguridad Social, Subdirección General de Información Administrativa y Publicaciones, 2016.

LÓPEZ INSUA. B.: *La Incapacidad Temporal en el sistema de Seguridad Social.* Comares, 2014.

LÓPEZ FERNÁNDEZ, R.: *El recargo de prestaciones económicas de Seguridad Social: historia, presente y futuro,* Laborum, 2018.

SEMPERE NAVARRO, A.; GARCÍA GIL, B., Ingreso mínimo vital, Thomson Reuters-Aranzadi, Navarra, 2021.

2. PÁGINAS WEB

EL DIARIO DE FERRAN CAMAS SOBRE DERECHO DEL TRABAJO, INMIGRACIÓN Y PROPUESTAS CULTURALES. https://www.Ferrancamas.com/.

EL BLOG DE EDUARDO ROJO. El nuevo y cambiante mundo del trabajo. Una mirada abierta y crítica a las nuevas realidades laborales. http://www.eduardorojotorrecilla.es/.

MINISTERIO DE INCLUSIÓN, SEGURIDAD SOCIAL Y MIGRACIONES: http://www.seg-social.es/wps/portal/wss/internet/Inicio.

MINISTERIO DE TRABAJO Y ECONOMÍA SOCIAL: https://www.mites.gob.es/es/guia/texto/guia_14/contenidos/guia_14_34_4.htm.

VI

Migraciones laborales: movilidad de trabajadores de la UE y derecho al trabajo de extranjeros extracomunitarios

499 El Derecho del Trabajo y de la Seguridad Social está siendo afectado por la creciente movilidad de migrantes en el ámbito mundial con el fin de acceder a un empleo en un Estado diferente del que son nacionales. Las migraciones laborales son una realidad que atañe a todos los países del mundo, ya sea como emisores o receptores de migrantes, ya sea como meros países de tránsito. El objeto de este capítulo es conocer los mecanismos a través de los cuales los trabajadores de otros países pueden acceder a trabajar en España. Para ello, se estudiará en primer lugar el denominado como régimen comunitario, es decir, la regulación que permite a un ciudadano nacional de uno de sus Estados miembros trabajar en España en el sector público o privado gracias al principio de libre circulación de trabajadores. Posteriormente, el otro gran bloque de contenido de este apartado lo constituye el régimen de extranjería, pensado para extranjeros extracomunitarios que carecen de aquél principio. Como dato previo se avanza que la utilización de la noción de extranjero

se dejará en general para los que carecen de nacionalidad española, si bien cuando se trate del ámbito comunitario se preferirá conceptuarlos como ciudadanos de la UE. En relación a la definición de trabajadores migrantes, nos podemos fijar en la otorgada por la *Convención Internacional de Naciones Unidas sobre la Protección de los Derechos de Todos los Trabajadores Migratorios y de sus Familiares*, de 1990, que los caracteriza como "toda persona que vaya a realizar, realice o haya realizado una actividad remunerada en un Estado del que no sea nacional" (convención que, dicho sea de paso, no está ratificada por España pero que por su indudable trascendencia para los derechos de todos los trabajadores migratorios, tanto regulares como en situación administrativa irregular, merecería estarlo).

I. EL PRINCIPIO DE LIBRE CIRCULACIÓN DE PERSONAS Y TRABAJADORES EN LA UE

500 La cuestión previa a constatar respecto del principio de libre circulación en la UE es la necesaria diferenciación entre el principio de libre circulación y residencia de las personas, por un lado, y el principio de libre circulación de trabajadores por otro. La primera libertad implica que los ciudadanos de a UE puedan moverse libremente por los Estados miembros de la UE sin ningún tipo de trato discriminatorio en el ejercicio de ese derecho. En consecuencia, los ciudadanos que no son considerados como de la Unión por no tener la nacionalidad de uno de sus Estados miembros (también denominados como nacionales de terceros países a la UE o extranjeros extracomunitarios), no son titulares del derecho a circular y residir libremente por el territorio de la UE. En desarrollo de este derecho, se adoptó la *Directiva 2004/38/CE del Parlamento Europeo y del Consejo de 29 de abril de* 2004, que ha sido transpuesta en España por el *Real Decreto 240/2007, de 16 de febrero, sobre entrada, libre circulación y residencia en España de ciudadanos de los Estados miembros de la Unión Europea y de otros Estados parte en el Acuerdo sobre el Espacio Económico Europeo.* El objeto de esta normativa es regular la residencia de las personas en el Estado miembro al que se han movido al ejercer su derecho a la libre circulación, incluyendo las que no son trabajadoras, es decir, que no ejercen ninguna actividad o son inactivas, así como también codificar el derecho a la reagrupación familiar de los asalariados, los trabajadores por cuenta propia o los estudiantes (véase en este punto la STJUE de 15 de diciembre de 2016, en sus asuntos acumulados C401/15 a C403/15).

501 Derivado de la libertad de circulación de personas (pero diferente a ésta) se encuentra el principio de libre circulación de trabajadores dentro de la Unión, el cual, además de ser un fundamento de la propia UE, constituye una manifestación del principio de no discriminación entre nacionales de los Estados miembros de la Unión en los ámbitos del empleo, la

retribución y las demás condiciones de trabajo. La libre circulación se aplica a los trabajadores de los Estados miembros, entendidos estos de forma amplia, es decir toda persona que de forma eventual o permanente (aunque no marginal o accesoria) desee o preste servicios por cuenta ajena a cambio de una remuneración, aplicándose también dicho beneficio a aquellos de sus familiares que lo acompañen. Conforme al 45 del TFUE, la libre circulación implica el derecho a responder a ofertas efectivas de empleo, de desplazarse libremente para este fin en el territorio de los Estados miembros, y de residir en uno de los Estados miembros con objeto de ejercer en él un empleo, de conformidad con las disposiciones legales, reglamentarias y administrativas aplicables al empleo de los trabajadores nacionales. En desarrollo de este precepto, se encuentra vigente el *Reglamento (UE) No 492/2011 del Parlamento Europeo y del Consejo de 5 de abril de 2011 relativo a la libre circulación de los trabajadores dentro de la Unión.* De este Reglamento conviene reseñar a los efectos de este estudio que su primer precepto expresa que todo nacional de un Estado miembro, sea cual fuere su lugar de residencia, tendrá derecho a acceder a una actividad por cuenta ajena y a ejercerla en el territorio de otro Estado miembro, sin que pueda ser discriminado por razón de la nacionalidad.

502 La normativa sobre libre circulación y residencia de las personas garantiza el derecho de residencia por períodos de tiempo diferentes en función de una serie de condicionantes: en primer lugar, un ciudadano de la UE puede estar libremente en otro Estado miembro por un período de hasta tres meses, que se reconoce sin que los ciudadanos de la Unión estén sometidos a otra condición o formalidad que no sea la de estar en posesión de un documento de identidad o pasaporte válidos. En segundo lugar, se garantiza la residencia superior a tres meses de ciudadanos de un Estado miembro de la UE si, entre otros requisitos, o bien es un trabajador por cuenta ajena o por cuenta propia en España, o bien se trata de un ciudadano que dispone, para sí y los miembros de su familia, de recursos suficientes para no convertirse en una "carga" para la asistencia social en España durante su período de residencia, así como de un seguro de enfermedad que cubra todos los riesgos en España; o, por otra parte si se trata de un estudiante o es un miembro de la familia que acompaña al ciudadano de la UE en los anteriores supuestos. Finalmente, y, en tercer lugar, se garantiza el derecho a residir con carácter permanente a los ciudadanos de un Estado miembro de la Unión Europea o de un Estado parte en el Acuerdo sobre el Espacio Económico Europeo, y los miembros de la familia, aunque estos últimos no sean nacionales de uno de dichos Estados, siempre que en todos los casos hayan residido legalmente en España durante un período continuado de cinco años. En todo caso, el Real Decreto 240/2007 prevé el reconocimiento de ese derecho para determinadas personas antes de que lleguen los cinco años, por ejemplo, si se trata de trabajadores que al acabar su actividad alcancen la edad de

jubilación o también en el caso de los autónomos finalicen su actividad como consecuencia de una incapacidad permanente o lleven en España más de dos años (véase el art. 10).

503 Respecto de la anterior normativa relativa al derecho de las personas a residir y circular libremente por la UE, los temas de carácter social que merecen ser tenidos en cuenta son dos: por un lado si los ciudadanos de la UE que residen en otro Estado miembro pueden pedir o no prestaciones de asistencia social al Estado de acogida, y por otro, que es lo que se entiende por la noción de "carga", que se ha visto anteriormente, como condición para poder residir en otro Estado por más de tres meses. Respecto del primer asunto, el TJUE ha mantenido que cuando un ciudadano que no es trabajador ni por cuenta ajena ni por cuenta propia, lleva menos de tres meses en el Estado miembro de acogida, éste no tiene porqué conceder a aquellos ayudas de asistencia social. Mantiene el Tribunal europeo que dado que los Estados miembros no pueden exigir que los ciudadanos de la Unión posean medios de subsistencia suficientes y una cobertura médica personal cuando realizan una estancia de tres meses de duración como máximo en sus respectivos territorios, es legítimo no obligar a dichos Estados miembros a hacerse cargo de esos ciudadanos durante tal período (véase su sentencia de 25 de febrero de 2016, en el Asunto C299/14, también conocido como asunto Peña Cuevas).

504 Por lo que hace al condicionante previsto para estancias superiores a tres meses de los ciudadanos que no sean trabajadores, o sea que sean económicamente inactivos, de que dispongan de recursos suficientes para no ser una carga para el Estado de acogida, el art. 7 del Real Decreto 240/2007 prevé que el Gobierno no pueda establecer un importe fijo de lo que se entiende por medios económicos suficientes, sino que para acreditarlos se deberá atender a la situación personal de los ciudadanos de la UE, si bien, el importe que se fije no podrá superar el nivel de recursos por debajo del cual se concede asistencia social a los españoles o el importe de la pensión mínima de Seguridad Social (desde el ámbito judicial, por ejemplo la sentencia 244/2013, de 10 de julio, del Juzgado de lo Contencioso-Administrativo núm. 1 de Santander, se interpreta que se dispone de "recursos suficientes" cuando se tienen unos ingresos superiores al importe que cada año fije la Ley de Presupuestos Generales del Estado para generar el derecho a recibir una prestación no contributiva, teniendo en cuenta la situación personal y familiar del interesado). Por otra parte, aquellos ciudadanos de la UE que se hayan movido a otro Estado miembro por más de tres meses sin buscar empleo ni haber entrado para buscarlo, pueden ver denegados por dicho Estado su solicitud a obtener prestaciones de asistencia social (véase la sentencia de 11 de noviembre de 2014 del TJUE en el asunto C333/13, o también llamada asunto Dano). Es más, aún en el caso que la persona en cuestión haya trabajado y posteriormente pierda su empleo, el TJUE

también ha validado que no se beneficiaria de ayudas sociales en el caso de que entre que perdió el empleo y la solicitud de prestaciones se realiza más allá del período de seis meses que establece el art. 7.3 de la Directiva 2004/38 para ser consideradas como trabajadoras (véase la sentencia de 15 de septiembre de 2015, Asunto C-67/14, o resolución conocida como Alimanovic).

505 Yendo ya a la libertad de circulación de trabajadores dentro de la Unión prevista en el Reglamento (UE) núm. 492/2011, esta se define como el derecho de todo nacional de un Estado miembro a acceder a una actividad por cuenta ajena y a ejercerla en el territorio de otro Estado miembro. Del mismo modo, todo trabajador nacional de un Estado miembro y todo empresario que ejerzan una actividad en el territorio de un Estado miembro podrán intercambiar sus demandas y ofertas de empleos, formalizar contratos de trabajo y ejecutarlos de conformidad con las disposiciones legales, en vigor, sin que de ello pueda resultar discriminación alguna, en especial una discriminación por razón de la nacionalidad de cualquiera de las dos partes como se ha visto anteriormente (párrafo 470). La misma garantía se aplica respecto al trabajador nacional de un Estado miembro que ha ejercido su derecho a la libre circulación en otro Estado miembro, el cual no podrá ser tratado de forma diferente a los trabajadores nacionales en lo que se refiere a las condiciones de empleo y de trabajo, especialmente en materia de retribución, de despido y de reintegración profesional o de nuevo empleo, si hubiera quedado en situación de desempleo. Además, se beneficiará "de las mismas ventajas sociales y fiscales que los trabajadores nacionales" (art. 7.2 del Reglamento). De dichas ventajas sociales se deben beneficiar tanto los trabajadores nacionales de un Estado miembro de la UE que presten sus servicios en otro, como también sus familiares. Como mantiene el TJUE, si dichos familiares son los hijos de los trabajadores, que piden becas de estudio al Estado donde trabajan sus padres, dicho Estado de acogida no puede denegarles dichas ayudas económicas en virtud del precepto mencionado del Reglamento. Como al efecto mantiene la STJUE de 14 de diciembre de 2016 (Asunto C-238/15), la concesión de unas ayudas al estudio a los hijos de trabajadores de la Unión Europea, entendidas como ventajas sociales por el Reglamento 492/2011 se garantiza por el TJUE bajo la base de que dichos trabajadores eran nacionales de un país miembro de la UE que venían desempeñando efectivamente un trabajo en otro Estado miembro.

506 Derivado del principio de libre circulación de trabajadores nacionales de un Estado miembro de la UE, la normativa española reconoce el derecho de éstos de acceder a la Administración pública de otro Estado miembro, ya sea naturalmente como personal laboral, pero también y de forma específica como funcionario público (véase el art. 57 EBEP). Según dicho precepto, los nacionales de los Estados miembros de la Unión Europea podrán acceder a los empleos públicos como personal funcionario en igualdad de condiciones

que los españoles, con excepción de aquellos que directa o indirectamente impliquen una participación en el ejercicio del poder público o en las funciones que tienen por objeto la salvaguardia de los intereses del Estado o de las Administraciones Públicas. Esta previsión será de aplicación también al cónyuge (cualquiera que sea su nacionalidad) de los españoles y de los nacionales de otros Estados miembros de la Unión Europea, siempre que no estén separados de derecho y a sus descendientes y a los de su cónyuge, siempre que no estén separados de derecho, sean menores de veintiún años o mayores de dicha edad dependientes.

507 En consecuencia, los ciudadanos de la UE, así como algunos de sus familiares (cualquiera que sea la nacionalidad de estos últimos), pueden trabajar para las Administraciones públicas tanto bajo el régimen laboral (es decir, ser personal laboral o trabajadores por cuenta ajena de una administración), como bajo el régimen administrativo, es decir, ser funcionarios públicos en España. Esto es una diferencia importante con los extranjeros extracomunitarios (es decir, los nacionales de terceros países de la UE), los cuales, en el caso que dispongan de la autorización correspondiente para residir en España, solo podrán acceder a trabajar en las Administraciones Públicas como personal laboral. En todo caso, el art. 57.5 EBEP dice que las Cortes Generales o de las asambleas legislativas de las comunidades autónomas a través de una ley pueden eximir del requisito de la nacionalidad por razones de interés general para el acceso a la condición de personal funcionario.

508 Como se ha visto en el apartado anterior, la única limitación para el acceso al cuerpo de funcionarios públicos por parte de ciudadanos con la nacionalidad de otro Estado miembro de la UE es respecto de los "empleos públicos" que directa o indirectamente impliquen "una participación en el ejercicio del poder público o en las funciones que tienen por objeto la salvaguardia de los intereses del Estado o de las Administraciones Públicas" (art. 57.1 EBEP). Sobre cuáles son estos empleos a los que no pueden acceder los ciudadanos comunitarios, continúa diciendo el precepto que los órganos de gobierno de las Administraciones Públicas determinarán las agrupaciones de funcionarios (es decir, los grupos de calificación profesional del personal funcionario de carrera) contempladas en el art. 76 EBEP, a los que no puedan acceder los nacionales de otros Estados. En todo caso, la limitación consistente en que un ciudadano comunitario no puede acceder a un empleo público es una excepción al principio de libre circulación, y por tanto debe interpretarse de forma restrictiva, es decir, intentando abrir las posibilidades de que pueda acceder a un empleo público; derivado de ello, la excepción de acceder solo debería ser respecto de determinados "puestos de trabajo" en las administraciones que impliquen ejercicio de poder público, y no una prohibición general de entrar en sectores profesionales de la administración público.

II. DESPLAZAMIENTO DE TRABAJADORES EN EL MARCO DE PRESTACIONES TRANSNACIONALES DE SERVICIOS EN ESPAÑA

509 Se aplica el régimen específico de la Unión Europea de desplazamiento de trabajadores en el marco de una prestación transnacional de servicios a aquella situación en la que una empresa establecida en otro Estado miembro de la UE, toma la decisión de trasladar a sus trabajadores a España durante un periodo limitado de tiempo para que presten unos servicios de forma real en este país, para el destinatario de dicha prestación de servicios, que esté establecido o que ejerza su actividad en España. Además, dentro de este régimen se incluye la decisión de una empresa instalada en otro Estado miembro de la UE de desplazar a un trabajador a un centro de trabajo en España de la propia empresa, o de un grupo de empresas de hacerlo a otra empresa del grupo en este país. También se aplica al desplazamiento de un trabajador por parte de una empresa de trabajo temporal para su puesta a disposición en una empresa usuaria que esté establecida o que ejerza su actividad en España (la regulación de estas situaciones se contempla en la *Ley 45/1999, de 29 de noviembre, sobre el desplazamiento de trabajadores en el marco de una prestación de servicios transnacional).* Esta Ley 45/99 transpone la Directiva 96/71/CE, de 16 de diciembre de 1996, así como también transpone de forma parcial la Directiva 2018/957, de 28 de junio de 2018, que modificó a su vez la inicial Directiva 96/71/CE. En las siguientes líneas se van a estudiar los caracteres principales de la Ley 45/99, incorporando en la medida de lo posible las modificaciones que en dicha ley se han producido por el Real Decreto-ley 7/2021, de 27 de abril, que se ha adoptado para acabar de completar la transposición al ordenamiento español de la Directiva 2018/957.

510 Según la Ley 45/99 se entiende por "trabajador desplazado" a aquellos trabajadores que, cualquiera que sea su nacionalidad, sean desplazados a España por sus empresas de envío durante un período limitado de tiempo en el marco de una prestación de servicios transnacional, siempre que exista una relación laboral entre tales empresas y el trabajador durante el período de desplazamiento. Como se observa, el régimen previsto por la legislación española se aplica a los trabajadores desplazados cualquiera que sea su nacionalidad, es decir, tanto si son trabajadores de un Estado miembro de la UE, como si son trabajadores nacionales de terceros países a la Unión. En todo caso, estos últimos trabajadores extracomunitarios (que dispongan de los permisos de residencia y trabajo en el país donde está establecida su empresa), pueden ser desplazados por ésta a España para prestar sus servicios sin necesidad de tener que solicitar a las autoridades españolas una autorización de residencia y trabajo. Además, para que se aplique el régimen previsto en la Ley 45/99, el trabajador desplazado debe disponer de una relación laboral con la empresa remitente, para lo cual debe haber concertado con esta un contrato de trabajo, que debe mantenerse en vigor durante el período de desplazamiento.

511 En relación a las condiciones de trabajo que disponen los trabajadores desplazados, el principio general derivado de la Directiva 96/71/CE en su redacción inicial era que debían ser equivalentes a las previstas en la legislación del Estado de acogida en una serie de materias específicas, independientemente de la duración del desplazamiento del trabajador. Por tanto, las condiciones de trabajo a respetar corresponden a las materias que aparecen listadas en el art. 3.1 de la Directiva europea, que a su vez han sido transpuestas en el art. 3 de la Ley 45/99. Según este precepto de la normativa española, las empresas remitentes deberán garantizar a sus trabajadores, cualquiera que sea la legislación aplicable al contrato de trabajo que hayan formalizado, las condiciones de trabajo previstas en la legislación o reglamentarias y en los convenios colectivos y laudos arbitrales aplicables en el lugar y en el sector o rama de actividad de que se trate, correspondientes a las siguientes materias: el tiempo de trabajo; la cuantía del salario; la igualdad de trato y no discriminación directa e indirecta; el trabajo de los menores; la prevención de riesgos laborales; la no discriminación de los trabajadores temporales y a tiempo parcial; el respeto de la intimidad y la consideración debida a la dignidad de los trabajadores, comprendida la protección frente a ofensas verbales o físicas de naturaleza sexual; la libre sindicación y los derechos de huelga y de reunión. En todo caso, el propio art. 3.7 de la Directiva 96/71/CE prevé que las garantías que establece respecto de estas materias se entienden sin perjuicio de la aplicación a los trabajadores desplazados de condiciones de trabajo más favorables derivadas de lo dispuesto en la legislación aplicable a su contrato de trabajo, en los convenios colectivos o en los contratos individuales de trabajo.

512 La Directiva 2018/957, *de 28 de junio de 2018*, que ha modificado la Directiva 96/71/CE supone un avance respecto de los objetivos previstos inicialmente por ésta última, ya que busca elevar la protección de los derechos de los trabajadores desplazados. El principal medio que la norma europea utiliza para llevarlo a cabo es el reconocimiento de la "igualdad de trato" respecto de las condiciones de trabajo sobre determinadas materias laborales entre los trabajadores desplazados y los autóctonos del país de acogida. Además de ello, la Directiva 2018/957 amplia las materias laborales previstas en la Directiva 96/71/CE cuyas condiciones establecidas en el Estado de acogida deben ser respetadas respecto de los trabajadores desplazados, introduciendo la de remuneración, incluido el incremento por horas extraordinarias; las condiciones de desplazamiento de los trabajadores, en particular por parte de las empresas de trabajo temporal; las de alojamiento, cuando el empleador se las proporcione a trabajadores que se encuentren fuera de su lugar de trabajo habitual así como los complementos o los reembolsos en conceptos de gastos de viaje, alojamiento y manutención previstos para los trabajadores que están fuera de su domicilio por motivos profesionales. Además, la Directiva 2018/957 ha pasado a prever

que en aquellos desplazamientos que como regla general se prolonguen más de 12 meses, los trabajadores desplazados deben gozar "todas las condiciones de trabajo" aplicables que estén establecidas en el Estado miembro donde se efectúe el trabajo, por disposiciones legales en sentido amplio o por convenios colectivos.

513 El art. 3.10 de la Directiva 96/71/CE prevé que los Estados miembros impongan a las empresas que desplazan trabajadores, sobre la base de igualdad de trato, condiciones de trabajo referidas a materias distintas de las enumeradas en la propia Directiva, en la medida en que se trate de "disposiciones de orden público". Esta posibilidad ha sido analizada por el TJUE en su sentencia de 19 de junio de 2008 (Asunto C-319/06: Comisión contra G.D. Luxemburgo). En el caso planteado, el Tribunal estudiaba si los Estados miembros pueden imponer a través de la cláusula de orden público a las empresas que desplazan trabajadores a su territorio el respeto a materias como la escrituración del contrato de trabajo, adaptación automática del salario a la variación del coste de la vida, la regulación prevista para el contrato a tiempo parcial o la realización de convenios colectivos de trabajo. El TJUE rechaza esa posibilidad sobre la base de que la cláusula de orden público como medio para ampliar materias sobre condiciones de trabajo a respetar a los trabajadores desplazados debe ser interpretada de forma restrictiva, y su alcance no puede determinarse unilateral ni discrecionalmente, sino que deben responder a la salvaguardia de la organización política, social o económica del Estado que se trate hasta el punto de hacerlas obligatorias para toda persona que se encuentre en el territorio nacional de este Estado miembro. En todo caso, aún con esa salvaguarda, los Estados miembros de la UE pueden seguir imponiendo el respeto a condiciones propias de materias de orden público "social" adicionales a las previstas por la Directiva, como por ejemplo se ha propuesto que son los derechos de libertad sindical y de negociación colectiva, la prohibición del trabajo forzoso, el principio de no discriminación y la eliminación del trabajo infantil cuando constituye una forma de explotación, la protección de los datos personales y el derecho al respeto de la vida privada.

514 El art. 4 de la Ley 45/99 dispone de una regulación específica en materia de salario. En este sentido, prevé que los empresarios que desplacen trabajadores a España deberán garantizar a éstos la cuantía mínima del salario prevista en las disposiciones legales o reglamentarias o en los convenios colectivos para el grupo profesional o la categoría profesional correspondiente a la prestación del trabajador desplazado. Es importante retener que para garantizar que al trabajador desplazado se le respete la cuantía del salario mínimo prevista en la legislación española, la comparación entre lo que tiene derecho a recibir según la legislación aplicable a su contrato de trabajo y lo que establezca la ley o los convenios colectivos en España (cuya cuantía salarial ha de respetarse), debe ser realizada en función del grupo o categoría profesional del trabajador sobre la base del salario del trabajador en cómputo anual. En este sentido,

por "cuantía mínima del salario" a garantizar a los trabajadores desplazados, el precepto entiende la cantidad constituida, en cómputo anual y sin el descuento de los tributos, de sus pagos a cuenta y de las cotizaciones de Seguridad Social a cargo del trabajador, por "el salario base y los complementos salariales, las gratificaciones extraordinarias y, en su caso, la retribución correspondiente a horas extraordinarias y complementarias y trabajo nocturno". No se incluyen en el concepto de cuantía mínima del salario cualesquiera mejoras voluntarias de la acción protectora de la Seguridad Social. El art. 4 también prevé que para realizar la comparación entre la cuantía del salario que al trabajador desplazado le corresponda conforme a la legislación aplicable a su contrato de trabajo y la garantizada según lo configurado por dicho precepto, serán tomados en consideración los complementos correspondientes al desplazamiento, en la medida en que no se abonen como reembolso de los gastos efectivamente originados por el mismo, tales como gastos de viaje, alojamiento o manutención.

515 La anterior regulación de la Ley 45/99 deberá ser acomodada a los nuevos parámetros previstos en la Directiva 2018/957, la cual hace de las remuneraciones una materia muy sensible a efectos de garantizar el principio de igualdad de trato respecto de los trabajadores desplazados en el Estado de acogida. En este sentido, dicha Directiva que modifica la núm. 96/71/CE, ha sustituido la referencia en esta última al respeto a los trabajadores desplazados de la "cuantía mínima del salario", por la garantía de recibir la "remuneración" establecida en el Estado de acogida. Conforme a lo dicho en su art. 3.1, el concepto de remuneración comprenderá "todos los elementos constitutivos de la remuneración obligatorios" en virtud de las disposiciones normativas o de los convenios colectivos donde operen los trabajadores desplazados. En este ámbito, derivado de la Directiva 2018/957/CE, el Real Decreto ley 7/2021, al que antes se ha hecho referencia, ha garantizado el pago conforme a la normativa española de los complementos específicos por desplazamiento o los reembolsos en concepto de gastos de viaje, así como las condiciones de alojamiento y manutención previstos para los trabajadores que están fuera de su domicilio por motivos profesionales. Ahora bien, sólo será así cuando dichas partidas compensen los gastos derivados del trayecto de los trabajadores desplazados cuando viajen a/y desde su lugar habitual de trabajo en el Estado de acogida, o cuando su empleador los envíe temporalmente desde dicho lugar de trabajo a otro en España o en el extranjero. La Directiva 2018/958 impone el principio de transparencia respecto de las condiciones de trabajo aplicables a los trabajadores desplazados, lo que en el Real Decreto ley 7/2021 se plasma especialmente en relación a la cuestión de los complementos económicos correspondientes a los desplazamientos de trabajadores, por ejemplo, con el objeto de evitar que los trabajadores puedan tener que pagar por ellos (véase el art. 4.3 de la Ley 45/99 ya reformada por aquel Real Decreto ley).

516 Especial atención merecen también el respeto a los derechos de seguridad y salud en el trabajo de los trabajadores desplazados y el régimen que les es aplicable en materia de Seguridad Social. Por lo que hace al primer derecho mencionado, el art. 3 de la Ley 45/99 establece que la normativa de prevención de riesgos laborales (empezando por la LPRL), incluidas las normas sobre protección de la maternidad y de los menores, es aplicable a las empresas que desplacen trabajadores a España. Particular importancia tiene la protección de la seguridad y salud en el sector de la construcción que acoge a numerosos trabajadores desplazados desde otros Estados miembros de la UE: como la obra que se lleva a cabo se realiza en territorio español, la empresa debe documentar que determinadas obligaciones como la realización del plan de seguridad, la existencia de coordinadores de seguridad, así como la formación debida al trabajador y su vigilancia de la salud se cumplen debidamente. Por lo que hace referencia a la Seguridad Social, de forma general la empresa remitente puede mantener a los trabajadores al amparo del sistema legal del Estado miembro donde está establecida, aunque para que ello sea así, la institución designada por dicho Estado miembro a cuya legislación está sujeto el trabajador desplazado deberá cumplimentar a petición de la empresa remitente un formulario denominado A1 ("certificado de legislación aplicable") y presentarlo a las autoridades españolas.

517 Según el art. 5 de la Ley 45/99, el empresario que desplace trabajadores a España en el marco de una prestación de servicios transnacional deberá comunicar el desplazamiento, antes de su inicio y con independencia de su duración, a la autoridad laboral española competente por razón del territorio donde se vayan a prestar los servicios. Según el art. 5.2 dicha comunicación contendrá los datos e informaciones que aparecen listados en el precepto, entre los que destacan la identificación de la empresa que desplaza al trabajador; el domicilio fiscal de dicha empresa y su número de identificación a efectos del Impuesto sobre el Valor Añadido; los datos personales y profesionales de los trabajadores desplazados; la identificación de la empresa o empresas y, en su caso, del centro o centros de trabajo donde los trabajadores desplazados prestarán sus servicios; la fecha de inicio y la duración previstas del desplazamiento; así como la determinación de la prestación de servicios que los trabajadores desplazados van a desarrollar en España con indicación de cuál sea el tipo de desplazamiento de entre los que son contemplados por la ley. Según la modificación en la Ley 45/99 llevada a cabo por el Real Decreto-ley 7/2021, la misma comunicación de desplazamiento (con el contenido añadido regulado por el art. 5.7) debe realizarse por la empresa de trabajo temporal en los supuestos previstos en el art. 2.2 de aquella ley, por ejemplo, cuando una empresa de trabajo temporal ponga uno de sus trabajadores a disposición de una empresa usuaria establecida o que ejerce su actividad en otro Estado miembro de la Unión Europea, que a su vez es enviado temporalmente por ésta a España para realizar un trabajo en el marco de una prestación de

servicios transnacional. La comunicación empresarial a la autoridad laboral competente no es exigible cuando se trata de desplazamientos de trabajadores cuya duración no exceda de 8 días, a menos que se trate de trabajadores desplazados por empresas de trabajo temporal. Finalmente, cabe señalar que la autoridad pública que reciba la comunicación empresarial de desplazamiento deber ponerla en conocimiento de la Inspección de Trabajo y Seguridad Social. De hecho, como prevé en el art. 8 de la Ley 45/99 la vigilancia y el control del cumplimiento de las obligaciones de los sujetos responsables incluidos en el ámbito de aplicación de dicha norma corresponde a la Inspección de Trabajo y Seguridad Social.

III. RÉGIMEN DE EXTRANJERÍA: ACCESO AL TRABAJO Y DERECHOS LABORALES Y SOCIALES DE LOS EXTRANJEROS EXTRACOMUNITARIOS

518 La Declaración Universidad de los Derechos Humanos de Naciones Unidas recoge en su art. 13.2 el Derecho de toda persona a "salir de cualquier país, incluso del propio, y a regresar a su país". También el art. 12.2 del Pacto Internacional de Derechos Civiles y Políticos de aquella organización habla del derecho a "salir libremente de cualquier país, incluso del propio". Si se observa de la regulación de este derecho, toda persona tiene el derecho a salir, es decir a "emigrar" desde su país a cualquier otro, sin que esa salida esté condicionada a ninguna finalidad concreta o a un período de tiempo determinado durante el que la persona decida permanecer fuera del país (véase la Observación núm. 27 formulada en este sentido por el *Comité de Derechos Humanos de Naciones Unidas* de 1999). No obstante, de la literalidad de los preceptos citados no se prevé que el país de destino al que se dirige la persona deba asumirla en su territorio (ya como "inmigrante", es decir como persona que desea entrar en dicho país). En otros términos, no se recoge en la Declaración o en el Pacto citado el derecho a "inmigrar", que supondría que todo Estado hubiese de aceptar al inmigrante que busca acceder a él. Sólo se reconoce un derecho del migrante a acceder a otro Estado cuando aquel busca asilo, ya que en su país de origen se le persigue o no se le protege en sus derechos esenciales, cuestión a la que se dedicará el apartado 5 de este capítulo. En todo caso, respecto de los migrantes que desean emigrar de su país para buscar empleo en otro la competencia para aceptar su entrada en el Estado de destino históricamente ha formado parte de la plena soberanía de éste. Ahora bien, la Declaración Universal de Derechos Humanos también se fundamenta en el principio básico de que dichos derechos manan de la dignidad inherente a cada persona, es decir, todo ser humano, sea migrante o no lo sea, goza de los derechos humanos que se incluyen en la Declaración por la dignidad que le es inherente (aspecto que ha sido desarrollado por la *Convención Internacional sobre la Protección de los Derechos de Todos los Trabajadores*

Migratorios y de sus Familiares, a la que se ha hecho referencia anteriormente: párrafo 468).

519 En relación al régimen de Derechos y deberes de los extranjeros no comunitarios en España, el art. 13 CE dispone que aquellos disfrutarán de los derechos y deberes fundamentales "en los términos que establezcan los Tratados y la ley". Por tanto, la CE da a entender que los derechos constitucionales que recoge no se conceden a los extranjeros de forma automática, sino que su disfrute dependerá de cómo sean reconocidos por la correspondiente ley que regule su situación. Los términos en los que los extranjeros gozan de sus derechos y deberes aparecen regulados en la *Ley Orgánica 4/2000, sobre derechos y libertades de los extranjeros en España y su integración social* (LE/2000), la cual ha sido desarrollada por el Real Decreto 557/2011, de 20 de abril (RLE/2011). El punto de partida de esta legislación es el reconocimiento de derechos y deberes a los inmigrantes en base a su situación de regularidad en España, es decir, en función de que hayan sido autorizados por el Estado a residir o a trabajar en España. Con esa autorización, los extranjeros adquieren un trato igual al de los españoles en la mayor parte de derechos constitucionales (libertad de circulación, educación, asociación, tutela judicial efectiva, etc., también de participación pública, si bien en la cuestión específica del derecho al sufragio para los extranjeros que no tienen la nacionalidad de un Estado miembro de la UE, está limitado por la Constitución a las elecciones locales y a la condición de acreditar el requisito de reciprocidad en su país de origen, es decir, que en aquél los españoles también puedan votar en las elecciones municipales).

520 Desde la STC 107/1984, de 23 de noviembre (RTC 1984, 107) se entiende que no hay en el texto constitucional un principio de igualdad de trato entre españoles y extranjeros (extracomunitarios) en materia de acceso al mercado de trabajo, ya que el artículo 35 CE solamente reconoce el derecho al trabajo de los españoles. Por lo tanto, un extranjero que se encuentre en otro país no puede alegar el derecho de acceder a España para trabajar. El Derecho al trabajo, entendido como el derecho para ejercer en España una actividad remunerada por cuenta propia o ajena, solo lo obtendrá el extranjero que haya sido autorizado por la Autoridad pública competente para residir y trabajar en España. Solo habiendo obtenido esa autorización, los extranjeros extracomunitarios serán titulares del Derecho al trabajo y del derecho a acceder al sistema de protección de la Seguridad Social.

521 Respecto de los extranjeros en situación irregular, es decir, personas que se hallan en España sin autorización de residencia otorgada por el Estado español, lo primero que hay que avanzar es que carecen del Derecho al trabajo, es decir, no pueden acceder a ningún tipo de empleo. En todo caso, si gozan de determinados derechos. Los fundamentos de esta dotación de derechos se encuentran en la Sentencia del Tribunal Constitucional (TC)

núm. 236/2007 de 7 de noviembre (RTC 2007, 236), sobre los derechos de los inmigrantes en situación irregular y también su Sentencia núm. 259/2007 de 19 de diciembre. En estas resoluciones se puso de manifiesto que los inmigrantes, pese a estar en situación irregular en España, y, por tanto, sin resultar amparados por la Ley para estar aquí, disfrutan del principio de dignidad humana en tanto que personas. Por tanto, la legislación española les reconoce aquellos derechos que más se ajustan a la dignidad de la persona, que son principalmente, el derecho a reunirse, a la educación, a obtener asistencia jurídica gratuita, o el derecho de todo trabajador migrante a sindicarse y a hacer una huelga. De hecho, aunque los inmigrantes irregulares no pueden trabajar en España por faltarles la correspondiente autorización, en el caso de que lo hagan si tienen derecho a gozar de las condiciones mínimas de trabajo que prevé el Derecho del Trabajo (salario, medidas de seguridad y salud, etc.). Por otra parte, con el *Real Decreto-ley 7/2018, de 27 de julio, sobre el acceso universal al Sistema Nacional de Salud,* se ha pasado a garantizar el derecho a la salud y a la asistencia sanitaria gratuita a los extranjeros no documentados.

1. RÉGIMEN GENERAL DE EXTRANJERÍA

522 Para poder acceder a España, el extranjero debe solicitar al Estado español la autorización de residencia motivando necesariamente la razón de ello. En este sentido, la LE/2000 prevé la concesión de autorizaciones de residencia por más de tres meses y hasta un año de duración (denominadas autorizaciones de residencia temporal); esta residencia temporal de un año puede, de forma general, ir prorrogándose si se cumplen determinados requisitos por periodos de dos años (sobre todo relacionadas con la posibilidad del extranjero de estar trabajando en España), hasta llegar a los cinco de residencia, momento en el que el extranjero puede estar en condiciones de solicitar y obtener una autorización de residencia "de larga duración", gracias a la cual el extranjero ya no deberá pedir la obtención de más autorizaciones administrativas. Entre los motivos por los cuales se pueden obtener autorizaciones de residencia se encuentran los que derivan de razones no lucrativas (es decir, básicamente cuando el extranjero no quiere realizar ninguna actividad con la que ganarse la vida); también las que se conceden a familiares de extranjeros que ya residen en España (llamadas como autorizaciones por reagrupación familiar); además, existe la previsión legal de conceder autorizaciones de residencia temporal por motivos de estudios o por realización de acciones de voluntariado, así como las que se conceden a menores extranjeros no acompañados que hayan sido detectados en España.

523 En todo caso, el núcleo del régimen general para la concesión de autorizaciones de residencia está pensado para los trabajadores migrantes extracomunitarios, es decir, para los extranjeros que vengan a España a emplearse

(denominadas como autorizaciones de residencia y trabajo, ya sea por cuenta ajena o por cuenta propia). Para venir a trabajar por cuenta ajena a España, la legislación establece un filtro que deben superar los extranjeros que desean venir, que es la "situación nacional de empleo". Según este requisito, para que un extranjero extracomunitario acceda a España para trabajar se ha de acreditar que ningún autóctono desea el puesto de trabajo que pretende ocupar el extranjero. Dicho de otra forma, el requisito de la situación nacional de empleo otorga una preferencia a las personas que ya se encuentran en España para trabajar (ya sean estos españoles, nacionales de un Estado miembro de la Unión Europea o extranjeros extracomunitarios que ya residen debidamente en nuestro país). Se trata, por tanto, de un primer obstáculo para que los extranjeros accedan a España ya que se ha demostrado que, en épocas de crisis económica o laboral, se cierra el paso a España a los extranjeros extracomunitarios, ya que los empleos que se ofrecen son principalmente ocupados por los ciudadanos ya residentes en nuestro país.

524 Para que un extranjero que se encuentra fuera de España pueda acceder a nuestro país para trabajar por cuenta ajena, la normativa de extranjería prevé dos procedimientos: el denominado como procedimiento nominativo y la gestión colectiva de contrataciones en origen. Respecto del primero, es el empleador quién toma la iniciativa de contratar a un extranjero no residente en España, por lo cual se deberá dirigir al Servicio público de empleo autonómicos para depositar su oferta de empleo. Dicho organismo le dará publicidad por si algún demandante de empleo que se adecúe a los requerimientos de aquella desea concurrir a su cobertura a los efectos de cumplir con el requisito de que la situación nacional de empleo en España permita la recepción del extranjero que se encuentra en su país. Para cumplir también con esta condición, la normativa prevé que el Servicio Público de Empleo Estatal elabore trimestralmente un Catálogo de ocupaciones de difícil cobertura para cada provincia o demarcación territorial, que dará a conocer los empleos para los cuales ya se conoce la carencia de ciudadanos residentes en España para que puedan ocuparlos, lo que evitará al empresario tramitar su solicitud ante los servicios de empleo en la forma anteriormente comentada. El Catálogo de ocupaciones de difícil cobertura está basado en la información disponible sobre la gestión de las ofertas presentadas por los empleadores en los Servicios públicos de Empleo, así como también tiene en consideración las estadísticas elaboradas por las administraciones públicas y, especialmente, la relativa a personas inscritas como demandantes de empleo en los Servicios públicos de empleo. En este sentido, la reforma llevada a cabo por el Real Decreto 629/2022, de 26 de julio, en el art. 65 RLE/2011 de que en el Catálogo se incorporarán automáticamente aquellas ocupaciones pertenecientes a los sectores económicos que se determinen por Acuerdo de la Comisión Delegada del Gobierno para Asuntos Económicos, a propuesta del Ministerio de Inclusión, Seguridad Social y Migraciones. En todo caso,

los servicios de empleo entregarán al empleador un certificado de insuficiencia de demandantes de empleo para cubrir la plaza ofertada, con la cual el empresario podrá dirigirse a la autoridad gubernativa competente para solicitar que se conceda al extranjero una autorización inicial de residencia temporal y trabajo por cuenta ajena para que pueda venir a España (véanse los arts. 65 y ss. del RLE/2011).

525 El empleador deberá acreditar que cuenta con medios en cuantía suficiente para hacer frente a las obligaciones derivadas del contrato firmado con el trabajador extranjero, incluyendo el pago del salario reflejado en el contrato. También deberá garantizar al trabajador una actividad continuada durante el período de vigencia de la autorización inicial de residencia temporal y trabajo por cuenta ajena, añadiéndose que la fecha del contrato dependerá al momento de la eficacia de la autorización de residencia temporal y trabajo por cuenta ajena, es decir, según el art. 70 RLE/2011 al momento del alta del trabajador en la Seguridad Social. En consecuencia, autorizado el trabajador extranjero a acceder a España para trabajar, la eficacia de la autorización concedida, así como el momento en que podrá empezar a trabajar es el momento en el que se produzca la afiliación y alta en la Seguridad Social a solicitud de la parte empresarial dentro del plazo, ciertamente largo en comparación con otros procedimientos, de tres meses desde su entrada legal en España (art. 67.7 RLE/2011).

526 De cumplirse con esas condiciones, el art. 63 en relación con su apartado 5 del RLE/2011 prevé la concesión al extranjero de una autorización inicial para que pueda residir y trabajar en España, que tendrá una duración de un año y se limitará de forma general a un ámbito geográfico provincial y a una ocupación determinada, a no ser que por las Comunidades Autónomas que tengan competencias reconocidas en materia de autorización inicial de trabajo fijen otro ámbito "geográfico" dentro de su territorio, y tendrá una duración de un año. Esta doble restricción (territorial y de actividad), equivalente a como se diseña el Catálogo de Ocupaciones de Difícil Cobertura, se justificaría por la falta de coherencia en permitir la residencia de un extranjero porque la mano de obra fuera deficitaria en un punto concreto del territorio y luego éste fuera autorizado para residir y trabajar en otro en el que potencialmente podía entrar en conflicto con la mano de obra ya establecida. En todo caso, se ha de tener en cuenta que las propias Comunidades Autonómicas con competencias en materia de "autorizaciones iniciales de trabajo" pueden establecer un margen mayor al provincial en la autorización que concedan, así como también que este ámbito puede ceder ante la firma de convenios internacionales por España.

527 En relación a la gestión colectiva de contrataciones en origen, el art. 39 de la LE/2000 prevé que Ministerio de Trabajo e Inmigración, teniendo en cuenta la situación nacional de empleo, apruebe una previsión anual de las

ocupaciones y su cantidad que se puedan cubrir a través de la gestión colectiva de contrataciones en origen en un período determinado, a los que sólo tendrán acceso aquellos extranjeros que no se hallen o residan en España. Se trata de un procedimiento que tiene por objeto la tramitación colectiva de los contratos de extranjeros en origen, es decir, uno o varios empleadores pueden gestionar simultáneamente la gestión de una de una pluralidad de autorizaciones para extranjeros, mediante la selección de estos en sus países, con la participación, en su caso, de las autoridades competentes. Conforme al *Real Decreto 629/2022, de 26 de julio*, que modifica la RLE/2011, la gestión colectiva permitirá la contratación programada de trabajadores que no se hallen o residan en España, para ocupar empleos estables y que serán seleccionados en sus países de origen a partir de las ofertas presentadas por los empresarios. Añade que la orden anual por la que se establece la contratación en origen podrá prever las siguientes figuras: a) Migración de carácter estable; b) Migración circular; c) Visados de búsqueda de empleo. El nuevo art. 167 del RLE/2011 prevé que las autorizaciones de trabajo previstas en la contratación colectiva en origen para la migración circular tendrán una duración de cuatro años y habilitarán a trabajar por un periodo máximo de nueve meses en un año en un único sector laboral, y añade que la vigencia de estas autorizaciones estará supeditada al compromiso de retorno del trabajador al país de origen, y al mantenimiento de las condiciones que justificaron la concesión de la autorización.

528 Una vez que un trabajador extranjero ha obtenido una autorización de residencia temporal y trabajo por cuenta ajena, si desea seguir residiendo legalmente en España debe promover su renovación. El elemento básico que el art. 71 del RLE/2011 prevé para la renovación de las autorizaciones de trabajo es que el extranjero disponga de un contrato de trabajo, si bien, cuando no se posea dicha relación laboral, se facilita la renovación si se acredita un período mínimo de trabajo y alta de nueve meses en un periodo de doce, o de dieciocho meses en un periodo de veinticuatro, y el trabajador extranjero buscase empleo de forma activa (art. 71.3.f.1.°), o bien otras condiciones atinentes a recursos económicos de su cónyuge o pareja. El reglamento objeto de estudio también exige que el trabajador presente varios informes, entre ellos, el que permita valorar el esfuerzo de integración del extranjero. De hecho, el extranjero puede solicitar que se valore dicho esfuerzo de integración en caso de no acreditar el cumplimiento de alguno de los requisitos previstos anteriormente mencionados para la renovación: como dice el art. 71.6 del RLE/2011 dicho informe tendrá como contenido mínimo la certificación de la participación activa (y no la superación) del extranjero en acciones formativas que persiguen una integración en valores: de carácter constitucional, estatutarios de la Comunidad Autónoma en que se resida, de la Unión Europea, derechos humanos, libertades públicas, democracia, tolerancia, igualdad entre mujeres y hombres, así como el aprendizaje de las

lenguas oficiales del lugar de residencia (no estrictamente "conocimiento" como se incluía en los borradores del proyecto de reglamento). La renovación de la autorización de residencia y trabajo por cuenta ajena se hará por un periodo de cuatro años (art. 72 RLE/2011 modificado por Real Decreto 629/2022, de 26 de julio):

529 En situación irregular se encuentran los extranjeros que carecen de la autorización para residir en España, ya sea porque entraron sin haberla solicitado previamente, o porque en su momento la obtuvieron y posteriormente no pudieron renovarla por incumplir los requisitos que la ley impone para ello. Un extranjero en situación irregular no es titular del Derecho al trabajo. Según la legislación, está imposibilitado para trabajar, por lo que de hacerlo el extranjero será sancionado administrativamente. Ahora bien, pese a esa prohibición de trabajar, la normativa prevé también determinados derechos laborales para el trabajador extranjero en situación de irregularidad que trabaje. En particular, el art. 36.5 de la LE/2000 establece que "la carencia de la autorización de residencia y trabajo, sin perjuicio de las responsabilidades del empresario a que dé lugar, incluidas las de Seguridad Social, no invalidará el contrato de trabajo respecto a los derechos del trabajador extranjero...". Es decir, la norma reconoce al extranjero en situación irregular, que pese a ello está realizando un trabajo, unos derechos de carácter laboral que no van a ser invalidados pese a que no tenga los correspondientes permisos de trabajo.

530 Los extranjeros pueden obtener una autorización de residencia temporal por razones humanitarias (por ejemplo, que estén siendo víctimas de determinados delitos), por colaboración con autoridades públicas o razones de seguridad nacional o interés público, o también si demuestran una situación de "arraigo" en España. Las vías de arraigo en España como mecanismo para obtener una autorización de residencia en España son las denominadas como arraigo laboral, arraigo social, el arraigo familiar y el arraigo para la formación. El común denominador a las dos primeras son que para obtener la correspondiente autorización de residencia temporal (y por tanto que el extranjero pase a estar documentado), es que éste ha de haber permanecido en España un mínimo de tiempo y demostrar que está trabajando (véase el art. 124 del RLE/2011). Así, en el caso de arraigo laboral los extranjeros que deseen regularizar su situación deben certificar la permanencia continuada en España durante un periodo mínimo de dos años y demostrar la existencia de relaciones laborales cuya duración no sea inferior a seis meses y que en el momento de la solicitud de arraigo esté en situación irregular. Dice el art. 124 del RLE/2011 que a los efectos de acreditar la relación laboral y su duración, el interesado deberá presentar cualquier medio de prueba que acredite la existencia de una relación laboral previa realizada "en situación legal de estancia o residencia", a estos efectos se acreditará la realización, en los últimos 2 años, de una actividad laboral que suponga, en el caso de

actividad por cuenta ajena, como mínimo una jornada de 30 horas semanales en el periodo de 6 meses o de 15 horas semanales en un periodo de 12 meses, y en el caso del trabajo por cuenta propia, una actividad continuada de, al menos, seis meses. En cambio, a través del "arraigo social" podrán obtener la autorización de residencia si acreditan la permanencia continuada en España durante un periodo mínimo de tres años y cuentan con un contrato de trabajo firmado por el trabajador y el empresario que garantice al menos el salario mínimo interprofesional o el salario establecido, en su caso, en el convenio colectivo aplicable, en el momento de la solicitud, y cuya suma debe representar una jornada semanal no inferior a treinta horas en el cómputo global y garantizar al menos el salario mínimo interprofesional. Finalmente, y también a raíz del Real Decreto 629/2022, de 26 de julio, que ha modificado el RLE/2011, se ha aprobado el arraigo para la formación, gracias al cual, los extranjeros en situación irregular podrán obtener una autorización de residencia, por un periodo de doce meses, siempre que acrediten la permanencia continuada en España durante un periodo mínimo de dos años y cumplan, de forma acumulativa, los siguientes requisitos: a) carecer de antecedentes penales; b) comprometerse a realizar una formación reglada para el empleo o a obtener un certificado de profesionalidad, o una formación conducente a la obtención de la certificación de aptitud técnica o habilitación profesional necesaria para el ejercicio de una ocupación específica o una promovida por los Servicios Públicos de Empleo y orientada al desempeño de ocupaciones incluidas en el Catálogo al que se refiere el artículo 65.1, o bien, en el ámbito de la formación permanente de las universidades, comprometerse a la realización de cursos de ampliación o actualización de competencias y habilidades formativas o profesionales así como de otras enseñanzas propias de formación permanente. Una vez superada la formación, y durante la vigencia de la autorización de residencia, el extranjero podrá presentar la solicitud de autorización de residencia y "trabajo" ante la Oficina de Extranjería junto con un contrato de trabajo firmado por el trabajador y el empresario que garantice al menos el salario mínimo interprofesional, o el establecido por el convenio colectivo de aplicación, en el momento de la solicitud, y prueba de haber superado la formación prevista en la solicitud de residencia. La Oficina de Extranjería concederá en estos casos una autorización de dos años que habilitará a trabajar.

2. RÉGIMEN ESPECIAL DE EXTRANJERÍA

531 Al margen de los supuestos de concesión de autorizaciones de residencia y trabajo por cuenta ajena concedidos a extranjeros conforme al régimen general previsto en la LE/2000, la *Ley 14/2013 de 27 de septiembre, de apoyo a los emprendedores y su internacionalización*, regula la concesión de autorizaciones de residencia temporal, entro otros colectivos, para profesionales altamente

cualificados y trabajadores extracomunitarios que sean enviados a España por su empresa en el marco de un traslado intraempresarial. El objetivo principal de esta normativa específica es que a través de la adopción de unos procedimientos ágiles y rápidos se pueda favorecer la llegada a España de extranjeros por interés económico, en particular de los profesionales altamente cualificados y de determinados trabajadores extranjeros en el marco de un traslado intraempresarial a nuestro país. De hecho, la principal agilidad de los trámites para traer a estos tipos de extranjeros radica en que su admisión en España para trabajar no exige superar el filtro de la situación nacional de empleo anteriormente mencionada.

532 Respecto de los profesionales altamente cualificados, el art. 71 de *la Ley 14/2013*, de 27 de septiembre, de apoyo a los emprendedores y su internacionalización, regula que las empresas podrán requerirlos para que presten una relación laboral o profesional en España siempre que pertenezcan a alguno de los siguientes grupos: en primer lugar, que sea personal directivo o altamente cualificado siempre que la empresa o grupo de empresas que los requiera en España cumplan las condiciones que el propio precepto establece en cuanto a su tamaño, cifra de negocios o inversiones realizadas, o bien que dichos directivos extranjeros vayan a formar parte de un proyecto empresarial en la forma que también lo delimita la propia norma; y en segundo lugar, que las empresas deseen incorporar a graduados, postgraduados de universidades y escuelas de negocios de reconocido prestigio. Para traer a dichos profesionales el art. 62 de la Ley 14/2013 establece los requisitos a cumplir para visados de estancia inferior a tres meses, como también los que corresponden a los visados para estancias de larga duración (superior a tres meses), aplicables tanto a dichos extranjeros altamente cualificados como también a personal desplazado en el marco de un traslado intraempresarial como se verá en el párrafo siguiente. En todo caso, a todos ellos también se les exigen cumplir otros requisitos, como que cuenten con un seguro público o un seguro privado de enfermedad concertado con una Entidad aseguradora autorizada para operar en España, así como que dispongan de recursos económicos suficientes para sí y para los miembros de su familia durante su periodo de residencia en España y, naturalmente, *last but not least*, abonar la tasa por tramitación de la autorización o visado.

533 El art. 73 de la Ley 14/2013 regula la Autorización de residencia por traslado intraempresarial (o también conocida como Autorización de residencia ICT, por ser las siglas en inglés de *Intra Corporate Transferee*). Su regulación deriva de la transposición de la *Directiva 2014/66/UE del Parlamento Europeo y del Consejo, de 15 de mayo de 2014, relativa a las condiciones de entrada y residencia de nacionales de terceros países en el marco de traslados intraempresariales.* Este tipo de autorizaciones de residencia están pensadas para aquellos (nacionales de terceros países de la Unión Europea) que, siguiendo las directrices de su empresa instalada fuera de la UE, se desplacen a España en el marco de una relación

laboral, profesional o por motivos de formación profesional, a una empresa o grupo de empresas establecida en España. La autorización para residir y trabajar en España vale para todo el territorio nacional, es decir, las autorizaciones concedidas no se limitan geográficamente (a una región o provincia española), o a un sector de actividad determinado (como si sucede respecto al régimen general de extranjeros que desean venir a trabajar a España. Además, este tipo de autorizaciones amparadas en la Directiva 2014/66/UE permiten un privilegio, cuál es que establecen un régimen específico de movilidad "dentro de la UE", es decir, vienen a permitir al titular del permiso expedido por un Estado miembro, v.gr. por España, de entrar, residir y trabajar a su vez en otros Estados miembros.

534 La autorización de residencia por traslado intraempresarial se divide en dos modalidades, por un lado, la "Autorización de residencia por traslado intraempresarial ICT UE", y por otro la "Autorización nacional de residencia por traslado intraempresarial" (o conocida como ICT Nacional). La Autorización ICT UE concede a sus beneficiarios el derecho a residir y trabajar en España, siempre que se trate de desplazamientos temporales a este país de un determinado trabajador desde una empresa "establecida fuera de la Unión Europea" a una entidad perteneciente a la misma empresa o grupo de empresas establecida en España. Los beneficiarios de este permiso están delimitados por la Ley 14/2013: en primer lugar, solo está pensada para Directivos (en cuyo caso, la duración máxima de su traslado es de tres años); en segundo término, personal "especialista" (la duración máxima del traslado es también de tres años); y finalmente, trabajadores en formación (este tipo de personal solo puede residir en España un año como máximo). Por otra parte, la Autorización ICT Nacional está pensada para permitir la residencia por traslado intraempresarial para nacionales de un tercer país que no formen parte de las categorías de personal acogidos por la autorización ICT UE (ahora bien, en ese caso, los trabajadores trasladados a España no podrán obtener los beneficios que tienen las autorizaciones ICT UE conforme a la regulación establecida en la Directiva 2014/66/UE, por ejemplo, sobre ir a residir o trabajar a otros Estados miembros). Finalmente, en materia de traslados intraempresariales, la LE/2000 también prevé que tanto en el marco de una autorización EU ICT, o bien de una autorización ICT Nacional, determinadas empresas (conforme a los requisitos del art. 71) puedan solicitar una tramitación colectiva de autorizaciones por traslado intraempresarial. Esa tramitación se lleva a cabo a través de la inscripción de las empresas interesadas en la Unidad de Grandes Empresas y Colectivos Estratégicos-UGECE, que tiene un período de validez de 3 años.

3. POLÍTICAS DE INTEGRACIÓN SOCIAL DE LOS MIGRANTES

535 Según el art. 2.1 bis de la LE/2000, corresponde al Gobierno español la definición, planificación, regulación y desarrollo de la política de

inmigración, sin perjuicio de las competencias que puedan ser asumidas por las Comunidades Autónomas y por las Entidades Locales. El segundo apartado del precepto regula también que todas esas administraciones basarán el ejercicio de sus competencias respecto de una serie de principios, entre los que deben destacarse la integración social de los inmigrantes mediante políticas transversales dirigidas a toda la ciudadanía. De hecho, la integración de los extranjeros en España es una de los principios básicos de la política migratoria, ya que según el art. 2 *ter* de la LE/2000, los poderes públicos deben promover la plena integración de los extranjeros en la sociedad española, "en un marco de convivencia de identidades y culturas diversas sin más límite que el respeto a la Constitución y la ley". Además, la política de inmigración debe buscar la consecución de otros principios, como son la igualdad efectiva entre mujeres y hombres; la efectividad del principio de no discriminación y el reconocimiento de iguales derechos y obligaciones para todos aquellos que vivan o trabajen legalmente en España, por tanto, en relación a las condiciones laborales y de Seguridad Social; y la lucha contra la inmigración irregular y la persecución del tráfico ilícito de personas y de la trata de seres humanos, es decir, cuando se explota a inmigrantes con fines de trabajo forzoso.

536 Respecto de la delimitación de competencias entre las diferentes administraciones, para clarificar este asunto, hay que empezar expresando que según la
537 Constitución española es la Administración General del Estado quien tiene la competencia exclusiva en materia de nacionalidad, inmigración, emigración, extranjería y derecho de asilo. Por lo tanto, en cuestiones como la regulación de los derechos y deberes de los extranjeros, v. gr. la concesión de autorizaciones de residencia, quién únicamente puede legislar y conceder dichas autorizaciones es el Estado, no las Comunidades Autónomas. Ahora bien, y centrando específicamente el enfoque en la materia de inmigración, pese a ser ésta competencia exclusiva del Estado, lo cierto es que cuando los inmigrantes acceden a España, también son titulares de determinados derechos o deberes, y por tanto, al ejercerlos utilizarán servicios que son competencia de otras administraciones, como las autonómicas. De hecho, las Comunidades Autónomas poseen competencias en materias que pueden afectar a los inmigrantes cuando entran en contacto con ellas, como la educación, servicios sociales, la sanidad, o también en materia de empleo. Con esto se quiere decir que, aunque la política de inmigración es competencia del Estado, si un inmigrante accede a una escuela pública o pide información a una entidad pública autonómica, automáticamente está activando competencias autonómicas, y por tanto, en el ámbito de éstas, las Autonomías también pueden disponer de la potestad de decir algo sobre ello. Por esa razón, el Tribunal Constitucional ha validado que en los Estatutos de las Comunidades Autónomas se hayan incluido determinadas competencias que, sin afectar a las que son exclusivas del Estado, pueden ser determinantes para lograr una buena acogida y ayudar a la mejor integración de los extranjeros.

Así, en los Estatutos de Comunidades Autónomas se prevén competencias que inciden de alguna manera en la política de inmigración: una de las más importantes, es la dotación de competencias a las Comunidades Autónomas que la asuman en sus Estatutos de conceder autorizaciones de trabajo de carácter inicial. Esta competencia es de carácter ejecutivo, es decir, sujetándose a las leyes del Estado, pueden dispensar tales autorizaciones a extranjeros; otras competencias también muy relevantes en materia de inmigración son las propias de "primera acogida" de los inmigrantes, por ejemplo, a través de actuaciones de orientación o socio-sanitarias respecto de dichos extranjeros; o también, partiendo de lo que diga el Estado sobre integración de los inmigrantes pueden realizar acciones que desarrollen dicho principio de integración en el territorio específico de la Comunidad, como por ejemplo, el favorecimiento de la participación social de los inmigrantes. El conjunto de estas competencias debería buscar promover acciones que garantice el reconocimiento y la efectividad de los derechos y deberes de las personas inmigradas, la igualdad de oportunidades, las prestaciones y las ayudas que permitan su plena acomodación social y económica y la participación en los asuntos públicos.

538 En todo caso, estas pretensiones tampoco pueden llevarse a cabo sin las Administraciones locales. Así, por ejemplo, en Estatuto de autonomía de Cataluña se recoge que los Ayuntamientos tienen la competencia para el fomento de las políticas de acogida de los inmigrantes. Por todo ello, es muy importante una adecuada articulación de las diferentes administraciones públicas con competencias en materia de inmigración para garantizar el correcto despliegue del Estatuto. En el ámbito de la Comunidad catalana, como producto de esas previsiones estatuarias, se adoptó la Ley de Acogida de las Personas Inmigradas y Retornadas, de 2010, en el que se prevé la creación de servicios de acogida orientados a promover la autonomía personal de los inmigrantes para evitar que, por el desconocimiento de la sociedad catalana o en razón de su origen, pudiesen estar en desventaja respecto a su plena integración. En todo caso, para llevar a cabo estas acciones es necesaria la dotación del Fondo Estatal para la Integración de los Inmigrantes, como mecanismo de colaboración de entre la Administración General del Estado, las comunidades autónomas y las entidades locales para el desarrollo conjunto de una estrategia de integración de inmigrantes, solicitantes de asilo y beneficiarios de protección internacional. A través del *Real Decreto-ley 8/2019, de 8 de marzo, de medidas urgentes de protección social y de lucha contra la precariedad laboral en la jornada de trabajo*, se ha dotado a ese fondo con una dotación de 70 millones de euros para el ejercicio 2019.

IV. TRABAJADORES TRANSFRONTERIZOS

539 De forma general se denomina trabajador transfronterizo aquél que, trabajando en un Estado miembro, tiene en cambio su residencia habitual en otro,

al que regresa diariamente o con una periodicidad semanal. Esta definición se modula en función de legislaciones diversas en relación a dos ámbitos: por un lado, cuando el trabajador transfronterizo es un nacional de un tercer país de la Unión Europea (es decir, es un trabajador extracomunitario), y por otro cuando se trata del régimen de Seguridad Social de dichos transfronterizos (ya sean ciudadanos nacionales de la Unión Europea, ya sean nacionales de terceros países). Para empezar con la primera de las situaciones descritas, hay que avanzar que cuando el trabajador transfronterizo tiene la nacionalidad de un Estado miembro de la UE, se le aplica el régimen propio de la libre circulación de trabajadores. Ello no ocurre cuando se trata de un trabajador transfronterizo extracomunitario, ya que a éstos se les aplica el régimen de extranjería de la LE/2000 y el RLE/2011, que definen como situación de trabajo transfronterizo la del trabajador que haya sido autorizado para desarrollar actividades lucrativas, laborales o profesionales por cuenta propia o ajena en las zonas fronterizas del territorio español, residiendo a su vez en la zona fronteriza de un Estado limítrofe al que regrese diariamente.

540 Según los arts. 182 y ss. del RLE/2011, para poder autorizar a trabajadores extracomunitarios transfronterizos a que trabajen por cuenta ajena y por cuenta propia en España deben cumplir con determinados requisitos. En relación a los correspondientes al trabajo por cuenta ajena en España, el trabajador debe acreditar que reside en una zona fronteriza con territorio español. En segundo lugar, que la "situación nacional de empleo" permita la contratación del trabajador extranjero en España, es decir, como ya se ha estudiado, que no haya español, europeo o extranjeros extracomunitarios residentes ya en España que puedan acceder a la oferta de trabajo del empleador. De hecho, superados estos requisitos, la normativa exige que tanto el empresario como el trabajador transfronterizo cumplan determinadas condiciones: principalmente, para el empleador, que presente un contrato de trabajo que respete la normativa laboral y los convenios colectivos aplicables a su actividad, que disponga de los medios suficientes para hacer frente a sus obligaciones contractuales y de Seguridad Social; por lo que hace al trabajador transfronterizo, éste debe tener la capacitación y, en su caso, la cualificación profesional legalmente exigida para el ejercicio de la profesión. Respecto del trabajador transfronterizo por cuenta propia, los requisitos previstos por la normativa tienen que ver, además de residir en zona limítrofe con España y disponer de la cualificación correspondiente, con la previsión de las garantías necesarias de inversión en su actividad y de que ésta obtenga rendimientos económicos.

541 Desde la resolución confirmatoria de la autorización de trabajo, el trabajador habrá de darse o el empleador le deberá dar de alta en el régimen correspondiente de la Seguridad Social en el plazo de un mes. En este mismo término, el extranjero deberá solicitar y obtener la correspondiente Tarjeta de Identidad de Extranjero, la cual le acreditará como trabajador transfronterizo

y permitirá la entrada y salida de territorio nacional para la realización de la actividad a la que se refiera. En todo caso, la duración de la autorización inicial de trabajo coincidirá con la del contrato de trabajo en relación con la cual se conceda, con el límite mínimo de tres meses y máximo de un año, y su validez estará limitada al ámbito territorial de la Comunidad Autónoma en cuya zona limítrofe resida el trabajador, así como a una ocupación específica en el caso de trabajo por cuenta ajena o a un sector de actividad en el de trabajo por cuenta propia.

542 Respecto del régimen de Seguridad Social aplicable a los trabajadores transfronterizos, y atención, sean estos ciudadanos de la UE o nacionales de terceros países, el Reglamento (CEE) 883/2004, define como trabajador "fronterizo" toda persona que realice una actividad por cuenta ajena o propia en un Estado miembro y resida en otro Estado miembro al que regrese normalmente a diario o al menos una vez por semana. Como regla general, la realización de una actividad laboral por cuenta ajena o por cuenta propia en un Estado miembro hace que el trabajador en cuestión esté sujeto a la legislación de éste y a sus instituciones de Seguridad Social (véase el art. 11 del Reglamento europeo, con las excepciones a dicha regla general en sus arts. 12 a 14). En todo caso, el objetivo del Reglamento europeo 883/2004 es garantizar el principio de igualdad de trabajo de los trabajadores que no residen en el Estado miembro en el que trabajan, como es el supuesto de los trabajadores fronterizos, respecto de los trabajadores que residen y trabajan en dicho Estado miembro. Esa igualdad de trato no solo corresponde a los trabajadores fronterizos sino también a los familiares de éstos.

543 En relación a los trabajadores fronterizos y sus familiares, el reglamento europeo prevé una regulación específica sobre las denominadas prestaciones en especie. Para la norma europea, en relación a las prestaciones de enfermedad, maternidad, paternidad y asimiladas a estas, las prestaciones en especie son aquellas que como tales vengan definidas por la legislación que aplique el Estado miembro y que estén destinadas a proveer, facilitar, abonar directamente o reembolsar los costes de la atención sanitaria y de los productos y servicios accesorios de dicha atención. En relación a las prestaciones de accidentes de trabajo y enfermedad profesional, las prestaciones en especie son todas aquellas que cumplan con la anterior definición y vengan establecidas en los regímenes de accidentes de trabajo y enfermedades profesionales de los Estados miembros (véase el art. 1 del Reglamento 883/2004). Por tanto, de forma general, y en atención a lo que cada Estado miembro pueda definir, se puede integrar de forma general bajo el concepto de prestaciones en especie la asistencia sanitaria, farmacéutica y los servicios sociales que se deban ejecutar en atención a las situaciones descritas de enfermedad, maternidad, paternidad o en las contingencias de accidentes de trabajo y enfermedades profesionales.

544 Con esa base de lo que son prestaciones en especie, el Reglamento 883/2004 prevé dos garantías respecto de los trabajadores fronterizos y sus familias. Por un lado, regula que la persona asegurada (el fronterizo) o los miembros de su familia que residan en un Estado miembro distinto del Estado miembro donde trabaja el trabajador (llamado, el Estado competente), disfrutarán en el Estado miembro de residencia de las prestaciones en especie facilitadas, por cuenta de la institución competente, por la institución del lugar de residencia, según las disposiciones de la legislación que esta última aplique, como si estuvieran aseguradas en virtud de dicha legislación. Ahora bien, en función del hecho de que el trabajador fronterizo está prestando sus servicios en otro Estado miembro, el Reglamento europeo establece que la persona asegurada (el trabajador fronterizo) o los miembros de su familia tienen el derecho a disfrutar de las prestaciones en especie "mientras se encuentren" en el Estado miembro competente (el Estado donde trabaje o esté afiliado a la Seguridad Social). Esas prestaciones serán facilitadas y sufragadas por la institución competente, según las disposiciones de la legislación que este último aplique, como si los interesados residieran en dicho Estado miembro (art. 18).

545 Para garantizar el principio de igualdad de los fronterizos y sus familiares, una idea de interés lanzada en el propio preámbulo de la norma es que, dadas las diferencias entre los diversos sistemas nacionales, es conveniente que los Estados miembros prevean, siempre que sea posible, que el tratamiento médico de los miembros de las familias de los trabajadores fronterizos se realice en el Estado miembro en que el trabajador desarrolla su actividad. Además de ello, el Reglamento 883/2004, prevé para los trabajadores fronterizos que ya estén jubilados, a que en caso de enfermedad sigan recibiendo prestaciones en especie en el Estado miembro en el que haya ejercido su última actividad como trabajador por cuenta ajena o propia, siempre y cuando dichas prestaciones sean continuación de un tratamiento iniciado en dicho Estado miembro (por "continuación del tratamiento" se entiende la continuación de las pruebas, el diagnóstico y el tratamiento de una enfermedad).

546 El Reglamento europeo 883/2004 prevé en materia de trabajadores fronterizos y sus familiares una serie de disposiciones específicas en materia de vejez y desempleo. Por lo que hace referencia a las pensiones de vejez o invalidez, el art. 28 del Reglamento 883/2004 prevé que el titular de una pensión que en los cinco años anteriores a la fecha efectiva de una pensión de vejez o invalidez haya ejercido durante al menos dos años una actividad como trabajador fronterizo por cuenta ajena o propia tendrá derecho a prestaciones en especie en el Estado miembro en que ejerció dicha actividad como trabajador fronterizo, siempre que dicho Estado miembro y el Estado miembro en que se halla la institución competente responsable del coste de las prestaciones en especie facilitadas al titular de una pensión en su Estado miembro de residencia hayan

optado por ello y ambos Estados figuren en el anexo V (que incluye a Bélgica, Alemania, España, Francia, Luxemburgo, Austria y Portugal). Este régimen se aplica por analogía a los miembros de la familia del antiguo trabajador fronterizo o a sus supérstites si, durante los períodos referidos anteriormente, estas personas hubieran tenido derecho a las prestaciones en especie, aun cuando el trabajador fronterizo hubiera fallecido antes de comenzar su pensión, siempre que el mismo hubiera ejercido una actividad, por cuenta ajena o propia, como trabajador fronterizo durante un período de al menos dos años en los cinco años anteriores a su muerte.

547 Finalmente, en cuanto a las prestaciones por desempleo, la LGSS/2015 establece que el derecho a ellas se extingue por traslado de residencia o estancia en el extranjero, y en este sentido, debe recordarse que los transfronterizos (ya sean comunitarios o no) residen en otro país y por tanto, de entrada, no tendrían derecho a prestaciones por desempleo en España. En todo caso, en función del art. 65 del Reglamento Europeo 883/2004 se puede sostener que en las situaciones de desempleo total, y en virtud de los acuerdos comunitarios que se realicen, los trabajadores fronterizos en desempleo total pueden hacer "uso" de cotizaciones en otro país para acceder a prestaciones por desempleo total en su país de residencia;.es decir, el trabajador transfronterizo que vive en un país pero trabaja en otro fronterizo con aquél, si se queda en desempleo en el que presta sus servicios, puede pedir la prestación de desempleo en el país en que reside, la cual se dispensará en función justamente de la normativa de su país de residencia (aunque naturalmente se deberán tener en cuenta los períodos trabajados en el otro país fronterizo). Por otra parte, el art. 65 del Reglamento Europeo 883/2004, en relación a las situaciones de desempleo parcial o intermitente, establece que aquellos trabajadores desempleados que durante su último período de actividad por cuenta ajena o propia hayan residido en un Estado miembro distinto del Estado miembro competente (de las prestaciones), deberán ponerse a disposición de su empresario o de los servicios de empleo del Estado miembro competente y recibirán prestaciones con arreglo a la legislación del Estado miembro competente como si residieran en dicho Estado. Como excepción a la norma general, en relación a los fronterizos comunitarios en desempleo parcial o intermitente se debe afirmar que sí que tienen derecho a recibir las prestaciones del país en donde hayan trabajado (aunque no residan allí). Por lo que hace a las situaciones de desempleo total, también puede sostenerse que los fronterizos en desempleo total pueden hacer "uso" de cotizaciones en otro país para acceder a prestaciones por desempleo total en su país de residencia en virtud de los acuerdos comunitarios.

548 Finalmente, hay que tener en cuenta que más allá de la Seguridad Social, los familiares de trabajadores fronterizos también tienen derecho a obtener ayudas económicas que se enmarcan en el concepto europeo de "ventajas sociales". El art. 7.2, del Reglamento 492/2011 prevé que cualquier trabajador

(y su familia) que ejerce su derecho a la libre circulación (como es el caso de los fronterizos) se debe beneficiar de las mismas "ventajas sociales" que los trabajadores nacionales del Estado de empleo. La Sentencia del Tribunal de Justicia de la Unión Europea de 14 de diciembre de 2016, Asunto C-238/15, ha fortalecido la prohibición de cualquier discriminación de familiares de trabajadores transfronterizos en el país donde prestan sus servicios, en concreto para la obtención de ayudas al estudio (entendidas, por tanto, también como ventajas sociales).

V. DERECHO DE ASILO: ACCESO AL TRABAJO Y OTROS DERECHOS SOCIALES

549 La protección de los refugiados dispone de un marco jurídico diferenciado del aplicable a los migrantes en general. De hecho, los refugiados disponen de una protección internacional específica, definida en el Derecho internacional de los refugiados. En la cumbre de esta normativa se encuentra la *Declaración Universidad de Derechos Humanos* que reconoce que, en caso de persecución, toda persona tiene derecho a buscar asilo, y a disfrutar de él, en cualquier país (art. 14.1). Para garantizar ese derecho, en el marco de Naciones Unidas se han aprobado la *Convención sobre el Estatuto de los Refugiados de 28 de julio de 1951* (Convención de Ginebra) y su *Protocolo* de 31 de enero de 1967 (Protocolo de Nueva York), que consideran como refugiado a toda aquella persona que debido a fundados temores de ser perseguida por motivos de raza, religión, nacionalidad, pertenencia a determinado grupo social u opiniones políticas, se encuentre fuera del país de su nacionalidad y no pueda o, a causa de dichos temores, no quiera acogerse a la protección de tal país, o que, careciendo de nacionalidad (en este punto, estaríamos hablado de los apátridas), y hallándose fuera del país donde antes tuviera su residencia habitual, no pueda o, a causa de dichos temores, no quiera regresar a él. Como al efecto señala la Convención de Ginebra, los refugiados disponen de determinados derechos sociales, entre ellos el derecho a un empleo remunerado, que deber ser atribuido con el trato más favorable posible. Este derecho, además, no quedará restringido por aquellas limitaciones que el Estado pueda haber establecido para proteger su mercado nacional de trabajo (como puede ser, en nuestro caso, el filtro de la situación nacional de empleo previsto en general para los extranjeros que desean acceder a trabajar a nuestro país).

550 La Unión Europea garantiza en su *Carta de Derechos Fundamentales* el derecho de asilo dentro del respeto de las normas de la Convención de Ginebra y del Protocolo de Nueva York, de conformidad con los Tratados originarios de la UE. En este sentido, el TFUE prevé el desarrollo de una política común en materia de asilo, protección subsidiaria y protección temporal destinada a ofrecer un estatuto apropiado a todo nacional de un tercer país que nece-

site protección internacional y a garantizar el respeto del principio de no devolución de un extranjero a su país o a cualquier otro en el que pudiera ponerse en peligro su vida o su libertad. Derivado de esta ordenación, la UE ha aprobado una serie de directivas y otras medidas normativas, entre las que destaca el *Reglamento núm. 604/2013 del Parlamento Europeo y del Consejo de 26 de junio de 2013* (conocido como Convenio de Dublín), por el que se establecen los criterios y mecanismos de determinación del Estado miembro responsable del examen de una solicitud de protección internacional presentada en uno de los Estados miembros de la UE por un nacional de un tercer país o apátrida. La regla básica de esta normativa es la imposición al solicitante de asilo de que se registre en un solo país a los efectos de solicitar su petición, de forma que un único Estado de la UE sea el responsable de conceder dicha protección. Junto a dicha normativa, la UE ha adoptado otras directivas que reconocen a los nacionales de terceros países o apátridas que, ya sea porque hayan solicitado dicha protección, ya sea porque la hayan obtenido ya, que disfruten de determinados derechos como el acceso a un empleo o de formación (véase, por ejemplo, la *Directiva 2013/33/UE, de 26 de junio de 2013 respecto de los solicitantes de protección, o la Directiva 2011/95/UE de 13 de diciembre de 2011 sobre un estatuto uniforme para refugiados y personas con protección subsidiaria).*

551 La CE establece en su art. 13.4 que "la Ley establecerá los términos en que los ciudadanos de otros países y los apátridas podrán gozar del derecho de asilo en España". Ese mandato ha sido cumplido por la *Ley 12/2009, de 30 de octubre, reguladora del derecho de asilo y de la protección subsidiaria* (LAS), que en su art. 2 define al derecho de asilo como la protección dispensada a los nacionales no comunitarios o a los apátridas a quienes se reconozca la condición de refugiado en los términos definidos en la propia ley, la Convención de Ginebra y el Protocolo de Nueva York. En este sentido, el reconocimiento de la condición de refugiado se dispensa a toda persona que, debido a fundados temores de ser perseguida por motivos de raza, religión, nacionalidad, opiniones políticas, pertenencia a determinado grupo social, de género u orientación sexual, se encuentra fuera del país de su nacionalidad y no puede o, a causa de dichos temores, no quiere acogerse a la protección de tal país, o al apátrida que, careciendo de nacionalidad y hallándose fuera del país donde antes tuviera su residencia habitual, por los mismos motivos no puede o, a causa de dichos temores, no quiere regresar a él. Como se observa del proceso, el estatuto de refugiado depende de que una persona, en función de determinados motivos, o por pertenecer a uno de los grupos sociales previstos en la propia ley (art. 7), sea objeto de persecución, en concreto, por los actos de persecución que también se recogen específicamente en la norma (art. 6).

552 Junto a la protección reconocida a los refugiados conforme a la anterior definición, la LAS también regula el derecho a la "protección subsidiaria".

La protección subsidiaria no es una situación idéntica a la de la obtención del estatuto de refugiado, de hecho, se reconoce a quién no puede ser reconocido como tal, pero no puede volver a su país de origen (en el caso de nacionales de terceros países a la UE), o al país donde residía (los apátridas), porque ello implicaría enfrentarse a un riesgo real de sufrir los siguientes daños: la condena a pena de muerte o el riesgo de su ejecución material; tortura y tratos inhumanos o degradantes; o amenazas graves contra su vida o integridad de los civiles motivadas por una violencia indiscriminada en situaciones de conflicto internacional o interno. Tanto las personas que obtienen el estatuto de refugiado, como las personas a las que se les reconoce la protección subsidiaria, son sujetos amparados en el concepto general de "protección internacional".

553 En el marco de la LAS se regulan derechos sociales en función de si la persona ha obtenido o no protección internacional, es decir, si una persona ve reconocida su estatuto de refugiado, o es beneficiaria del régimen de protección subsidiaria. Además, la ley reconoce derechos y medidas sociales tanto a los solicitantes de asilo (antes, por tanto, de conocer si obtienen o no una resolución favorable como refugiado), como a las personas que hayan solicitado la protección subsidiaria. En este sentido, el art. 30 de la LAS tiene por objeto regular los derechos sociales generales a toda persona que solicite protección internacional (tanto los solicitantes de asilo como de protección subsidiaria). El precepto establece el deber de proporcionar a dichas personas, siempre que carezcan de recursos económicos, los servicios sociales y de acogida necesarios con la finalidad de asegurar la satisfacción de sus necesidades básicas en condiciones de dignidad. Como garantía para asegurar que este sistema de protección se concede solo a personas sin recursos, el precepto añade que, si se comprobara que la persona solicitante dispone de suficientes medios de acuerdo con la normativa vigente para cubrir los costes inherentes a los servicios y prestaciones reservados a personas que carezcan de recursos económicos, se procederá a la reclamación de su reembolso.

554 Respecto de los solicitantes de protección internacional, la normativa concede a la Subdirección general de Integración de los Inmigrantes el diseño del sistema de los servicios sociales y de acogida (a través de los Centros de Acogida de Refugiados) que les reconoce la normativa. Conforme a la Directiva 2013/33/UE que se ha mencionado anteriormente, los Estados miembros velarán para que las condiciones materiales de acogida proporcionen a los solicitantes un nivel de vida adecuado que les garantice la subsistencia y la protección de su salud física y psíquica, especialmente en relación a las personas vulnerables. Además, establece el deber de los Estados miembros deben velar por que los solicitantes reciban la atención sanitaria necesaria, que incluirá, como mínimo, los cuidados de urgencia y el tratamiento básico de enfermedades o trastornos psíquicos graves. De hecho, la LAS esta-

blece directamente que los solicitantes de protección internacional tendrán derecho a asistencia sanitaria. Junto a ello, la norma establece el derecho de los solicitantes de protección internacional a ser informados de los derechos y prestaciones sociales a los que tiene acceso en su condición de solicitantes. El Real Decreto 865/2006, de 14 de julio, prevé las ayudas económicas para satisfacer las necesidades más básicas de los residentes en los Centros de Acogida de Refugiados.

555 Siguiendo con los derechos sociales concedidos a los solicitantes de protección internacional (aún no refugiados o beneficiaros de protección subsidiaria), el art. 32 de la LAS establece que están autorizadas a trabajar en los términos previstos en la normativa reglamentaria, hoy diseñada por el RLE/2011. En su Disposición adicional 21.ª se establece que los solicitantes de protección internacional estarán autorizados para trabajar en España una vez transcurridos seis meses desde la presentación de la solicitud, siempre que ésta hubiera sido admitida a trámite y no estuviera resuelta por causa no imputable al interesado. La autorización para trabajar se acreditará mediante la inscripción "autoriza a trabajar" en el documento de solicitante de protección internacional y, si procede, en sus sucesivas renovaciones, y estará condicionada a su validez. Por lo tanto, transcurridos seis meses desde la presentación de la solicitud, el solicitante adquiere automáticamente el derecho al trabajo.

556 De hecho, respecto a las personas que ya hayan visto reconocido su estatuto de refugiado tras la petición de asilo, o aquellas otras que pasen a ser beneficiarias del régimen de protección subsidiaria porque hayan obtenido la correspondiente resolución confirmatoria a su solicitud, la normativa les reconoce el derecho a residir de forma permanente y a trabajar en España indefinidamente en las mismas condiciones que los españoles (autorización de residencia de larga duración). De forma específica, el art. 36 de la LAS regula los efectos de la concesión del derecho de asilo o de protección subsidiaria, entre los que se incluyen el derecho a acceder a los servicios públicos de empleo; el acceso a la educación, a la asistencia sanitaria, a la vivienda, a la asistencia social y servicios sociales, a los derechos reconocidos por la legislación aplicable a las personas víctimas de violencia de género, en su caso, a la seguridad social y a los programas de integración, en las mismas condiciones que los españoles; y también, el acceso, en las mismas condiciones que los españoles, a la formación continua u ocupacional y al trabajo en prácticas, así como a los procedimientos de reconocimiento de diplomas y certificados académicos y profesionales y otras pruebas de calificaciones oficiales expedidas en el extranjero.

557 Finalmente, cabe reseñar que el art. 125 del RLE/2011 prevé que se pueda conceder una "autorización de residencia temporal" por razones de protección internacional a las personas que el Ministerio del Interior

autorice la permanencia por razones humanitarias al haber visto denegada su petición en tal sentido, así como a los extranjeros desplazados en el sentido regulado en la normativa sobre protección temporal en caso de afluencia masiva de personas desplazadas. Dicha normativa fue adoptada por el Real Decreto 1325/2003, de 24 de octubre, que tiene por objeto proteger a aquellas personas procedentes de terceros países no miembros de la Unión Europea que no puedan regresar en condiciones seguras y duraderas debido a la situación existente en su país, o que hayan sido evacuados, en particular: a) las personas que hayan huido de zonas de conflicto armado o de violencia permanente. b) las personas que hayan estado o estén en peligro grave de verse expuestas a una violación sistemática o generalizada de los derechos humanos.

VI. RESPONSABILIDADES ADMINISTRATIVO-LABORALES SOBRE LIBRE CIRCULACIÓN Y PRESTACIONES TRANSNACIONALES DE SERVICIOS

558 Las situaciones de desplazamiento transnacional también son objeto de tutela administrativa por la normativa del orden social a través de las disposiciones específicas sobre infracciones, sujetos responsables y sanciones por la TRLISOS. En esta materia debe destacarse en todo caso la previsión añadida al art. 3 de dicha Ley por el Real Decreto-ley 7/2021, conforme a la cual los desplazamientos temporales de personas trabajadoras por las empresas establecidas en España al territorio de Estados miembros de la Unión Europea o de Estados signatarios del Acuerdo sobre el Espacio Económico en el marco de una prestación de servicios transnacional, no podrán dar lugar a que se sancionen las acciones u omisiones de los sujetos responsables que hayan sido ya sancionadas penal o administrativamente en el país de desplazamiento en los casos en que se aprecie identidad de sujeto, hecho y fundamento. El elenco de infracciones que pueden imponerse a las empresas desplazadas se recoge en el art. 10 de la propia TRLISOS. Continuando con la distribución clásica, las infracciones leves van referidas a incumplimientos de carácter formal como es el supuesto de existencia de defectos formales de la comunicación de desplazamiento. El número de infracciones se eleva respecto de las graves en cuanto se identifican todas aquellas contravenciones de obligaciones recogidas en la Directiva 2014/67/UE, ya transpuesta y adaptada a nuestro ordenamiento. En ella tienen cabida conductas como no designar al representante de la empresa que sirve de enlace con las autoridades competentes o no tener disponible en España, durante el desplazamiento, la documentación relativa al mismo, incluyendo comportamientos que podrían integrarse en la genérica infracción por obstrucción a la labor inspectora como es no presentar la documentación requerida por la Inspección de Trabajo y Seguridad Social o presentar alguno de los documentos sin traducir.

559 Especial mención merece el apartado 4 del art. 10 TRLISOS. En el se acude a la cuestionada técnica de remisión tipificadora para recopilar todos los incumplimientos de las empresas respecto de las materias que constituyen el "núcleo duro", es decir la relación de condiciones de trabajo a respetar a los trabajadores desplazados. Al hilo de lo expresado, constituye infracción administrativa no garantizar a los trabajadores desplazados a España las condiciones de trabajo previstas por la legislación laboral española en los términos definidos por el artículo 3 de la Ley 45/1999, pero la tipificación de dichas infracciones, y su calificación como leves, graves o muy graves, las sanciones y los criterios para su graduación se ajustarán a lo que se disponga en la propia TRLISOS. Por ejemplo, abonar al trabajador desplazado una cuantía salarial por debajo del salario mínimo legal o convencional podría ser objeto de tipificación como infracción grave del art. 7.10 por establecer condiciones de trabajo inferiores a las establecidas legalmente o por convenio colectivo, o muy grave del art. 8.1. referida al impago y los retrasos reiterados en el pago del salario debido. En definitiva, la ausencia de una tipificación expresa hace que el principio de seguridad jurídica se resienta.

560 De nada serviría el establecimiento de un régimen estricto de sanciones a las empresas que desplazan si los Estados miembros tienen dificultades para cobrar esas sanciones y multas administrativas transfronterizas. Por ello, la Directiva 2014/67/UE abordó el reconocimiento mutuo de las sanciones y multas administrativas quedando incorporado a nuestro ordenamiento en la propia ley 45/99 (DA 7.ª). El principio base es el reconocimiento y asistencia mutuos a través de un instrumento fundamental, el Sistema de Información del Mercado Interior (IMI) regulado en el *Reglamento (UE) núm. 1024/2012 del Parlamento Europeo y del Consejo de 25 de octubre de 2012*. La mecánica es sencilla: las autoridades competentes españolas que reciban una petición de notificación de una resolución o de otros documentos relacionados con la imposición de una sanción administrativa o una multa o una petición de cobro de las mismas transmitida a través del IMI, reconocerán la sanción administrativa y la petición de cobro sin más formalidad, excepto que se demuestre claramente que los costes o recursos necesarios para el cobro de la sanción o multa son desproporcionados en relación con el importe; que el total de la sanción o multa sea inferior a 350 euros; o que la ejecución de la sanción implique una vulneración de los derechos fundamentales y libertades públicas. Sobra indicar que los importes cobrados en concepto de ejecución de las sanciones y multas administrativas se devengan a favor del Estado que haya llevado a cabo directamente la ejecución.

561 Como cautela para que unos determinados hechos no queden impunes, el *RD 928/1998, de 14 de mayo, por el que se aprueba el Reglamento general sobre procedimientos para la imposición de sanciones por infracciones de orden social y para los expedientes liquidatorios de cuotas de la Seguridad Social*, prevé en el art. 11.8. en que en los supuestos en que la actuación inspectora

afecte a una empresa que desplace temporalmente sus trabajadores a España en el marco de la ley 45/99 y se constaté que unos determinados hechos pueden ser sancionados por el Estado de establecimiento de la empresa, el Inspector de Trabajo y Seguridad Social o el Subinspector Laboral actuante una vez concluidas las actividades comprobatorias, podrá proponer al órgano de jefatura la comunicación de los hechos y el envío de la documentación a la autoridad competente del país de establecimiento para que inicie el procedimiento sancionador, solicitando la comunicación del resultado en el plazo máximo de veinticinco días hábiles. En caso de que dicha autoridad no adoptara medidas sancionadoras, o transcurriera el plazo citado sin que se hubiese recibido comunicación del resultado, la Inspección de Trabajo y Seguridad Social podrá retomar el procedimiento sancionador. La demora en la información sobre el resultado adjudica sin más la potestad sancionadora a la inspección española, aunque se carezca de la certeza de actuaciones administrativas de sanción en otro Estado miembro.

VII. RESPONSABILIDADES ADMINISTRATIVO-LABORALES EN RELACIÓN CON EL TRABAJO DE EXTRANJEROS EXTRACOMUNITARIOS

562 A partir de la redacción original de la LE/2000 se inició un régimen sancionador global en materia de extranjería que incluyó las infracciones sobre trabajo de extranjeros en la propia ley y la separó de la tradicional ley sancionadora laboral, la TRLISOS. Ello nos lleva a pensar, desde una perspectiva lógica, que en el ámbito sancionador prima más el aspecto migratorio que el respeto a las condiciones de empleo y trabajo de los extranjeros, de aquí que el objetivo final de las medidas sancionadoras sean luchar contra la inmigración ilegal y mejorar los mecanismos para evitarla. En este apartado, relacionaremos las conductas objeto de represión administrativa, y destacaremos la singularidad, única en todo el procedimiento sancionador laboral de que el propio trabajador extranjero puede ser sujeto responsable de infracción administrativa con imposición de multa de cuantía económica.

1. CONDUCTAS OBJETO DE RESPONSABILIDAD ADMINISTRATIVA

563 Las conductas que son objeto de reproche administrativo, y como viene siendo habitual en los procedimientos sancionadores, también se califican en leves, graves o muy graves en atención a la entidad y trascendencia que ha querido otorgarle el legislador. Las infracciones leves (art. 52 LE/2000) delimitan comportamientos como el encontrarse trabajando en España sin haber solicitado autorización administrativa para trabajar por cuenta propia, siempre que se cuente con permiso de residencia temporal; encontrarse

trabajando en una ocupación, sector de actividad, o ámbito geográfico no contemplado por la autorización de residencia y trabajo de la que se es titular y contratar a trabajadores cuya autorización, precisamente, tampoco les habilita para trabajar en esa ocupación o ámbito geográfico. En este último caso, en que el sujeto responsable es el empresario que contrata, se incurrirá en una infracción por cada uno de los trabajadores extranjeros ocupados. La ley no ha querido equiparar la contratación de trabajadores sin autorización alguna con la acción de contratar a aquellos extranjeros que disponen de una autorización de trabajo, pero limitada a un espacio geográfico u ocupación. Se entiende que hay niveles diferentes de irregularidad y, por tanto, de reproche administrativo. Recordemos que las autorizaciones de trabajo iniciales siempre se circunscriben a un determinado territorio y ocupación.

564 Las infracciones graves engloban también diferentes conductas (art. 53 LE/2000), pero solo dos están relacionadas con el trabajo de extranjeros. Una de ellas consiste en encontrarse trabajando en España sin haber obtenido autorización de trabajo, siempre y cuando no cuente el trabajador extranjero con autorización de residencia válida. Estamos ante un supuesto de irregularidad administrativa absoluta en la situación administrativa del trabajador extranjero: no se dispone ni de autorización de residencia ni de trabajo. La segunda infracción va vinculada a la obligación del empresario de comunicar el alta del trabajador en la Seguridad Social una vez se le ha concedido la autorización de residencia y trabajo por cuenta ajena. El alta en el Régimen de la Seguridad Social condiciona la eficacia de la propia autorización y para poder apreciar la infracción es necesario que el empresario tenga constancia de que el trabajador se halla legalmente en España pudiendo, no obstante, quedar excluido de responsabilidad si comunica a las autoridades competentes la concurrencia de razones sobrevenidas que puedan poner en riesgo objetivo la viabilidad de la empresa o que, conforme a la legislación, impidan el inicio de dicha relación. Está pensado para situaciones en que objetivas vicisitudes empresariales imposibilitan la contratación efectiva del trabajador a pesar de haberse impulsado todo el procedimiento de autorización.

565 Los incumplimientos recogidos como infracciones muy graves (art. 54 LE/2000) son de una trascendencia significativa. La más comúnmente exigida de todas las infracciones hasta ahora descritas es la *contratación de trabajadores extranjeros sin haber obtenido con carácter previo la correspondiente autorización de residencia y trabajo,* constituyendo una infracción por cada uno de los trabajadores extranjeros ocupados, y siempre que el hecho no constituya delito. La apreciación de que los hechos no constituya delito obedece a que el CP/1995 recoge como conducta delictiva dar ocupación simultánea a una pluralidad de trabajadores que no hayan obtenido la correspondiente autorización de trabajo, siempre que el número de trabajadores afectados esté dentro de estos umbrales: el veinticinco por ciento, en las empresas o centros de trabajo que ocupen

a más de cien trabajadores; el cincuenta por ciento, en las empresas o centros de trabajo que ocupen a más de diez trabajadores y no más de cien; o la totalidad de los mismos, en las empresas o centros de trabajo que ocupen a más de cinco y no más de diez trabajadores. En consecuencia, si la Administración comprueba que un empresario ha contratado simultáneamente a un número de trabajadores que coincida con los parámetros numéricos indicados deberá suspender el procedimiento sancionador y comunicarlo al Ministerio Fiscal. También constituye infracción muy grave simular la relación laboral con un extranjero, siempre que la conducta se realice con ánimo de lucro o con el propósito de obtener indebidamente derechos reconocidos en la normativa de extranjería.

2. SUJETOS RESPONSABLES DE LAS INFRACCIONES

566 La LE/2000 no hace una delimitación concreta de los posibles sujetos responsables, únicamente la referencia genérica a los que sean autores o participen en cualquiera de las infracciones que la norma relaciona (art. 51.1.). Si analizamos la redacción del artículo 55, modificada en el año 2009, consigna que en los supuestos calificados como infracción leve del artículo 52.c), d) y e), graves del artículo 53.1.b), y 53.2.a), y muy grave del artículo 54.1.d) y f), es decir aquellos relacionados con conductas de tipo laboral o con influencia en la relación de trabajo, el procedimiento sancionador se iniciará por acta de la Inspección de Trabajo y Seguridad Social, de acuerdo con lo establecido en el procedimiento sancionador por infracciones del orden social. Por tanto, se amplía el clásico ámbito competencial sancionador de la Inspección de Trabajo a las infracciones cometidas por los trabajadores extranjeros por cuenta ajena, en un intento, imaginamos, unificador en cuanto a procedimiento, si bien con un efecto perverso sobre el propio sistema sancionador de orden laboral al ignorar el principio tácito de no considerar, salvo en materia de prestaciones, al trabajador como sujeto responsable y nunca como objeto de sanciones de cuantía económica (multa).

567 Ciertamente, la reforma del 2009 de la LE/2000 facultó de forma inédita la posibilidad de que por parte de la ITSS se inicien expedientes sancionadores a los trabajadores extranjeros por infracciones cometidas en relación a su contratación por el empresario. Ello provoca una antinomia con el texto de la TRLISOS, el cual en infracciones en materia de extranjería sólo contempla como sujetos responsables al empresario y al trabajador por cuenta propia, no al trabajador por cuenta ajena. (art. 2.5). Estamos ante un debate jurídico no cerrado: la exigencia de responsabilidad al trabajador extranjero por su contratación no es acorde con la perspectiva de igualdad de derechos que debería regir en su condición de trabajador. Sabemos que una de las bases sobre las que siempre se ha sustentado el Derecho del trabajo es la

consciencia de que en la relación jurídico-laboral existe un desequilibrio entre sus titulares y, precisamente, la mayoría de sus prescripciones van dirigidas a su corrección. Una de las múltiples manifestaciones que encontramos en torno a este carácter tuitivo es que el trabajador por cuenta ajena, a pesar de vulnerar con su conducta las normas del Derecho del Trabajo, o bien directamente no es sujeto responsable o bien no es objeto de sanción económica consistente en multa. Con los trabajadores extranjeros este panorama cambia totalmente desde el momento que se otorga la competencia de sancionar a la Inspección de Trabajo, el trabajador extranjero será sancionado no por su condición de irregularidad en su estancia o residencia en el país, sino por su condición de trabajador.

568 Por lo general, la responsabilidad administrativa se exigirá al empresario que contrate, que simule la relación laboral o que no observe las prescripciones del procedimiento de autorización. Por otra parte, para asegurar de modo más efectivo el pago de la sanción en el caso de que el sujeto infractor fuera un empresario subcontratista, el art. 55.7. de la LE/2000 determina la responsabilidad solidaria de los empresarios principal y contratista que fueran conocedores del hecho de la contratación de los trabajadores extranjeros sin autorización, salvo que hubieran empleado la "diligencia debida", en el cumplimiento de sus obligaciones contractuales. La responsabilidad solidaria en materia de extranjería, con independencia de la crítica a su redacción técnica, es más extensa que en el resto de áreas del orden social ya que incluye a las contratistas con independencia de la actividad que desarrollen y sin limitarla a que el objeto de la contrata sea una actividad propia de la contratista y no externa a su ciclo productivo.

3. SANCIONES ADMINISTRATIVAS

569 La LE/2000 prevé sanciones económicas por los incumplimientos expresados, concretamente se traducen en multas a imponer a los sujetos responsables que van desde 50 euros, cuantía mínima en caso de infracción leve, hasta los 100.000 euros, cuantía máxima de las infracciones muy graves (art. 254 RLE/2011). Además de la sanción de multa, la autoridad gubernativa puede adoptar la clausura del establecimiento o local del empresario desde seis meses a cinco años (art. 55.6 LE/2000). Incluso, si el empresario infractor es extranjero en lugar de la sanción de multa puede aplicarse la sanción de expulsión del territorio español (art. 57) pero siempre en atención al principio de proporcionalidad. Y en ningún caso podrán imponerse conjuntamente las sanciones de expulsión y multa. La sanción al empresario que contrata a un trabajador en situación administrativa irregular no acaba con la multa económica, el artículo 48 de la Ley 62/2003, de 30 de diciembre, ley de acompañamiento a los Presupuestos Generales del Estado para el año 2004 vigente en este apartado, prevé que la multa se incremente con el cálculo

de la cuantía de lo que hubiera correspondido ingresar al empresario por cuotas de Seguridad Social desde el comienzo de la prestación del trabajo del trabajador extranjero hasta el último día en que se constate dicha prestación de servicios. Es una cautela sancionadora para no permitir la obtención de ventaja alguna al empresario por la utilización de los servicios del trabajador extranjero.

VIII. BIBLIOGRAFÍA Y PÁGINAS WEB

1. BIBLIOGRAFÍA

AA.VV. *Nuevas Políticas Jurídicas para el Cambio Migratorio. Tutela Jurídico-Social de los Trabajadores Emigrantes* (Director: José Antonio Fernández Avilés; Coordinadora: Manuela Durán Bernardino). Thomson Reuters Aranzadi. ISBN: 978-84-9152-364-2.2017.

AA.VV. (Dir. J.L. Monereo Pérez): *El Derecho de las Migraciones en España.* Estudio por Comunidades Autónomas, Editorial Comares, 2013 (pp. 173-200).

AA.VV. (Directores Monereo Pérez, J. L., Fernández Avilés, J. A., Triguero Martínez, L. A., *Comentario a la Ley y al Reglamento de Extranjería, Inmigración e Integración Social (LO 4/2000 y RD 557/2011)*, Comares, Granada, 2012 (2.ª edición).

AA.VV. (Dir. Monereo Pérez, J. L. Coord. Triguero Martínez, L. A.: *Los derechos de los extranjeros en España,* Editorial LA LEY, Madrid, 2010.

AA.VV. (Directora C. Sánchez-Rodas Navarro): *El novísimo Reglamento de Extranjería,* Ediciones Laborum, 2011.

CAMAS RODA, F. (Coordinador); Baseiría Martí, J.; Girona Duran, R.; López Roca, C.; Martínez Aso, M.; Rojo Torrecilla, E.: *L'atribució de competències en matèria d'immigració derivades de l'Estatut d'autonomia de Catalunya.* Ed. Institut d'Estudis Autònomics. ISBN 978-84-393-8639-1. Barcelona 2010.195 páginas.

CAMAS RODA, FERRAN: *Trabajo decente e inmigrantes en España. Un estudio sobre los derechos laborales de los trabajadores migrantes y del objetivo internacional del trabajo decente.* Huygens Editorial, Barcelona 2016 (ISBN: 978-84-15663-78-2).

CAMAS RODA, F: "La dispersión de las infracciones laborales relativas al trabajo de extranjeros: análisis de la compatibilidad entre las sanciones derivadas de la comisión de las infracciones previstas en la Ley de infracciones y sanciones del orden social y en la Ley Orgánica de extranjería", *Civitas, Revista Española de Derecho del Trabajo,* núm. 16, 2003.

GARCÍA MURCIA, J.: "El régimen de infracciones y sanciones en el trabajo de extranjeros, ¿una duplicidad inevitable?", *Relaciones Laborales*, núm. 9 (2003).

MARTÍNEZ ASO, MERCEDES: *La eficacia de la protección del derecho a la seguridad y salud en el trabajo de los trabajadores extranjeros.* Tesis doctoral: TDX-2013. Página web de TDX: https://www.tdx.cat/handle/10803/124038.

PÁRAMO MONTERO, P: "La ejecución transfronteriza de sanciones penales y administrativas, asistencia y reconocimiento mutuos en los procedimientos sancionadores en el ámbito de la Unión Europea", *Revista del Ministerio de Trabajo e Inmigración*, núm. 78, 2008.

ROJO TORRECILLA, E. (Coordinador); Camas Roda, F.; Camós Victoria, I.; Esteve García, F.; Illamola Dausà, M.; Rodera Ranz, S.: *Inmigración y mercado de trabajo en la era de la Globalización. Estudio de la normativa internacional, comunitaria y española.* Editorial Lex Nova S.A., 1.ª Edición, octubre de 2006.252 páginas. I.S.B.N.: 84-85012-96-8, Valladolid, 2006.

2. PÁGINAS WEB

EL DIARIO DE FERRAN CAMAS SOBRE DERECHO DEL TRABAJO, INMIGRACIÓN Y PROPUESTAS CULTURALES. https://www.Ferrancamas.com/.

EL BLOG DE EDUARDO ROJO. El nuevo y cambiante mundo del trabajo. Una mirada abierta y crítica a las nuevas realidades laborales. http://www.eduardorojotorrecilla.es/.

PORTAL DE LA INMIGRACIÓN: http://extranjeros.mitramiss.gob.es/index.html.

VII

Jurisdicción social y Derecho procesal laboral

570 Esta parte del manual ha sido concebida para que el alumno pueda comprender de una forma sencilla el proceso laboral y su relevancia en el ámbito de la resolución de conflictos que se promuevan dentro de la rama social del derecho. No hemos pretendido hacer un exhaustivo análisis doctrinal de las normas que rigen el proceso laboral solo ofrecer a los alumnos un instrumento con el que comprender de una manera sencilla la relevancia que tiene esta materia en ámbito de la resolución de conflictos, y a la vez les sirva para adquirir los necesarios conocimientos para poder resolverlos adecuadamente. La estructura del trabajo es sencilla, comenzamos en los orígenes hasta alcanzar el punto de inflexión con la Constitución de 1978. A partir de ese momento, este manual, examina sin detenerse excesivamente en el estudio de normas procesales postconstitucionales que en relación con esta materia se ha dictado, para acabar en la vigente *Ley Reguladora de la Jurisdicción Laboral*, que es el pilar este libro. La estructura se hace a través de ocho apartados, de los cuales los cinco primeros por considerarse más importantes desde un punto de vista docente y formativo (el proceso laboral, las partes, los actos procesales, la evitación del proceso, y el proceso ordinario) se desarrollan con más profundidad; los restantes (modalidades procesales, medios de impugnación, y ejecución), sin desmerecer su relevancia en el proceso, se ha elaborado

únicamente atendiendo a la especialidad que los conforma en clara relación con los cinco primeros.

I. EL PROCESO LABORAL

571 Los modelos procesales que se utilizaron inicialmente para resolver los conflictos entre los empresarios y los trabajadores fueron los propios de los tribunales civiles, que los resolvían por los cauces del proceso ordinario con base en la cuantía a reclamar. No eran auténticos tribunales laborales o sociales. La primera manifestación sobre la necesidad de que existieran órganos judiciales diferenciados de los Juzgados y Tribunales civiles aparece en la *Ley de accidentes de trabajo de 1900*, que reguló la necesidad de crear tribunales o incluso jurados especiales. Tras varios intentos reformistas se dictaron a mediados de 1908 dos leyes complementarias, en virtud de las cuales se crearon los Consejos de conciliación y arbitraje industrial y los Tribunales industriales, los primeros destinados a resolver conflictos colectivos, y los segundos a resolver conflictos individuales.

1. LOS TRIBUNALES DE TRABAJO

572 Los Consejos de conciliación y arbitraje industrial no tuvieron un largo recorrido, al contrario que los Tribunales industriales, que actuaron como verdaderos jurados. Los Comités paritarios, fueron creados por el RDL de 26.11.1926, de Organización Corporativa Nacional, no eran verdaderos órganos jurisdiccionales, pero les atribuyeron funciones de índole netamente jurisdiccional, sobre todo en materia de despidos. Los Comités paritarios en virtud de la Ley de 27.11.1931, se transformaron en los Jurados Mixtos, institución que se encargó de ejercer funciones de conciliación y arbitraje con funciones jurisdiccionales en materia de despidos y reclamaciones salariales hasta 2.500 ptas. Por la declaración VII del *Fuero del Trabajo* de 9.3.1938, se anunció la creación de una nueva Magistratura de Trabajo.

573 Por Decreto de 13.5.1938 se suprimieron los Tribunales Industriales y los Jurados Mixtos y por Ley Orgánica de las Magistraturas de Trabajo de 17 de octubre de 1940, se estableció que en la Magistratura de Trabajo se integraban los siguientes órganos jurisdiccionales: la Magistratura de trabajo; el Tribunal Central de Trabajo y la Sala VI del Tribunal Supremo: esta Sala Social se creó en 1931, entonces como V y se convirtió en VI en 1957. La Constitución de 1978 impuso la obligación de respetar el principio de unidad jurisdiccional (art. 117.5), y de hacerlo bajo una organización judicial unitaria (art. 122). Principios que se desarrollaron a través de la LOPJ de 1985 regulando los tribunales ordinarios y dentro de ellos los cuatro órdenes jurisdiccionales: civil, penal, contencioso-administrativo y social. La distinción atiende a la especialización por razón de materia dentro del marco general que exige el principio

de unidad de jurisdicción. Las previsiones de la LOPJ han sido desarrolladas en la *Ley 38/1988, de 28 de diciembre, de Demarcación y de Planta Judicial.* Por lo que respecta a la jurisdicción social forman parte de la misma: los Juzgados de lo Social; las Salas de lo Social de los Tribunales Superiores de Justicia; la Sala de lo Social de la Audiencia Nacional, y la Sala de lo Social del Tribunal Supremo.

574 Los Juzgados de lo Social son órganos jurisdiccionales cuyo titular es normalmente un magistrado, y forma parte principalmente del mismo, los Letrados de la administración de justicia, Gestores, Tramitadores y Personal de Auxilio Judicial. Para su creación el art. 92 de la LOPJ prevé tres posibilidades: a) el supuesto normal es el establecimiento de uno o más Juzgados en la capital de cada provincia, con sede en ella y con competencia territorial provincial; b) cuando por necesidades del servicio o de la proximidad a determinados núcleos de trabajo lo aconsejen se pueden establecer uno o más Juzgados en otras ciudades. En tal caso el territorio de la provincia se dividirá entre unos y otros a efectos de la distribución de sus competencias. Existen Juzgados de lo Social en Jerez, Ceuta, Melilla y Algeciras; Avilés, Gijón y Mieres; Girona y Figueres, San Sebastián e Éibar, etc.; c) Excepcionalmente existe la posibilidad de que uno o más Juzgados puedan extender su competencia territorial a dos o más provincias, con sede en la capital de una de ellas, siempre que se trate de una misma Comunidad Autónoma.

575 La LOPJ generalizó la constitución de las Salas de los Tribunales Superiores de Justicia en las 17 Comunidades Autónomas, una de cuyas Salas es la de lo social. Lo normal es que haya una Sala en la sede del Tribunal, pero ocurrir que existan más, de hecho, hay dos Comunidades con dos Salas (Valladolid y Burgos; Las Palmas y Santa Cruz de Tenerife) y una con tres (Granada, Sevilla y Málaga). Cada Sala ha de integrarse con tres magistrados (incluido el presidente) para que pueda dictar resolución, pero caben dos posibilidades: si el volumen de trabajo es escaso en una Sala, ésa puede tener en su plantilla un número de magistrados inferior a tres, con lo que tendrá que integrar la Sala de lo Social un magistrado de otra Sala del Tribunal Superior; por el contrario, si hay un volumen de trabajo suficiente la Sala puede funcionar con dos o más Secciones, integrándose cada una de ellas con tres magistrados como mínimo. La Sala de lo Social de la Audiencia Nacional fue creada por el RDL 1/1977, de 4 de enero y tiene su sede en Madrid y competencia en toda España. Actúa con tres magistrados. La Sala de lo Social del Tribunal Supremo se denominaba en un principio como Sala VI de lo Social, con la entrada en vigor de la LOPJ se reorganizó el Tribunal pasando a ser la IV de lo Social. Se integra por un Presidente de Sala y por doce magistrados, si bien puede actuar con tres magistrados (salvo en los recursos de casación para la unificación de doctrina, que deben ser cinco, o todos en Pleno (art. 227.2 LJS).

2. LA JURISDICCIÓN Y COMPETENCIA

576 Sobre lo que se debe entender por "jurisdicción" existen diversas definiciones, desde la esencial, que considera que es una actividad del Estado cuya finalidad es la realización del orden jurídico, a otra más compleja, que la conceptualiza como la potestad dimanante de la soberanía del Estado, ejercida exclusivamente por jueces y tribunales independientes, destinada a realizar el derecho en el caso concreto, juzgando de modo irrevocable y ejecutando lo juzgado (MONTERO AROCA, 2000). Aunque, de forma más precisa, se podría definir la jurisdicción como la potestad que deriva de la soberanía del Estado, y por la cual se le atribuye en exclusiva a los Jueces y Tribunales el poder de juzgar de modo irrevocable (actividad que tiene a resolver el conflicto aplicando al caso concreto el derecho), y ejecutando lo juzgado (mecanismo coercitivo por el cual se consigue que la realidad procesal que deriva de la realización de un derecho se acomode a la realidad física o material).

577 El art. 117.5. de la CE, establece que "El principio de unidad jurisdiccional es la base de la organización y funcionamiento de los tribunales" y el art. 3.1 LOPJ que: "La jurisdicción es única y se ejerce por los Juzgados y Tribunales previstos en esta ley, sin perjuicio de las potestades jurisdiccionales reconocidas por la Constitución a otros órganos", por tanto, podemos afirmar que en nuestro ordenamiento pueden existir tantos tribunales ordinarios como tribunales especiales, siempre y cuando se respeten los principios constitucionales en los que se asienta la potestad jurisdiccional. Atendiendo al concepto de jurisdicción, es evidente que la potestad, es indivisible, en el sentido de que todos los órganos jurisdiccionales la poseen en su totalidad y son ejercidas por los órganos que prevé la LOPJ y los que, en concreto, se creen de acuerdo con lo dispuesto en la Ley de Demarcación y Planta Judicial. No obstante, la atribución de jurisdicción a un órgano no es por sí sola suficiente por cuanto este perdería toda su efectividad, y de las diferentes formas que el legislador hubiere podido escoger para evitar ese problema, optó diferenciar unos órganos judiciales de otros por razón de materias, actividad, y territorio y, de ahí nació el concepto de competencia. La "competencia" es entonces, el ámbito sobre el que un órgano ejerce su potestad jurisdiccional, aunque la jurisdicción no se pueda repartir, pero sí cabe repartir las materias, la actividad procesal y el territorio en el que se ejerce.

578 El primer paso a la hora de atribuir la competencia debe partir de la constatación de la existencia de órdenes jurisdiccionales diferentes (civil, penal, contencioso-administrativo y social) de modo que las posibles pretensiones que se puedan ejercitar ante ellos se reparten entre ellos en función de la materia de que se trate. De ahí surge lo que se ha denominado "competencia genérica" y para conocer sus límites debe estarse a lo dispuesto en el art. 9 LOPJ y, por lo que se refiere al orden jurisdiccional social, al art. 1 de la LJS. Pero, dentro de cada orden, debido a la pluralidad de los órganos judiciales que lo componen

se deberá atribuir a cada órgano jurisdiccional en relación con otros órganos jurisdiccionales de distinto orden o de un mismo orden, las competencias de las que podrán disponer a la hora de ejercer la potestad jurisdiccional, así como los límites de su ejercicio es lo que se ha denominado "competencia específica". Atribución que se hace sobre la base de cuatro precisos criterios: objetivo, funcional, territorial y excluyente.

579 La "competencia objetiva" presupone la existencia de variedad de tribunales del mismo tipo y tomando como base la naturaleza de la pretensión sirve para determinar a cuál de ellos se les atribuye la competencia para conocer de los procesos en general. En el orden social para determinar si una pretensión es de la competencia de los Juzgados de lo Social, de la Sala de lo Social de los Tribunales Superiores de Justicia o de la misma Sala de la Audiencia Nacional hay que acudir a los arts. 6, 7 y 8 LJS. La "competencia funcional" atiende a la existencia de etapas o fases de la actividad jurisdiccional (instancia, recursos y ejecución), y determina quién es el órgano competente en cada momento. En el orden social se distribuye la competencia entre todos los órganos que lo integran (arts. 6 a 9 LJS). La "competencia territorial" presupone que existen varios (o muchos) órganos del mismo tipo entre los que hay que distinguir la competencia con base en el territorio. Sirve para deslindar la competencia entre los Juzgados de lo Social, por un lado, y entre las Salas de lo Social de los Tribunales Superiores de Justicia, por otro. La "competencia excluyente" es el aspecto negativo del ejercicio de la potestad jurisdiccional, al prohibir por ley a un determinado orden entrar a conocer de determinadas materias, incluso aunque dichas materias por su naturaleza y contenido les correspondería su conocimiento.

580 LRJS atribuye a los Juzgados de lo Social la competencia en base a la regla general contenida en los arts. 9.3 LOPJ y 6 LJS, señalando que conocerán de todos los procesos atribuidos al orden social, con las excepciones que se enumeran en los arts. 7 y 8 LJS. El criterio funcional atiende a que conocerán en la instancia (art. 6) y de la ejecución (art. 237.2 LJS). A la Sala de lo Social de los TSJ el art. 7 LJS, establece que única instancia conocerán de una serie de procesos sobre cuestiones delimitadas por la extensión de sus efectos a un ámbito territorial superior al de la circunscripción de un Juzgado y no superior al de la CC.AA. Así como de los recursos de suplicación contra las resoluciones dictadas por los Juzgados de lo Social de su circunscripción. El art. 185.4 y 189 LJS alude también a los recursos de audiencia al rebelde y queja. La Sala de lo Social de la Audiencia Nacional, de acuerdo con el art. 8 LJS, se le atribuye competencia para conocer de los procesos que hemos enumerado para los TSJ, pero ahora cuando extiendan sus efectos a un ámbito territorial superior al de una CCAA, y siempre en única instancia más ejecución. No conoce de recurso devolutivo alguno. A la Sala de lo Social del Tribunal Supremo, su competencia se extiende al conocimiento de recursos y de ellos (art. 9 LJS), en concreto al recurso de Casación ordinaria, el de Unificación de Doctrina y

el de Revisión para el que el art. 236 LRJS contiene una simple remisión a la LECiv/2000 y que no es un verdadero recurso. También tiene competencia en el conocimiento de los recursos de audiencia al rebelde y de queja. No tiene competencia para la ejecución.

581 La competencia territorial se construye sobre el principio de proximidad al Juez del litigio, y al de disponibilidad, y facilidad probatoria. De esta forma, art. 10.1.ª LJS recoge la regla básica o *fuero general*, señalando que será el Juez competente el del lugar de prestación de los servicios o el del domicilio del demandado, a elección del demandante, cuando este no coincida con el de la prestación y se trate de la misma circunscripción territorial. De no ser así, si se prestase servicio en diferentes circunscripciones territoriales; o si hay una pluralidad de demandados pertenecientes a diferentes circunscripciones o el demandado es una Administración Pública que actúa como simple empleadora, de acuerdo con el art. 10.1.ª apartado II de la LJS, en estos casos, el fuero general se modula del modo y forma que recoge dicho precepto.

582 Junto al fuero general, a su vez la LJS en su art. 10.2.ª, recoge hasta ocho reglas específicas, o *fueros específicos*. Estos procesos se refieren a materias tales como las prestaciones de Seguridad Social, materia de intermediación laboral, conflictos colectivos, impugnación de convenios colectivos, constitución, reconocimiento de la personalidad jurídica de los sindicatos, impugnación de sus estatutos y su modificación, constitución, reconocimiento de la personalidad jurídica de las asociaciones empresariales, impugnación de sus estatutos y su modificación, materias de régimen jurídico específico de los sindicatos, tanto legal como estatutario, en lo relativo a su funcionamiento interno y a las relaciones con sus afiliados, tutela de los derechos de libertad sindical, reclamación de salarios de tramitación al Estado, procesos electorales, etcétera. Y, por último, el art. 10.3 y 4 de la LJS, regula otros fueros derivados de la aplicación de la Ley 10/1997, sobre información y consulta de los trabajadores en empresas y grupos de empresas de dimensión comunitaria y actos de las Administraciones Públicas que no pueden subsumirse en ninguno de los fueros anteriores.

583 Los Conflictos de jurisdicción son los conflictos que enfrenta a un órgano jurisdiccional con un órgano administrativo. Los resuelve la Sala Especial de Conflictos del Tribunal Supremo (art. 39.1 de la LOPJ). Los Conflictos de competencia hacen referencia a los conflictos que se pueden suscitar entre órganos judiciales pertenecientes a varios órdenes jurisdiccionales cuando los dos consideran que son competentes para resolver el litigio. Son resueltos por la Sala Especial de Conflictos (arte. 42 LOPJ). Las Cuestiones de competencia son las que puedan surgir entre juzgados y tribunales no subordinados pertenecientes al mismo orden jurisdiccional (en este caso la orden social). Estas cuestiones serán resueltas por las Salas de lo social de los diferentes Tribunales de Justicia cuando las planteen los Juzgados sociales de su circunscripción. Y

cuando se planteen entre Juzgados con sede en diferentes CCAA, o por las Salas de lo social de diferentes Tribunales Superiores de Justicia, o por un Juzgado y la Sala de la Audiencia Nacional, o entre esta y las Salas de cualquier Tribunal Superior de Justicia, el órgano competente para resolverlas será la Sala de lo social del Tribunal Supremo (artes. 51, 52 LOPJ y 13 LJS).

584 Una cosa es que un órgano judicial y los jueces y magistrados que los presidan sean competentes en aplicación de las reglas sobre competencia que hemos analizado, y otra cosa, es que no deban conocer o resolver determinados asuntos cuando se pone en entredicho la obligación que tienen de ser imparciales. Para preservar la imparcialidad, entendida como que un Juez o Magistrado no puede ser a la vez juez y parte, ni ser juez de su propia causa, la LOPJ (arts. 217 a 219) y la LEC (arts. 102 y 107) ha arbitrado dos instituciones procesales, la abstención y la recusación. La abstención es aquella que obliga a instancia del propio juez o magistrado a dejar de conocer un asunto cuando concurren todas o algunas de causas que la LOPJ regula, y la recusación es la decisión judicial, previamente solicitada por algunas de las partes o el Ministerio Fiscal (art. 218.1.° LOPJ), por la que se le impone al juez o magistrado su separación del pleito.

3. LOS PRINCIPIOS DEL PROCESO LABORAL

585 El proceso laboral se puede definir de muchas formas, entre ellas cabe destacar, aquella que lo califica de instrumento con el que los titulares de la potestad jurisdiccional cumplen la función que les viene atribuida constitucionalmente, en este caso, el proceso no es más que el medio con el que se desarrolla el ejercicio del derecho fundamental de los ciudadanos a la tutela judicial efectiva (MONTERO AROCA, 2000). Por el contrario, para otros autores (ALONSO OLEA, 1994), es más que un medio, es la institución jurídica que fue creada por el ordenamiento para dar solución judicial de los conflictos planteados en la llamada "rama social" del Derecho. Ya lo consideremos como un medio o lo elevemos al rango de institución, en lo que no puede haber ningún tipo de discusión doctrinal es sobre lo que debemos entender por principios del proceso en general, y del proceso laboral en particular. Los principios del proceso se pueden agrupar en dos grandes bloques: generales o comunes a todos los procesos y específicos.

586 En cuanto a los generales tenemos el "Principio de legalidad", que nos indica que los actos procesales que conforman y definen el proceso deben estar regulados en una norma con rango de ley. El de "Dualidad de posiciones", en todo proceso debe existir como mínimo dos partes procesales y enfrentadas en sus posiciones. El de "Contradicción o Audiencia" es un principio estrechamente ligado al derecho de defensa, y por tanto, a la proscripción de todo tipo de indefensión, y que se traduce en lenguaje sencillo como que nadie puede ser condenado si previamente no ha sido oído en un proceso que se haya

celebrado con plenas garantías. El de "Igualdad" (igualdad de armas) es el derecho que asiste a las partes en un proceso de tener las mismas oportunidades para alegar o probar sus derechos o sus resistencias. El de "Imparcialidad" es la garantía procesal y constitucional (art. 117 CE) por la que se obliga a los órganos judiciales a ejercer la potestad jurisdiccional sin favorecer ni perjudicar a ninguna de las partes en el proceso. El de "Buena fe procesal", por el cual se exige a las partes en el proceso, más allá de lo que las leyes les imponen, que su intervención en el proceso se desarrolle de acuerdos a determinados comportamientos éticos, que de no hacerse puede ser causa suficiente para justificar la imposición de multas (art. 75.4 LJS), pago de costas si se trata de un empresario (art. 97.3 LJS), o dar por probados determinados hechos (art. 90.7 LJS). El "Dispositivo" es el que permite a la parte demandante, delimitar el objeto del proceso y, en consecuencia, también el debate. El "de aportación de parte", es que determina quien es el obligado a probar los hechos contenidos en la demanda, y como debe hacerlo.

587 Los principios específicos del procedimiento laboral vienen recogidos en el art. 74 de la LJS, y son los siguientes: "Oralidad y escritura", los principales actos deben hacerse de forma oral, como son la conciliación previa judicial, y la celebración del juicio y, dentro de este la práctica de determinada prueba. Pero que sean considerados como principales, no quiere decir que los actos realizados por escrito sean menos relevantes que los orales, pues, no se iniciará el proceso si no se ha presentado previamente la demanda por escrito, los documentos se han de entregar en el momento del juicio, y la sentencia debe hacerse por escrito, etcétera. El de "Inmediación" se puede definir como la toma de contacto entre el órgano judicial que ha de decidir y las partes que intervienen en el proceso, con el fin de evitar cualquier interposición que pueda desvirtuar el exacto conocimiento de los hechos, y de las realidades en los que se asienta la pretensión y la resistencia. El principio de "Concentración" reclama de las partes y del órgano judicial que concentre todas las actuaciones en una sola audiencia, vista o comparecencia, y si esto no fuera posible en el menor número posible tan próximas unas de las otras como sea factible.

588 La "Celeridad", es otro de los específicos y consiste en la necesidad de dar una respuesta judicial a las cuestiones que se planteen de una forma ágil y rápida para asegurar en la medida de lo posible su efectividad. El de "Gratuidad", está relacionado con la LAJG, y el proceso laboral en primera instancia es completamente gratuito. El de "Publicidad", es una consecuencia lógica que dimana del principio de tutela judicial efectiva (art. 24 y 120.1 CE) y de cuño legal (art. 232 LOPJ, 138 y 289.1 LECiv/2000). En definitiva, es una garantía de transparencia del funcionamiento de la justicia, y una forma de controlar que esta sea igual para todos los ciudadanos y consiste, en dar la oportunidad a cualquier persona sin que haya sido parte en el proceso de conocer no solo su existencia sino la posibilidad de seguir lo que pase en el mismo. El de "Impulso de oficio", una vez que se haya iniciado el proceso, corresponde a los órganos

judiciales impulsar de oficio el mismo, tanto en la fase declarativa, como en la ejecutiva. La inactividad del órgano no produce ningún tipo de consecuencias en relación con el proceso (art. 236 LECiv/2000), no así las de las partes que puede provocar la caducidad de la instancia o del recurso (arts. 237 a 240 LECiv/2000).

II. LAS PARTES DEL PROCESO LABORAL

589 El proceso laboral asentado en el principio de contradicción solo puede existir si existe un enfrentamiento en presencia judicial de dos partes, una que reclama o pretende que se le reconozca un derecho o interés legítimo actual y real, y otra, que frente a la que se dirige que se opone o se resiste al mismo. Los artículos 16 al 24 del de la LJS, a través de cuatro capítulos regulan tanto la capacidad y legitimación procesal; la representación y defensa procesales; la intervención y llamada a juicio del Fondo de Garantía Salarial. A todo lo cual hay que añadir dado el carácter supletorio (Disposición Final 4.° de la LJS) de la LECiv/2000 lo dispuesto en los artículos 6 al 35 de la LECiv/2000. E igualmente, no es posible estudiar las partes del proceso sin tener en cuenta las normas de carácter sustantivo como el art. 1 del ET/2015, que determinar quiénes pueden ser los sujetos de la relación laboral o el art. 7 del mismo texto legal, que precisa qué personas tienen la capacidad necesaria para contratar (art. 7) o la LGSS/2015 para saber quién puede ser parte en procedimiento en materia de Seguridad Social.

1. LA CAPACIDAD

590 Una cosa es tener “capacidad para ser parte” y otra cosa bien distinta es la “capacidad para actuar en un proceso”. Poseen capacidad para ser parte, en principio toda la persona, ya sea física (por el simple hecho del nacimiento –arts. 29, 30 y 32 CC–) o jurídica (desde el momento en que lo fijen las normas que permiten su constitución, o sus propios estatutos que tenga reconocida plena capacidad civil –arts. 16.1 LJS, y 7.a) ET/2015–), y además todas aquellas otras a las que se refiere el art. 6 de la LECiv/2000. Pero solo tendrán capacidad procesal, además de las personas comprendidas en el citado art. 6 LECiv/2000, los trabajadores/as autónomos económicamente dependientes y trabajadores/as por cuenta ajena, mayores de dieciséis años, emancipados o que vivan de forma independiente con consentimiento de los padres o tutores o con autorización de la persona o institución que los tenga a su cargo (art. 16.2 LJS y 7.b) ET/2015), y el resto de las entidades y otros sujetos a los que se refiere el art. 7 LECiv/2000 y 16.5 LJS. Por el contrario, no tienen capacidad procesal en el ámbito del proceso laboral, los menores de 16 años, ni los menores que no hayan obtenido la correspondiente autorización a la que se refiere el art. 6.4 ET/2015, y de haberla obtenido, solo tendrán capacidad procesal limitada, por lo que deberán comparecer en el proceso sus

representantes legítimos o los que deban suplir su incapacidad conforme a Derecho (art. 16.4 LJS).

2. LEGITIMACIÓN

591 Para ser parte en un concreto proceso, no basta con acreditar que se posee capacidad de obrar y capacidad procesal, es preciso además tener la necesaria legitimación. Dicho de otra forma, la legitimación es la institución procesal que permite determinar quién es el demandante, quién ostenta la condición de demandado, y si legalmente pueden ocupar la posición que invoca en el proceso. Tal es así que la falta de legitimación constituye una infracción del orden público procesal que no puede ser subsanada, ni siquiera mediante la aceptación de la parte demandada (STS 22.12.1998 [RJ 1999, 381]). Hay diferentes tipos de legitimación, la ordinaria y la extraordinaria que puede ser activa o pasiva, singular y plural, y específica. En cuanto a la ordinaria, el art. 17 de la LJS, solo regula la activa, en tanto que es el demandante, el que afirma que es titular de un derecho subjetivo o de un interés legítimo el que debe acreditar no solo su legitimación sino también la del demandado contra el que se dirige, por lo que, de acreditarla, él tendrá legitimación activa, y la parte contraria legitimación pasiva.

592 A la vez, la legitimación activa y pasiva puede serlo también singular o plural. Cuando la relación jurídico procesal está constituida únicamente por dos partes (demandante y demandado), se dice que la legitimación es ordinaria y singular, cuando los legitimados son varios, en ambas posiciones, estaríamos en presencia de una legitimación ordinaria plural. No plantea muchos problemas interpretativos el análisis de la singular, no ocurre lo mismo con la plural, ya que esta situación, conocida como situación litisconsorcial por su relevancia, se convierte en un presupuesto básico en el que se asienta el principio de que nadie puede ser condenado en un juicio celebrado con todas las garantías sin haber sido previamente oído en el mismo (art. 24 CE y 12.2 LECiv/2000), por tanto, para que la relación jurídico procesal esté bien constituida deben ser llamados al mismo todos aquellos contra los que se ejerciten acciones que provengan de un mismo título o causa de pedir. Hay varias situaciones litisconsorciales que se deben destacar, las voluntarias, las necesarias y la intervención litisconsorcial (MONTERO AROCA, 2000).

593 Las voluntarias o litis consorcio voluntario, son las situaciones que autorizadas por una norma legal se permite que determinados sujetos que no deberían ser llamados al juicio se personen en el mismo sin que ello afecte a la validez de la relación jurídico procesal (por ejemplo: el INSS y TGSS se pueden personar en cualquier proceso aunque no sea específico de Seguridad Social si tienen interés por razón de sus competencias (art. 141 LJS); o los sindicatos y asociaciones más representativas, y de los órganos de representación legal y sindical de los trabajadores en conflictos colectivos, aunque ellos no los hayan

promovido directamente, (arts. 6 y 7 LOLS). Las necesarias o litisconsorcio necesario, determinadas también por una norma legal, y algunas por exigencias de la doctrina jurisprudencial, exigen para dar por constituida con corrección la relación jurídica procesal que se llame a juicio a todos los sujetos que directamente se vean afectados por la pretensión que se formula, y todo ello, con la finalidad de dar una única respuesta e impedir la reiteración de procesos, así como evitar que se dicten sentencias contradictorias. Y por último la legitimación extraordinaria: si la legitimación ordinaria la tienen aquellos que afirman que son titulares de un derecho, y, o de una obligación, la extraordinaria, no la tiene quien dice ser el titular de un derecho sino aquel al que una norma procesal le atribuye directa y expresamente la legitimación necesaria para actuar en un proceso (art. 10 LECiv/2000).

3. REPRESENTACIÓN Y DEFENSA

594 El principio del que parte el proceso laboral es que las partes pueden comparecer por sí mismas, sin representación ni asistencia técnica de profesionales jurídicos (procuradores, abogados, o graduados sociales colegiados), o hacer uso de una o ambas posibilidades (art. 18 LJS). La única exigencia legal la contiene el art. 19.4 LJS, que señala que si el demandante pretendiese comparecer en el juicio asistido de abogado o representado por procurador o graduado social colegiado, lo hará constar en la demanda, para que la parte demandada tenga conocimiento de tal circunstancia, y pueda comparecer, si así lo desea, asistida o representada por dichos profesionales. Si analizamos los tipos de representación atendiendo a la voluntad de las partes del proceso, tendremos tres tipos: la representación voluntaria, la representación obligatoria o necesaria plural, y la representación institucional (arts. 18 al 22 LJS).

595 De conferir representación individual, las partes podrán hacerlo a procurador, abogado, graduado social colegiado o incluso a cualquier persona que se encuentre en el pleno ejercicio de sus derechos civiles, sin necesidad de titulación jurídica alguna. La forma de conferirse la representación puede ser mediante poder otorgado en escritura pública ante Notario o "apud acta", por comparecencia ante el Letrado de la administración de justicia (art. 18.1 LJS), que no necesariamente debe ser el del Órgano ante el que se siga el proceso; asimismo se admite la representación otorgada a un profesional (o a varios conjuntamente) en demanda, si posteriormente es ratificado dicho otorgamiento, por la mera comparecencia al acto del juicio [STC 163/1985]). Los sindicatos pueden actuar en nombre e interés de los trabajadores y de los funcionarios y del personal estatutario afiliados a ellos que así lo autoricen (art. 20.1 LJS).

596 La representación obligatoria o necesaria de mayor complejidad, se trata de una representación que tiene como única finalidad facilitar el desarrollo del proceso simplificando las citaciones y notificaciones, pero que no puede

impedir la articulación de la defensa individual por alguno de los demandantes, siempre y cuando exista justificación para ello, en cuyo caso podrá comparecer por sí mismo o designar un representante propio, distinto del común. La previsión que hace la ley para el supuesto de pluralidad de partes dirigidas y representadas bajo una misma dirección va dirigida a reforzar el derecho constitucional a un proceso sin dilaciones indebidas, si bien tal derecho habrá de conciliarse con otro principio constitucional de no menor importancia, como es el derecho a la defensa y asistencia de Letrado. La ley regula este tipo de representación (art. 19.2 y 3 LJS) tanto en el supuesto de acumulación subjetiva de acciones, cuando demanden de forma conjunta más de diez actores, como en el supuesto de acumulación de autos, acordada de oficio o a instancia de parte, y correspondiente a demandas de más de diez actores presentadas contra un mismo demandado. En ambos casos, la representación puede conferirse, además de a las mismas personas que la representación individual, a uno de los demandantes o a un sindicato.

597 La representación y defensa institucional es la que determina el modo y forma en que la Administración y demás entes públicos pueden ser representados y defendidos cuando son parte en el proceso laboral. La Administración General del Estado, sus organismos autónomos, los órganos constitucionales y las entidades públicas, sociedades mercantiles estatales y fundaciones con participación estatal, cuyas normas no establezcan un régimen especial propio, los representará y defenderá la abogacía del estado. Cuando se trate de la Administración autonómica, los letrados de dicha administración o la persona en quién deleguen. El Servicio de Público de Empleo Estatal (SPEE), puede ser defendido y representado por la Abogacía del Estado, por sus propios letrados, sin perjuicio de que puedan confiar dichas funciones a abogados colegiados designados al efecto. Las Entidades Gestoras (Instituto Nacional de la Seguridad Social, Tesorería General de la Seguridad Social, Instituto Social de la Marina, etc.), con carácter general serán asistidas y representadas por los letrados de la Administración de la Seguridad Social, sin perjuicio que puedan confiar dichas funciones a abogados colegiados.

598 Por lo que respecta a la asistencia técnica o defensa del particular por abogado o graduado social, debe expresarse que siempre es de carácter facultativo en la instancia (sea ante Juzgado o Tribunal) dentro del proceso laboral (artículo 21 LJS), mientras que es obligatoria tanto en trámite del recurso de suplicación como de casación, aunque en este último supuesto solo podrá intervenir quién ostente la condición de abogado. En consonancia con el carácter voluntario de la asistencia, será de cuenta de quien haga uso de ellos el pago de los honorarios o derechos del abogado o graduado social colegiado; no obstante, cabe solicitar a través del turno de oficio por los trabajadores y los beneficiarios del sistema de Seguridad Social, y así como empresarios, ya sean persona físicas o jurídicas, el nombramiento de un abogado o graduado social, solicitud que si es concedida, no solo suspenderá el transcurso del plazo de

caducidad e interrumpirá la prescripción, sino que si además, son beneficiarios del beneficio de justicia gratuita o se les ha concedido dicho prerrogativa, no deberán abonar los honorarios al abogado o graduado social designado.

III. LOS ACTOS PROCESALES

599 El acto procesal es el acontecimiento caracterizado por la intervención de la voluntad humana, por el que se crea, modifica o se extingue algunas de las relaciones jurídicas que integran el proceso (ALONSO OLEA, 1994). La regulación de los actos procesales se encuentra en diferentes cuerpos normativos (LOPJ y LECiv/2000), y por lo que al proceso laboral se refiere en la LJS, arts. 42 al 62. Para que una acto procesal produzca los efectos que la norma previo en el proceso, es necesario que se cumplan tres requisitos: el subjetivo (debe ser realizado por el propio órgano judicial, o por las partes intervinientes); el objetivo (tiene que estar dirigido a conseguir el fin previsto en la ley); y el de actividad (debe hacerse en lugar, de la forma y en el tiempo establecido, ya que todos los actos son improrrogables y perentorios, aunque solo son preclusivos los que afectan a las partes intervinientes).

1. CLASES

600 Los actos del magistrado son de varios tipos: a) de ordenación formal y material del proceso, dirige las vistas y en especial el juicio oral (arts. 182 y ss. LECiv/2000); concede la palabra a las partes o a sus defensores, art. 85.4 LJS, hace preguntas a testigos y peritos, (arts. 92 y 93 LJS); b) de dictado de resoluciones, que pueden adoptar las formas siguientes: 1) providencias: según el art. 206.2.1.ª regla de la LECiv/2000, se dictará una providencia cuando la resolución se refiera a cuestiones procesales que requieran una decisión judicial, bien por establecerlo así la ley, bien por derivarse de ellas cargas o por afectar a derechos procesales de las partes, siempre que en tales casos no se exija expresamente la forma del auto. 2) autos: se dictarán, según el art. 206.2.2.ª regla de la LECiv/2000 cuando se decidan recursos contra providencias o decretos, cuando se resuelva sobre admisión o inadmisión de demanda, reconvención y acumulación de acciones, admisión o inadmisión de la prueba, aprobación judicial de transacciones, acuerdos de mediación y convenios, medidas cautelares, nulidad o validez de las actuaciones, sobre presupuestos procesales, anotaciones e inscripciones registrales y cualesquiera cuestiones incidentales, tengan o no señalada en la ley tramitación especial pero que exija una decisión del Tribunal, así como las que pongan fin a las actuaciones de una instancia o recurso antes de que concluya su tramitación ordinaria, salvo que, con relación a estas últimas, la ley hubiera establecido que deben finalizar por decreto.

601 Los autos deberán dictarse por escrito respetándose las formalidades previstas en la ley, por lo que todo auto debe contener a diferencia de la provi-

dencia: un encabezamiento en el que aparezca el Juzgado o Tribunal que lo dicta, con especificación de la o las personas concretas, lugar y fecha a las que afecta; una fundamentación, o las razones que sustentan la decisión que contenga la parte dispositiva, distinguiendo entre antecedentes de hecho y fundamentos de derecho, que deberán ir debidamente en párrafos separados y debidamente numerados; una parte dispositiva, que es el lugar donde se expresará la decisión objeto de la resolución; y por último, deben ir firmados por el Magistrado o Juez que los haya dictado. El art. 50.1 LJS admite la posibilidad de que se dicten autos oralmente al final de la comparecencia que trate de resolver cualquier cuestión incidental que se haya suscitada durante el proceso.

602 El art. 97 de la LJS en igual sentido el art. 206.2.3.ª regla de la LECiv/2000 señalan que se dictará sentencia para poner fin al proceso, en primer o segunda instancia (en el proceso laboral no hay segunda instancia debido a la naturaleza extraordinaria de los recursos de suplicación, casación para la unificación de la doctrina, o de casación ordinaria), una vez que haya concluido su tramitación ordinaria prevista en la Ley. También se resolverán mediante sentencia los recursos extraordinarios y los procedimientos para la revisión de sentencias firmes. Al igual que los autos, la sentencia deberá dictarse siguiendo los criterios de forma que fija la ley. Con carácter general se deberá redactar por escrito, lo que no impide que puedan ser orales en aquellos procesos que resuelvan cuestiones frente a las cuáles por razón de materia o de cuantía no procede interponer recurso de suplicación, o aquellos otros en los que la parte demandada se allana totalmente a la petición contenida en la demanda, o incluso en los que las partes están de acuerdo en los términos en que se ejecute la sentencia y de proceder recurso, que hayan manifestado y así se haga constar, su decisión de no recurrir (art. 50 LJS). En estos casos la sentencia se deberá redactar conforme a los requisitos de forma que impone el art. 97.2 LJS. También al juez se le permite adelantar el fallo, sin perjuicio de la posterior redacción de la sentencia que deberá dictarse en la forma prevista en la ley.

603 Los art. 97.2 de la LJS, y 209 LECiv/2000, recogen la forma en que se debe dictar las sentencias, por lo que deberán contener esencialmente: un encabezamiento en el que se recogerá él lugar, fecha, órgano jurisdiccional que la dicta, con expresión del nombre del magistrado o magistrados, partes y, en su caso, representantes y defensores y el objeto del pleito; los antecedentes de hecho, donde se consignarán, con la claridad y con la concisión que sea posible y en párrafos separados y numerados, las pretensiones de las partes o interesados, los hechos en que las funden, que hubieren sido alegados oportunamente y tengan relación con las cuestiones que hayan de resolverse, las pruebas que se hubiesen propuesto y practicado y los hechos probados; los hechos probados en los cuales se expresaran los elementos fácticos que se considere que han quedado acreditados en relación con la pretensiones ejercitadas por las partes obtenidos por el juez de instancia tras valorar el conjunto de las pruebas prac-

ticadas en el juicio; los fundamentos de derecho contendrán en párrafos separados y numerados los puntos de hecho y de derecho fijados por las partes y los que ofrezcan las cuestiones controvertidas, dando las razones y fundamentos legales del fallo que haya de dictarse, con expresión concreta de las normas jurídicas aplicables al caso; y por último el fallo se acomodará a lo previsto en los arts. 216 y siguientes de la LECiv/2000 y contendrá, numerados, los pronunciamientos correspondientes a las pretensiones de las partes, estimatorios o desestimatorios de todas o algunas de dichas pretensiones.

604 La LOPJ atribuyó a los Letrados/as de la administración de justicia (antes denominados secretarios judiciales, término que aún pervive tanto en la LJS como en la LECiv/2000) la posibilidad de dictar resoluciones, que más tarde fue desarrollada por la LECiv/2000, y que ahora recoge el art. 49.2 de la LRJS, y 206.2 de la LECiv/2000, al señalar que resolverán aquellas cuestiones procesales que sean de su competencia mediante diligencias y decretos. De acuerdo con lo dispuesto por el art. 206.2 de la LJS, estás podrán revestir la forma de diligencias de ordenación, diligencias de constancia, comunicación (citaciones, emplazamientos, requerimientos, notificaciones) o ejecución a efectos de reflejar en autos (expediente) hechos o actos de trascendencia procesal, fiel reflejo de la potestad que se le atribuye de que todas las actuaciones procesales han de ser autorizadas por él. En cambio, se dictarán decretos cuando se admita a trámite la demanda, cuando se ponga término al procedimiento del que el Letrado de la Administración de justicia tenga atribuida competencia exclusiva y, en cualquier clase de procedimiento, cuando fuere preciso y conveniente razonar lo resuelto.

2. VICIOS Y SUBSANACIÓN

605 La ausencia de todos o parte de los requisitos necesarios para que el acto produzca los efectos previstos por la ley, conlleva la declaración de ineficacia de dicho acto por vicios, aunque las consecuencias de dicha declaración serán siempre diferentes, atendiendo a la naturaleza del acto. Atendiendo al grado de ineficacia del acto, este puede ser nulo (nulidad absoluta), nulo parcial (nulidad parcial) o anulable (nulidad relativa). La nulidad de pleno derecho o nulidad absoluta se producirá ante el incumplimiento de requisitos esenciales o indispensables para lograr el fin perseguido por la norma, o cuando coloque a alguna de las partes en el proceso en una situación de efectiva indefensión y podrá apreciarse de oficio por el juzgador o a instancia de la parte que le perjudique (art. 238 a 243 LOPJ, 225 a 231 LECiv/2000 y 202.1 LJS).

606 La nulidad parcial, asentada en el principio de conservación de los actos (arts. 243 y 230 LECiv/2000) se produce cuando a pesar de que el acto es nulo de pleno derecho, si se suprime una parte de este y siempre que la supresión de la parte no provoque la ineficacia del todo, se entiende que el resto del acto mantiene su plena eficacia (art. 202.2 LJS). La anulabilidad, se refiere al

incumplimiento de aquellos requisitos sobre los que las partes tienen facultades dispositivas (que pueden ser suprimidos, enmendados, o corregidos), pero que no comportan la ineficacia total del acto, ni de todo lo actuado, ni tampoco de los actos procesales sucesivos que sean independientes al mismo. La anulabilidad tiene como característica principal que solo puede solicitarse a instancia de parte ya que los requisitos incumplidos son los que pueden ser dispuestos por las partes en el proceso (MONTERO AROCA, 2000).

607 El art. 11.3 LOPJ, con referencia al art. 24 CE ordena a los Juzgados y Tribunales resolver sobre las pretensiones que se les formulen, que sólo podrán dejar de resolverse por motivos formales cuando el defecto fuese insubsanable o no se produjera la subsanación por el procedimiento establecido en la ley procesal. En la LJS se han ido regulando trámites de subsanación de defectos en los arts. 81.1. (para la demanda), art. 195.2 y 199 (suplicación), 209.1 y 210.3, 213 (casación) y 222 y 225 (casación para la unificación de la doctrina) y aún donde la ley no lo disponga expresamente el juzgado debe cuestionarse si el defecto que advierte es subsanable (con lo que debe conceder plazo para subsanación) o insubsanable. La dificultad cuando no existe norma que establezca que se pueden subsanar radica en la práctica en distinguir los actos subsanables de los insubsanables, problema que siempre se deberá resolver por lo que el órgano judicial teniendo presente que debe primar el principio de conservación del acto por encima del de su anulación o supresión. Pero puede ocurrir que el acto presente defectos por incumplimientos de uno o varios requisitos imputable a una de las partes en el proceso y la ley de forma expresa no prevea la posibilidad de anularlos, ni de subsanarlos, sino todo lo contrario, los considera eficaces, pero impone a la parte infractora por dicho incumplimiento una multa (arts. 48.2, 195.1, 209.1, y 223 de la LJS).

IV. DE LA EVITACIÓN DEL PROCESO

1. CONCILIACIÓN

608 El art. 63 de la LJS exige con carácter general como trámite previo al judicial el intento de conciliación o en su caso el de mediación, ante el servicio administrativo que corresponda, o al que asuma estas funciones por acuerdo interprofesional o convenio colectivo, o acuerdo de interés profesional si se trata de trabajadores autónomos económicamente dependientes. Pero, esa regla general se excepciona (art. 64 LJS) para determinados supuestos indicando que no tendrán que realizar el referido intento los procesos que versen sobre Seguridad Social (en este caso es necesario interponer reclamación previa); impugnación de despido colectivo, disfrute de vacaciones, materia electoral, movilidad geográfica, modificación de las condiciones sustanciales de trabajo, suspensión de contrato y reducción de jornada por causas económicas, técnicas, organizativas o de producción o derivadas de fuerza mayor, derechos de conciliación a los que se refiere el art. 139 LJS.

609 Tampoco los iniciados de oficio, la impugnación de convenios colectivos, impugnación de estatutos de los sindicatos o de su modificación, derechos de conciliación de la vida personal, familiar y laboral a los que se refiere el artículo 139, los de tutela de los derechos fundamentales y libertades públicas, los procesos de anulación de laudos arbitrales, los de impugnación de acuerdos de conciliaciones, de mediaciones y de transacciones, y procesos donde se ejerciten acciones de protección contra la violencia de género.

610 De igual forma queda exceptuado el intento de conciliación cuando se demande al Estado u otro ente público y a su vez a personas privadas, siempre y cuando sea necesario para demandar a los primeros que se haya agotado la vía administrativa previa. No será tampoco necesaria la conciliación cuando una vez que se haya presentado la demanda sea necesario ampliarla frente a otras personas que inicialmente no fueron demandadas (art. 103.2 LJS).

611 La presentación de la papeleta de conciliación o de mediación, o la suscripción del compromiso arbitral produce como efecto más relevante que se entienda suspendidos los plazos de caducidad e interrumpidos los de prescripción, pero sometidos a los siguientes límites (art. 65 LJS): a) el cómputo de la caducidad se reanudará al día siguiente de intentada la conciliación o mediación, o transcurridos quince días hábiles (no se computan los sábados, domingos, ni festivos) desde la presentación sin que se haya celebrado. Y en todo caso, si hubieren transcurrido treinta días hábiles sin haberse celebrado el acto de conciliación o sin haberse iniciado la mediación, se dará por cumplido este requisito; b) el cómputo de la caducidad se reanudará al día siguiente de que adquiera firmeza el laudo arbitral, y si se ha solicitado judicialmente la anulación del laudo, la reanudación tendrá lugar desde el día siguiente a aquel en el que la sentencia alcance su firmeza.

612 La asistencia a los actos de conciliación o mediación son obligatorios, si la parte solicitante no acudiese al mismo se tendrá por no presentada la papeleta de conciliación o la solicitud de mediación; si por el contrario no compareciere la parte no solicitante sin justa causa, se tendrá la conciliación o mediación intentada "sin efecto" (art. 66 LJS), y si acuden las dos partes, en este caso, se tendrá por celebrada la conciliación o mediación, y se consignará en el acta que se levante al efecto por el conciliador o mediador, su resultado, que podrá ser de "avenencia" o "sin avenencia". En este último caso, si el resultado hubiere sido con avenencia, cualquiera de las partes podrá impugnarla por vicios de nulidad propios de los contratos o por ilegalidad o lesividad (art. 67 LJS). Acción de impugnación que está sometida al plazo de caducidad de treinta días hábiles computados desde que se adoptó el acuerdo, o desde que los perjudicados pudieran haberlo conocido. Lo acordado en conciliación, mediación, y los laudos arbitrales firmes dictados por órganos competentes para ello, son títulos que permiten acudir a la vía ejecutiva del proceso si la parte a quien perjudica se niega a cumplir con lo pactado.

2. AGOTAMIENTO DE LA VÍA ADMINISTRATIVA PREVIA A LA VÍA JUDICIAL

613 Con la entrada en vigor la DF 3.ª de la Ley 39/2015 (2.10.2016) los artículos 69 y 70 de la LJS sufrieron una profunda modificación. Tal ha sido el cambio, que la reclamación previa, como instrumento de evitación del proceso queda de forma exclusiva vinculada a los procesos que versen sobre materias de Seguridad Social, mientras que para demandar al Estado, Comunidades Autónomas, entidades locales o entidades de Derecho público con personalidad jurídica propias vinculadas o dependientes de los mismos solo será necesario haber agotado la vía administrativa previa, del modo y forma, que haya establecido la normativa del procedimiento administrativo aplicable (art. 69 LJS). En estos casos, agotada la vía administrativa, el interesado podrá formalizar demanda ante el Juzgado o Sala que corresponda en el plazo de dos meses, acompañando a la misma la resolución acreditativa de haber agotado la vía previa. Hay que señalar, que en el supuesto de que la resolución administrativa a impugnar no indicase los medios de impugnación el plazo para interponer la demanda quedará en suspenso (art. 69 3 LJS, y STS 24.7.2020, Recud 1338/2018).

614 Al igual que ocurre con la conciliación no será necesario agotar la vía administrativa previa para interponer demanda de tutela de derechos fundamentales y libertades públicas frente a actos de las administraciones públicas en el ejercicio de sus potestades en materia laboral y sindical, aunque el plazo es más reducido, de veinte días computados desde el día siguiente a la notificación del acto o desde el transcurso del plazo fijado en la resolución; cuando la lesión del derecho fundamental tuviera su origen en la inactividad administrativa o en actuación en vías de hecho, o se hubiera interpuesto potestativamente un recurso administrativo, el plazo de veinte días se iniciará transcurridos veinte días desde la reclamación contra la inactividad o vía de hecho, o desde la presentación del recurso, respectivamente.

615 La doctrina jurisprudencial (SSTS 21.5.1989 [RJ 1997, 410], 19.10.1996 [RJ 1966, 7777], entre otras) sobre la reclamación previa señala que puede considerarse que la reclamación previa es un requisito preprocesal, aunque una parte de la doctrina judicial no comparte dicho criterio (MONTERO AROCA, 2000) llegando a calificarlo de privilegio, lo que no puede haber duda es que su finalidad principal es evidente, dar al órgano administrativo la posibilidad de resolver el conflicto suscitado sin necesidad de acudir a la jurisdicción laboral (SSTC 21 y 22/1986, 65 y 120 /1993, y 194/1997). Por ello, se puede decir, que estamos ante requisito tan superfluo (su omisión no afecta al derecho ejercitado) como relevante, ya que no solo es regulado en la LJS (arts. 71 a 73 y 140), sino que condiciona el futuro procedimiento judicial, al prohibir introducir en este "variaciones sustanciales de tiempo, cantidades o conceptos" de los que consten en la reclamación previa (art. 143.4 LJS). Al igual que para la

conciliación, mediación o arbitraje laboral, la LJS, identifica que resoluciones admiten reclamación previa y cuáles no. Con carácter general están sujetas al trámite de reclamación previa, todas las resoluciones dictadas por entidades gestoras (INSS, ISM, SPEE...), los servicios comunes (TGSS...), o las entidades colaboradoras (MATEPSS). No obstante, se encuentran excluidos los procesos de impugnación de altas médicas emitidos por los órganos competentes de las Entidades gestoras de la Seguridad Social al agotarse el plazo de duración de 365 días de la prestación de incapacidad temporal. De igual forma, no será necesario interponer reclamación previa frente a decisiones de las empresas que actúen como colaboradoras (art. 102 LGSS/2015) cuando frente a ellas se reclame el subsidio de incapacidad temporal.

616 Se deberá interponer reclamación previa ante el órgano competente que haya dictado la resolución inicial, ya sea expresa o presunta, ya sea una Entidad gestora o colaboradora o Servicio común, y deberá hacerse en el plazo de 30 días hábiles desde su notificación, si es expresa, o desde la fecha en que, conforme a la normativa reguladora del procedimiento deba entenderse producido el silencio administrativo, que en este caso es negativo (art. 71.3 LJS). Son sujetos obligados a realizar este trámite, tanto los beneficiarios de las prestaciones de Seguridad Social (art. 71.1 LJS), como los empresarios y las MATEPSS. La reclamación se deberá presentar por escrito ante la Dirección Provincial del INSS, ISM o SPEE, o MATEPSS, cuando estas sean las que han dictado la resolución que se pretende impugnar. Formulada la reclamación previa, la Entidad deberá contestar expresamente a la misma en el plazo de 45 días hábiles, en caso contrario se entenderá denegada por silencio administrativo.

617 Si se tratase de la impugnación de una alta médica, el plazo para resolver la reclamación será de 7 días. Una vez desestimada la reclamación total o parcialmente se abre otro plazo de 30 días hábiles a partir de la fecha en que se rechace la reclamación o desde el día en que entienda denegada, mientras que si se trata de impugnación de altas médicas que no requieran la presentación de reclamación previa serán de 20 días, computados a partir del día siguiente al de la adquisición de plenos efectos del alta médica, cuando esta no se hubiere podido impugnar, o desde la notificación del alta definitiva acordada por la Entidad gestora. Una vez presentada la reclamación previa, esta interrumpirá los plazos de prescripción y suspenderá los de caducidad, reanudándose al día siguiente al de la notificación de la resolución o del plazo a partir del cual se debe entender desestimada por silencio administrativo (art. 73 LJS).

3. ACTOS PREPARATORIOS A LA VÍA JUDICIAL

618 En la LECiv/2000 los arts. 256 a 263 regulan un conjunto heterogéneo de las que suelen denominarse diligencias preliminares, que son actos de jurisdicción voluntaria (no procesos) que el futuro demandante puede o no ins-

tar según lo estime conveniente, y cuya finalidad puede ser doble: unas veces para despejar dudas sobre la legitimación de las partes y otras para preparar el futuro proceso aclarando algún elemento del tema de fondo a debatir. De ese conjunto, la LJS ha asumido sólo dos: la solicitud de datos de tipo subjetivo dirigidos a determinar la personalidad del futuro demandado "actos preparatorios" (arts. 76.1 LJS) y la solicitud de documentación o datos de tipo objetivo "exhibición de documentos" (art. 77 de la LJS). Aunque, se puede solicitar la práctica de otras, a las que refiere el art. 256 de la LECiv/2000, por cuanto el art. 77.3 de la LJS, realiza una remisión expresa dicha posibilidad.

619 La finalidad de los actos preparatorios, no es otra que la de preparar la demanda (no el juicio), permitiendo al futuro demandante determinar los elementos subjetivos en los que podrá sustentar la demanda. El procedimiento se inicia siempre ante el Juzgado competente (art. 257 LECiv/2000) mediante solicitud del interesado y alegando justa causa; ante esa solicitud el Juzgado acordará o no la diligencia, sin oír al sujeto pasivo de la misma. Contra la denegación de la práctica de esta diligencia no cabra recurso alguno. La "exhibición de documentos" atiende a un supuesto en el que antes de la presentación de la demanda, o con posterioridad a su presentación (art. 90.3 de la LJS), el que prevea demandar o quien prevea que puede ser demandado, pueda solicitar a la contraparte la exhibición (nunca entrega) de aquellos documentos que se demuestre imprescindibles para fundamentar su demanda o la oposición a la misma. Si se trata de documentos contables cabe que su examen lo realice un experto sin que la documentación salga del propio titular y se haga por cuenta del futuro demandante, aunque su resultado servirá sólo para que éste funde su demanda, y no como prueba en el posterior juicio. Contra el auto judicial que se dicte sobre esta diligencia cabra recurso de reposición a tenor de lo establecido en el art. 186.2 de la LJS.

620 La LJS (art. 79) y la LECiv/2000 (arts. 721 a 747 LECiv/2000) permiten al juez de lo social que adopte cuantas medidas cautelares sean necesarias para asegurar la efectividad de la decisión judicial que resuelva el proceso. Estas medidas con carácter general deben adoptarse oídas las partes en audiencia previa, según establecen los artículos 730 y ss. de la LECiv/2000, pero, pueden anticiparse de forma motivada su adopción, cuando el solicitante así lo solicite, concurran medidas de urgencia que justifiquen su adopción, o la audiencia previa pueda comprometer su utilidad. Son requisitos para que se adopten o denieguen, los siguientes: a) la apariencia de buen derecho o "fumus boni iuris", que debe acreditarse a través del ofrecimiento al juzgado de datos, argumentos y documentos, que le permita sin prejuzgar el fondo del asunto convencer al juez de que de forma indiciaria, pero también fundada o razonable, que es el titular del buen derecho que dice que tiene; b) el peligro en el retraso, o "periculum in mora" es el peligro de que del retraso producido en la tramitación del procedimiento convierta en ineficaz la resolución judicial que más tarde se dicte; c) prestación de caución, normalmente se condiciona a que

el solicitando preste caución para asegurar la eventual indemnización de los daños y perjuicios causados al demandado. Aunque se exime a los trabajadores y beneficiarios de la Seguridad Social y a los sindicatos de prestar caución tal y como dispone el art. 79.1 de la LJS.

621 El embargo preventivo, es la única medida cautelar que regula la LJS (art. 79) es el embargo preventivo, que consiste en garantizar la ejecución de la sentencia que en el proceso se dicte mediante la afección de bienes del demandado al proceso. Tiene como características básicas: que no solo lo puede solicitar la parte interesada, sino también el Fogasa, o acordarlo de oficio el propio órgano jurisdiccional. No hay necesidad en principio de presentar un documento que suponga un principio de prueba, se hace pender de la existencia de cualesquiera actos de los que pueda presumirse que el demandado pretende situarse en estado de insolvencia o impedir la efectividad de la sentencia, y no es necesario prestar caución o fianza. Se pueden solicitar junto con la demanda principal o una vez iniciado ya el proceso principal y hasta el final de la instancia, y normalmente se acuerdan "inaudita parte", es decir sin oír al demandado.

V. EL PROCESO LABORAL ORDINARIO

622 El proceso ordinario es el modelo típico o paradigmático del proceso de trabajo (MONTOYA MELGAR, 1996), y las disposiciones que lo regulan a su vez rigen como normas supletorias para las modalidades procesales –procesos especiales– en lo que estas últimas no regulen (art. 102.2 LJS). El proceso se constituye, por tanto, como el eje vertebrador del proceso laboral y tiende a desarrollarse en dos principales fases, una previa o preprocesal y otra estrictamente procesal. La primera se inicia desde el mismo instante en que se presenta la papeleta de conciliación, se solicita la mediación, se acepta el arbitraje, o se interpone la reclamación previa, y la segunda, directamente con la presentación de la demanda, fase que concluye cuando la última sentencia que se dicte alcance su firmeza, por lo que se podría afirmar, que también forma parte del proceso ordinario en general una tercera fase, que sería la de impugnación de la sentencia instrumentalizada a través de los recursos de queja, suplicación, casación ordinaria, y casación para la unificación de la doctrina.

1. FASE DE INICIACIÓN DEL PROCESO: DEMANDA, ADMISIÓN, SUBSANACIÓN DE DEFECTOS, ACUMULACIÓN DE ACCIONES, DE PROCESOS Y CONCILIACIÓN JUDICIAL

623 El proceso laboral se inicia necesariamente por un acto de parte y por escrito, que se denomina demanda, a través de la cual ejerce el derecho a la tutela judicial efectiva y se concreta la pretensión, sin perjuicio de que esta

pueda variar a lo largo del proceso, con el único límite que impone el respeto del derecho de defensa de la parte contraria. La demanda constituye una excepción como hemos visto al principio de oralidad que rige en el procedimiento laboral, y debe cumplir una serie de requisitos, tanto formales como de contenido. Son requisitos formales (art. 80.1.a.b.e y f) LJS): la designación de órgano judicial ante quien se presente; la identificación de las partes, que sirva para delimitar subjetivamente la pretensión, determinando quiénes son parte en el proceso; y la fecha y firma. Son requisitos de contenido (art. 80.1.c y d) y 80.2 y 3 LJS): la fundamentación fáctica, a través de la cual se debe concretar los hechos necesarios que sirvan para sustentar la causa de pedir y para resolver todas y cada una de las cuestiones planteadas, deberán enumerarse de forma clara y concreta y, no pueden ser distintos a los que se alegaron en conciliación, mediación, arbitraje, o se consignaron en la reclamación previa. No es necesario incluir fundamentos de derecho en la demanda; la súplica es la concreción de aquello que solicita la parte demandante del órgano jurisdiccional, en relación a qué clase de tutela (declarativa, constitutiva o de condena) y en relación con la obligación que pretende imponer a la parte demandada (de hacer, no hacer, o de dar) (MONTERO AROCA, 2000).

624 Es un requisito esencial la de acompañar a la demanda la documentación justificativa de haber intentado la conciliación, mediación, o agotado la vía administrativa previa, así como cualquier otro documento que de acuerdo con la modalidad procesal sea exigible. La primera actuación una vez que se ha presentado la demanda en el correspondiente registro del órgano jurisdiccional será la de examinar su admisibilidad, actividad que corresponde al Letrado de la administración de justicia, al juez o tribunal le concierne resolver sobre la admisión de la prueba y otras cuestiones relevantes, como son: la falta de jurisdicción, competencia o la adopción de medidas cautelares. Si la demanda cumple con todos los requisitos que son exigibles, procederá a admitirse la demanda (art. 82 LJS), en caso contrario y antes de admitirla, si el Letrado de la administración de justicia considera que adolece de defectos debe ponerlos en conocimiento de la parte demandante y requerirle para que en el plazo (cuatro días) proceda a subsanarlos con la advertencia de que en el caso de no hacerlo se procederá a archivar la demanda (art. 81 LJS). Si la parte actora, ha subsanado los defectos como en el caso de que no adoleciese de ninguno, se procederá a la admisión de la demanda dando cuenta acto seguido al juez o tribunal para que decida sobre la admisión de aquellas diligencias que haya solicitado el demandante destinadas a la preparación del juicio, anticipación o aseguramiento de la prueba, decisión que deberá tomar dentro de los tres días siguientes, la cual se notificara a la parte e irá acompañada con la resolución que admite a trámite de la demanda y señala la fecha del juicio (art. 82.4 LJS).

625 Se produce la acumulación de acciones cuando (arts. 25 al 27 LJS) un solo demandante y frente a un solo demandado y en una única demanda ejercita dos o más pretensiones/acciones para que todas ellas se conozcan en un

único procedimiento y se resuelvan en una sentencia (formal), que contendrá tantos pronunciamientos como pretensiones hayan sido sometidas a su consideración. Con carácter general el actor puede ejercitar a través de una sola demanda cuantas pretensiones quiera ejercer frente al mismo demandado o incluso demandados, aunque procedan de diferentes títulos. El único límite, lo impone la jurisdicción (todas deben poder discutirse en el orden social), la modalidad procesal a seguir (no será posible si se han de resolver mediante diferentes procedimientos), ni tampoco si la estimación de una hace inviable la otra (art. 71.3 LECiv/2000). Con carácter particular, se permite acumular acciones que si aplicásemos la regla general no serían admisibles. Un ejemplo lo tenemos en las reclamaciones de accidente de trabajo por daños y perjuicios, o la de despido a la de extinción del contrato por causa imputable al empresario. Pero también se establece en otros casos una prohibición absoluta como puede ser la acumulación de pretensiones en materia de Seguridad Social, despidos disciplinarios, materia electoral, impugnación de convenios o de tutela de los derechos fundamentales, entre otros.

626 La acumulación de procesos (arts. 28 al 32 LJS) no es más que la acumulación de dos o más procesos que han nacido independientes, pero que de oficio o a instancia de parte se reúnen en un único procedimiento para ser resueltos en una única sentencia. Son presupuestos de admisibilidad: que pendan del mismo o de distintos juzgados, nunca tribunales; que los órganos judiciales estén en la misma circunscripción territorial; que se sustancien por los mismos trámites o cuya unificación pueda decretarse sin pérdida de derechos procesales (art. 77.1 LECiv/2000); los procesos a acumular han de encontrarse en la instancia y dentro de ella la acumulación deberá pedirse y acordarse antes de la celebración de los actos de conciliación y juicio (art. 34.1 LJS); si no se pueden acumular las pretensiones no se pueden acumular las demandas; en las demandas han de ejercitarse "idénticas acciones", lo que supone que la causa de pedir sea la misma, los mismos hechos en todas las demandas y que lo pedido sea similar o tenga la misma naturaleza; y deben coincidir todas las partes. Como ocurría con la acumulación de pretensiones, la regla general admite determinadas excepciones en procesos que tengan origen en un mismo accidente de trabajo o enfermedad profesional, donde no se exige que coincidan las partes, ni su posición procesal, extinción del contrato por causas imputables al empresario y despidos disciplinarios, despidos y otras acciones con las que exista conexión directa o actos administrativos con pluralidad de destinatarios.

627 En el proceso laboral es ya tradicional la existencia de varias conciliaciones, una previa o preprocesal ante un organismo administrativo, otra procesal que se celebra ante el juzgado o tribunal competente para conocer del proceso e inmediatamente antes del juicio oral. Esta segunda conciliación es el penúltimo intento (obligatoria salvo en los procesos que precisan de reclamación previa) para poder evitar el pleito, de tal forma que si se alcanza un acuerdo

entre las partes en conflicto a este se le dota de la misma eficacia y fuerza que a una transacción judicial. Es el Letrado de la administración de justicia al que le corresponde llevar a cabo la labor de conciliar a las partes del proceso, no sin antes advertirles de los derechos y obligaciones que pudieran corresponderles. La conciliación debe celebrarse en audiencia pública, y el Letrado de la administración de justicia no puede proponer a las partes una solución concreta del litigio, sino que debe limitarse a procurar que ellas mismas logren la "avenencia" y documentar el intento de conciliación o el acuerdo a través del levantamiento del acta de comparecencia.

2. FASE DE JUICIO ORAL Y CONCLUSIÓN: RATIFICACIÓN, AMPLIACIÓN, CONTESTACIÓN, RECONVENCIÓN, COMPENSACIÓN DE DEUDAS, CUESTIONES PREVIAS Y PREJUDICIALES, PRUEBA, CONCLUSIONES, DILIGENCIAS FINALES Y SENTENCIA

628 El juez o tribunal advertirá a las partes de que ha comenzado el juicio y concederá la palabra al demandante, el cual "ratificará o ampliará" su demanda. En ese momento el actor tomará la palabra e indicará al juzgado o tribunal: que mantiene su pretensión sin variación alguna; que reduce sus peticiones o ampliando la demanda, en este caso, solo lo podrá hacer hasta lo que se conoce como "variación sustancial" y, por tanto, dicha alteración para que sea admitida no podrá vulnerar el derecho de defensa de la parte demandada colocándole en una situación de clara indefensión. Por el contrario, no hay límite alguno para hacer todo tipo de variaciones jurídicas, ni cuando lo reclamado sea una derivación lógica o necesaria o estuviera implícito en la súplica de la demanda. En todo caso corresponde al juzgador decidir si la variación es o no sustancial e inadmitir cualquier pretensión que tenga relación con la misma. Contra la decisión judicial no cabe recurso alguno, pero las partes deben "protestar" en ese momento con el fin de impugnar la decisión judicial a través del recurso de suplicación o casación ordinaria que contra la sentencia se pueda interponer.

629 La contestación es el acto oral del demandado por el que se opone expresamente a la petición contenida en la demanda, y lo hace, tanto admitiendo o negando los hechos de la demanda, como alegando cuantas excepciones estime procedentes y, sobre todo, reclamando que no se dicte contra él una sentencia condenatoria (art. 85.2 LJS). La reconvención es aquel acto procesal de carácter oral y expreso que únicamente puede realizar la parte demandada tras contestar la demanda, si, previamente lo hubiese anunciado en el trámite previo de conciliación, contestación a la reclamación previa o resolución que agote la vía administrativa. A través de la reconvención el demandado ejerce frente a la parte demandante la pretensión de la que dice que es titular, para que ambas se discutan en un único proceso y se resuelvan en la misma sentencia. Sólo será admisible la reconvención cuando la pretensión tenga señalado

un procedimiento homogéneo con el ya iniciado, y se pueda acumular del modo y forma que regula la LJS (arts. 28 y ss). Formula por la parte demandada la reconvención habrá de concederse necesariamente la palabra al actor reconvenido para que la conteste con las mismas garantías que se le dio al demandado antes de ocupar la posición de reconveniente, y a partir de ahí discurrirán los trámites como si se tratase de un único procedimiento con dos procesos acumulados. La compensación de deudas es el acto por el cual el demandado pretende neutralizar la reclamación económica que frente al él dirige actor. Se debe alegar en el momento de contestar la demanda, siempre que las deudas sean vencidas y exigibles, no se formule pretensión de condena reconvencional, y en general cuando la pretensión del demandado persiga únicamente su absolución.

630 De difícil calificación jurídica la doctrina jurisprudencial ha venido identificando las cuestiones previas como si de una excepción procesal se tratara, dado que son las que normalmente versan sobre la falta de alguno de los presupuestos procesales necesarios para que la relación jurídico procesal esté legalmente constituida. Por el contrario, las cuestiones prejudiciales, son aquellas que, conexas con la pretensión sometida al conocimiento del órgano jurisdiccional social, no quedan incluidas en el ámbito de su competencia por ser de la competencia de otro orden jurisdiccional y, una vez que son alegadas pueden tener un efecto devolutivo y suspensivo (suspenden el procedimiento y es otro tribunal el que resuelve la cuestión prejudicial que vinculara después al que la ha planteado), o no devolutivo (no suspenden el procedimiento y son resueltas por la resolución que ponga fin al proceso, pero no producirán efecto alguno fuera del proceso en que se dicte –art. 4.2 LJS–).

631 Una vez que las partes hayan ratificado la demanda y esta haya sido contestada, así como resueltas todas aquellas cuestiones previas o prejudiciales que el juez o tribunal estaba obligado a resolver ante de proseguir con los actos de juicio, se procederá a proponer la admisión y práctica de la prueba de la que intenten valerse, la cual será admitida o rechazada por el juez o tribunal, ordenando sobre la admitida, su práctica, que se hará en presencia judicial y en el acto del juicio, aunque puede practicarse más tarde a través de diligencias finales. No conviene olvidar que como hemos señalado en otro apartado que es posible también practicar con anterioridad al juicio determinada prueba. La doctrina científica ha señalado (MONTERO AROCA, 2000) que "la prueba debe definirse como la actividad procesal por la que se tiende a alcanzar el convencimiento psicológico del juzgador sobre la existencia o inexistencia de los datos que han sido aportados al proceso o a fijarlos conforme a una norma legal".

632 Y en base a ello, corresponde a las partes enfrentadas en un proceso la carga de la prueba, lo que no quiere decir que las dos deban hacer idéntico esfuerzo probatorio, sino que lo deberán hacer del modo y forma que lo establezca la

ley. El art. 217 LECiv/2000, establece como regla general que es el actor al que le corresponde probar los hechos constitutivos que alega (aquellos en los que dice asentar la titularidad que exhibe del derecho que reclama), y al demandado los hechos que opone: impeditivos (aquellos que si concurren no permiten que nazca la relación procesal por la que el demandante reclama); extintivos (hacen fenecer la relación o la situación jurídica que antes existió) o excluyentes (no atacan el nacimiento y existencia de la situación o relación jurídica que son objeto del proceso, ni tampoco su subsistencia, pero producen el efecto de hacer inexigibles las obligaciones que se derivaban de la aludida situación o relación jurídica –STS 27.05.1997 [RJ 1997, 6128]–). Por otra parte, no es necesario probar ni los hechos conformes ni los notorios.

633 Si los medios de prueba son el interrogatorio de las partes, la presentación de documentos, el dictamen de peritos, el interrogatorio de testigos, y el reconocimiento judicial, (la presunción judicial no es propiamente un medio de prueba) todos ellos, como regla general se deberán valorar con absoluto respeto de las reglas de la sana crítica, que no es otra cosa, que la valoración libre del conjunto de la prueba practicada, facultad que corresponde en exclusiva a los jueces y tribunales que conozca en primera instancia por ser quien ha tenido plena inmediación en su práctica (SSTS de 25/01/12 y 06/03/12), y que únicamente tiene como límite que las conclusiones que se alcancen no puedan ser calificas de absurdas, arbitrarias, ilógicas o irracionales. Frente a la regla general o de valoración libre de la prueba, coexiste la valoración legal que en este caso afecta a la prueba de interrogatorio y a la documental, que exige que el juez o tribunal la valoren de una determinada forma. En este sentido, el art. 316 de la LECiv/2000 dispone qué si el resultado de esta prueba no contradice el resultado de las demás pruebas practicada en el juicio, el juez o tribunal deberán considerar como hechos ciertos aquellos que la parte interrogada haya reconocido como tales si en ellos intervino personalmente y si su fijación como tal le perjudican. Para la valoración de la prueba documental, se habrá de estar a lo regulado en los arts. 319 a 232 de la LECiv/2000, donde se especifica el diferente tratamiento valorativo que se da al contenido de ciertos documentos en función de si son privados o públicos.

634 Una vez finalizada la práctica de la prueba las partes o sus defensores formularán como regla general de forma oral sus conclusiones de un modo concreto y preciso, en virtud de lo cual deberán valorar la prueba practicada en el juicio con el fin de determinar si desde su posición han quedado o no acreditados los hechos controvertidos alegados en la demanda o en la reconvención, sin que en esa labor puedan alterar los puntos fundamentales y los motivos de pedir invocados. En el caso de que se reclamen cantidades, este será el momento de concretar las sumas reclamadas, así como, si la pretensión consiste en una obligación de dar o hacer, las medidas con que puede ser satisfecha. Como excepción a la regla general, de acuerdo con lo que dispone el art. 87.6 de la LJS, se pueden sustituir las conclusiones orales por conclusiones por

escrito, cuando la prueba pericial o documental practicada en juicio revista un extraordinario volumen y complejidad. Concluido el trámite de conclusiones las partes podrán solicitar del juez o tribunal y el juez o tribunal acordar de oficio la práctica de cuantas otras pruebas estimen necesarias, si considera que no han quedado suficientemente acreditados o no probados los hechos que sustentan la pretensión o las resistencias alegadas de contrario. La decisión de practicar nuevas pruebas, facultad que corresponde en exclusiva al juez o tribunal que conoce del asunto, se debe hacer por el trámite de diligencias finales (art. 88 LJS y 435 LECiv/2000). Si decide acordar su práctica, las pruebas se practicarán con las debidas garantías y respecto absoluto del principio de contradicción, aportación de parte e igualdad de armas. Una vez practicada, las partes por escrito u oralmente, podrán manifestar lo que a su derecho e interés en juego consideren oportuno, y concluido dicho trámite, se levantará la suspensión del plazo para dictar la sentencia y se dictará sentencia que se deberá cumplir con lo dispuesto en el art. 97.2 de la LJS.

VI. MODALIDADES PROCESALES

635 Bajo la denominación de "modalidades procesales" se agrupan una serie de procedimientos qué respetando las reglas que rigen el proceso ordinario añaden otras que los diferencian sustancialmente de este. La LJS los desarrolla en los artículos 102 al 184, aunque ahí no están todos los que pueden ser calificados como tales, como puede ser el proceso monitorio (art. 101 LJS). La finalidad a la que va dirigida este manual así como su extensión nos obliga a analizar sin el detalle que sería necesario los principales procesos especiales, por lo que, a través de este apartado introductorio intentaremos clasificarlos en cinco grupos atendiendo al ámbito material al que se extiende o pretende abarcar el conflicto, y todo ello, sin perjuicio, de que procedamos a estudiar con más detenimiento en los apartados que siguen, algunos de los particularismos de varías de las modalidades.

636 Siguiendo el orden que recoge la LJS, en el primer grupo estarían todos los procesos que se sustentan en la existencia de un conflicto de *carácter individual* que nace de la existencia del contrato de trabajo, como: el de despido (arts. 103 al 113 y 120 a 123); impugnación de sanciones (arts. 114 y 115); reclamaciones de salario de tramitación al Estado en juicios de despido (arts. 116 a 119); fijación de vacaciones (arts. 125 y 126); clasificación profesional (art. 137); movilidad geográfica, modificación sustancial de las condiciones de trabajo y suspensión del contrato y reducción de la jornada por causa económicas, técnicas, organizativas o de producción o derivadas de fuerza mayor (art. 138); Tramitación en reclamaciones sobre acceso, reversión y modificación del trabajo a distancia (art. 138 bis); ejercicio de dos derechos de conciliación de la vida laboral y familiar reconocidos legal o convencionalmente (art. 139), extinciones por fuerza mayor (art. 151.11).

637 En el segundo grupo, atendiendo al carácter colectivo del derecho en discusión, agruparía: el despido colectivo (art. 124); impugnación de laudos (arts. 127-132); impugnación de la resolución administrativa de denegación del registro (arts. 133-135), impugnación de la resolución administrativa que acredita la representatividad sindical (art. 136); conflictos colectivos (arts. 153-162); impugnación de convenios colectivos (arts. 163 a 166); impugnación de estatutos de sindicatos y de asociaciones empresariales o su modificación (arts. 173-176). En el tercer grupo, encontraríamos, por razón de la intervención de la Autoridad Laboral en el mismo: el procedimiento de oficio (arts. 148-150); impugnación de actos administrativos en materia laboral y de Seguridad Social con exclusión de prestaciones (arts. 151-152); impugnación de actos administrativos que deniegan el registro de estatutos de los sindicatos o de las organizaciones empresariales (arts. 167.1 y 172 y 176). En el cuarto grupo, deberían ser incluidos, todos aquellos procesos en materia de Seguridad Social: prestaciones, impugnación de altas médicas, procesos en materia de accidentes de trabajo y enfermedades profesionales, revisión de actos administrativos de reconocimiento de derechos, desempleo (arts. 140-147). En el quinto, solo estaría el procedimiento de tutela de derechos fundamentales y otras libertades públicas (arts. 177-184).

638 A continuación analizaremos las particularidades de cuatro procedimientos especiales, el despido disciplinario, el despido colectivo, la tutela de derechos fundamentales y el proceso de seguridad social. En relación al despido disciplinario, las notas diferenciadoras descansan en cuanto se fija un concreto plazo de caducidad de 20 días hábiles; en los requisitos de la demanda, donde deberá hacerse constar a parte de los requisitos generales, la antigüedad, categoría profesional, salario, tiempo y forma de pago, salario..., si el trabajador ostenta o ha ostentando en el año anterior la cualidad de representante de los trabajadores..., si se encuentra afiliado a algún sindicato, y la fecha de la efectividad de despido. En cuanto, a las reglas de la carga de la prueba, es al demandado el que tiene que probar la realidad de los hechos que sustenta la carta de despido. A parte de contenido general de la sentencia (art. 97.2 LJS), debe contener además unos concretos hechos (art. 107 LJS), y la calificación del despido como procedente, improcedente o nulo. El despido objetivo singular, se ajustará a las normas del despido disciplinario (art. 120 LJS).

639 Las peculiaridades de las que disfruta el proceso de despido colectivo se encuentran en la forma de evitar el proceso, en este caso, no es necesario el previo intento de conciliación. La demanda, deberá tratar sobre: que no concurre causa legal, que no se ha realizado el periodo de consultas o entregado la documentación prevista en el apartado 51.2 ET/2015 o no se ha respetado el procedimiento del art. 51.7 del mismo texto legal, que la decisión extintiva se ha adoptado en fraude, dolo, coacción o abuso de derecho, o se ha efectuado vulnerando derechos fundamentales y libertades públicas. Están activamente legitimados únicamente los representantes legales o sindicales, o los representantes "ad hoc", pero también lo está la empresa o empresario

cuando ejercita la "acción de jactancia" para que se declare que su decisión es ajustada a derecho. La Autoridad Laboral ocupará la posición de parte activa cuando se haya alcanzado un acuerdo en el periodo de consultas y considere que este incurre en dolo, fraude, coacción o abuso de derecho. El órgano jurisdiccional será la Sala de lo Social del Tribunal Superior de Justicia de la CCAA. La demanda deberá presentarse en el plazo de caducidad de 20 días desde la fecha del acuerdo alcanzado o de la notificación a los representantes de los trabajadores de la decisión empresarial de despido. Su tramitación será urgente y preferente salvo en relación con los procesos de tutela de derechos fundamentales. La sentencia declarará si es no ajustada a derecho la decisión o nula cuando haya omitido un trámite esencial durante el periodo de consultas, no haya obtenido la correspondiente autorización o cuando la decisión se adoptó vulnerando derechos fundamentales. La sentencia tiene eficacia de cosa juzgada, sobre las reclamaciones individuales de despido, y solo están legitimados para impugnarla, los representantes de los trabajadores.

640 El procedimiento de tutela de derecho fundamentales, se inicia sin necesidad de acudir cualquiera de las formas de evitación del proceso. El objeto es la tutela de los derechos fundamentales y libertades públicas, incluida la prohibición de tratamiento discriminatorio y del acoso (derechos recogidos en los arts. 14 al 30 CE). Están legitimados activamente cualquier trabajador o sindicato siempre que invoque interés legítimo, y pasivamente, la persona física o jurídica a la que, en el ámbito del contrato de trabajo, se le imputa la vulneración de los derechos fundamentales. Es siempre parte el Ministerio Público. Dada la relevancia de los derechos a tutelar, la demanda debe precisar con claridad los hechos constitutivos de la vulneración, el derecho o la libertad infringidos y la cuantía de la indemnización reclamada. A pesar de que los derechos fundamentales en cuanto a su ejercicio son imprescriptibles no lo son las acciones para exigir su cumplimiento, cuya prescripción será de un año (art. 59 ET/2015). Con relación a las reglas de la carga de la prueba (art. 181.2 LJS), si el actor consigue aportar suficientes indicios de la vulneración –no basta la simple denuncia– le corresponderá al demandado aportar una justificación objetiva y razonable, suficientemente probada, de las medidas adoptadas y de su proporcionalidad. La sentencia, además de los requisitos generales, deberá declarar la existencia o no de la vulneración, si ha existido la violación que se invoca, declarará la nulidad radical del acto o medida adoptada, ordenará su cese inmediato, el restablecimiento del derecho lesionado y la reposición del demandante a la situación que se encontraba antes de producirse dicha lesión. Toda vulneración de derechos lleva apareja la correspondiente indemnización por daños morales y, materiales si estos se prueban.

641 Desde la reforma de la LJS por la Ley 39/2015, la vía administrativa previa en materia de Seguridad Social se agota tras la interposición de la correspondiente reclamación previa, pero en los procesos de impugnación de alta médica emitidas por agotamiento del plazo máximo de duración del proceso

de IT, no será necesario interponerla. Este proceso que es de tramitación urgente y preferente tiene como particularidad, en los procesos en materias de prestaciones, que las entidades y organismos gestores y la TGSS, pueden personarse y ser tenidas como parte con plenitud de posibilidades de alegación y defensa, incluida la de interponer recursos. En las demandas de accidentes de trabajo o enfermedad profesional, la relación jurídica procesal solo estará bien constituida cuando sean demandados la entidad gestora de la prestación o en su caso, la Mutua de accidentes de trabajo y enfermedades profesionales de la Seguridad Social. En los procesos para la determinación de la contingencia o de falta de medidas de seguridad en accidentes de trabajo y enfermedades profesionales, una vez admitida la demanda se reclamará a la Entidad gestora o al organismo gestor o colaborador el expediente administrativo, y si no figura en éste, se deberá interesar de la ITSS, el informe relativo a las circunstancias en que sobrevino el accidente o enfermedad, salario que percibía y cotización. La no remisión del expediente administrativo genera la correspondiente responsabilidad disciplinaria del funcionario incumplidor. El régimen de recursos es diferente al del proceso ordinario cuando se trata de impugnar las sentencias que se dicten en procesos de impugnación de altas médicas, pues en este caso no cabe recurso de suplicación [art. 140.3.c) LJS].

642 Otras modalidades son (FALGUERA BARÓ, 2018): la de sanciones disciplinarias, que presenta diferencias en cuanto a la caducidad, vista oral, reglas de la carga de la prueba y régimen de recursos. En la modalidad relativa a la reclamación al Estado de salarios de tramitación, sus peculiaridades se encuentran en cuanto a la forma de agotar la vía administrativa previa, la competencia para resolver, la forma de la demanda, y la tramitación procesal. Respecto de la modalidad de despido por causas objetivas: tiene las mismas particularidades que el despido disciplinario, con la salvedad de las causas que determinan su improcedencia, y en cuanto a los efectos de la sentencia. En la de movilidad geográfica, modificación sustancial de las condiciones de trabajo y suspensión de contratos y reducción de jornada por causas económicas, técnicas, organizativas, productivas o de fuerza mayor, aparecen diferencias en cuanto a la evitación del proceso, el plazo de caducidad, el régimen de legitimaciones procesales, su tramitación procesal, sentencia, la calificación del acto empresarial, sus efectos, ejecución y régimen de recursos. En la modalidad de procesos sobre derechos de conciliación de la vida laboral y familiar, la especialidad se localiza en las formas de evitación del proceso, el plazo de caducidad, las especialidades de la demanda, su tramitación procesal y régimen de recursos. Respecto del proceso de conflictos colectivos, se distingue este proceso del ordinario, en la forma de evitar el proceso, la competencia del órgano que debe resolverlo, tanto por razón de territorio como de materia, la legitimación para iniciarlo, los requisitos que debe contener la demanda, su tramitación procesal y los efectos de la sentencia en relación con las reclamaciones individuales con el mismo objeto.

VII. MEDIOS DE IMPUGNACIÓN

643 Son los instrumentos a los que la LJS dedica su libro III y los que permiten a las partes del proceso, llegado el caso, corregir los posibles errores de procedimiento, errores valorativos, infracciones de normas sustantivas, procesales y de la doctrina jurisprudencial en las que pudiere haber incurrido el juez o tribunal desde el momento de la admisión de la demanda hasta la ejecución definitiva y total de la sentencia firme. La finalidad no es otra que conseguir la adecuación de la decisión judicial a las normas que la regulan, pudiendo llegar la corrección hasta su total anulación cuando no es posible su subsanación o coloca a la parte en una situación de clara indefensión. Lo medios de impugnación pueden ser clasificados de diversas formas, pero, la más sencilla, es diferenciarlos en dos grandes grupos: los recursos devolutivos (los que son resueltos por el órgano judicial distinto al que dictó la resolución que se impugna) y los no devolutivos. Con relación a estos últimos, la LJS se remite a la LECiv/2000 en aquello que la primera no regule, y en este sentido, el principal recurso no devolutivo es el recurso de reposición (arts. 186-187 LJS) y de audiencia al demandado rebelde (art. 185 LJS), aunque este no ha sido clasificado por la LRJS como un medio de impugnación. Por el contrario, son recursos devolutivos el resto, como el recurso directo de revisión (art. 188 LJS), recurso de queja (arts. 189 LJS), recurso de suplicación (arts. 190-204 LJS), recurso de casación ordinaria (arts. 205-217 LJS), recurso para la unificación de la doctrina (218-228 LJS) y recurso de revisión (art. 236 LRJS).

1. RECURSOS NO DEVOLUTIVOS

644 El recurso de reposición es el remedio procesal que se utiliza contra diligencias de ordenación, decretos dictados por el Letrado de la administración de justicia no definitivos, providencias y autos, dictada por el juez o tribunal, y se interpone ante el mismo órgano que las dictó, que es el que tiene que resolverlas, sin que por ello se suspenda el curso del proceso ni los efectos de la resolución recurrida. Se debe presentar en un plazo de tres o cinco días, dependiendo de si la resolución recurrida fue dictada por un juez o por un tribunal, y es preceptivo que exprese la concreta infracción en la que la resolución hubiere incurrido a juicio del recurrente o que se pueda deducir del mismo. Una vez presentado se le dará traslado a la parte contraria para que en el mismo plazo lo pueda impugnar, y se resolverá por auto o por decreto, en el plazo de los tres o cinco días, atendiendo al carácter unipersonal o colegiado del órgano que lo resuelve. Contra dicho auto o decreto, no se dará recurso alguno, salvo en aquellos supuestos en los que expresamente la ley lo permita.

645 Respecto de la audiencia al demandado rebelde, si bien es cierto que no tiene la consideración legal de un medio de impugnación, y hay una remisión de la LJS para su tramitación a la LECiv/2000, lo cierto es que la LJS introduce ciertas especialidades en el uso de este remedio procesal, donde no es

necesaria, a diferencia del proceso civil, que haya existido una declaración formal de rebeldía, sino simplemente la constatación de que el demandado rebelde fue citado a juicio en forma, y a pesar de ello no compareció a los actos de juicio. La petición de audiencia la deberá realizar el demandado que haya sido condenado ante el órgano judicial que dictó en primera instancia la sentencia firme que pretende rescindir y el plazo para hacerlo será de veinte días hábiles desde la notificación personal de dicha resolución, o desde que conste que tuvo conocimiento procesal o extraprocesal de la misma, y en todo caso, cuatro meses desde que se publique la sentencia en el Boletín Oficial correspondiente para su notificación. La audiencia se resuelve por la vía del proceso ordinario mediante la presentación de demanda, celebración del juicio con prueba y se termina por sentencia, que no puede ser recurrida, pero de estimarse la petición de audiencia, provoca la nulidad de todo lo actuado y, por tanto, la rescisión de la sentencia firme impugnada, y la celebración de un nuevo juicio. No se puede interponer este tipo de recurso frente a providencias, autos, diligencias de ordenación y decretos que se dicten en procesos de conflictos colectivos, materia electoral, conciliación de la vida personal familiar y laboral e impugnación de convenios colectivos.

2. RECURSOS DEVOLUTIVOS

646 El recurso directo de revisión y de queja se puede interponer, el primero de ellos, contra los decretos que pongan fin al procedimiento o impidan su continuación, frente al decreto que resuelva un recurso de reposición (STC 151/2020, 22 de octubre) o contra aquellos otros que la propia norma permita. Se debe interponer en el plazo de 3 o 5 días hábiles, según se trate de órgano unipersonal o colegiado el que haya dictado la resolución recurrida. Se hará por escrito y fundamentando en que ha consistido la infracción alegada. Se dará traslado a la parte contraria para que lo impugne en igual plazo, y se resolverá en los tres o cinco días siguientes por el juzgado o tribunal que corresponda. Contra el auto dictado por el juez o por el tribunal que lo resuelve solo cabe recurso de suplicación o casación ordinaria, si así expresamente lo permite la ley. El recurso de queja, se interponen frente a la decisión del juez o tribunal de inadmitir un recurso de suplicación, o de casación ordinaria y se resuelve por el órgano judicial jerárquicamente superior (Sala de lo Social de TSJ de justicia, o Sala de lo Social del TS). Se tramitan ante el órgano judicial que deba resolverlo dentro del plazo de diez días desde la notificación de la resolución que deniega la tramitación y se debe acompañar copia de la resolución recurrida. La Sala de lo Social del TSJ o del TS, resolverá en el plazo de cinco días, y podrá estimar o rechazar el recurso. Si lo rechazara, contra el auto no se dará recurso alguno. Si lo estimase, declarará la nulidad de todo lo actuado hasta el momento de dictarse la resolución que denegó la tramitación, y se ordenará al juez o tribunal que continúe con su tramitación desde ese momento.

647 El recurso de suplicación, como recurso extraordinario es, a diferencia del ordinario recurso de apelación, un medio de impugnación al que solo es posible acudir en los concretos supuestos previstos en la LJS, tanto en su ámbito material –solo cabe frente a las sentencias y autos que dicten los Juzgados de lo Social, y, únicamente en los procesos que recoge el art. 191 y 192 de la LJS– como en su ámbito formal, por las causas que recoge el art. 193 de la LJS –es decir, para solicitar la nulidad de cualquiera de las resoluciones citadas siempre que el defecto procesal denunciado cause indefensión a la parte que lo alega; para revisar los hechos probados pero únicamente cuando el error valorativo tiene origen en prueba documental o pericial, y para el examen del derecho sustantivo o de la jurisprudencia aplicada–. El trámite se inicia mediante anuncio ante el Juzgado de lo Social que dictó la resolución y puede realizarse por simple comparecencia o por escrito del actor, su representante, abogado o graduado social, pero hay que hacerlo dentro de los cinco días siguientes al de la fecha de la notificación de la resolución a recurrir.

648 Si el que recurre en suplicación es el empleador, tendrá en ese momento que acreditar que ha asegurado el objeto de la condena, bien a través de la consignación o de la presentación del correspondiente aval, además debe realizar un depósito de 300€, salvo que se le haya concedido el beneficio de justicia gratuita. El trabajador y beneficiarios de la Seguridad Social, está exento de esta obligación, como lo están también el Estado, CCAA, entidades locales, y las entidades de derecho público con personalidad jurídica vinculadas o dependientes de estos, y cualquier otro, al que se le haya concedido este privilegio por así estar previsto en las leyes. En materia de Seguridad Social (art. 230.2 LJS), se aplicarán reglas que este precepto establece, y que con carácter general pretende que se asegure al beneficiario, ya sea por parte del empleador o de la Entidad gestora de la Seguridad Social, que percibirá la prestación que se le ha reconocido por sentencia durante el tiempo que dure el trámite del recurso.

649 El recurso de suplicación se interpondrá una vez que se hubiere tenido por anunciado en tiempo y forma (debe ir firmado por abogado o graduado social), ante Juzgado de lo Social que dictó la resolución impugnada, dentro de los diez días siguientes a aquel que se notificó al recurrente que tenía a su disposición los autos, y en él se expresarán con suficiente claridad y precisión, el motivo o los motivos en que se ampare, citándose las normas del ordenamiento jurídico o la jurisprudencia que se consideren infringidas, y en todo caso, se razonara la pertinencia y fundamentación de los mismos. Del recurso se dará traslado a la parte contraria que podrá impugnarlo dentro los cinco días siguientes, de haberse alegado su inadmisibilidad, solicitado rectificaciones de hecho o reiterado causas de oposición subsidiarias, aunque no hubieren sido estimadas en la sentencia, de nuevo, se dará a la parte recurrente, un nuevo plazo de 2 días para que formulen las alegaciones que consideren oportunas sobre dichos motivos.

650 Si el recurso se estimara, por infracción de normas o garantías del procedimiento que hayan producido indefensión, la Sala de lo Social del TSJ, declarará la nulidad de la sentencia, y ordenará reponer los autos al estado en que se encontraban en el momento de cometerse la infracción (art. 202.1 LJS). Si la infracción versara sobre las normas reguladoras de la sentencia, la estimación del recurso obligará a la Sala, siempre que los hechos consignados sean suficientes para ello, a declarar la nulidad total o parcial de la sentencia, a entrar a resolver el fondo del asunto, sin que haya posibilidad de reponer los autos a un momento anterior. Si se estimará por cualquiera de los otros dos motivos a los que se refiere el art. 193 b y c) de la LJS, resolverá lo que proceda a tenor de los términos en los que fue planteado el debate, incluso aquellas cuestiones que fueron resueltas en la instancia, como las que consten en el escrito de impugnación dentro del absoluto respeto al relato de hecho y demás antecedentes no cuestionados por las partes. Toda estimación total o parcial comporta que la sentencia deba ordenar la devolución del depósito efectuado para recurrir, así como la devolución total o parcial de la consignación, como la cancelación total o parcial de los aseguramientos una vez firme la sentencia. De no estimarse, el fallo condenará a la pérdida del depósito que se ingresará en el Tesoro Público, y de las consignaciones efectuadas, imponiendo a la parte vencida las costas causadas en esta instancia a la parte contraria si esta intervino a través de la presentación del correspondiente escrito de impugnación.

651 El recurso de casación ordinaria, al igual que el recurso de suplicación, también es de naturaleza extraordinaria y como el anterior es un medio de impugnación al que solo es posible acudir en los concretos supuestos previstos en la LJS, tanto en su ámbito material, solo cabe frente a las sentencias y autos que dicten las Salas de lo Social de los Tribunales Superiores de Justicia cuando estas hayan conocido en primera y única instancia, y, únicamente en los procesos que recoge el art. 205.2 y 206 de la LJS, como en su ámbito formal por las causas que recoge el art. 207 de la LJS: por abuso, exceso o defecto en el ejercicio de la jurisdicción; por quebrantamiento de las formas esenciales del juicio por infracción de las normas reguladoras de la sentencia de las que rigen los actos o garantías procesales, siempre que en el último caso se haya producido indefensión para la parte; por error en la apreciación de la prueba documental, y por infracción de las normas del ordenamiento jurídico o de la jurisprudencia fueren aplicables a efectos de resolver el debate. La preparación del recurso, su admisión, e interposición del recurso, así como los efectos de la sentencia que deben discurrir conforme a lo dispuesto en el art. 208-217 de la LJS, es muy similar a la del recurso de suplicación, las únicas diferencias, son en cuanto a la denominación del primer trámite, aquí se denomina "preparación" y en el recurso de suplicación "anuncio", en cuanto a los plazos para interponer (formalizar) el recurso es de 15 días, que solo puede ser resuelto por la Sala de lo Social del Tribunal Supremo, y solo admite la firma de abogado.

652 A través del recurso de casación para la unificación de la doctrina (arts. 218-228 LRJS) se pueden recurrir las sentencias dictadas por las Salas de lo Social de los Tribunales Superiores de Justicia cuando estas hayan resuelto otro u otros recursos de suplicación. El objeto de dicho recurso de casación es básicamente la unificación de la jurisprudencia, y su fin, evitar la contradicción entre sentencias dictadas entre los diferentes Sala de lo Social de los diferentes Tribunales Superiores, y las sentencias del Tribunal Supremo, del Tribunal Constitucional, del Tribunal de Justicia de la Unión Europea y de los órganos jurisdiccionales instituidos en los Tratados y Acuerdos internacionales en materia de derecho humanos y libertades fundamentales ratificados por España, y el motivo, es la depuración de la infracción legal que se denuncia cometida por la sentencia recurrida (MONTERO AROCA, 2000). El recurso podrá ser ordinariamente preparado por cualquiera de las partes o el Ministerio Fiscal (art. 220 de la LRJS), sin embargo, también lo podrá interponer el Ministerio Fiscal de ofico o a instancia de parte, en función de la defensa de la legalidad que tiene atribuida, en dos supuestos: a) cuando no exista doctrina unificada en una determinada materia; b) por dificultad de acceso a la unificación en determinadas materias (por ejemplo por razón de cuantía); y c) porque se trate de normas cuestionadas por los TSJ de este orden que lleven menos de cinco años vigentes desde que se inició el proceso en primera instancia (sobre le cumplimiento de los requisitos (SSTS 26.07.2022, recud 504/2022, y las que esta cita como las de 19.07.2018, recud 15121/2016 y 4.10.2016, recud. 2323/2015).

653 Es relevante en este recurso la forma y el contenido del "escrito de preparación", en tanto que se debe efectuar ante la Sala de lo Social que dictó la sentencia, debe hacerse por escrito, y cumplir todos y cada uno de los requisitos que describe el art. 221 de la LJS. Su incumplimiento provoca que se tenga por no formalizado. Preparado el recurso, a las partes se les ofrece un plazo de quince días para interponer el recurso, el cual deberá cumplir los requisitos que describen los arts. 223 a 226 LJS. Una vez interpuesto, su tramitación, remitidos los autos, se continua ante la Sala de lo Social del Tribunal Supremo. Admitido por esta Sala, se le da traslado a la parte recurrida para que presente escrito de impugnación en un plazo de quince días, y una vez cumplido dicho trámite, se le da traslado al Ministerio Fiscal para que informe sobre la procedencia o improcedencia del recurso. La sentencia que resuelva el recurso si es estimatoria no afectará a lo decidido en la o las sentencias aportadas como contradictorias, y deberá contener los siguientes pronunciamientos: a) declarará que la sentencia recurrida quebranta la doctrina; b) casará o anulara la sentencia recurrida; c) resolverá el debate planteado en suplicación afectando a la situación jurídica creada; y d) resolverá las consignaciones, aseguramientos, depósitos, costas y honorarios.

654 El recurso de revisión tiene naturaleza extraordinaria y carácter excepcional y su finalidad se orienta a dar prevalencia al principio de justicia material

sobre el de seguridad jurídica que acompaña a toda sentencia firme obtenida en un proceso judicial, y su resultado es la rescisión de la sentencia impugnada dejando sin efecto alguna la situación jurídica que entre las partes había creado, a la vez que les ofrece la posibilidad de iniciar otro proceso con idéntico objeto. Pueden ser revisadas en principio todas las sentencias firmes dictadas por los órganos de la jurisdicción social (art. 236 LJS), aunque se excluye todas aquellas sentencias que pudieron ser rescindidas a través de incidente de nulidad (art. 241 LJS), o audiencia al demandado rebelde, y no se utilizó esta vía, o aquellas otras que no se correspondan con las causas previstas en el art. 510 de la LECiv/2000. La tramitación se efectúa ante la Sala de lo Social del Tribunal Supremo, ante quien se presentará la demanda de revisión, es parte el Ministerio Fiscal, y la sentencia que se dicte, si estimase la revisión solicitada, lo declarara así, y rescindirá la sentencia impugnada, mandará expedir certificación del fallo, y devolver los autos al tribunal del que procedan para que las partes usen los derechos que les corresponden. Si por el contrario es desestimada, se condenará a costas al demandante y se ordenará la pérdida del depósito efectuado, contra la sentencia que rechaza la revisión no cabe recurso alguno.

VIII. EJECUCIÓN

655 Los artículos 237 a 305 de la LJS recogen las normas sobre ejecución de sentencias y lo hacen a través de dos Títulos y diferentes capítulos, el Título I contiene cuatro capítulos referidos a las Disposiciones de carácter general, a la ejecución dineraria, a la ejecución de las sentencias firmes de despido; a la ejecución de sentencias frente a entes públicos, el Título II de la *ejecución provisional*, se subdivide a su vez en cinco capítulos más, donde se regula la ejecución de las sentencias condenatorias al pago de cantidades; las sentencias condenatorias en materia de Seguridad Social; las sentencias de despido; establece las reglas para las sentencias condenatorias recaídas en otros procesos; y por último recoge las normas comunes a la ejecución provisional. Si alguna cosa caracteriza a las normas que regulan la fase de ejecución tanto de sentencias firmes como de las sentencias definitivas, es el diferente trato que se ofrece si son condenados trabajadores y empresarios, o la Administración Pública, ya que para estas prevé un sistema de autoejecución con una limitada y a veces compleja intervención judicial.

656 El proceso de ejecución se inicia a instancia de parte, es decir, cuando la parte condenada se ha negado a cumplir de forma voluntaria la sentencia, y se hace por escrito mediante demanda ejecutiva en la que se deberá identificar la persona que la presenta, el título ejecutivo que ostenta, contra quien se dirige, y las razones que le han obligado a ello. Evidentemente solo se puede instar la ejecución cuando se acredita ser el titular de un derecho que es reconocido mediante una sentencia firme de condena (puede ser definitiva, pero

en este caso, la ejecución sería provisional), y cualquier otro título (acta de conciliación judicial o administrativa con avenencia, mediación con avenencia, o laudo arbitral). La solicitud de ejecución puede ser total o parcial, y se insta ante el órgano judicial que dictó la sentencia o la resolución judicial con fuerza de título ejecutivo. En el caso que el título no sea de origen judicial, el órgano judicial competente vendrá determinado por las reglas de competencia estudiadas en otro apartado de este tema. La ejecución solo es posible si el derecho que reconoce el título no se ha extinguido por inactividad de su titular, y una vez presentada la demanda ejecutiva, todo el procedimiento se impulsa de oficio hasta su definitiva conclusión, por lo que no es posible a la parte ejecutada una vez iniciado alegar la caducidad de este, o la prescripción del derecho reconocido por el referido título (STS 24.12.2014 [RJ 2015,1260]).

657 Hay que señalar que los plazos de prescripción de la acción ejecutiva y otros plazos procesales quedaron interrumpidos o suspendidos atendiendo a su naturaleza desde la declaración del Estado de Alarma (DA 2.ª RD 463/2020 de 14.3.2020) hasta el 4 de junio de 2020 (D. Derogatoria RD 537/2020). Aunque la suspensión o interrupción no afectó a determinadas materias: conflictos colectivos, tutela de los derechos fundamentales, medidas cautelares urgentes, despidos colectivos, impugnación individual o colectiva de expedientes de regulación de empleo, procedimientos de ejecución derivados del ejercicio de derechos de adaptación del horario y reducción de jornada por el cumplimiento de los deberes de cuidado a los que hace referencia el art. 6 del RDL 8/2020, y celebración de juicios declarados urgentes.

IX. BIBLIOGRAFÍA Y PÁGINAS WEB

1. BIBLIOGRAFÍA

ALONSO OLEA, M. y otros: *Derecho procesal del trabajo.* Ed. Tirant Lo Blanch. 2010.

FALGUERA BARÒ. M. y otros: *Practicum. Proceso laboral 2019.* Ed. Thomson Reuters. Ed. 2018.

MONTERO AROCA, J.: *La Ley Reguladora de la Jurisdicción Social.* Ed. Tirant Lo Blanch. 2016.

2. PÁGINAS WEB

CENDOJ, buscador de jurisprudencia: http://www.poderjudicial.es/search/indexAN.jsp.

CENDOJ, sentencias de actualidad en material aboral: https://www.poderjudicial.es/search/DeActualidad/TS/Social/.

EL DIARIO DE FERRAN CAMAS SOBRE DERECHO DEL TRABAJO, INMIGRACIÓN Y PROPUESTAS CULTURALES. https://www.Ferrancamas.com/.

EL BLOG DE EDUARDO ROJO. El nuevo y cambiante mundo del trabajo. Una mirada abierta y crítica a las nuevas realidades laborales. http://www.eduardorojotorrecilla.es/.

PODER JUDICIAL: http://www.poderjudicial.es/cgpj/es/Poder_Judicial.

Índice analítico

Guía de uso

¡ENHORABUENA!

ACABAS DE ADQUIRIR UNA OBRA QUE **INCLUYE LA VERSIÓN ELECTRÓNICA.**
APROVÉCHATE DE TODAS LAS FUNCIONALIDADES.

ACCESO INTERACTIVO A LOS MEJORES LIBROS JURÍDICOS

ARANZADI

FUNCIONALIDADES

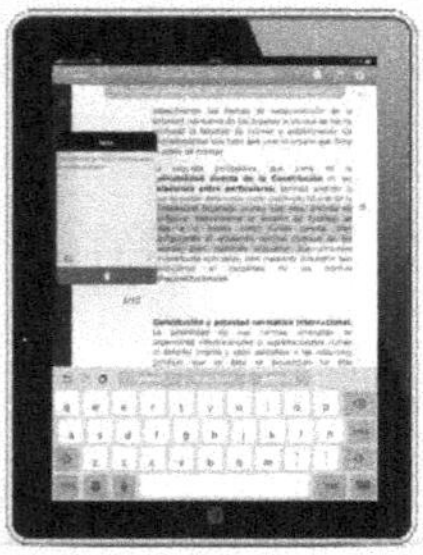

SELECCIONA Y DESTACA TEXTOS

Crea anotaciones y escoge los colores para organizar tus notas y subrayados.

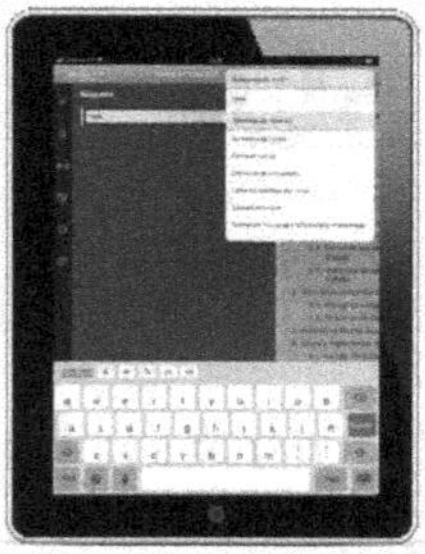

USA EL TESAURO PARA ENCONTRAR INFORMACIÓN

Al comenzar a escribir un término, aparecerán las distintas coincidencias del índice del Tesauro relacionadas con el término buscado.

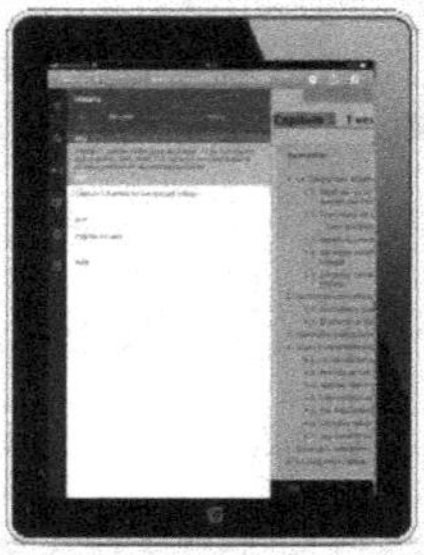

HISTÓRICO DE NAVEGACIÓN

Vuelve a las páginas por las que ya has navegado.

ORDENAR

Ordena tu biblioteca por: Título (orden alfabético), tipo (libros y revistas), editorial, jurisdicción o área del Derecho.

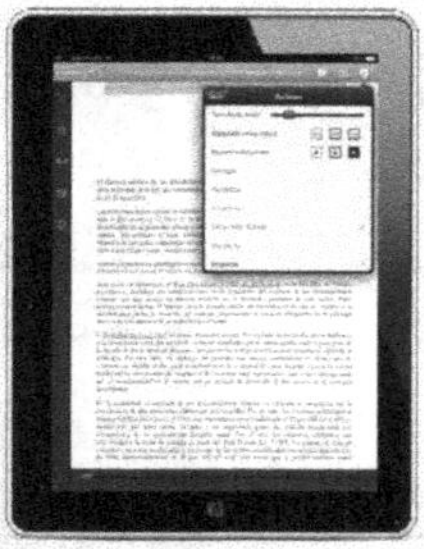

CONFIGURACIÓN Y PREFERENCIAS

Escoge la apariencia de tus libros y revistas en ProView cambiando la fuente del texto, el tamaño de los caracteres, el espaciado entre líneas o la relación de colores.

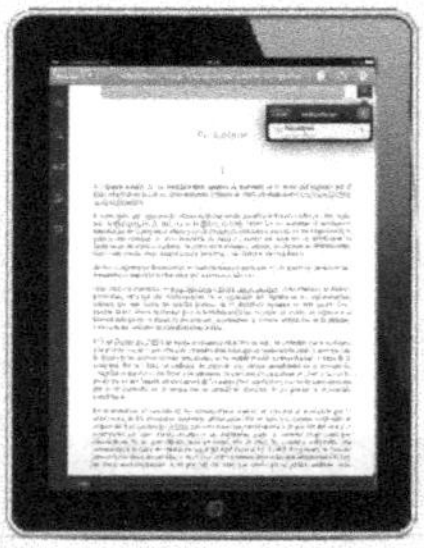

MARCADORES DE PÁGINA

Crea un marcador de página en el libro tocando en el icono de Marcador de página situado en el extremo superior derecho de la página.

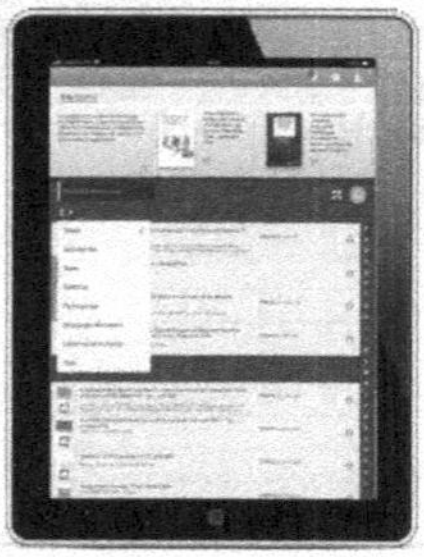

BÚSQUEDA EN LA BIBLIOTECA

Busca en todos tus libros y obtén resultados con los libros y revistas donde los términos fueron encontrados y las veces que aparecen en cada obra.

IMPORTACIÓN DE ANOTACIONES A UNA NUEVA EDICIÓN

Transfiere todas sus anotaciones y marcadores de manera automática a través de esta funcionalidad.

SUMARIO NAVEGABLE

Sumario con accesos directos al contenido.

INFORMACIÓN IMPORTANTE: Si has recibido previamente un correo electrónico deberás seguir los pasos que en él se detallan.

Estimado/a cliente/a,

Para acceder a la versión electrónica de este libro, por favor, accede a **http://onepass.aranzadi.es** Tras acceder a la página citada, introduce tu dirección de correo electrónico (*) y el código que encontrarás en el interior de la cubierta del libro.

A continuación pulsa enviar.

Si te has registrado anteriormente en OnePass, en la siguiente pantalla se te pedirá que introduzcas el NIF asociado al correo electrónico.

Finalmente, te aparecerá un mensaje de confirmación y recibirás un correo electrónico confirmando la disponibilidad de la obra en tu biblioteca.

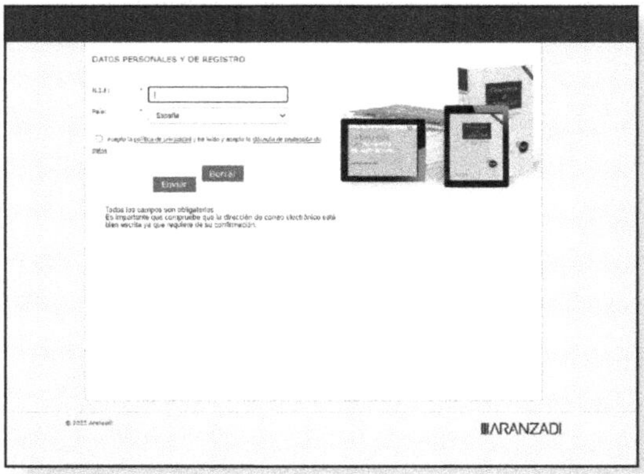

Si es la primera vez que te registras en **OnePass,** deberás cumplimentar los datos para crear tu cuenta y poder acceder a tu libro electrónico.

- Los campos **"Nombre de usuario"** y **"Contraseña"** son los datos que utilizarás para acceder a las obras que tienes disponibles a través del navegador en la ruta www.proview.thomsonreuters.com

Servicio de Atención al Cliente

Ante cualquier incidencia en el proceso de registro de la obra no dudes en ponerte en contacto con nuestro Servicio de Atención al Cliente. Para ello accede a nuestro Portal Corporativo y una vez allí en el apartado del Centro de Atención al Cliente selecciona la opción de Acceso a Soporte para no Suscriptores (compra de Publicaciones).

ARANZADI